陈云在东北

辽宁省政协文化和文史委员会
中共辽宁省委党史研究室
中共沈阳市委党史研究室 编著

辽宁人民出版社

图书在版编目（CIP）数据

陈云在东北/政协辽宁省委员会文化和文史资料委员会，中共辽宁省委党史研究室，中共沈阳市委党史研究室编著. —沈阳：辽宁人民出版社，2019.2（2021.10重印）

ISBN 978-7-205-09409-6

Ⅰ.①陈… Ⅱ.①政… ②中… ③中… Ⅲ.①陈云（1905-1995）—生平事迹 Ⅳ.①K827=7

中国版本图书馆CIP数据核字（2018）第213432号

出版发行：辽宁人民出版社
　　　地址：沈阳市和平区十一纬路25号　邮编：110003
　　　电话：024-23284321（邮　购）　024-23284324（发行部）
　　　传真：024-23284191（发行部）　024-23284304（办公室）
　　　http://www.lnpph.com.cn
印　　刷：辽宁新华印务有限公司
幅面尺寸：185mm×260mm
印　　张：28.25
字　　数：450千字
出版时间：2019年2月第1版
印刷时间：2021年10月第2次印刷
责任编辑：董　喃
装帧设计：琥珀视觉
责任校对：吴艳杰
书　　号：ISBN 978-7-205-09409-6
定　　价：98.00元

序 言

　　为纪念东北解放70周年和陈云同志诞辰114周年，政协辽宁省委员会文化和文史资料委员会、中共辽宁省委党史研究室和中共沈阳市委党史研究室联合编写的《陈云在东北》付梓了。这是一件十分有意义的事，也是对陈云同志最好的纪念。

　　陈云同志是伟大的无产阶级革命家、政治家，杰出的马克思主义者，是中国社会主义经济建设的开创者和奠基人之一，党和国家久经考验的卓越领导人，是以毛泽东同志为核心的党的第一代中央领导集体和以邓小平同志为核心的党的第二代中央领导集体的重要成员，为党和人民事业发展作出了重大贡献。

　　东北曾是陈云同志战斗和工作过的地方，也是他一直十分关心的地方。在这片土地上，留下了他光辉的足迹和谆谆的教诲，更留下了他殷切的期望和不朽的业绩。在战火纷飞的东北解放战争时期，时任中共中央东北局重要领导职务的陈云同志，参加并领导了这场伟大的人民解放战争。他关于"坚持南满"的一锤定音，他主持财政经济工作取得的丰硕成果和他领导接管沈阳创造的宝贵经验，都体现出了一个伟大的无产阶级革命家、政治家的远见卓识和深邃的思想内涵。新中国诞生后，身为党的领导集体重要成员的陈云同志，十分关心东北的建设和发展，他多次来东北视察，发表了许多重要指示，为东北建设成为我国的重工业基地倾注了大量心血。

陈云同志具有坚强的无产阶级党性，始终坚持实事求是的思想路线和扎实严谨的科学态度，敢于担当，善于创新，他身上表现出来的坚定理想信念、坚强党性原则、求真务实作风、朴素公仆情怀和勤奋学习精神，在东北广大干部群众中留下了深刻印象。

今天，我们纪念陈云同志，不但要缅怀他的丰功伟绩和卓著功勋，更为重要的是要学习、研究他的精神和思想。陈云同志的革命精神、丰富经验和崇高品德是我们党和人民的宝贵精神财富，是激励我们把中国特色社会主义伟大事业推向前进的巨大力量。我们要结合全面建成小康社会和振兴东北老工业基地的伟大实践，把陈云同志留给我们的优良传统和崇高精神发扬光大。

我们要学习陈云同志对党忠诚的革命精神。无论是在解放东北的艰苦岁月里，还是在接管沈阳的创新实践中，抑或在和平年代对东北的关心指导中，陈云同志始终坚守对马克思主义、共产主义的信仰不动摇，始终对党忠诚、信念坚定。我们要向陈云同志学习，坚守共产党人的精神家园，把改造客观世界和改造主观世界结合起来，切实解决好世界观、人生观、价值观问题，练就共产党人的钢筋铁骨，铸牢坚守信仰的铜墙铁壁，矢志不渝为实现中华民族伟大复兴的中国梦而努力奋斗。

我们要学习陈云同志敢于担当的革命精神。在东北解放战争中，陈云同志以一个政治家和军事家的战略眼光，对东北的形势做出了正确的分析和判断，他起草的《东北的形势和任务的决议》解决了干部中的思想问题，统一了东北党内的认识；当国民党军集中兵力扑向南满，我党我军意见分歧很大时，陈云同志果断提出"坚持南满"的意见，并主动要求到南满去工作，最终取得四保临江战役的胜利，成为东北解放战争中非常关键的一步棋。我们要向陈云同志学习，勇于承担责任，敢于担当作为，为东北老工业基地的全面振兴贡献力量。

我们要学习陈云同志创新实干的革命精神。沈阳解放后，任沈阳特别军事管制委员会主任的陈云同志被党中央授以接管沈阳的任务。在没有任何经验可以借鉴的情况下，陈云同志创造性地开展工作，提出了"各按系统，自上而下，原封不动，先接后分"的接管方针，使接管工作顺利完成，他《接收沈阳的经验》的报告得到了中央的赞同，周恩来同志亲自批示转发，成为后来我党接管其他城市的基本准则。他提出的"不唯上、不唯书、只唯实，交换、比较、反复"的"十五字诀"成为我党坚持实事求是思想路线的典范。我们要向陈云同志学习，面对艰巨繁重的全面深化改革新形势，不断与时俱进，开拓创新，兢兢业业，扎实工作，以创新的举措和务实的作风深入推进各项工作的开展。

我们要学习陈云同志奋斗自强的革命精神。陈云同志十分关心东北的建设和发展，仅东北老工业基地初创时期，他就于1949年、1951年、1952年、1957年、1958年、1959年等多次来东北，鼓励东北人民艰苦奋斗、自信自强，为促进经济建设和老工业基地发展、加强城市建设、提高人民生活水平等作出许多重要指示，为东北的发展指明了方向。我们要向陈云同志学习，面对老工业基地遇到的各种困难和挑战，坚定信心，自强不息，砥砺奋进，攻坚克难，坚决打赢振兴发展的攻坚战。

陈云同志已经离开我们20多年了，但他在东北的丰功伟绩和对东北的亲切关怀常常影响和感动着我们，激励我们不断解放思想，忠诚担当，创新实干，奋斗自强。伟大的事业呼唤着我们，庄严的使命激励着我们。我们一定要坚定不移把老一辈革命家开创的伟大事业继续推向前进。这是我们的历史责任，也是对老一辈革命家的最好纪念。

（夏德仁系辽宁省政协主席）

★ 序言 　　　　　　　　　　　　　　　　　　　　　夏德仁　1

★ 第一部分 · 记忆永恒

★ 第二部分 · 珍贵文献

长春及吉林局面必须来一批干部才能支持　　　　　　　　29
（一九四五年十月二十七日）

在一周内必须组成三个大团的机动部队　　　　　　　　　31
（一九四五年十一月十四日）

将主力部队及军事干部分散各县建立政权　　　　　　　　32
（一九四五年十一月二十日）

对满洲工作的几点意见　　　　　　　　　　　　　　　　32
（一九四五年十一月二十九日、三十日）

主动退出哈市，建立北满根据地　　　　　　　　　　35
（一九四五年十二月一日）

速调五个老的主力团来北满　　　　　　　　　　　35
（一九四五年十二月六日）

新部队必须集中求得巩固　　　　　　　　　　　　36
（一九四五年十二月七日）

建议发表文告声明我对东北的主张　　　　　　　　37
（一九四五年十二月十二日）

北满现状及我之方针　　　　　　　　　　　　　　38
（一九四五年十二月十六日）

加强医巫闾山以东武力的意见　　　　　　　　　　39
（一九四五年十二月二十六日）

预防部队冻伤减员　　　　　　　　　　　　　　　40
（一九四五年十二月二十七日）

如确已放弃独立占东北，我主力应重新部署　　　　41
（一九四五年十二月）

什么是北满群众迫切的要求？　　　　　　　　　　43
（一九四六年一月四日）

县委必须实质上成为农民运动委员会　　　　　　　43
（一九四六年一月六日）

二师、七师取直道向指定地点前进　　　　　　　　45
（一九四六年一月九日）

开拓地、满拓地的分配政策　　　　　　　　　　　46
（一九四六年一月十七日）

打破国民党关于抗联尚不合法的说法　　　　　　　47
（一九四六年一月二十四日）

在东北建立巩固的根据地	48
（一九四六年一月二十八日）	
七师的任务	51
（一九四六年二月一日）	
目前剿匪之政策	52
（一九四六年二月五日）	
对黑龙江工作的几点意见	53
（一九四六年二月二十一日）	
在通河干部座谈会上的讲话	54
（一九四六年三月十三日）	
为李兆麟被刺杀事给北满分局各省工委的电报	62
（一九四六年三月十三日）	
争取我在东北优势以利谈判	63
（一九四六年三月二十日）	
坚决消灭盘踞仙洞地区之股匪	64
（一九四六年三月二十二日）	
力争在苏军撤退后占领哈尔滨与齐齐哈尔	65
（一九四六年三月二十五日）	
不惜局部一时损失，力争全局长久之胜利	66
（一九四六年三月二十八日）	
进占齐市应注意事项	67
（一九四六年三月二十八日）	
必须有再打的准备	67
（一九四六年四月四日）	
关于锄奸保卫工作的训令	68
（一九四六年四月五日）	

入城纪律细则 69
（一九四六年四月六日）

争夺哈市应注意的两个问题 70
（一九四六年四月十一日）

剿匪工作指示 70
（一九四六年四月十三日）

北满根据地建设的进展状况 72
（一九四六年四月二十日）

哈尔滨市近况及目前主要工作 74
（一九四六年五月二日）

对投降土匪的方针 75
（一九四六年五月六日）

发扬马斌式的群众工作 76
（一九四六年七月三日）

东北的形势和任务 78
（一九四六年七月七日）

发动农民是建立东北根据地的关键 83
（一九四六年七月十三日）

争取先机挤走伪满票 86
（一九四六年八月二十四日）

图们办事处的性质与任务 87
（一九四六年十一月十三日）

反动派一定要被打倒，胜利一定要来到 88
（一九四六年十二月二日）

辽东敌后的情况 91
（一九四六年十二月十三日）

全党全军坚持南满	93
（一九四六年十二月十六日）	
各个击破敌人，争取南满的坚持	94
（一九四六年十二月二十八日）	
坚持南满根据地的斗争	95
（一九四六年十二月—一九四七年四月）	
东西北满配合行动，以援助南满	109
（一九四七年一月二日）	
保卫扩大长白山，坚持敌后三大块	110
（一九四七年二月七日）	
不反对大豆出境为好	115
（一九四七年二月十三日）	
早筹金融善策	115
（一九四七年三月五日）	
东北须有教育、保存干部的学校	116
（一九四七年三月八日）	
严格执行俘虏政策	117
（一九四七年三月九日）	
今后南北战场的配合程度应更加密切	119
（一九四七年四月七日）	
健全党内生活	120
（一九四七年四月二十二日）	
东北敌我力量发生变化的原因和东北建党问题	121
（一九四七年五月八日）	
消灭敌人，发动农民	125
（一九四七年六月六日）	

金融变动的应对办法 127
（一九四七年六月八日）

克服缺点就是增加力量 127
（一九四七年七月一日）

革命胜利的希望从来没有现在这样大 130
（一九四七年七月九日）

对野战军经费以不定自给任务为有利 134
（一九四七年八月十七日）

安东、辽南土改要既透且快 134
（一九四七年九月九日）

辽东土地改革工作中的教训 137
（一九四八年四月十六日）

关于图们口岸办事之决定 138
（一九四八年六月三十日）

把财经工作提到重要位置上来 140
（一九四八年八月）

学习并走向计划生产 142
（一九四八年九月一日）

关于新收复区敌我货币比值及对策问题 143
（一九四八年九月二十八日）

东北财经问题 144
（一九四八年十月八日、十一日）

庆祝松花江桥修复通车 151
（一九四八年十月二十四日）

沈阳特别市军事管制委员会布告 152
（一九四八年十一月三日）

关于沈阳接收情况的报告　153
（一九四八年十一月十一日）

沈阳特别市军事管制委员会布告（第四号）　156
（一九四八年十一月十五日）

接收沈阳的经验　158
（一九四八年十一月二十八日）

中央同意组成专门班子接收大城市给陈云的复示　161
（一九四八年十二月十五日）

中共中央东北局关于沈阳接管经验之补充报告　162
（一九四九年一月）

在沈阳工人代表大会上的讲话　164
（一九四九年一月五日）

关于审查抚顺制铝厂初步设计议定书的报告　169
（一九五二年二月九日）

抽调技术员工支援鞍钢建设　171
（一九五二年四月）

合理调整粮食供销矛盾（节选）　172
（一九五七年七月、八月）

★ 第三部分·深切怀念

为接管和建设大城市创造经验　179
　　——韩光谈陈云

永远的怀念　183
　　——郭峰谈陈云

忆陈云同志在东北解放战争初期的革命实践　186
　　钟子云

陈云同志与北满根据地的创建　　　　　　　　　　190
　　　于　千

在北满分局工作的日子里　　　　　　　　　　　197
　　　孙仪之

陈云同志与辽宁　　　　　　　　　　　　　　　203
　　　中共辽宁省委党史研究室

深切缅怀陈云同志　为加快辽宁振兴
建设和谐辽宁而努力奋斗　　　　　　　　　　　213
　　　中共辽宁省委党史研究室

陈云同志坚持南满根据地的决策与实践　　　　　219
　　　中共辽宁省委党史研究室

记陈云同志领导南满斗争二三事　　　　　　　　227
　　　中共吉林省委党史研究室

殷切的期望和嘱托　　　　　　　　　　　　　　234
　　　——陈云同志对我国重工业基地建设的关怀
　　　中共黑龙江省委党史研究室

论陈云同志对党领导经济工作思想的理论贡献　　238
　　　王意恒　王　超　郭作为

南满斗争的胜利闪烁着陈云同志杰出军事指挥才能的光辉　248
　　　杨孝君　刘　维

陈云同志领导接管沈阳的实践是中国共产党
执政能力的最初体现　　　　　　　　　　　　　260
　　　王　超

特殊使命，卓著功绩　　　　　　　　　　　　　271
　　　——记陈云同志领导接管沈阳
　　　徐　斌

记陈云同志对沈阳造币厂的关怀 277
　　王纪元

陈云同志拯救了瓦房店轴承厂 278
　　王生福

记鞍钢恢复和建设的两个重要历史关头 279
　　张同舟

煤都人不会忘记 283
　　——陈云同志视察抚顺纪实
　　刘品荣

陈云同志关心有色金属工业发展的二三事 287
　　章伯垠

蓝天碧水做证 290
　　——陈云同志关心本溪环保工作纪实
　　刘颖萍

百年诞辰日　缅怀奠基人 294
　　——陈云同志视察抚顺铝厂
　　周新哲

陈云同志在辽宁 298
　　高　峰　王效伯

回忆陈云同志教诲 308
　　王宏伟

★ **第四部分·光辉足迹**

1945年 315

1946年 324

1947年 354

1948年 367

1949年	391
1950年	414
1951年	415
1952年	416
1954年	418
1955年	419
1956年	419
1957年	420
1958年	421
1959年	422
1961年	423
1973年	424
1975年	425
1977年	425
1978年	426
1979年	427
1982年	427
1983年	428
1984年	429
1985年	431
1986年	432
1988年	432
1992年	433

第一部分

记忆永恒

·第一部分·记忆永恒

▲ 解放战争时期的陈云

▲ 陈云在20世纪50年代初

▲ 北满分局在哈尔滨旧址

▲ 陈云（前排右二）在中共中央东北局、东北民主联军高级干部会议上

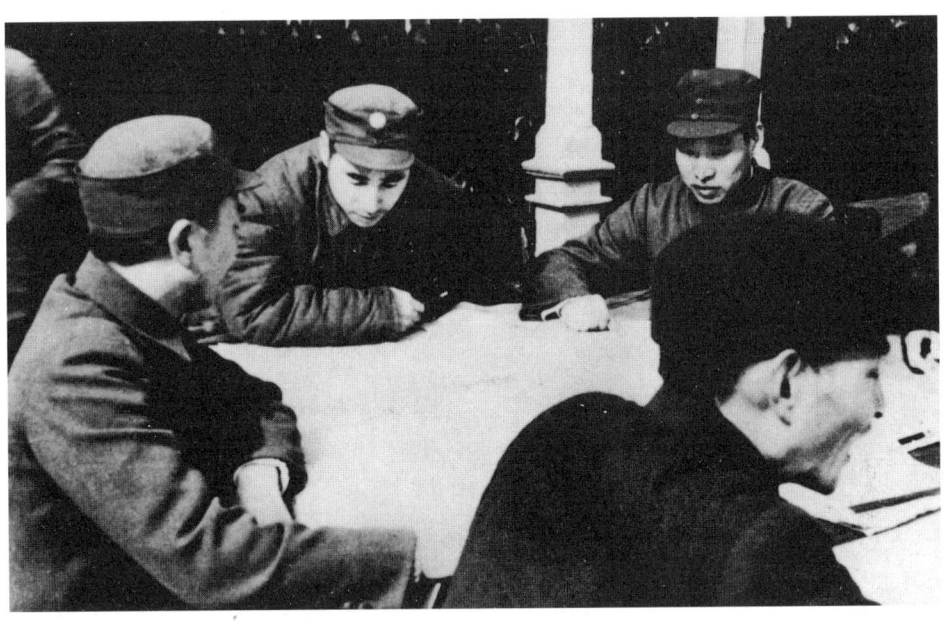

▲ 1946年，陈云出席中共中央东北局、东北民主联军总部在哈尔滨举行的高级干部会议。右起：陈云、彭真、林彪、刘亚楼

▲ 1946年，陈云出席中共中央东北局、东北民主联军总部在哈尔滨举行的高级干部会议。右起：陈云、林枫、吕正操、李立三

▲ 1947年8月，陈云（前排右二）在通化同中共中央南满分局、辽东军区领导人合影

▲ 1947年，陈云同妻子于若木及女儿在通化

▲ 1948年8月1日至22日，陈云出席在哈尔滨举行的第六次全国劳动大会。图为大会会场外景

▲ 第六次全国劳动大会会场

▲ 陈云在第六次全国劳动大会主席台上

▲ 第六次全国劳动大会主席台。右起：李颉伯、朱学范、陈云、李立三、刘宁一、陈郁、汤桂芬

▲ 1948年8月3日、4日，陈云在第六次全国劳动大会上作题为《当前中国职工运动总任务》的报告

▲ 1948年11月2日,沈阳解放,从9月12日开始的辽沈战役胜利结束。图为东北人民解放军攻占沈阳国民党东北"剿匪"总司令部

▲ 进城后在大街上休息待命的解放军战士

▲ 1948年9月,陈云在吉林省陶赖昭松花江大桥通车典礼上讲话

▲ 工人们踊跃献纳器材,为恢复生产做贡献

▲ 1955年夏,陈云同李先念视察哈尔滨电机厂

▲ 1955年夏，陈云同李先念视察哈尔滨锅炉厂

▲ 1957年10月,陈云视察齐齐哈尔第一重型机器厂

▲ 1957年10月16日，陈云视察长春第一汽车制造厂车身冲压车间

▲ 1957年10月16日，陈云视察长春第一汽车制造厂发动机车间

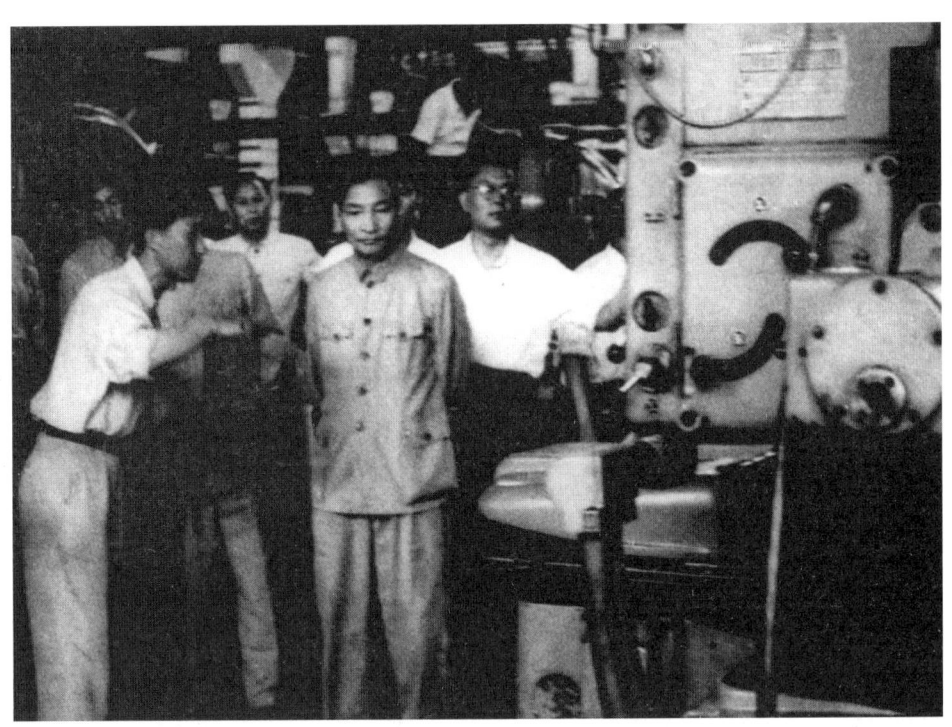

▲ 1958年春，陈云视察沈阳航空喷气发动机厂（现沈阳黎明航空发动机集团有限责任公司）

▲ 1958年8月，陈云视察鞍钢炼铁厂

▲ 1958年8月，陈云视察鞍钢无缝钢管厂

▲ 1958年8月，沈阳国营第七二四厂（现沈阳东基集团有限公司）试制成功国内第一台氮气压缩机。国家领导人刘少奇、陈云、彭真等在中南海接见工厂报捷队

▲ 1958年10月3日，陈云视察哈尔滨亚麻厂

▲ 1958年10月28日，陈云视察哈尔滨机联机械厂

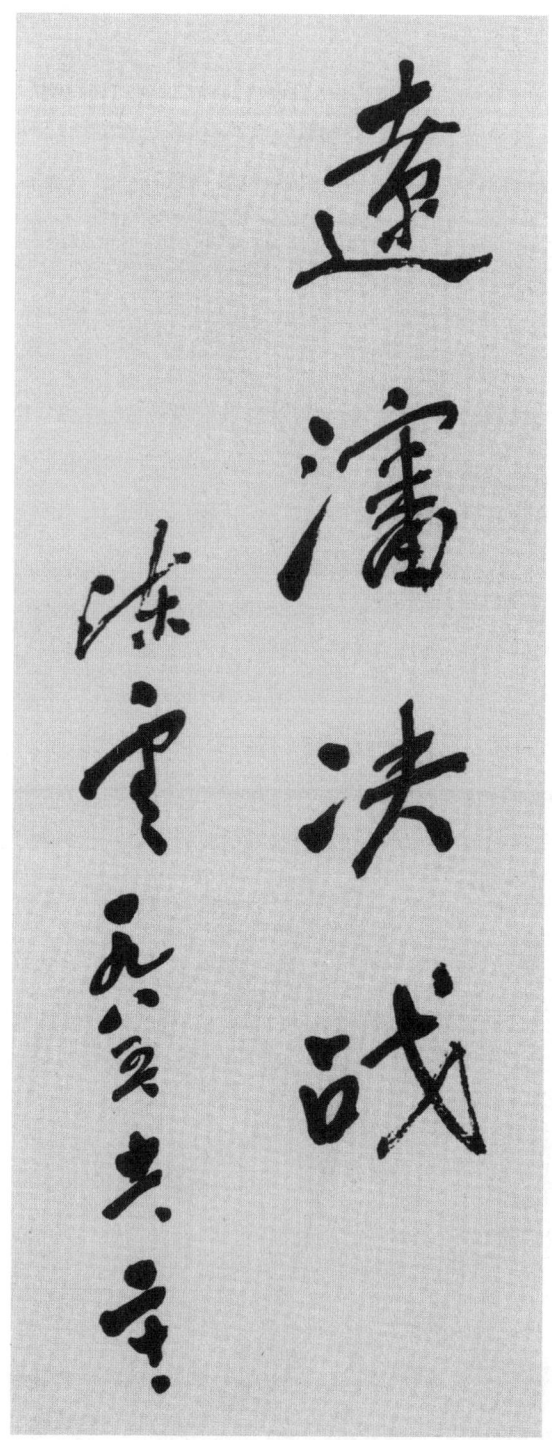

▲1985年11月21日，陈云为中共中央党史资料征集委员会、辽沈战役纪念馆编辑的《辽沈决战》一书题写的书名

·第一部分·记忆永恒

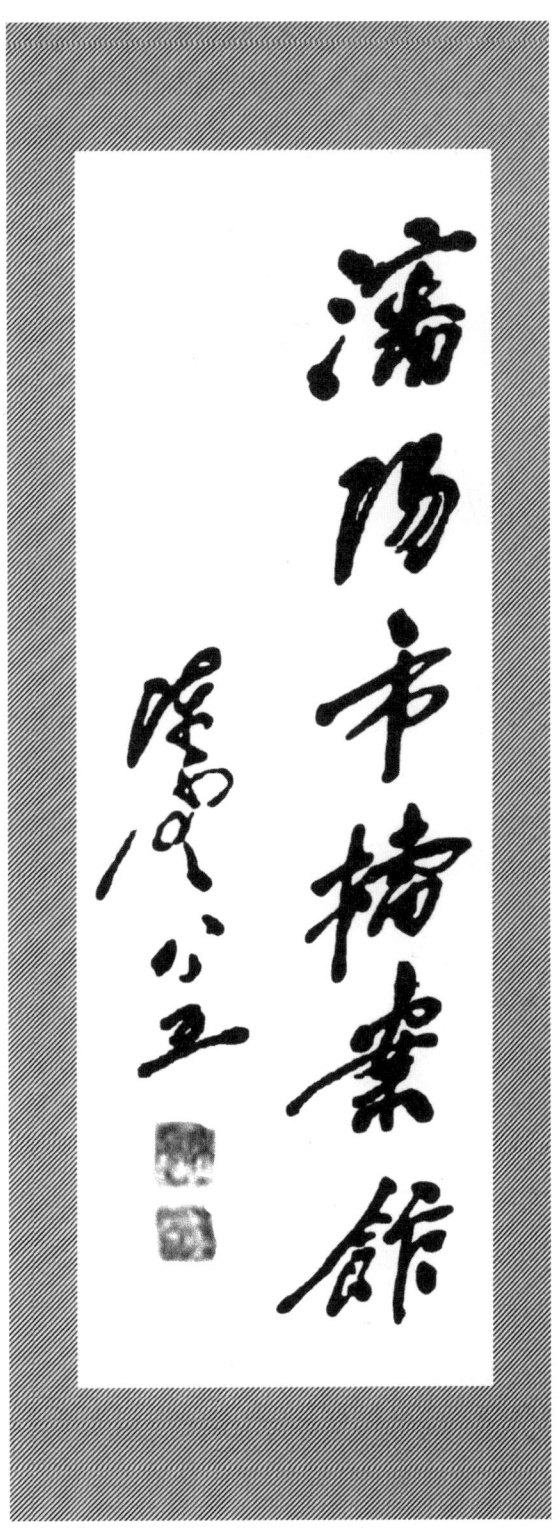

▲ 1990年陈云为沈阳市档案馆题字

第二部分

珍贵文献

长春及吉林局面必须来一批干部才能支持

（一九四五年十月二十七日）

彭、程、伍：

一、部队组成情况：（甲）市委所组成的已有一千五百人，即可到二千五。枪支、衣服都已陆续送到部队。他们正向长春西边平原中去，大概长岭附近。目的是扩大部队，发动群众，接收政权，开辟西边的局面。（乙）间岛省五六千人，并无新的报告来。他们这五六千人也是分散于间岛各县的，大多是高丽人，高丽同志姜信泰领导。（丙）公主岭苏梅已去，尚无信来。上次报告是五百人。（丁）九台派了杨华去（与于克同来的），迟了一步。各村派两代表民选正副县长，已选出人。杨暂时只能当县府特派员。（戊）吉林之乌拉街，据吉林支部报告，有二千人，只有二百枪。那边的苏军不归长春管。那边以前非但不帮助而且妨害，最近不妨碍了，但无帮助。（己）张庆和在城市中组织之六个连仍旧。（庚）牡丹江之林口地方，我们武装一部被反革命分子欺骗，苏军打垮。（辛）佳木斯尚未有新报告。

二、国民党吉林省党部前天（二十五日）被苏军搜抄，因为滥贴标语。吉省党部是行营所承认之党部，行营面子很难堪的。长春市公安局长昨已撤换，不得已将张庆和放上公安局长。现缺掌握军力的公安大队长。苏方催我们提出新市长名单，我们已找一个人，到四平街去接他来（他是许建国部下，公开了不妨碍今后工作的）。苏方已表示银行亦可交出。以上情况，我很需要干部。长春是新京，国民党有行营等几百人之代表团，城市工作如做得不好，必影响外交。但干部一共由沈阳来了七个，市委只有四个人，市支部只有八个学生，其他都是工人与小买卖者。我们手内现可取得武装二万人的武器。我已与辰兄见面，把撤退前拒蒋登陆与热、察要求都提了，共提十二点。见我者虽非高级，但是政治人物，允许商后答我。

三、国民党及行营天天有飞机来，陆续来人。他们集中伪军，长春附近已组二万人，枪支很少，将来拟由空运。正要求辰兄去消灭他们。莫德惠到达吉林，宣慰汉奸。现在吉林成为反动中心。苏军不归长春管，我们在城市中无实力，最弱。万部如不能派几连或一营有老部队基础的兵去吉林方面，我们各方面受到之困难（今天与将来）是很大的。

四、苏方根据以前保中等的要求，批准他们退出苏军。可是一退出，各种不方便就来了。现正交涉，虽脱军衣，帮助依旧。抗日联军干部有很多长处，例如斗争历史、个人作战技能及小队伍活动之灵活、本地人与群众有联系等等，但中心缺点是缺乏较正规建军与大规模作战之经验。现在支持一个县的工作能力的同志不多，缺乏根据地经验。

五、万部是否已确定任何小部也不来吉林地区了？我们根据中央十六日电，不能不照顾全局。但请考虑，吉林地区如无几个老连或一个营老部队作基础，无论支持现局，建立中心部队，与将来坚持斗争的中心武力来说，都是一种莫大的损失。现在北满已去孙光一营、李文两小团，但在吉林地区无一个较有老骨干的部队，将来坚持吉林（旧东三省之吉林）是一个大损失。此点请再加考虑。

六、根据中央十六日电，知道主力已不来吉黑。我们商量，组织临时区党委。地区是：伪满洲国吉林省之全部，间岛省之全部，三江省之松花江以南，滨江省之方正、珠河、五常以东以南。保中为书记，于克副之。保中意见，抗日联军过去在东北有历史，现在吉林部队在苏军退时改为国民军，保中司令兼政委，于克为副政委。如你们同意，即办。

七、眼前我们最困难的事是缺少干部。我们想一个部队派一个老干部都无人可派，城市一接收，公安局、市府、银行等等不知如何安干部。真急死人。此间连我只来了七个人（刘达、苏梅、于克、何乃仁、杨华、一个工人及我），保中忙于司令部与交涉及与各地联系。他手下只有卢冬生与另一抗联干部可以做些事，其他都是战士。今后主力大部不能来吉黑，可否多派些干部来？沈阳现有者可否抽一批？林枫带来的可否给一批？将来哈尔滨及其附近也是如此，能否多给些干部。今天我在长春，只看到长春实在缺人。长春局面及吉林局面不来大部队，必须来一批干部才能支持。我在沈阳觉沈阳人少了，现在拿长春来比，沈阳还是"土豪"，务请抽一些来。林枫一到派一批来。

八、电台，保中取到十个，都是四个或五个瓦特，小得无法与你们通报。你们一定要给我一副五十瓦的。大的电台,保中已弄不到,绝望了。此点关系于今后的一切联络,务请设法送来。

九、修权二十五日电要地图,立即设法。

十、再说一句:(一)要干部。(二)要一小部分老部队。(三)要五十瓦电台(大小,我是外行,只要能与各方通报的)。

十一、据辰兄说冈野进不在长春,无法找到。

陈 云

十月二十七日

在一周内必须组成三个大团的机动部队

(一九四五年十一月十四日)

王友、鹤亭同志:

(一)国民党空运部队在本月二十五至二十九日红军未撤退之前降落哈尔滨,你们应立即集结部队,准备战斗。在一礼拜内必须组成三个大团,作为机动部队。此地已派三个团的干部前来加强战斗力。

(二)迅速向红军交涉武器,接收仓库,装备部队。

(三)所编制好的部队立即进行夜战、巷战、对空射击和近战之演习,并须切实破坏飞机场。

(四)你们亲去侦察地形,准备部署。

(五)杨英杰所率之军干,可留一部分派去掌握新部队。

陈 云

十一月十四日

将主力部队及军事干部分散各县建立政权

（一九四五年十一月二十日）

林、彭：

一、苏军要我们于明日撤出城外，但仍要求我领导机关及地方干部、警察留在市内工作，并要我方副市长杨维同志即日就职，副省长李兆麟仍留任。据闻明年春可撤。看此情况环境并未变坏，我们方针仍将主力部队及军事干部分散各县，放手发动群众，组织群众武装，肃清反动土匪，建立政权。在市内是争取群众，孤立国民党，以造成将来重入哈市的条件。你们意见如何？请示。

二、明日松江军区及省工委移住宾县之蜚克图，再促干部到该处接头，或到哈市找公安局周维斌，如穿军衣可先到顾乡屯车站找李荣华。

三、东北人民自治军松江军区是否可公开出布告，请示。

四、哈市已成立市委，杨维任书记。

陈、张
十一月二十二日

对满洲工作的几点意见

（一九四五年十一月二十九日、三十日）

（一）苏联力量的存在，对我在满洲的工作方针，显然起着决定的作用。根据三个月的经验，我们已可看出，苏联对满洲的政策基本上包括两方面：一方面，把沈阳、长春、哈尔滨三大城市及长春铁路干线交给国民党；另一方面，援助我党在满洲力量的发展。保持远东和平和世界和平，是苏联这一政策的基本目的。某一时期由于国际国内条件的变动及斗争策略上的需要，苏联对于执行中苏协定的程度，及对我援助的程度会有所变化。但苏联这些政策的本质，是一贯的，不变的。

（二）在美国积极支援下的国民党军队，现在已经占领了山海关到锦州一线，虽然国民党的处境甚为困难，但它的部队仍均集结，准备向三大城市及长春铁路干线前进。苏联除要我们军队退出大城市外，现在更要我们交还已接收的政权，禁止我们在三大城市中一切足以妨碍他们公开执行中苏协定的措施。为了执行中苏协定，苏联采取这样的措施是必须的，是应该被我们谅解的。苏联军队原定于十一月底撤退完毕，现在又重新开回。这一方面是为了确保将三大城市及长春铁路干线正式移交给国民党；另一方面，也是为了以实力为后盾，拒绝美国力量直接渗入满洲。

（三）根据以上情况，我们必须承认，首先独占三大城市及长春铁路干线以独占满洲，这种可能性现在是没有的。因此，当前在满洲工作的基本方针，应该不是把我们的全部注意力集中于这三大城市，而是集中必要的武装力量，在锦州、沈阳前线给国民党部队以可能的打击，争取时间。同时，将其他武装力量及干部，有计划地主动地和迅速地分散到北满、东满、西满，包括广大乡村、中小城市及铁路支线的战略地区，以扫荡反动武装和土匪，肃清汉奸力量，放手发动群众，扩大部队，改造政权，以建立三大城市外围及长春铁路干线两旁的广大的巩固根据地。我们必须经过战争及根据地之建立，以达到包围歼灭大城市之敌及钳击长春铁路干线，使我们能够在同国民党的长期斗争中，取得全局的优势。

（四）我们今天必须大胆主动地撤退，同时迅速地把我撤出以后三大中心城市的工作放在应有的地位。在那里，我们必须与苏军取得密切的合作，继续争取资材，克服我们在城市的过"左"措施，不使苏联在应付国民党方面发生额外的困难，并使他们增加对我们的援助。应该预先布置在苏军退出、国民党进入城市后的工作。例如，开展群众运动，创办报纸，吸收人才、资材，打进国民党及其他各种合法组织，把公开工作与秘密工作正确地结合起来。城市工作的目的，是为加紧创立广大根据地服务，而不是今天即在那里取得统治地位。

（五）在北满，我们估计，哈尔滨及中东路某些主要城市将迟早由苏军交给国民党，更由于北满是处于南满的后方，因此，我们认为，北满工作的中心,应该放在广大的乡村、中小城市,及铁路支线的几个根据地的建立。如以珠河、牡丹江为中心,以佳木斯、依兰为中心,以绥化、北安为中心,以洮南、三肇为中心,以讷河、龙江为中心,建立若干根据地。我们的兵力、干部、资材,必须主动地向那些地区转移,以造成我们前进和后退的阵地。

(六)我们认为,争取我党在满洲的优势是有着许多有利条件的,苏军对我们的援助即为有利的条件之一。但是,我们要达到这一目的,还须经过一个与国民党进行艰苦斗争的过程。必须防止干部中以为不经过严重斗争而可以取得全满洲的想法,竭力避免把一切希望寄托在苏联的援助上,以苏联对我们援助一时增减而发生盲目的乐观或悲观失望的情绪。必须严重注意干部中由于进入城市而生长起来的享受腐化倾向。同时,应该预先防止国民党进入中心城市后向我们压迫时,在干部中可能发生的精神上、思想上和行动上的混乱。教育干部时时注意新地区的新情况、新任务和新的工作方式,防止把老解放区的老经验机械地运用到新地区的倾向。必须加强部队中的政治的和纪律的教育,密切军民联系。要十分注意本地干部和外来干部的关系,以及系统地培养本地干部的工作能力。

(七)在北满迅速建立根据地的最大困难,在于老部队的缺少。直到今天为止,北满的老部队不到一千五百人,新组成的部队已达二万五千人。在人力和武器方面说来,大的发展可能性是具备的,如果再有三个月的时间,东北局能够从南满抽调四个大团进入北满,组成五万人以上有战斗力的部队,是有把握的。否则,部队的数量虽大,不但不能战斗,而且其可靠性也是成问题的。最近宾县、北安被蒋匪攻占,某些新部队叛变,应该引起我们的严重警惕。这种情况,在国民党进入北满之后,必将更为严重。

以上各点,对迅速建立根据地有重大意义,望东北局帮助解决,并请转中央。

主动退出哈市，建立北满根据地

（一九四五年十二月一日）

发周、张、伍：

一、高岗、洛甫已到哈，成立北满分局，管理松、合、黑、嫩、兴五省工作。

二、依苏通知，于二十二日转移宾县。苏为保和平，要我们退出交国。苏之增兵为拒美入满。我们不作占领哈城想法，主动退出，建立根据地。现正布置北满五个根据地，以与国长期斗争。在哈防"左"，免增苏外交困难。取苏援助，搜集物资，准备公开与秘密工作。

三、希你们常报情况。

陈　云

一日

速调五个老的主力团来北满

（一九四五年十二月六日）

一、根据未收齐的东北局转来中央关于改变独占东北为创造根据地的指示，又根据北满的情况，我们提议东北局立即作全满部署，争取时间，迅速适当地配备基干部队到各战略地区，并派遣五个老的主力团到北满。如果不派或迟派主力团到北满，则北满根据地的创造会困难加多和推迟，庞大新部队难于速成劲旅。其原因如下：

1. 两三月来，我们工作上很少接近农民。除少数城市进步分子及某些地方派外，东北一般人民绝少有抗战初期敌后人民的斗争情绪，而是普遍要求和平，认为八路军所占之城必被中央军所进攻，必引起战争。因此，对我观望，希望并幻想中央军，许多伪军官和地主积极反八路军。

2. 国民党政府中央军的合法地位，现在仍是一种重要的政治资本（将来会变化的）。国民党在许多战略要点上组织了不少反动武装，并已袭击过宾县、兆内、讷河、泰来等县。苏军将撤出，国民党接收后必然更加扩大反动武装，加委胡子及地主武装，必然产生更多反动武装。

3. 成批地藏于山林并储粮筑工事、苏军剿而未灭的潜军，在东满、北满尚有不少股，国民党已在派人收编。

4. 我之新部队，估计除间岛外，绝大多数是招兵来的，阶级觉悟低，未经战斗，棉衣未全部解决，经不起战斗。宾县一千五百人保安队被三百枪七百人的国、匪袭击。许多新兵认中央军为一家，宾县失枪几百。

二、虽然上述不利条件可以而且正设法克服（办法可另报），但直到今天，到达北满的老干部队只有十八团共一千五百人，大部是渡海后山东新兵。刘公岛反正的一个团尚留吉林。黄荣海之八百人，到长春未来北满，据谈东北局已给吉林，不知确否？因此，争取积雪前便于运动北来部队并迅速大规模创造北满根据地起见，盼望东北局再速调五个老的主力团来。如何？

新部队必须集中求得巩固

（一九四五年十二月七日）

东北局转林、李、吕：

针对影响我军好坏的严重现象，我们意见：

（一）新成立的旅、团、营、连不应再分散扩大，必须集中求得巩固。清洗部队中土匪、流氓、兵痞、宪兵、警察、汉奸、特务及地主分子，分出轻重处理。但原则上对老兵痞、流氓、土匪多一个不如少一个好，否则有腹背受敌之危。当然，不能操之过急，处理须特别慎重。

（二）三十旅、二十五旅及各县武装，应实行有效办法以增强战斗力和将来扩大部队。否则，继续分散扩大，来一个跑两个，这是不合适的。

（三）以上两旅，各级组织都不健全。

（四）关于北镇以二师政治部主任王树君参加工委加强领导，东北局同意否，望即复。

（五）邓克明及六十团赵、徐均来，将东北局指示的基本精神及中央的政治口号已转他们，并将上述情况和意见，建议他们注意。

（六）关于党、政、军、民在北镇计划，自十二月起至明年三月止创造医巫闾山根据地和解决四个月的吃、烧问题，以上考虑望复（具体数目另报）。

陈

十二月七日

建议发表文告声明我对东北的主张

（一九四五年十二月十二日）

东北局并转中央：

（一）为揭破国民党关于中共把持东北或捣乱东北的说法，为转变东北人民对我的旁观态度，为加强东北我军的政治地位与士气，再次建议：我们应以抗日联军领导人周保中、张寿篯及吕正操、万毅、张学思三位东北籍共党将领及冀热辽李运昌名义发表文告，说明抗日联军十四年与东北人民一起艰苦抗战的历史，及东北籍共党军与李运昌部八年抗战、解放东北的意义。并声明目前对东北的主张，避免东北内战，倡导东北及全国必须和平团结，东北必须有民主的联合政府，及彻底消灭日寇、汉奸的专制剥削，改善生活。这一声言绝不是为了减弱战争准备，相反的，正是在政治上加强战争。

（二）东满、北满应以抗联干部为首，在抗联各根据地组成几支标明由其前身抗联发展而来的军队（周保中提议称为国民军是适当的）。现北满反动分子正在利用已死的赵尚志等名义组织三军、八军。上述宣布部队番号，保中、寿篯公开出面，均须征询苏方可否办或苏撤退后可否办，唯以不妨害苏联之外交为原则。我认为，上述建议是我们对东北问题三种政策，既有理，又有利。放弃抗联十四年抗日的资本及我吕、万、张、李的正大立场是失策。再次建议东北局加以讨论，并请指示。

陈　云
亥文

北满现状及我之方针

（一九四五年十二月十六日）

长春周、张：

我们因电台小，不能与中央通报，国际国内情况不清，只就北满现状、对北满四省（松、合、黑、嫩）的兵力部署方针如下，请告辰兄。

（甲）我军情况。

1. 新老兵二万八千人（松一万，嫩六千，黑五千，合三千，牡四千），内有老兵二千七百人（松二千五百人，合二百）。

2. 嫩、合、黑三省新部队，枪支平均不到半数，北满四省轻重机枪不过二百挺。

3. 如无老兵带领，新兵无战斗力。

4. 百分之九十的部队都五百或一千地分散于各县，除老兵外，尚未组成机动部队。

（乙）国与匪的情况。

1. 国党组军办法：在战略要点组成军队。计五常、榆树、舒兰五千，合江勃利西李华堂、谢文东一千人，黑、松交界之庆城、东兴等县二千余，黑省依安、明水一千三百人，嫩江讷河一千。此外，各省二三百人一股者颇多。北满国、匪已发现的约共有一万五千人。

2. 委任胡匪大批。

3. 北满一半县城在串一气的国、匪、伪手中，武装抗我接收。

4. 国党企图：目前控制要点，四处袭我新兵，准备配合进入大城市的蒋军里应外合夹击我军。

（丙）我之方针。

1. 在苏军未退、蒋军未到前，将新老兵组成机动部队，并迅速接应三五九旅北上，协同扫荡国、匪及占领其县城，使明年二月底前基本上拔去后方反动钉子，造成我与蒋军斗争之有利局面。

2. 建立地方基干武装，发动群众，创造包含二三等城市、次要铁路与广大乡村的根据地。

3. 如再北来几旅主力，可在北满建立十万军队。

高、陈
十六日

加强医巫闾山以东武力的意见

（一九四五年十二月二十六日）

林、彭、罗：

在目前，敌人占领沟帮子、北镇、黑山、白士厂、边门、八道壕，还有继续占新立屯、彰武之可能。但由于我将沟帮子至青堆子、至大虎山、至新民柳河桥铁轨破坏三段，通车需要半月至一月之久，逼使敌人建筑碉堡、修好铁道，并采取分段歼敌，隐扎靠医巫闾山侧翼，远进部队继续推进，以便掩护其主力沿北宁路前进，达其占沈阳、哈尔滨之企图。在时间上，已有两月至三月之久。由山海关至目前才到达黑山、新民线，即便利我争取时间在西满、东满、南满创造根据地。战事在东北目前彼此难以照顾主力供给补充之时，尚无固定之点。主力刚由关内离开根据地和故乡的，对大多数战士和中下级干部必须充分估计到一般的情绪鼓励，否则我军将有被敌人各个击破之可能。我建议在医巫闾山以东山区及平原应组织有力的部队，依靠医巫闾山作为西满及东满、南满桥梁之跳板，或作为阜新、热河之屏障和威胁北宁路之敌。

同意前总十五日侦察指示，同时医巫闾山除胡子外，还有一种联庄会性质的组织，过去为着防胡子，因胡子将其武装大部收缴，极为痛恨。据此被地主所利用，作为保护地主利益。然而地主亦痛恨胡子并同意我之主张，并在华北、华中均有先例。只要我们政策不错，是可以利用的。尤其山区尚无我基本群众组织，但敌人有旧基础协助，因此我必须加以注意利用。如果我们不抓紧此机会反被敌抓去，则对我不利，更增困难。因此，在此山区直到现在尚无一个干部，望林、彭、罗加以考虑，并建议由七旅或三师派部队至正安堡以西四堡子、北镇、西闵家店，均有粮，并查明。沟帮子至北镇、正安堡之情况亦容易对付。山海关至锦州一线以西山区，亦同样有此精干武装部队才能完成，了解各方情况。以上是否同意，望指示。

陈
十二月二十六日

预防部队冻伤减员

（一九四五年十二月二十七日）

发部队首长：

（一）须注意收集医务人员和药品器材，并培养、训练卫生人员，以建立卫生部门工作。

（二）北满严寒，须注意部队发生冻伤减员，应教育预防，其要点是：

1. 在严寒中注意摩擦运动，冻了不可急于烤火，免致发生坏疽，要经过摩擦恢复。

2. 已冻伤的，要争取早期治疗，并多准备冻疮膏。

3. 外出除穿衣戴帽外，要设法带口罩，以防感冒。

4. 烤火要防炭气中毒。

（三）进行部队健康检查，老、病、衰弱不能服役者淘汰，并拒绝招收。

高、陈
十二. 二十七

如确已放弃独立占东北，我主力应重新部署

（一九四五年十二月）

一

彭、林、罗、吕、枫：

一、北满情况（估计东西满类似）：（甲）国党勾结的土匪蜂起，占据战略要点，四处袭我新部队及我占之县城。（乙）国、伪、匪所占北满县城有三分之二，武装抗我接收。（丙）人民盼望中央军，对国、匪与我取中立态度。（丁）苏军不让我进攻长春路的县城并令我退出已占之城。其他铁路线上不干涉，但也不帮我进剿。（戊）我二万五千新兵政治上极不巩固，且有两面派，整营整连哗变，棉衣缺一半，无战斗力，无力剿匪攻城。（己）北满五省只有老兵一千二百人。

二、估计美蒋全力北来，苏联不能额外助我。依靠东北现有主力，已无独占东北可能，应立下决心，放弃独占东北的打算，执行中央创造根据地的指示，将适当数量的主力以迟阻蒋顽北进为目的进行作战外，将必需数量的主力及干部分散东西北满（北满至少还要五个主力团），带领新部队，肃清反动，创造根据地。如再犹豫将既不能独占东北，又无依靠的根据地，使东北与全国的革命处于极不利地位。

三、我们不知全国及南满情况，亦未见东北局通报，所提意见适当否，恳盼示复。

陈、高
（十二月）

二

东北局并请转中央：

哈市寿篯已辞，国党新市长已到。齐市、牡市部队机关均已撤出。又长春来电，苏军将于二月三日撤完。我在东北方针，如确已放弃独占东北，转为创造根据地，则我们有如下意见：

一、辽热边需有重兵，如无关内部队到，除抽一个师（或旅）到嫩江外，不宜抽兵太多。

二、东南满兵力过多，应抽一万至一万五千老部队到东满、北满，速出发不推延。

三、北满、西北满的现状是新部队哗变，国、匪众多，农运暂难展开。老部队已到达仍只以两个半老连为基础的十八团、田松支队，三五九旅仍未到手。估计将来北满有三种可能：

1. 老兵不来或少来又迟来，则北满只能有五六支游击队的游击战争局面，北满决非我有，也难有广大根据地。

2. 如在一月二十日前有四个主力旅（或师）、二千干部到达北满、西满、东满（吉林去一旅），则北满、西满又能为我有，至少会造成广大根据地。

3. 如四个主力旅及干部于一月二十日后才到达，则先机已失，苦战以后才有相当根据地，局面又是国共插花。

四、主力、干部来多少与迟早，对新部队的叛变与巩固有决定关系。

五、东北局目前的兵力部署，与认真督促主力赶到目的地，是带有决定今后东北全局的性质。请严重注意全面的决策，并给我们指示，以便按不同情况布置北满工作。

陈、高
三十日

什么是北满群众迫切的要求？

（一九四六年一月四日）

洛甫转牡丹江，各省工委：

一、关于发动群众问题，不知你们执行情形如何？在群众工作方面，你们有何成绩经验？在北满最能发动群众的是什么口号？什么是目前群众迫切要求？

二、伪满时代，日伪强占的开拓地与满拓地，你省有多少？你们对于这些公产处理有何意见？今后如何确定这些土地的产权为适当？分局认为迅速解决这部分土地是发动群众基本的办法之一。假如以敌产来处理，分给贫苦群众，实现耕者有其田，你们以为如何？能有如何反响（基本群众与社会人士）？

三、部队应一面剿匪，一方面做群众工作。只有基本群众真正发动起来之后，匪患才能根绝。否则，此剿彼窜，群众观望。另你们对于巩固部队有何经验？目前部队中有些什么严重问题存在？

上询各点均为当务之急，望将这方面的材料、经验及你们的意见随时电告。

陈、高
一月四日

县委必须实质上成为农民运动委员会

（一九四六年一月六日）

北安、齐齐哈尔，洛甫转牡丹江，抄松江：

在哈尔滨组军时，未接触也忽视农民。由哈到宾，到处被匪袭击，农民旁观，此时深感农运之重要。

一、纠正了民运限于城市中少数工人、学生、市民而脱离城外广大农民的倾向，认识了没有广大农民起来，不可能创造包括二三等城市与次要铁路的根据地，认识了目前党的县委必须实质上成为农民运动委员会，在我军到达尤其是剿清了土匪地区后，立即开始农民运动。

二、集中党、政、军、农运干部于一个村公所的主村开始工作，全力推动，取得经验，以便普及其他村、县。

三、首先在农民中访问、找寻当地农民的普遍迫切要求，找出斗争的题目。在农民迫切要求的基础上找出积极分子，再经他们去串通更多的积极分子，开秘密会议或组织秘密农会来酝酿斗争。只有在村子上找出了许多积极分子，而且他们敢于动作起来了，群众运动开展才有可能。

四、斗争爆发的口号，可依环境的需要与可能而定，但斗争的进程要达到减租减息和开拓地、满拓地的彻底解决。例如全孝村反汉奸分子又兼发光复财的孙克仁，开始组织农会公审孙克仁，正走向减租。舍利村则从减租、自动手退还今年多交的租子部分，发展为反汉奸，清算贪污。

五、用县政府减租布告及扣押孙克仁的行政手段来配合农民斗争，壮大农民斗争的勇气。

六、利用上层矛盾，只反对上、中、下孤立的孙克仁，使斗争初期减少障碍。

七、农民组织形式，采取农民联合会，只准农民参加，不准非农民的上层分子参加。不宜过分与形式的民主选举。在农民未彻底觉悟前，形式的民选，群众常被"能办事"的观念所蒙蔽，而使旧政权人员当选。农民组织目前绝不宜复杂，工、青、妇暂缓组织。农会成立后，政府必须给其权力，帮助其解决群众的困难。

八、在斗争中找寻坚决勇敢分子入党，不是大量发展，保证党员的质量。

九、现以全孝、舍利两村的经验，再推广到几个重要村，扩大农运据点，以便推动全宾县农运。

十、目前正选择一两个已经斗争起来的村子，大胆试验：

（一）分配开拓地与满拓地给无地及地少的农民，而不是一般地分地，并保证地主现有的地权财权。如发现不适当，则再停止。

（二）由农会组织自卫队，将当地警察及地主保安队的武装转到农民手里。

陈、高
六日

二师、七师取直道向指定地点前进
（一九四六年一月九日）

杨刘，罗刘，并东北局：

（一）根据东北局七日所命于我们的指示，望坚决执行。二、七师应不顾一切冷和疲劳，各取直道向指定地点前进。七师应去宾县，二师除四团已去吉林外，其主力仍由罗、刘取捷径去吉林。二、七师除在沿途收买和向当地群众募捐旧鞋袜外（但须要向群众宣传解释，征求群众乐意，否则不可），并兼程到达目的地再补充。

（二）各师重伤病及脚痛实难跟上者可后走，派专人组织收容，暂安置海龙，战后再去。否则，拖住主力，迟延行程，失掉先机，影响大局不利。望注意。

（三）我到海龙，东北局指示再决定。

陈　云
九日十五点

开拓地、满拓地的分配政策

（一九四六年一月十七日）

嫩江、黑龙江，洛甫转牡丹江、合江，报东北局并请转中央：

满洲敌伪所有的开拓地、满拓地，虽各县数量不一，但总数颇多。该地是敌伪极低价强占农民和地主的国有地，交给了日、韩移民或租给了中国农民。现在农民希望分给他们，地主希望原主赎回。一部分地主已自动手收回并向农民收回本年地租，国党东北经委会已于十二日下令，敌产（包括土地、房屋）一律收回政府管理。我们的对策如下：

（一）原则上分给无地或地少的农民。这一政策固可引起地主的不满，但我们可以取得广大农民。

（二）如开拓、满拓地中有富农曾被敌伪强占的土地，则富农也应分得一份。

（三）如地主的土地过去全部被敌强占为开拓、满拓地，而本人现无一亩土地者，亦分给该地主一份。

（四）租种开拓、满拓地的韩国农民与中国农民同样分地。

（五）分配时由当地农民讨论，求得公平合理。

（六）分配开拓、满拓地时，只称之为分配敌产，并非内战时土地革命。地主现有土地一律不动，只进行减租减息，并保证地主的地权。

陈、高
一月十七日

打破国民党关于抗联尚不合法的说法

(一九四六年一月二十四日)

东北局并请转中央,并告保中同志:

甲、根据我们决定,兆麟二十日在《哈尔滨日报》(我办)发表谈话。要点有二:

(一)为救济遗属、采办军需、联络官厅,抗日联军(即人民自卫军)要求在哈成立办事处。

(二)引证董彦平说,行营未发收匪委任,表示抗联将继续剿匪。哈市国方对此之对策,一方面组织联合警团(详情未悉),准备编匪,同时同意抗联设办事处,并要抗联将领联电行营、蒋及协商会,请求抗联合法。

乙、我们研究结果:

(一)设办事处利多害少。

(二)国方要求抗联请求合法含有阴谋,可能将指令抗联就地驻扎,停止剿匪,听候国党审核。

丙、为打破国党关于抗联尚不合法的说法,我们意见:东北局将昭和十五年十月关东军宪兵司令部出版之《满洲共产主义概史》关于其中抗联部分,及孔原处所存臧启芳(东北大学校长)主编某书上关于抗联部分,及蒋介石在抗战中曾说到东北抗日义勇军问题(保中记得)的言词,汇印成册,在关内外发散,以封顽口和争取社会同情。

丁、我们同意彭真十二日复保中电,由东北局起草抗联将领通电。

戊、李延禄等亦应列名。因保中在长春穿红军服装,公开过面目,保中等列名以先得苏方同意为好。

己、以上意见当否,请指示。

高、陈

一月二十四日

在东北建立巩固的根据地

（一九四六年一月二十八日）

一、十日停战协定与协商会议。

（一）关内和平已经取得，但和平尚未巩固。

停战三原因：

1. 解放区人民与我军。
2. 人民，各党派，国党军队与人员。
3. 美国局部改变，与三国会议。

我军我民为主。

国民党进攻我战略要点，但大肆破坏协定暂时不可能。

和平没有巩固的原因：国际国内的反动势力仍强大。

国党反动派（大地主、大资）。高度觉悟了的、很有经验的、十分反动的反动派。

决非阶级斗争的停止（一分钟未停），而是另一形式（特务，我不熟的，复杂的）。局部战斗与摩擦将是不断的。

国共关系与美苏关系密切地联系着——时常可变动国内情况。

（二）协商会（可能挤开一点，难有真正联合政府）。

省为自治单位。解放区不能动。

国家民主化，军队国家化。

国大代表与选举法。

国民政府四分之三至三分之一。

联合政府，一党专政，独裁加若干民主（自由，党派平等，政治犯，县省自治）。

不能解决问题，但挤开一点也要。

二、全国停战，满洲备战。

（一）必来开兵调动——"接收主权"。兵来唯一为打仗。

除北宁、中长路县外是否不接了？宾县也要，我是否全让出？要接不让就会战争。

新区新兵，容易进攻。

上中下三策，必找最有利于他的上策。

（二）对国民党力量不要估计太低。但进攻是可以被粉碎的。

明军，暗军，政治资本。

暗军已起战略作用。估计不足。

接收只来二百是挺进队：收编土匪，勾结大排，动摇民心，瓦解人员。

可粉碎的：

1. 部队多，武器好，已占先机。

2. 利用特务、土匪，人民反对，我们只要工作可取得人民。

3. 苏联在满洲的利益，不利于国党作战的。

（三）不经战争，不要设想满洲有和平。我战胜，满洲可能和平。

（四）中共在满洲有无功劳？打我有无理由？

三、满洲党的任务是建立巩固的根据地。

不是独占东北。美蒋，苏联，我方。

根据地在什么地方：较远地带。

没有意思？国内。靠苏——不败可胜之基。要不要？

已经有了吗？没有。

两个月来干了什么？向根据地方向（才退出哈市、蛰克图后）。

剿匪，巩固部队，接触人民。

估计：

土匪：特别土匪，不要小看。已向下（人数减，地区小，干部死，民心失），数量还大。必然更下。

部队：巩固程度增加了。今后还会增加（主力已到）。但仍有许多不可靠分子与部分——待机而动。

群众：仅是个别开始接触，全部未动。

四、群众能否迅速广大地发动是我们在东北成败的关键。

剿匪阶段尚未结束，但要点我将全占。

部队尚未完全巩固，但主力到达，巩固速度加快。

万事俱备，只欠东风——发动群众。

单纯军队（即使老部队），战争与人民战争——决不失败（几个区都不会失败，何况几个省）。

群众能否起来，已经证明。

各种斗争——基本租息、土地、工资。

起来的标准：农民手内拿枪。

农民起来了，一切解决了。军队，土匪，经济，和平。

党政军的全部工作是农民运动。

军队对于农运负有最大责任——剿匪，地方工作。

五、最近几个月将是我在东北决胜的时间。

完整的根据地要三四年，但最近几月是重要时机，可战之机。

干部战士多数是英勇战斗，艰苦工作。

但并不全体旺盛精神，少数腐化享乐，个别堕落。

弄清模糊认识：大城市不得，根据地不起劲。

新部队不巩固，大官做小事。

将有大战，阶级斗争与民族斗争，不幻想和平、外力，靠自己。

模糊者多，清醒者少——领导责任。

认识：

1. 斗争性质：为革命为人民立了不败的基础。站稳之后两种可能都在。他攻我，我攻他。

2. 三条有利，唯一弱点：全国形势，武器，苏联反对内战。唯一弱点在群众。

3. 还有几个月的好机会。唯一机会一去不来。

剿匪占城——军事可能，政治合法。

一切可用的力量统统用在发动群众。

不旁观，心向我。通风报信，武装自卫。

减租土地。

七师的任务

（一九四六年二月一日）

杨徐龙阎并转肇东刘子奇、王建中并告哈西地委：

一、七师的任务。

（甲）主要的是在北安、齐齐哈尔、哈尔滨四条铁路之间的广大地区创造巩固的根据地。

（乙）与肇东刘、王部合编，控制三肇地区。

（丙）在西满无主力到洮南情况下，有以相当主力控制洮南地区任务。

二、迅速以两团主力，由一负责人（由你们提出告我们）率领并带电台，伸入北安、齐齐哈尔、哈尔滨四条铁路之间的地区去，协助黑龙江（为主）、嫩江两省党政军在这一地区创造根据地。该负责人参加黑龙江省工委，该部受省工委指挥。如师部得分局批准、调动该两团主力执行其他任务时，则受师部直接指挥。

三、为了全北满革命斗争的利益和增加我军的战斗力，决定刘子奇、王建中所部编入七师，由刘、王负责向所属部队干部解释合编的意义，杨、徐、龙、阎负责适当处理刘、王部的干部，避免干部之间的可能的不协调，并由你们共同商定合编办法，先电告我们。哈西地委直接归杨、梁领导，师部暂在三肇地区。

四、七师应准备以一部主力进入白城、洮南地区，控制与外蒙联络线。但这一任务只有在西满无主力到该地的情况下才执行，目前暂不去，等候我们命令。

五、七师目前有何困难？望告。刘、王及哈西地委应用一切力量帮助主力解决困难。

六、七师后续部队须迅速北赶，万勿迟缓。

七、刘、王部抽三门完整速射炮及由哈市搬出不适用的炮弹，尤其十生的榴弹、炮弹运回松江军区。

高、陈
二月一日二十四时

目前剿匪之政策
（一九四六年二月五日）

刘王朱，王范叶，洛甫转牡丹江，合江及高转杨师，并东北局转中央：

因为：

甲、我军剿匪大捷（苏军也剿）。

乙、国党因中苏条约限制，不敢公开承认委任过土匪。因此，土匪在惨败之后（被逐出许多城镇，大量伤亡、被俘），内部发生了很大动摇。目前对策如下：

（一）被清查土匪、伪警特务，必然是国党用以反对我党的一种反动力量。我对土匪必然继续采取坚决消灭的政策。

（二）针对其动摇，扩大我之政治攻势，说明人民自卫军是为人民服务，当土匪是扰害人民。东北被委土匪，但重庆国民政府与各党召开的协商会议已经通过，今后全国只编九十个师，国党嫡系军官尚难安插，被委任土匪哪有前途？只有送死，决无官做。

（三）某些为保存实力、等待时机而同我接洽投诚的土匪，我在表面上不要拒绝，应巧妙地利用机会，速采兵不血刃地收复匪占城镇，并巧妙地设法解除武装。

（四）估计土匪正以化整为零的方法保存实力，等待苏联撤兵与国党主力北来，我唯继续在各地乘机清剿，发动群众。

北满分局
二月五日

对黑龙江工作的几点意见

（一九四六年二月二十一日）

北安王、范：

高在通河，我个人与德尊交换了下列意见，请考虑。

一、黑省剿匪已获大胜，开辟了广泛开展农运的前提。目前须争取时间，动员党政军民一切可用的力量，发动农民经济土地斗争，达到武装农民的目的，创造根据地的真实基础。

二、土匪虽遭重大打击，估计国党正采潜伏待机政策。我主力北上后，你们应协同刘、王、朱迅速清剿嫩江土匪，以免政治形势发生有利国党的变动时，嫩、黑残匪、潜匪、新匪继续蠢动。

三、目前虽无任何新消息，但精神上准备苏方同意国党来接省府。我应预先布置和加强各县。

四、看中央对东北问题声明（新华社十三日电）是要求改组国党行营、政治委员会与来接收的各省政府，要求县自治。估计今后全国尤其东北可能是国党区域我插一脚，但他仍为主；解放区国党也插一脚，但我仍为主，都难有清一色的局面。至于取消政委，中央二月一日全国指示上有了，但这不是昨天与今天的事。

五、可靠消息，苏军一两个月内不撤。

陈

二十一日

在通河干部座谈会上的讲话

（一九四六年三月十三日）

（一）和战大局的估计。

全国性的内战被制止，一党专政冲破了，全国迎来了和平民主的新阶段。在宾县时，我讲满洲的内战阶段还未过去，这次会议修正为：东北内战的危机尚未完全结束，和平的可能还会到来。

现在，东北问题的关键是美苏的经济谈判，美苏关系解决不了，东北问题也难于解决。这一点最近表现得更明显。现在之争即在于此：如果苏联不与中国订条约，则美国的势力一定要完全伸展到东北来，苏联不来，美国就来"合作"了。经济侵入即带来政治侵入，也就会是军事力量的侵入。对这一问题，苏联看得很清楚。

发展的可能：或美国独占，但现在这一可能已不存在，现在是苏联独占；或苏美并占，目前即争这个问题。华盛顿会议主张中国门户开放，当时是反对战后的日本。最近又提出这个问题，蒋介石对东北问题的谈话即指这个。蒋介石的整个政策是想叫苏军走，没办法时只有叫美国出来干涉，把东北问题国际化。最近国民党及美国的广播是反苏的。我们希望美国不来，但大势所趋不可能不来。现在是苏联占得多一点，美国占得少一点，或以后双方均等。

对苏军退出沈阳，有两种估计：一是认为系苏军将全部退出的表示；一是认为系对国民党的政治攻势，值此国民党二中全会时，局部退出使民主派好讲话。我赞成后一种估计。沈阳退出，并不等于从长春、哈尔滨退出。

国民党二中全会要全部推翻过去的协商决议是不可能的，这对他们是不利的。这次可能通过这些决议，但对东北问题或将另有新的决定。一切要看二中全会开得怎样，要看马歇尔回国后的表示，还要看苏联对东北开放问题的表示。

中国的内政决定于外交，东北问题亦决定于外交，外交问题即决定于美苏经济谈判。

东北问题决定的时机还未来到,可能拖一个时期。国共会打,蒋介石是会打的,地区是南满。我们的对策是:粉碎进攻,停止进攻,肃清土匪,发动群众。

在这种情况下,北满的工作应如何做?除了以上所指出的,还有以下几点:

1. 军队编制要使之适合将来进行运动战。

扩兵扩不扩?扩是要扩的,即发展宾县那种半脱离生产的农民自卫军。东北局来命令要各地派兵去,北满是五千,时间要快,而且要解决衣服、武装问题,一切准备工作现在就要抓紧。

2. 对各方面的态度。

对国民党内部反动派与民主派(即主战的与主张和平民主的,后者也有两种,即民主多的与民主少的)要分开,不能混同。民主扩大,和平也大,不必要把民主与和平分开。我们今天只反对国民党内反动主张的一派,这是一定要的策略。

对美国的政策。美国是资本主义,而且是老牌的,但也不要叫美国资本主义,我们应该学聪明一些。

对苏联的态度。不要讲拥护苏联、武装拥护苏联。现在要查看一下,有关苏联字样的东西统统都撤掉。

对日本人使用问题。部队里的日本炮兵一定去掉,用不得。技术人员如医生等,只能是过渡,要很快找人代替。

对东北地方人士,要团结中间派,巩固我们在东北的力量,一定要好好找这些人,与他们搞好关系。

(二)肃清土匪问题。

估计情况:

基本上击溃了土匪。土匪是国民党战略的先遣队,击溃土匪意义很大。高岗报告中讲的这条很对,击溃土匪三万,缴获机枪一百多挺,城市据点拿下来了,这不只是军事胜利,而且是政治胜利。在打土匪中,使国民党与老百姓的距离远了一点,我们与老百姓的关系接近了点。究竟土匪好还是我们好,老百姓看到了,相比之下,认为我们好一点,这在争取人民方面做了一些事情。

土匪还约有三万,在军事上、政治上还会与我们扯皮。目前的形势:

在齐齐哈尔、北安、佳木斯等地都有一些，五常一股有几千人，黑河一股号称三千匪（八个县，九万人，三千匪，集中在龙城里的）。还有的在苏军占领的城市，我们不能去打。有的藏在火车里，不能去打。还有的是等待机会，即"插枪潜伏，等待时机"，等到美军到来或青纱帐时活动。这个三万，我们估计将来还会不会打起来，我看会来的。和平了也有两种可能：一种是遣散，一种是收编。所以，一是可能来，一是不来，我们准备他来。

任务：

1. 肃清残匪，抢占县城。县城还有好些没占，要很快去占，以准备谈判。

2. 对土匪是使其情绪向下，人数缩小，与群众关系搞坏，政治影响下降。我们应进行政治攻势，但不是对土匪的政策改变了，那是不变的。对土匪占的城市，最好争取不战而进。

3. 对大排的政策是：中立大排，消灭土匪。现在对大排可以进行部分的改编，基本上是将大排武装转到农民手里，但不是统统都这样做。

4. 打法要采取更有组织的、更细密的、更加协同的动作，不协同很难搞掉。总之，现在是更难打了。

（三）群众工作。

松江稍微做得多一点，三江做了一点，黑河刚派下去几个工作团，嫩江才占了一些县城，牡丹江情况还不知道。但这次讨论有好处。林枫来信，西满来材料，都说以清算为中心是最容易发动群众的。为什么北满是减租，搞开拓地、满拓地，过去没搞清楚，这次讨论摸到一点门路。过去是不把清算作中心的，这次很好地检讨了一下，不对就是不对，对就是对，不要以为自己都对。这次检讨，有以下几个问题：

1. 城市与农村。基本上还是农业区域，虽然城市经济增加了，但农民工作还是第一位的。城里与农村人口的比重，木兰、通河、宾县不一样，宾县一比九，木兰一比三，通河是一比二。总之，哪里人多就到哪里去。

2. 农村与关内比确实有不同。大佃户资本主义经营的农业比关内多，土地更集中。马斌同志反映，零工占全人口的百分之六十。果真如此，这是了不起的问题，这样我们的减租根本没有摸着边。减租得益的多是佃富农，而不是佃贫农，即有百分之六十的零工与减租无关。现在的问题是要弄清楚这样的问题：（1）是否零工确有百分之六十？零工多少，佃户多少？（2）零工是否全是卖工钱的？其中还有多少带租佃关系的？究竟有多少拿工资，多少其他形式的？弄清楚这些问题很重要。如果都是拿工资的，则提出增加工资的口号；如果是有租佃关系的，则提出减租的口号；两样都有，则分别处理。这个问题一定要深入弄清楚。这个问题非常重要，其大等于天！要照实际情况办事。总之，是如何使基本群众得到益处而争取到群众。

3. 反奸清算。今天从阿城等地的经验看，反奸清算能更广泛、容易地发动群众，因其参加的阶层更广泛，集团更大，运动阻碍少。但这还不是农民翻身，最后翻身一定要在经济问题上。反奸清算是发动群众的桥梁，最终要走到经济斗争。

4. 开拓地、满拓地的问题。分得土地是否可以出卖？可以自由买卖。至于二流子的问题，农民会有处理办法。

5. 经济——武装——再经济。这是宾县提出的，其他地区是否也这样？满洲多数地方是地主有武装，这样的地区就要把地主武装转为农民武装。从前以为要等群众发动起来后再组织农民武装，但实际上，地主武装不除去，群众就根本发动不起来，因为地主武装在旁边威胁着。据宾县经验，一面发动群众，一面就收地主的枪，两者结合起来。

群众什么都知道，农民组织起来了，一切问题由他们解决，在这时再深入群众开展经济斗争。满家店的农民要求到韰克图去，农民干部已调任有五十个，这样的地方土匪问题好解决了。只有群众发动起来了，土匪才无法潜伏，才能肃清。

6. 知识青年。如果争取不了知识青年，在满洲还有失败的可能。知识青年是我们培养干部的对象，这一条我过去的想法有了改变，过去在哈尔滨时对知识青年的工作没有搞好。今天是阶级斗争的环境，争取知识青年比较困难。但可以争取一部分，要刻苦地做一些工作，初时能争取到跟着我们走就行了。木兰已有二十几个知识青年下乡参加工作，比较深入。

现在这样估计：大局一定，就好办了（对土匪这一条已稳了，对国民党还未稳，青年们都在观望这一点）。一面要靠大局，一面要靠工作。总之，争取知识青年干部的问题是很重要的。是否可以在教员里争取几个，这样将来对学生工作就更好办了。

对各地工作要随时总结，及时纠正，特别是领导机关，如省委、分区，应随时开会总结。

（四）财政经济问题。

财政经济问题即收与支的问题，亦即生财之道与理财之道。

生财之道：

第一个来源主要是清算敌伪财产，但许多地方如黑龙江、松江并不多。

第二个来源是税收。营业税，农村中的税现在还不行，现在是收买路钱，实际是"封建割据"。呼兰一天收四十万元，宾县一天可收十万元。这个数量不小，连阿城加上，一天可收一百万元。但不要大吹大擂，要闭门发财。

还有一个问题，假如禁止出口，实际禁止不了。禁止时商人也要搞的，而农民也不会把粮食卖完。全部禁止，国民党会讲话，所以不应禁止出口，这上面有财可发。有人说：如果禁止出口，则会产生囤聚。这不能成为理由。在今天金融混乱时，只有傻瓜才保存票子。而且经济问题只能用经济手段解决，不能靠政治解决，政治只能解决一部分。经济是基础，政治是上层建筑，要由经济决定。

关于税收的统一问题，今天谈不到。相当的统一是要的，即所谓利润平均化。

第三个来源是发公债。

第四个来源是发票子，但失败的可能性大，票子不好出。市面上流通的筹码少，并不绝对等于真是筹码少。这里有两种情况：一种是市面上流通的筹码少，而引致物价下跌了，这是真正的物资多而筹码少。另外一种是，如果市面上的筹码虽少，而物价仍涨，这并不等于真是筹码少。若以此就认为筹码少而发票子，则一涨就发，发后更涨，如此下去，结果会导致恶性的通货膨胀。所以我说今天票子发不得。因为流通量不大，发出后，一定会拿来换伪币，没了伪币一定要抛出物资，抛出物资后一定会造成物资缺乏，结果就一定会产生通货膨胀。

第五个来源是征收公粮。东北局指示，群众已发动的地方，可征收百分之五，累进不得超过百分之二十。征收实物，不能要代金，但征收后一定要好好保存。粮价要大涨，不要卖。

第六个来源是贸易。贸易可能赚钱，也可能不赚钱，不容易做。苏联贸易局的生意不好做。只有一宗生意可以做，即将大豆、高粱收集起来，运到大连卖，出运费，征税。这是一本万利的事情。

理财之道：

1. 开支要紧缩。开支的重心在服装。原则是：重冬轻夏，守旧省新。

这一条不注意，今年就更加难于解决。

2. 教育经费一定要计算到。在征收公粮时要把它计算在内，不然就会"共产一到，学校关门"。

3. 提倡节约，防止浪费。

4. 各地方的经费可以独立自主，但要有相当调整。哈尔滨经费要由四分区负责百分之六十。

5. 搞生产。如果这一地区不被敌人搞掉，那就应当搞生产。七月份除机动兵团外，各机关学校要做到菜金自给。

几个问题：

1. 各省、各单位要有管理财政的人。

2. 要估计经济混乱的时间。我估计最少还要两年，通货膨胀不能解决，物价会看涨的。要向延安商人学习，卖存实物，经常手里拿物资，不要拿票子。

3. 预筹经济。国民党的房子是盖在南面还是北面？大体上是在南面。因此，南满的部队可能来，不准备也是难办。八千、八千再两个八千，还可能再一个八千，五个八千就是四万人。来时一定要开支，不准备不行。一定要看大局，全世界如此，全中国如此，主力与地方亦都如此。队伍伸到东北来，是帮助取得和平，南面也如此。没有主力难有地方。实际上东北比陕甘宁富。是否将来有可能中央来一个指示："同志们！全国的部队经济很困难，你们是否可以帮助一点？"这样的提法，我看完全可能。因此，要准备搞到一千五百两到二千两金子。

4. 资材、器材的搜集要抓紧。

（五）党内问题。

一个是党员问题，一个是干部领导问题。

党员问题：

到北满后增加党员八百五十人，可能五百人到六百人是军队发展的，二百人到三百人是地方发展的。大致是党员不满一千人，学生、职员比较多，农民暂时还不多。

发生的问题：入党条件，候补期不要太长，一般主张缩短候补期。

如何解决：

1. 入党条件：农民中，不经过斗争不能加入，经过斗争的可以参加。部队里，一是经过战斗考验，一是做保卫工作中知道土匪逃跑时，即作报告者。二者必居其一，才能发展。学生要经过工作考验。是否可以稳扎稳打，不必还要经过巩固、审查各阶段，一次把它做好一点。

2. 候补期问题：（1）候补照旧，对候补期党员可组织临时支部或候补党员支部。（2）在参加会议、阅读文件上可以宽一点儿。（3）在发展党员这一点不能宽，发展党员的权柄还是要拿在老党员手里，使之对发展党员工作做得好一些。因此，候补党员不能发展党员。

3. 教材问题：根据实际，发生什么问题就教什么问题，需要什么就教什么。其次是教一些基本知识。

4. 有三种失掉关系的党员如何处理：（1）来历清楚的，"八一五"以后及以前出来的，应看重他们。（2）消极过的，要差一些。八路军的俘虏，根据地逃亡的，对这些人要多考察。（3）自称党员的，一种是坏人，一种多少沾了一点边。我们应当警惕坏人；对沾了点边的要心中有数，可以不承认他们是党员，但对他们做的好事，哪怕是很细小的一点，也不应抹杀。

干部领导问题：

1. 有的党员同志，做不得大官。当了大官就昏头昏脑，闹独立，只看到个人，忘记了全党的力量。个人的作用有，但很小。老实说，我们在建立北满地区的工作上，究竟做了些什么呢？应该说没有做多少事，个人的作用是很小的。没有全党的力量，个人很少有成就。这个问题怎么办？发生这种问题是不好的，但应该说也有我们的责任。我们这次分配干部有毛病：（1）只看到一点，没看到全部。（2）没有把他与工作比一比，这是在干部少的情况下发生的。因此，今后在人少时，应特别注意。这不能怪发生问题的人，我们要负一定的责任。今天的办法，第一是原则上不让步，第二是耐心的教育。

2. 合编问题。新部队与老部队的问题，过去是发展，现在是缩小。发展容易缩小难，爬上容易跌下难。这在全国都是困难，我们困难，国民党更困难。共产党内会发生问题，国民党内会更多。问题是在于我们应当解决得更好，这是对我们的考验，对每个党员的考验。要认识现实，实事求是，照顾全局，眼光放远。

3. 要求回家。有人说：全国复员，我也要复员。这个问题发生在七团。对这些同志，要使他认识：共产党员是哪里困难到哪里去，不怕麻烦，就是要"狗咬老鼠，多管闲事"。逃跑回家的事情会发生，东北越打得热闹，关里越和平的时候，就会发生得更多。

4. 本地干部。第一是关里来的本地干部，即"留洋"的（跑到国民党去后又转到我们那里的，许多是直接跑到我们这里的），这是可贵的"大豆、高粱"。第二是"森林、煤矿"，即抗联干部，这是宝贵的。第三是新的本地干部。要培养几百个新的知识分子，不然将会发生恐慌。第四是农民、工人出身的本地干部。第五是帮助我们干事的人。不能认为简单就好，复杂就不要，这是不对的。因为十四年要吃饭，多少有些社会关系，处理这些人，要特别慎重。一个时期内，应该两种看法都存在：好或坏两条，好的要看到，坏的也要看到。不能是"用人不疑，疑人不用"，"一是一，二是二"，这种看法是不对的。

5. 被抢救过的干部。个别人要求退党的问题还会发生，这样的人估计是少数。办法是：一给工作做，多多照顾。二提高认识。

6. 腐化浪费的干部。这种人名之曰"毒瘤干部"，应组织执法队。抗联一部分下级干部中也有，他们有的大吃大喝，有的到此地后，不管三七二十一，就要结婚。松江提出一年以后再说，这很对。条件是：（1）安定一点再说。（2）应是革命家庭。提倡品行，不要浪费。

7. 调动太多，干部不安心。这是松江提的。"先来""后来""五湖四海"，先来都是大官，后来还可分一点，最糟糕的是"五湖四海"，互不了解，分配不适当。

8. 干部座谈会五天一次，讲话自由，不作记录。吹一致了，可以作几条决定；吹不一致时，以后再谈。这样谈谈，看有什么问题。开会不要搞得太呆板了，太呆板了不好办，拘束了谈不好。要对形势对工作经常作估计，这样就会使干部看问题更敏锐一些。

为李兆麟被刺杀事给北满分局各省工委的电报

（一九四六年三月十三日）

各工委：

一、李兆麟同志于本月九日下午四时许，被骗至哈市道里水道街九号楼上被刺杀。李同志系三时半离市委驻地，说是应国民党松江省关主席之约请谈国大代表问题（未说会面地址）。到中苏友好协会后，稍坐数分钟，即云到水道街与他见面，三十分钟即回来（此时未说去会何人）。约十分钟即派人去找，见该门窗上锁。次日经搜查后，始在楼上屋内发现尸体，背、头部共有刀伤七处。

二、李被刺杀经过及李同志略历亦在日报发表。

三、李同志被害是国特反动派在目前反苏反共高潮下，企图破坏政协决议及全国和平民主的阴谋行动。我们一定要教育全军：对国党阴谋估计不足、公开的负责干部日常警卫疏忽、李同志在九日时未带人颇不对。

四、该事件处理方针：在群众中说明李同志是东北抗战英雄，坚持东北抗战十四年；光复后，又积极维持地方治安，主张国共合作与东北实行民主和平，为北满人民所爱戴，国特分子有意忍心暗害，以此争取广大社会人士同情及反对国特分子反民主、反人民的罪行。须经酝酿后，在哈市可争取广大中间阶层参加。与苏方商量，各省派一部队（徒手的）来哈参加追悼会。较大追悼会，各省应等我们或王友同志通知后才开（合江、嫩江较远，可借用松江、龙江部队）。合江、嫩江召来部队领导，由黑龙江代印一批嫩江自卫军符号，松江代印一批合江自卫军符号，以备应用。日期待与苏方交涉后，再行通知。在追悼会上，人民政府提出要求，惩凶抚恤，取消特务组织，保障人民生命安全，实行民主，承认共产党合法，实行政协决议，和平解决东北问题。哈市追悼会后，各省县也应召开同样追悼会，以便扩大宣传。

五、建议由保中同志领导，用抗联将领联名通电，除要求惩凶抚恤、取消特务组织等项外，并联系和平解决东北问题及承认抗联。

陈 云
寅元

争取我在东北优势以利谈判
（一九四六年三月二十日）

北安王范，嫩江刘王朱，牡丹江洛李，松江聂张，合江方张，九旅刘晏，七师杨刘：

一、国共东北问题谈判，有一种可能将即停战。为了争取我在东北优势，以利谈判，各省工委应就近与当地苏军商量，请苏方撤退某些县的苏军，让我军进入或独占这些县城。

二、原黑河省及合江省仍被匪占之县城应迅速占领之。

三、驻有苏军但同时驻有顽匪之县城，我们应再一次向当地苏军请他让我消灭顽匪，进占该城。如苏军不愿我消灭顽匪，则请其允我进驻该城，暂时与匪并存，以后再设法消灭之。如苏军坚不允我进城，则我们决不能与苏军冲突，只有不进。

四、所有新占县城，除大汉奸外，不要多杀一人，以利争取人心。

陈 云
二十日

坚决消灭盘踞仙洞地区之股匪

（一九四六年三月二十二日）

合江方柳，牡丹江洛：

一、根据方、柳报告，盘踞仙洞地区之股匪有三四千人，炮三四十门，并有日兵几百。

二、同意方、柳意见，此股土匪如不消灭，必成顽军之战略钳制队，后患无穷。因此，我军必须消灭此匪。

三、方、柳提议再让三五九旅主力参加这一战斗，我们认为太迟，也可以不必。

四、现在应该：（甲）方、柳部所有可用部队，都应集中使用于这一战役（我们估计至少三千以上）。（乙）根据洛甫来电，牡丹江已在桦林、柴河先后集中三个团兵力，估计可能有二千五百人。（丙）如果方强认为兵力还不足，请洛甫再在牡丹江抽调二三千人（必要时调田松支队）参加此役。总之，我们必须决心以合、牡现有兵力，坚决消灭此匪。

五、这一战役仍由方强统一指挥。在事先必须对匪情作详细侦察，对合、牡部队必须密切联络，协同动作，准备周密击匪计划，以期一鼓消灭此匪。

六、如洛甫能交涉到苏军协剿此匪则最好，否则，亦必须自力更生消灭此匪。

七、为此，方强电台必须与洛甫电台直接联络。如尚未联络好，请告我们，帮你们建立联络。

陈云　天佑

力争在苏军撤退后占领哈尔滨与齐齐哈尔

（一九四六年三月二十五日）

各省委，杨师，九旅并抄松江，东北局：

一、根据东北局指示，东北停战谈判有迅速签字可能，苏军亦有自北满撤退说。顽军欲乘此战和未定之际，拼命抢占地盘。我应与之针锋相对，寸土必争，力争在苏军撤退后占领哈尔滨与齐齐哈尔。

二、杨国夫师应立即集结，执行东北局南下参战命令。

三、嫩江主力准备配合西满相当部队占领齐齐哈尔。具体行动由西满分局李、黄指挥，望即与西满分局取得联络。

四、三五九旅主力及松江主力担任占领哈尔滨之任务，三五九旅主力即向宾县、蜚克图一线集结。四团（原巴彦部队）担任巴彦、木兰、呼兰三县守备任务，王奎先主力向拉林集结，温玉成主力向阿城集结。各部队于四月二日前集结完毕。

五、杨师转移执行新任务后，黑龙江部队应控制各县城，不使土匪有蠢动机会。原则自行部署后报告我们。

六、合江部队仍应积极消灭仙洞之匪，占领尚未占领之县城，并于苏军撤退后，根据情形巩固佳木斯、依兰防务。

七、牡丹江部队应配合合江部队彻底剿匪，并于苏军撤退后巩固牡丹江市防务。

陈、李

二十五日

不惜局部一时损失，力争全局长久之胜利

（一九四六年三月二十八日）

杨，刘晏谭，聂张，王范叶，刘王，洛李，方转张松，并报东北局：

国共派出的东北停战小组已签字（内容不详），黑省苏军三月三十日撤完。估计各省苏军已将快撤，国党必用一切力量抢占地盘。必须认识停战前的战斗是我在东北的决战，必须全军奋起，不惜局部一时损失，力争全局长久之胜利。因此：

一、杨师及独一旅立即抢渡到松花江南岸，执行东北局及北满所给任务。若因延缓而冰化不能南渡，将牵动全局，造成不可补救的大错。

二、嫩江刘、王部迅速准备好，适时进占齐市。

三、黑、合、牡部队，对已占县城，必须占稳，并抢占未占县城。对北安、海伦、绥化、太安、佳木斯、牡丹江市等各铁路城市，必须苏军撤后，确保占领，预防与消灭叛变及土匪袭击。

四、除对重要城市控制一定兵力外，各省军区须有相当机动兵力，以便打击重起顽匪。

五、对国党接收人员，一概不准杀害。

陈、李

三月二十八日二十一时

进占齐市应注意事项

（一九四六年三月二十八日）

嫩江刘、王、朱：

二十七日电悉。

一、在苏军未撤出齐市前，你们无法进攻齐市。目前必须与苏军交涉请其早撤，以便我进占齐市。你们与苏军交涉结果告我们。

二、在苏军撤后我进齐市时，对国党人员一个不杀，必须像延安招待国党联络参谋及其人员一样。如果在此点发生弊病，你们须负全部政治责任。

三、你们应经倪、郭与西满分局联络，嫩江省参议会、西满所管之各县亦以出席为宜。你们直接与西满商量。

陈　云

二十八日

必须有再打的准备

（一九四六年四月四日）

东北局并请转中央：

虽然东北和局一定将要到来，但由于下列三个原因：

（一）苏军撤退已成事实，国党外交顾虑已少。

（二）我党尚未与东北人民结合，东北反顽战争尚非人民战争，单纯武力对比，目前东北是敌强我弱。

（三）国党视东北为生命线，虽不得已，不达一定目的誓不罢争。

因此，国党政策一种可能是迅速与我停战；另一种可能则尚有相当时期内继续进攻，并由关内增兵到达预期的占领区域。因此，执行小组虽来东北而不派到战地，或实际无甚用途。因此，我之对策：

（甲）我兵力唯须使用于必要时间、地点的决定环节，避免被动浪费。

（乙）干部思想须有再打时间的准备。

以上所见是否错，请示。

陈　云
四月四日

关于锄奸保卫工作的训令

（一九四六年四月五日）

在我军进入塔市后，即安定秩序，对锄奸保卫工作特有如下之规定。

（一）军队不得直接逮捕犯人（军事犯在外）。在紧急情况下，非逮捕不可时，则必须经团级以上首长批准。逮捕后，迅速报告上级保卫机关处理。犯人物品钱财，不得自行没收和毁坏。

（二）除保卫机关外，不得审讯犯人。保卫机关在审讯中，严禁采用肉刑。

（三）罪大恶极之汉奸判决死刑时，必须经军区保卫委员会批准。在特殊情况下（恐怖、暗害、越狱、潜逃、武装拒捕），可采取紧急的处理，但必须报告上级。

（四）对国民党接收人员，只能监视软禁，而不应杀害、污辱、虐待。无积极反动行为之国民党员不得逮捕。对一般伪满官吏，如对我无积极破坏行为时，不得捕杀。

政治委员　陈　云
政治部主任　钟赤兵
一九四六年四月五日于吉黑军区政治部

入城纪律细则

（一九四六年四月六日）

一、尊重私人营业，爱护居民利益。

1. 私人工厂一切机械、物品，不得随意动用和破坏。

2. 商店、洋行不买东西不得随便进。

3. 不私入民宅，不强占民房，不乱拿家具不还。

4. 人民身上戴的物品，不得没收和强换。不得拿人之自来水笔、表以及其他饰物和钱财。

二、爱护公共产业，注意公共卫生。

1. 学校、工厂、官舍、会社、教堂、医院、公园不得稍有破坏。

2. 对邮政局、铁路局、电报局、运输公司要尊重并加以保护。

3. 不得在住宅附近、公园、街道上大小便。

三、军人应有品质。

1. 不入妓院。

2. 不醉酒。

3. 不许坐三轮车。

4. 对市民态度要和蔼尊敬。

5. 自己的服装要整洁。

四、干部如何注意维持秩序。

1. 干部要以身作则，成为士兵的模范。

2. 随时进行讲话，表扬认真遵守纪律的同志，批评和惩罚违犯纪律的同志，绝对不能采取放任态度。

3. 严格注意部队的日常生活管理，不得随时外出。

争夺哈市应注意的两个问题

（一九四六年四月十一日）

哈市王友：

一、国党必然利用日本人与我争夺哈市，这一力量不容忽视。望你们设法通过各方面关系，争取日本人在我们与国党斗争中采取中立。是否可通过关系找日本资本家说明，他们只有采取中立，将来才可能在满洲保存其财产和生命。通过资本家去影响日本军人和特务分子，望你们研究。计划及结果望告。

二、现哈市东、南、北均有我军，唯西面空虚，顽匪可能在西面集结并偷入哈市。望与友方商讨，加强对哈西顽匪，注意不使其集结与入哈市（西郊只有我骑兵一部）。

三、我们与友方及国方均无直接关系，一切事情均通过你处。

陈、高

十一日

剿匪工作指示

（一九四六年四月十三日）

各省委，各师旅，哈北：

一、北满各地顽匪，经我全体指战员无数次的英勇战斗，积极清剿，大部已被消灭。所剩少数顽匪，或仍成股盘踞在我力量尚未到达之处；或此剿彼窜，保存实力；或分散潜伏，以待时机。估计在目前苏军撤退，国顽北进，我主力结集争夺哈、齐之际，必然乘机再图复起，破坏与滋扰我后方。因此，继续坚决消灭所有成股顽匪（如仅将其击溃而不能消灭仍为后患），配合发动群众，彻底肃清散匪，是目前我建立北满巩固根据地的一个重要关键。

二、各地剿匪的具体部署。

1. 合江部队与八团及牡丹江进入东安地区之一支队，均归方、李统一指挥。除留必要部队控制佳木斯及勃利等县城外，应集中力量，争取于半月内全部消灭在勃利以东及密山、宝清等地顽匪，以控制合江全部在我手，并须严防顽匪西窜通河、方正袭击扰乱。

2. 哈东、延寿、珠河、苇河现有部队归程启文指挥，负责肃清该地区顽匪。牡丹江田松支队应酌量派队到苇河一带，积极助剿，完成松江与牡丹江连成一片之任务。

3. 五常、双城守备部队由刘可天统一指挥，清剿五常一带之顽匪。

4. 黑河及嫩江剿匪由王、范、叶及刘、王、朱分别具体部署。

5. 各县地方武装除留必要部队在家看守仓库及保护领导机关外，应组织可靠的精干部队，指定有剿匪经验的干部率领，机动灵活地到处寻找和打击小股土匪，以求得锻炼和扩大自己，不坐待主力，形成被动。

三、在不断的剿匪战斗中，部队中可能产生疲劳现象。因此，必须继续进行政治动员，振奋士气，向全体指战员说明，只有不给敌人以喘息的机会，争取迅速、彻底肃清顽匪，才能使部队早日得到休整。在军事上，采取奔袭、合击等战术，以歼灭敌之有生力量，并在击溃敌顽之际，乘敌失败沮丧、内部动摇，必须在军事上继续穷追。并配合在政治上采取争取分化政策，区别其内部各种不同情况，经过各种社会关系，瓦解其内部。对降我之股匪，应用巧妙的方式解除其武装。

四、目前北满各省部队，暂不向南线运输新兵。所有新老部队，都必须严整纪律。部队每到一地，应即组织工作团，开展群众的清算减租、分开拓满拓地及大汉奸土地的斗争，使基本群众得到实际的经济利益；和地主撕破了脸，并进而把地主大排武装拿到自己手中，才能造成真正的人民剿匪运动，达到对顽匪彻底挖根之目的。

五、各地应严防国特与顽匪之侵袭和破坏我仓库及暗杀我人员之阴谋，并希将匪情与剿匪计划及结果随时电告。

高、陈
十三日

北满根据地建设的进展状况

（一九四六年四月二十日）

一、国民党接收了哈尔滨和齐齐哈尔两市。除龙江省之漠河、鸥浦、呼玛、奇克、乌云五县，合江省之同江、宝清二县，尚被匪占领我正进剿外，所有嫩江、龙江、合江、松江、牡丹江五省之县城都在我手。嫩江、龙江、合江、牡丹江已有民主省府，松江省正开人民代表大会进行选举。各县政府绝大部分已初经民选。村政权只有个别已经改造。

二、"八一五"后北满所有股匪都是政治土匪。现仅龙江五县、合江二县仍被匪占领。

土匪经过重创后，大部蔽伏待机；尚在流窜的，二三百人者尚有十余股，五百人以上者有四五股，窜入哈齐两市者有三四千人。估计不论东北是战是和，国民党均必利用残匪扰乱北满。我积极的剿匪政策收复了许多县城，并锻炼了新部队的战斗力。

三、北满六十五个县，我已占的五十八个县中，农民已经发动者十六个县，宾县、宁安、木兰、方正、通河五县更普遍深入，其余仅在开始。农民斗争目前是清算运动，同时分配开拓地、满拓地、汉奸地，减租增资。仅有清算，农民在经济上不能翻身。北满多是山东、河北来的开荒农民，大佃农及经营地主很多，雇工、零工、伙种雇工占农民百分之六十。如不能满足此百分之六十雇农的要求，我无法取得多数农民的拥护。目前他们的要求，主要是分开拓地、满拓地，向地主租地，实行减租，以及政府帮助调剂农具、耕牛。北满地主武装很多，且多与土匪勾结，农民如不武装起来，便不敢斗争。我们的政策是发动经济斗争后，迅速武装农民，搜缴地主土匪武装以加强之。农民武装起来后，再扩大经济斗争，简称"经济—武装—再经济"。现宾县已有一千人的农民自卫队，其中七百步枪缴自地主。宾县自卫队实际上是村区最有权力者，其余各县自卫队则仅在开始。武装农民，应成为农民已经起来的标准。由于国民党勾结伪匪，我经过四个半月的剿匪、民运工作，北满农民已认识到共产党是帮助农民的，国民党来不利农民。一般人民对我纪律严明及生活艰苦有好感，外县人到哈市，传布我军好处多，不满者少。

四、争取学生工作也有成绩。现已吸收一千二百名大中学生到民运部门及军队工作。松江各县县立中学均已开课。开始时用军政学校教导队名义不易招生，故取缓进政策。各县开办短期训练班，一二星期后组织工作团到农民中去，最为有效。要有学生运动经验的党员去做学生工作，争取进步教员。中学复课费钱不多，社会同情，这是争取广大学生的根本办法。

五、到二月底止，北满军队和地方的新党员只有一千人左右，军队占十分之六。我们吸收党员取谨慎政策。在军队中，必须经过战斗考验或经过反内奸、反逃亡的斗争。农民党员必须经过斗争考验后选择吸收。估计三月以后的发展将迅速一些。

六、进攻哈市的准备工作如下。三五九旅主力及松江部队共一万一千人已进到市郊，哈市十个区中，我军已进驻七个区，只有南岗、道里、道外三区，因苏军未撤尚未进去。北安调来一千五百人已在松浦集结。经我工作，哈市各界名人、各重要社会团体，已发出要国民党军停止北上通电，并将请求人民自卫军入市维持治安。国民党方面企图保持其市政府。我一切准备工作放在武装进攻上，拒绝与其谈保存伪市府问题。对进攻哈市不可轻视，但攻克是有把握的。

七、经过八个月的工作，我在北满已掌握主动。去年九月到十一月，是坐在大城市扩大武装，并且由于对国民党及伪满残余施展的"先当八路军后当中央军"的阴谋无警觉，又由于北满干部少，老部队少，所以各县都发生部队叛变和蒋匪到处向我进攻的事。去年十二月至今年一月下旬，我将一切力量都使用于掌握连队、巩固部队，并积极组织机动兵力向匪主动进攻，稳住了局面，从被动挨打转为主动打击。二月至三月中旬，我军主力到达，北满全面展开剿匪战争，克复了二十二个县城。剿匪大胜，开辟了农运的前途，但由于到达北满的地方干部甚少，龙江、合江农运现在才开始。

八、必须将北满建设成为全东北的大后方和最巩固的根据地。我们的任务有三。一是继续积极主动地肃清残匪。二是把发动群众看成是一切工作的根本。拟用下列两种基本方法来满足占农村人口百分之六十的雇工、零工、伙种雇工的要求，即分配开拓地、满拓地、汉奸地给无地及少地的农民；增加伙种雇工的实物工资或减低其租额。领导零工向地主、大佃农租地。三是使北满成为兵源及练兵的基地。不仅继续扩兵，以新兵补充南满，而且要建成具有相当战斗力的兵团，去补充主力。

为完成上述任务，请求东北局给我们下列三点帮助：（一）将南满、西满一部分干部转移到北满，加强地方工作、大城市工作和掌握铁路、矿山、工厂。（二）派遣军事干部、练兵干部及组织十个补充团的干部，到北满各省扩兵和练兵，以备源源南下。（三）增加北满分局的领导人员，加强分局的领导。

哈尔滨市近况及目前主要工作

（一九四六年五月二日）

中央、东北局：

一、哈市近况。

（一）四月二十五日国党接收大员离哈去海参崴，次日全市工商业资本家谢雨琴、张庭阁等一百三十人签名盖章并派代表欢迎我军进驻哈市内。警察二千一百人和我谈好，将枪支全部集中，各公安分局向我缴出。现已交我者一千五百余支步枪。

（二）我军进哈，因未经战争，市内水源、电业、工厂、交通设备均未破坏，火车、电车均开出，广播电台昨天开始放送节目。警察缴械后，我暂仍利用其维持市内交通秩序。表面一切似尚平静，但问题极为复杂，市内隐患未除。全市八十万居民中，有三十七个国家的人，其中日人十万，俄人三万。我过去工作基础薄弱，内部各种真实情况了解很少，干部极缺，且无经验。而国特、顽匪则早有准备，有计划地或潜伏市内待机，或逃往市外潜伏。最近，在哈西之五站及哈东之半山、玉泉，各发现千余顽匪。

（三）根据各方材料，日人在哈埋藏军火甚多。正在设法搜集中，仅松江一个旅即获得各种炮六十余门。另据捕获之先遣军总指挥曹兴武及顽匪军长、师长等十七人之初步口供，可看出国特、顽匪组织庞大，涉及颇广，关系复杂，并称哈市地道中尚隐藏有未解除武装之日军。急待继续侦查、讯问，查明实况。

（四）群众反映我军比苏军及国党军均好，但尚存有怀疑、戒惧。工商业资本家等上层分子则组织人民军事招待处，负责我军供给，其中大部分害怕反奸清算，并表示如国党继续北上时，希望我军和平退出，不在哈市打仗。

二、目前我在哈主要工作。

（一）肃清各种反动的隐蔽武装。根据已有线索，经过各种关系，达到缴掉其武器，消灭其组织，并派精干部队清剿哈市周围顽匪。

（二）放手发动工人、城市贫民及市郊农民进行反奸清算斗争，并进一步武装他们。

三、松江省四月十六日召开人民代表会议。选出冯仲云（党员，原抗联三路军政委）为主席。哈市工作归分局直接领导，现卫戍司令员为聂鹤亭，政委钟子云（王友），市长刘达，敌产管理委员会主任张永励。松江省委则集中全力注意广大乡村、中小城市工作。

四、各种工作均缺干部，盼能从张家口及承德抽调一批前来。

陈、高
五月二日

对投降土匪的方针

（一九四六年五月六日）

西满分局李、黄：

肇东新划的五站县政府原封不动地编收土匪队伍，我们认为很危险，将来一定叛变。我们的经验，在军事剿匪胜利之后，必须采取瓦解土匪政治的办法，但其目的必须为了消灭其武装，我们对投降土匪的方针是缴枪留命。以上是否正确，请考虑并请对五站县加以考查与制止。

高、陈
六日

发扬马斌式的群众工作

（一九四六年七月三日）

在五月底和六月初，《东北日报》上连续地发表了宾县群众工作的介绍。宾县的群众工作，就是马斌所领导的。那些群众工作的报告，就是马斌所写的。现在，我们把马斌式的群众工作在这里说一说。

马斌同志是知识分子干部，过去在华中任过县委书记。去年十一月到松江军区政治部任民运部长，随野战军在剿匪战斗过程中做地方群众工作。在宾县李家店、平山、玉泉、八家子一带除做宣传、组织、救济、清算等工作外，还做了一些社会调查，向组织上提供了许多地方工作的意见，并要求做一个小地区内的工作。队伍转移到满井打了土匪之后，他即召集雇农分积谷仓的粮，不是我们给群众散粮而是组织了几个积极分子去领导分配。这些积极分子害怕土匪再来，地主报复，要求武装自卫，我们即给了几支枪。当队伍要离开满井时，群众要求马斌同志不要走，他就留在满井工作。群众替他放哨、站岗，组织了人民自卫队。他从这些积极分子中，了解了社会状况，知道地方枪械很多，即组织群众向地主、汉奸家里起枪。地主家的枪放在什么地方，这些雇农都知道，连"九一八"前的枪，十四年未被敌伪搜去的都缴出来了。在很短几天内，自卫军即扩大了并全部武装起来，深入了反奸清算斗争。在这个工作过程中，马斌同志发现了东北社会的特点是武装的农民反对武装了的地主、土匪、大排，斗争的规律是经济—武装—再经济。他调查了解了宾县的雇农占全人口的百分之五十到六十。

这个区域工作的发展，先由一屯一村做好向外扩张，反奸斗争很快地发展到宾县西北广大地区中。领导斗争开始只有一两个老干部，很短时间内吸收培养了一批雇农积极分子干部，这些新干部去新地区发展工作的作用是很大的。后来马斌同志任宾县县委书记，只有少数几个外来干部，全县（除边沿少数地区）的农民斗争都开展起来了。

最近，他带领工作队去陶赖昭战区工作，在种种困难条件下，说斗就斗，也发动了群众反奸分粮斗争（见他写的《陶赖昭工作经过》一文）。

马斌同志是宾县农民中的生龙活虎，他到哪里，哪里的农民斗争就斗开了。他的办公室内川流不息地来往着各村的农民的积极分子，农民当他为自己人，见了他不是九十度的鞠躬，而是随便拉话。农民的心向着马斌，当着冰天雪地过年时，农民抬来了野羊，不送别人，单送马斌。

马斌同志是我们东北群众工作的模范。在东北有各式各样的群众工作，我们提倡马斌式的群众工作。那末，马斌式群众工作的特点究竟在哪里呢？我们根据马斌同志半年来的工作经过，提出下面几点：

（一）下乡工作，有两种路线，一种是住在地主、富农家里，那里吃得好睡得好，一切招待好，那里听到的是"村里一切都好"。但是，农民对我们工作人员的态度呢？四个大字叫"侧目而视"。这种路线叫上层路线。马斌走的是另一种路线，叫下层路线。他出外工作，总是到最贫苦的群众家里去住，不怕脏不怕烂，就在农民的炕上住起来。他要了解宾县城内贫民有什么困难，就到宾县找赤贫的房户家去住，随即就发现了房户要求减房租，很快就发动了城内减房租、退房租的斗争。

（二）领导群众斗争，也有两种方法，一种是不问群众要什么，就把上级决定的清算、减租、分配敌伪土地"传下去"，结果常常是我们的决定与群众的要求"牛头不对马嘴"。马斌是另一种方法，他的方法是从群众的需要出发，群众要求清算即清算，群众要求减租即减租。去年冬季宾县城内穷人没柴火烧，但是上级决定上没有"柴火"问题，施政纲领上也无"柴火"的一条。马斌却不管这些"决定"与"纲领"，就去组织砍柴队，亲自带领群众到南山里去砍柴，穷人去砍柴的各种困难（如没有斧头、靰鞡鞋、大车），都协同群众一起解决了。山林地带又有胡子，他又把砍柴与打胡子联系起来，把森林区的采伐权交给了农工联合会。

（三）发动群众斗争，也有两种方法，一种是一切都由政府和军队赐给群众所谓"恩赐"，群众自己则既不斗也不争。马斌同志的办法是另一种，一切推动群众自己起来干，又斗又争。即使分配积谷粮这样的事，也叫群众自己议自己分。宾县减户租的斗争，在斗争前与许多积极分子商量了对房主讲理辩论的内容，讨论谁人先讲话，谁人接着讲。用这个办法，一切都是群众自己起来干，又斗又争，所以马斌所到的地方，不仅那个地方的群众就斗开，而且那个地方就出了群众领袖。

（四）马斌同志的第四个特点，有接近下层群众的习惯。对农民一见如故，有说有笑，善于向群众学习，学到本地群众的方言，摸到群众的心理，对群众说话不是格格不入，说起话来能打动群众的心。许多干部愿意随他一块去工作，他能调查又能研究，能想问题。过去半年，他在宾县的群众工作中提出了许多新的实际问题，这些问题，对于北满及全东北的群众工作，都有很大的意义。他在开会时，不是一般地讨论口号政策，而是从实际斗争的例子联系到原则办法，一切好坏经验，都加以比较分析。因此，干部觉得随他工作，能得经验，可以增加自己的工作能力。

马斌同志的这种作风是值得我们大家学习的。我们提出每个县委书记向马斌看齐，每个县要出一个马斌，每个工作队员向马斌看齐，每个工作队里要出一个马斌，我们要求到处有马斌，马斌到处有。

东北的形势和任务

（一九四六年七月七日）

（一）去年八月，英勇的苏联红军来到中国，进攻日本侵略者，我东北民主联军和东北人民配合红军作战，消灭日寇和伪满，替东北人民开辟了自由生活的道路。我党在东北，从日寇侵入之日起，即领导人民组织抗日义勇军，反对了蒋介石的不抵抗主义，进行了长期的艰苦斗争。对日反攻以后，我党更从关内派遣大批军队和大批干部至东北，帮助东北人民创造了广大的东北解放区。但是，丧失东北有罪、收复东北无功的蒋介石，在美国反动派援助之下，违背和平约言，大举进攻东北解放区。我东北民主联军和东北人民，从去年十一月山海关战役起，至今年六月七日两军停战，这一时期内，举行了英勇坚决的自卫战争。目前双方虽尚在停战状态，但国民党仍在积极准备再进攻。东北广大地区的群众工作和土地问题的解决尚在开始阶段。我农村根据地尚不巩固。我干部中有许多人不认识深入农村从事长期艰苦斗争以建立根据地的必要性和重要性。目前国际国内形势有利于我党建立东北根据地，粉碎蒋军的再进攻。但是，必须承认自己的弱点，克服这些弱点，方能达到目的。

（二）根据上述情况，东北局规定下列各点作为当前任务。

［甲］克服和战问题上的混乱思想，准备以长期艰苦斗争取得和平。目前英美矛盾增长，美国内部矛盾又极严重，蒋介石在全国范围说来仍感兵力不够分配，且人心不顺，经济困难，尤其重要的是我党我军的力量强大和坚决斗争，因此，迫使蒋介石不得不于十五天及八天停战期满后，又宣布无限期停战。在某些蒋军力量不足地区，停战对于蒋军亦属有利；在蒋军力量充足地区，例如中原区、胶济路，蒋介石已经发动大打，苏皖亦有很快大打的可能。对于目前东北，蒋军兵力不足，利于停战，但如增兵到来，便有极大可能向我再进攻。蒋介石在此次南京谈判中，除允许给我兴安省、新黑龙江省及嫩江省一部和延吉地区外，其余均要接收，不但要占点，而且要占面，此为我方所绝不能接受者。与其不战而失如此广大地方，将来不能收复，不如战而失地，将来还可收复。况且战的结果，除某些城市要道还可能失去外，我亦有粉碎蒋军进攻，收回许多失地之极大可能。因此，全党必须下最大决心，努力准备一切条件，粉碎蒋军进攻，以战争的胜利去取得和平。一切游移不定及侥幸取得和平的想法，都应扫除干净。在这个一心一意准备以长期艰苦斗争去取得和平的总方针下，我们的方法，就是从战争，从群众工作，从解决土地问题改善人民生活，从其他一切努力，去增加革命力量，减少反动力量，使双方力量对比发生于我

▲ 翻身农民斗争地主

有利的变化。其中最重要的是充分发动群众，使我党与人民密切结合起来，只要广大人民的力量增加到我们方面，就会使敌我力量发生于我有利的变化，从而建立巩固的根据地，使敌人无法战胜我们。总之，和平是必须取得和能够取得的，但主要应依靠自力而不应依赖外力。只有自力更生，自立自强，自己有办法，自己立于不败之地，国际和国内各方助我之力量才能发生作用，才能取得可靠的和平，否则就是不可靠的，是危险的。

〔乙〕坚持中央关于建立巩固的东北根据地的正确方针。大城市是我们所需要的，但大城市暂时一般地不易确保，如果偏重大城市，轻视建立根据地，我们将有既无大城市又无根据地的危险。因此，必须规定，无论目前或今后一个时期内，创造根据地是我们工作的第一位。这种规定不能解释为不要大城市，轻易放弃大城市，或者可以破坏大城市，相反地，不论我军已占或未占的大城市，都须依照不同情况进行工作。而且，建立根据地，正是便利争取大城市。我们所要创造的根据地，是包括中小城市和次要铁路在内的，但必须认识，创造根据地的主要内容是发动农民群众。因此，强调城市轻视农村的观点，是与事实和要求不相符的，必须加以肃清。发动农民的方法，是发动反奸清算、减租减息、分粮分地的斗争，并使中央关于土地问题的"五四指示"，迅速普遍执行。在农民翻身斗争中，提高农民的觉悟，武装积极的农民，改造村屯政权，使乡村的政权确实掌握在农民手里，并随之建立农会，组织各种各式的人民武装，吸引农民参加战争的各种工作，使东北自卫战争成为广大人民参加的战争。随着群众运动的发展，必须吸收在斗争中的积极分子加入我党，并在农村中建立党的堡垒——支部。只要广大的农民发动起来了，并积极参加自卫战争，我们就能建立不可战胜的阵地。为了迅速有效地创造地区广大的根据地，应以主力兵团的一部，配合当地的地方武装，采取积极行动，肃清政治土匪，调集干部组织地方工作团，首先集中工作于根据地的要点，逐渐推广，联系成面，力求在半年之内把群众发动起来。

〔丙〕应向全党全军明确指出现时的斗争和战争的目的，这正是目前党内所含糊不清的问题。我们是为保卫解放区而斗争。东北人民已经从日伪统治下解放出来，建立了自己的自由生活的解放区。但是，中国反动派在外国反动派的援助之下，向我解放区进攻，我东北民主联军和东北人民不能不举行自卫战，因为不自卫就灭亡，所以自卫战是完全正当和必需的。并须指出，自卫战的目的，是为实现经济上政治上军事上的民主而斗争。

在经济上，是为劳苦人民争得土地、房屋，以及分粮、减租、减息、增加工资、免除失业、发展生产的民主而斗争；在政治上，是为推翻敌伪残余和特务、警察的统治，反对大地主大资产阶级的独裁，由人民自己掌握政权的民主而斗争；在军事上，是为反抗大地主大资产阶级的军队、警察和政治土匪的压迫，为组织人民武装的民主而斗争。这些是我们斗争和战争的目的，也是为民主而斗争的具体内容。因此，我们不能不估计到各个阶级在这一斗争中的地位，比之抗战时期会有若干变化。同时，我们也应该指出，反内战反独裁，要求和平民主，仍然是我们和全国人民的迫切需要。应估计到，美帝国主义对中国的侵略企图及蒋介石的卖国行动，已引起了中国人民反美帝国主义反蒋介石卖国的运动，在这些斗争中民族的性质将逐渐加重，因此我们应该而且必须在保障基本群众利益的前提下，尽量结成广泛的反内战反独裁反卖国、争取和平民主独立的统一战线，这是极其重要毫不可轻视的。但又必须清醒估计到，今日的东北已非抗战时期的敌后，不要被地主阶级所蒙蔽，不要委任和发展地主武装，必须紧紧依靠广大劳动人民。

［丁］在敌强我弱的条件下，我军作战的原则，不在于城市和要点一时的得失，而是力求消灭敌人。为此，应采取诱敌深入，待敌分散，以优势兵力各个消灭敌人的方针。消灭敌人，就达到保卫根据地的目的。一般地不作阵地战，广泛地使用运动战和游击战。所有军队人员必须有充分的群众观点，军队必须协同地方武装进行群众工作，严格遵守三大纪律八项注意，严格注意纪律的检查，任何破坏群众纪律的行为都是等于在军事上打了败仗，应充分发扬我军既善于打仗又善于发动群众的光荣传统。

［戊］适应长期战争和创造根据地的方针，必须在军事、剿匪、民运、土地、财经、后勤、兵工、交通、城市工作、文化和建党、建政等等方面，根据具体情况，规定各种政策，时时注视工作进度，根据工作的经验，作出扼要的总结，并使各地经验迅速交流，提高工作效率，提高干部能力。

［己］造成干部下乡的热潮，克服干部中的错误思想。许多到达东北的干部，对于长期战争和艰苦工作没有认识，没有精神准备，不少人迷恋城市生活，缺乏下乡的决心，缺乏群众观点，干部中享乐腐化厌战的情绪在增长着，这是党内最危险的现象。干部中这些不良倾向的来源，一方面由于为人民服务的精神不足，另一方面主要的由于不认识东北斗争的形势。

目前应在干部中反复说明东北斗争形势，使干部认识东北斗争的尖锐性和长期性，认识能否发动农民是东北斗争成败的关键，农民不起来，我们在东北有失败的可能。强调共产党员为人民服务的责任，号召他们走出城市，丢掉汽车，脱下皮鞋，换上农民衣服，不分文武，不分男女，不分资格，一切可能下乡的干部要统统到农村中去，并确定以能否深入农民群众为考察共产党员品格的尺度。凡能深入农村者给以鼓励，不愿到农村去的给以批评，造成共产党员面向农村，深入农民的热潮。这就既可以完成发动农民的中心任务，又可以彻底改正干部的不良倾向。

（三）东北是处在长期艰苦斗争的环境中，但东北斗争的前途是光明的。我们在东北已占先机之利，党领导了强大的军队，有几万外来和本地的干部，广大劳动人民又迫切需要在政治上经济上翻身。相反，国民党反动派不可能给东北人民以任何利益，他们勾结敌伪惨杀人民，排除异己，贪污腐化的结果，必丧失人心。国民党反动派可能增加它在东北的武装力量，但无法占领全东北。它占地分兵的结果，将遭受各个击破。目前在军事上虽然仍敌强我弱，但力量对比相差的程度并非内战和抗战时期的悬殊。内战和抗战的时候我可战胜，现在更有战胜的把握。在敌我所站的地位上，不论他们如何进攻，像内战时期的"围剿"、抗战时期的四面围来的"扫荡"，这种情势是不存在的。同时，东北的斗争不是孤立的，我们有全国解放区一万万几千万军民的配合，有全国人民反内战反独裁反卖国、要求和平民主独立运动的配合。国民党反动派勾结美国坚持内战的结果，高树勋、潘朔端将军的继起者一定会出现的。从全国范围革命力量与反动势力的斗争的发展过程看来，革命力量在上升，反动势力在下降，中国共产党的力量空前强大，国民党从未像今天这样丧失人心。在这样有利条件之下，只要我们全东北的干部认清东北的形势，团结一致，紧紧地与群众在一起，兢兢业业，一步一步地向着奋斗目标前进，一定可以改变敌强我弱的形势，一定可以建立起巩固不拔的阵地，粉碎反动派的进攻，使东北和全国一起走上和平民主的新阶段。

（四）东北局决定：这一决议必须在各级党部中讨论，澄清干部的思想，并将检讨的结果报告东北局。

发动农民是建立东北根据地的关键

（一九四六年七月十三日）

一、东北形势，目前仍是敌强我弱。

应该对东北形势作出正确估计：东北不仅是国内而且是国际革命和反革命争夺的一个焦点。如果我们能在东北完全站住脚，中国革命就能立于不败之地。正基于此，美蒋与我必争。他们怕我们和苏联联系，企图在东北彻底消灭我们。如果我们在东北增兵，他们也会从关里调兵遣将的。我们与其跋涉千里从关里调主力部队到东北作战，不如发动群众，建立根据地，就地扩大武装。国民党在东北和关里采取打打停停政策，极力避免两面作战。我党中央也采取两面呼应的对策，这样会减低对东北的压力。蒋介石已令杜聿明在东北就地收编伪军、汉奸、特务、土匪、伪警，扩大武装，把地下军一个军扩大为三个军。美国在青岛给蒋储存大量军火，依靠这些来武装东北新兵。

在东北，由于日寇统治十四年，一般群众对国民党存有相当的幻想，认为他们是正统，牌子正，有美国援助，力量大。我们虽然亦工作了几个月，但在群众中影响仍比国民党小。目前在东北还没有巩固的根据地，打人民战争还谈不到。

我军现有三十万，数目不小，其中正规野战军十万，干部二万。但是，新成分、新部队比重很大，尚不十分巩固。如没有老百姓配合，军队作战不能取得相当胜利。

从以上三方面估计，敌强我弱的状况在今后一个时期还会存在。敌之所以强，主要是因为有美国人帮助；我之所以弱，主要是老百姓没有发动起来，同时一部分部队和干部思想上混乱。当然，对敌之强既不应夸大，亦不应看轻。我应不放松有利条件，也不能存在侥幸心理，应在思想上作最坏的打算。

二、总方针是发动群众，改变敌我力量对比。

改变敌我力量对比，主要的办法是发动群众，增加我们的力量。从关里再调主力部队是不可能的,因为关里也在打。我们准备同国民党在关里和关外全面打,这样更有利。调主力到东北也不是好办法,没有群众支援,单纯拼骨头,打来打去,是会打光的。

要站住脚,就得有群众。没有群众,地方虽大,离敌很远,也站不住;有了群众,地方虽小,离敌很近,可以站住。长征走了很多地方,都没站住脚,到了陕北才站住了,主要是那里群众发动起来了。我们现在是"租房",尚未造屋。群众不起来,干部恐怕要当"华侨",十万主力也要打完的。有了群众,一切好办,可以有军队,清除土匪,经费供给也有来源。没有群众,一定失败,死无葬身之地。

群众能不能起来?可以起来,一定起来。阶级斗争客观上可以展开。

发动农民起来斗争,得要掌握武装,因为地主普遍有枪。从经济斗争到武装斗争,再深入经济斗争,再进一步转入武装斗争。这样农民不仅敢同地主斗,也敢同国民党斗了。

争取每个村建立人民武装,建立党组织。在六个月到八个月内,必须集中一切力量,把东北群众工作搞起来。现在是万事俱备,只欠东风。

干部下乡。不分男女、新老及哪一级干部,都要下去。军队每个团都要抽三分之一指战员下乡。要当参谋,参群众之谋。城市、机关、学校工作都可放松一点,受些损失都可以。乡村工作的比重应占全部工作的百分之八十。

三、目前的六项任务。

(一)纠正干部中的混乱思想,建立长期战争观点。任何时候都不能抱和平的幻想。和平只能是力量较量的结果,是打出来的。美帝国主义的政策不是公平调处,而是以扶蒋反共为目的。马歇尔的调处,实质上是主张能够今天消灭就今天消灭,否则,待蒋介石的力量养大了再干掉我们。魏德迈则主张今天就消灭我们。总之,美国准备尽一切办法把中国变为它的殖民地。美国采取假仁假义的两面手法,我也需要准备两手,慎重对待之。不能寄希望于国际条件的变化。

东北的斗争是很尖锐的,是长期战争的形势,是停停打打的长期战争局面,但停的局面不会很长。国民党的力量只要一准备好就会再打。我党中央的方针是,如果他们打哈尔滨时,关里就配合,最近打山东就是一个信号。国共谈判问题很无头绪,国民党准备的是"囚笼"政策,无非想一网打尽我们。因此,必须有长期作战的准备。

（二）深入发动群众，建立根据地。根据地主要是广大乡村，加上二三等城市和次要铁路线，这是占第一位的。第二位才可能搞下大城市。不依靠大城市亦能掌握二三等城市和广大乡村。从建立游击区发展到根据地，主要是发动农民问题，轻视农村工作是不对的。

目前东北的群众组织，最重要的是建立武装组织，要以武装为中心，建立政权和党支部。要重视农会组织，县可成立县农会，县委可设立农委。

群众工作的主要要求：一是提高农民的觉悟，开展斗争，与地主扯破脸；二是培养起本地干部。

党员发展的条件：三敢，即敢于要土地，敢于斗争，敢于武装；三不怕，即不怕离家，不怕地主，不怕国民党。新党员发展到足够数量时，要做巩固工作，争取每个乡村都有我们的堡垒，避免大量发展又大量清洗。坚持积极发展、个别吸收的办法。

（三）提出正确的斗争口号，发动群众为此而斗争。现阶段为和平民主而斗争，关键是实现经济、政治、军事民主。经济民主，解决农民经济生活问题；政治民主，解决农民的政治地位问题；军事民主，解决组织农民武装问题。

目前东北是一个严重的尖锐的阶级斗争场所，和抗日战争时期不同，各个阶级的关系发生了变化，国民党和地主阶级是第一号敌人。

（四）实行运动战和游击战相结合的作战方针。一般地不打阵地战。战争应作持久的准备。目前部队问题较多，正气不扬，邪气发展，有些干部腐化，应该很快调整。破坏一次群众纪律等于军事上打一次败仗。要防止到地方上抓一把。当然，地方应该适当照顾部队。目前搞好部队建设，主要是抓政治工作。解决部分指战员的思想作风和群众观念的问题。

农村分地前，县、区武装不可靠者，由主力改编；分地后，成立新的武装。

（五）解决干部思想问题。许多干部来时没有充分的精神准备，缺乏长期战争和下乡苦干的决心，向往大城市。部分干部暴露了享乐、腐化、闹地位、争待遇和厌战情绪，为人民服务的精神不够。

要大家懂得，东北是新解放区，斗争艰苦，困难很多，群众未发动起来。需要大喝一声，大家要丢掉那些错误的东西。要准备出现最困难的情况。

干部是可以说通的，使其了解形势和任务。要组织工作队，许多同志要下乡，应该到斗争中去上大课。做群众工作的干部，不论是中央委员还是区委委员，都是群众一级的干部，大官要做小事。

（六）纠正工作中的盲目自流现象。党、政、军、民各项，都要有政策，有工作计划，随时检查，总结和交流经验。

以上六项任务有一个中心，就是发动群众。

四、东北的斗争是艰苦的，但前途是光明的。

东北八个月的工作是有成绩的，开辟了这样一个新地区，牵制了二十一个美械师，使得关里解放区得以休整六个月，土地问题开始解决，关里解放区民兵发展至七百万人。坚持东北的斗争，对关里各根据地的斗争起了很大的帮助作用。

国民党不会给群众好处的。只要我们把群众工作做好了，东北人民一定会跟着我们一道干。

蒋介石露骨地给美国许多利益，如内河航行，天津、青岛驻兵，等等。国民党区民心厌战，反对美国。蒋介石的威信大大降低。他经济上有困难，军事力量不足，与十年内战时期、八年抗战时期相比，已差之甚远。像过去那种对我"围剿""扫荡"的形势，已不存在。

全国军队：国民党三分之一，杂牌三分之一，我们三分之一。打来打去，杂牌会和我们靠拢的。我们将越打越大。

全国、全世界的大势，我向上，敌向下。只要发动群众，在东北建立起巩固的根据地来，我必胜。

争取先机挤走伪满票

（一九四六年八月二十四日）

西满，佳木斯，通化，辽东，各省委：

据长春确息，国党银行原定伪满票二百五十元换美金一元，现改为三百元换一元。估计只要国党印钞能力增加，迟早必停用伪满票。我为避免人民大损失，争取先机挤走伪满票，特定下列对策：

（甲）同意西满分局规定其所属各省（辽吉、兴安、嫩江、松江）自八月二十七日起贬价八折,并继续贬价。

(乙)合江、牡丹江两省已有足够流通的东北票,所有公营企业、税收机关一律停用伪满票。省府暂时不出停用布告,以免惊动国党和混乱市面,各县可出停用伪满票的布告,但必事先经工作团告诉农民抛出。

(丙)东满通化地区过去早经禁用,现应继续执行禁用命令。

(丁)为便于我后方伪满票流来哈市,以便哈市商人去长春买货,或使被遣送日人带去伪满票起见,故哈市既不停用也不贬价。

(戊)上述贬价或停用的办法,对大小票面的伪满票都适用。

东北财经办事处
陈 云
八月二十四日

图们办事处的性质与任务

(一九四六年十一月十三日)

东北局:

甲、关于图们办事处之性质与任务问题,已与周、陈、张商讨,规定以下四点,请批准。

(一)图们办事处为代表总部及东北局,又代表吉林军区之代表机关,掌管对外贸易政策及对外接洽。办事处之一切经常费及招待费,统一由总部负责。

(二)由于图们是吉林省之重要出入口岸,办事处有全力帮助吉林省出入之任务,须在东北局财办处所决定的对外贸易政策与兑换数目内。

(三)组织办理出国手续中,要求出国而属吉林省者,出国由吉林军区负责审查介绍;属吉林以外者,统由总政治部及东北局组织部负责审查介绍,始可为之办理。

(四)受吉林军区委托,兼管图们市之卫戍治安工作。

乙、图们仍由饶斌、孔祝三任正副处长(饶历史林枫知道)。依我看,东北局暂难派更适当的人来，同时，饶是可以胜任的。

陈、萧
十三日

反动派一定要被打倒，胜利一定要来到
（一九四六年十二月二日）

　　我才从北满来，可以代表北满的同志们，向在座的同志们、向南满的同志们致谢！有你们在这里扯住敌人的大腿，使北满能争取更多时间开展工作，巩固阵地。要按功劳来说，南满的同志们是第一功。你们辛苦了！

　　在朱总司令六十大寿的日子里，我们应该祝贺他，祝他健康，寿比南山！

　　朱总司令是个老军人，远在辛亥革命时，他就参加了那次革命。此后，因为袁世凯想当皇帝，朱总司令和蔡锷他们还领导进行讨袁战争。后来他曾出洋到外国，最后到了苏联。他认为中国革命就应该向苏联学习。一九二六年回国后便参加了北伐战争与大革命运动。到一九二七年，蒋介石叛变了革命。朱总司令又参加领导了南昌起义，并率领起义余部与毛主席领导的工农革命军在井冈山会合，创立了工农红军。以后就是抗日战争中的八路军、新四军。在自卫战争中，进入东北地区的八路军、新四军部队与东北抗日联军大会合，成立了东北民主联军。中国共产党领导的人民军队已经有二十年的历史了。这支一百五十多万的人民军队，是毛主席和朱总司令创建起来的。

　　这二十年的历史经验，只有四个大字，就是"越打越大"，其实也是两个字，就是"打"和"大"，"大"是"打"的结果。在井冈山初期，我们只有一二千人，到中央苏区时，全区人口才不过二百五十万人。抗日战争开始时，我们只有陕北一些县，到现在我们进行自卫战争，光战场就分东北、华北、华中好几个了。早先苏区只有一个井冈山，现在我们解放区里有五台山、吕梁山、太行山、泰山、长白山……简直数不清了。我们的武

器、人员更不知强大了多少倍。"打"是说明二十年所经过的曲折道路。我们并不是早先就有地盘，而是慢慢地招兵买马发展起来的，是从长期艰苦奋斗中壮大起来的。越打越大，就是我们人民军队发展的规律。过去二十年如此，今后还是如此。

现在朱总司令又领导我们进行自卫战争。这个战争的前途如何？毛主席、朱总司令告诉我们八个字，也就是《解放日报》社论上写的"蒋军必败，我军必胜"。这是因为蒋介石有很多的困难。

第一条，蒋介石野心太大。他样样都想要，想把解放区全拿过去，想把我们全部消灭。可是他的兵力不够，布置不过来。这就叫要求大，本钱少。

第二条，蒋介石统治区人民生活苦得很。在抗日战争时，他发国难财、老百姓受剥削还能勉强咬牙熬下去，名义上也算一切为了抗日。但在抗战胜利后，蒋介石为了打内战，更厉害地剥削压榨老百姓，他们就再也受不住了，就会反对蒋介石。

第三条，蒋介石虽有美械装备，比我们缴获的日式装备稍微好一些，但他的兵心厌战。因此，真正上了火线拼上刺刀，他们就有许多交枪的。这次歼灭国民党军第二十五师，就有很多早先我们释放的俘虏领头放下武器。

因此，我们完全有信心说，这个自卫战争打下去，蒋介石反动派一定要滚蛋，最后胜利的一定是老百姓，是人民的军队。

现在，我们要做三件事情：

第一件，仗要打好。在正面，我们集中兵力多打歼灭战，就像这次歼灭二十五师一样。在敌人后方开展游击战，牵制敌人。敌人越分散，守兵少，就越易被我们消灭掉。这是专对着蒋介石第一条困难来的。蒋介石兵力不够，就好比生着肺病，我们把仗打好，使他从肺病第一期发展到第二期、第三期，一直把他送进棺材去。蒋介石兵力消耗越大，他就要设法补充，就必然要抓壮丁、抢粮食，必然逼起民变，民变就是反对蒋介石的第二战场。只要我们仗打得好，蒋介石内部起义、反对内战的军队也就更多。

第二件，依靠人民。现在我们在农村，也就是要依靠农民。我们和农民的关系是，没有农民就要不得了，有了农民就是了不得！东北的情形目前是"万事俱备，只欠东风"。在东北，我们有兵、有干部，武器装备都好，只缺少个群众条件。有的同志以为东北老百姓落后，其实这是不对的。关内解放区的老百姓好，但那是八年抗战的成绩。现在东北的群众工作只有半年，半年和八年相比，时间上相差十五倍。但是，东北的老百姓一定能发动起来。原因是东北人民有百分之七十缺少土地，我们进行土地改革，满足他们的土地要求，群众就会拥护我们。在长春以北陶赖昭地方，马斌同志在那里领导群众分粮分地，敌人隔着松花江打炮，地主吓唬农民说，中央军过来杀你们头，但是农民回答："明天杀头就杀头，今天我还是要粮食吃饱肚子。"他们还是把粮食拿走了。这完全证明农民是要土地的。当然，东北农民没有军事经验，看见我们军队走了，就以为大局已定，天下归国民党了。反动的地主也无经验，也以为我们永远走了，就报复鞭打那些翻身的农民。但是，我们却是"泡蘑菇"的，走了又回来了，又把反动势力打下去，农民再翻过身来。这样，农民的军事经验就增加了，知道我们并没有走。就会欢迎我们、帮助我们了。东北农民的政治经验也不够，开始听我们宣传，对蒋介石是好是坏，总是半信半疑，直到他亲眼看见蒋介石的罪行，他们的政治经验也就丰富了，明白了到底谁好谁坏。有的同志以为现在正在打仗，来不及搞群众工作。但是，我却说一定能把群众工作搞起来，因为毛主席上井冈山后，连六个月的群众工作也没有，蒋介石就派军队"进剿"了。他们是边打边搞，那时候有兵，没有干部，没有工作队，没有时间，也没有工作经验。现在，我们在东北，有兵，有干部，派下去的工作队不知有多少，积累了二十年的经验。现在的条件总比井冈山和中央苏区时好得多。我们依靠人民，第一条就是领导群众翻身，做群众工作。第二条我们部队要特别注意群众纪律。农民看我们，开始先看我们对待老百姓的态度，尔后才看政策。如果我们的群众纪律不好，老百姓讨厌我们，就等于打了败仗。反之，我们纪律好，老百姓说好，就等于打了个胜仗。

第三件，是站好个人的岗位，积极工作，加强责任心。我们要勇敢地去迎接困难的任务。哪里有困难，就向哪里去，战胜困难。退却逃跑，躲避困难，是可耻的。

只要以上三件事做好，反动派一定要被打倒，胜利就一定要来到。

目前局部地从军事上看，是蒋介石进攻我们，但从更大的范围、从政治上看，是我们人民的力量在进攻。全世界的法西斯国家——德、意、日已经被攻倒了。我们现在力量之壮大，也是向蒋介石那里攻来的。因此，有同志问战争还需要多少年，我可以回答，革命历史变化有一个规律，就是越到后来越快。我们算一算，据说地球的历史是几十亿年，人类文明史也有五千年，共产主义的学说则只有一百年。而在这一百年中，前七十年做的最有影响的一件事，就是法国巴黎无产阶级和人民群众建立的第一个无产阶级政权——巴黎公社，可是以后失败了。后三十年却完成了一件大事，出现了一个伟大的社会主义国家苏联。现在全世界的民主力量更飞快地发展扩大着，我们现在所进行的是翻天覆地的大事业。只要我们努力，我们便能战胜困难，快点爬过山顶，转入反攻，争取胜利！

让我们共同奋斗，勇敢地充满胜利信心地前进！

辽东敌后的情况

（一九四六年十二月十三日）

东北局并报中央：

敌后情况未得安东省委报告，现据各县退来新老干部反映如下。

甲、敌情。

（一）以正规军为主，附保安队、警察（即前土匪）、大团（早在敌占城市组成）四种武装，定点"清剿"。先公路后山沟，先中心村后普通村。

（二）安官立宪，招收伪满警、特、村、屯长复职。

（三）宣告退地、退粮，公地归公，私地归私。分什么退什么，分多少退多少。

（四）对本地干部与地方武装则欺骗，布告缴枪领赏，暂留我民选村长服务作采买、派差。勒令军属找回子弟，回家无罪，不回则罚家属。勒令献出八路寄存物资。据现有材料，欺骗政策一时收效不小。

（五）警、特、顽兵强指民财为八路物资，任意勒索并有奸淫。

（六）敌利用顽占区群众抢我区村东西（初期），挑拨本地与外来干部关系。

乙、地主态度。

被斗争清算过的地主多数积极反动，勒令村长、农会长负责退田退照。过去献地之中小地主观望居多。个别地主尚不敢收田。边缘反复区与远敌后未反复区中小地主之态度，有硬软之分。

丙、农民、区中队员、民兵和本地干部态度。

（一）分地后农民已分出共党好、国党坏。除个别例外，一般已无过去那种袭击我少数撤退人员事件，且有个别掩护我人员者。对国党幻想，非接敌区还有盲目现象，但原接敌区已无盲目现象。

（二）但普通农民、区中队员、民兵以及许多本地干部，都认为兵力上国强共弱。又因不知我会反复斗争，都认为八路大势已去。民兵多数叛变，县区武装则小部叛、大量逃。原村干部仍被敌迫继续为国顽服务（在敌占区敌未到之村亦如此）。农民献出我物资。个别县有杀押老干部（其中有坏分子），多数为保全自己。新干部已退出者大量溜跑，仍留者亦未安。

（三）多数农民不愿将分地分苗所得粮食交地主。他们的办法：十分之一放在谷仓，十分之九藏于密窖。准备以收成坏、八路吃了来搪塞地主。此种藏粮手段，我可普遍用为保粮斗争办法，用一切办法让农民享受分地所得粮食，必增土地斗争决心。

（四）地主必追田粮，被清算者必报复，国党必抽丁，许多交枪的区中队员、民兵被押，将有利于我军敌后活动。

丁、我情。

（一）已无经常地方工作，只有敌后武装活动。计：

1. 安奉、南满两铁路间（辽南省委）有较强之独立师。孤山、安东附近吕志桓部原有二千左右。

2. 安奉路东营盘、兴京、桓仁，浑江以西有十二师之一个团及三、四地委，共三千余武装。

3. 南满、吉奉、平梅三铁路间各县地方及武装曾全退，现有一部挺回去。

（二）敌后各县区县干部牺牲不少，现均集中随军活动。

（三）尚随军活动的新干部，每县有二十左右。另有一部退临江，拟给短期教育。还有许多新干部出来后又溜走。有些老干部中流行着"东北人随风倒"的有害看法，必须纠正。其实许多新干部既熟民情，又很有希望。须强调无本地干部，我将失败。在新干部中须给阶级教育，说明革命大势，并以实例证明回家必受害，不回家无害家属，国党决不能杀几百万参加八路东北人的家属。

（四）因战前未及精简体弱与妇女，许多地方部队被迫退还安置。

（五）各县物资，事前未藏于敌一时打不到的远后方，都被截去或献出。

戊、对策。

尚待与安东省委讨论，但拟议如下：

（一）南满只剩五个完整县，四十万人口，坚持敌后是成败关键。须派出相当主力去敌后。

（二）打击反动地主、警、特，保护农民已得粮食，破坏抽丁。

（三）力争游击区存在，创造游击根据地，以便适当时机恢复某些根据地。

（四）调整敌后干部，注意精干、经验、坚定、团结、共甘苦等条件。

（五）特别注意培养本地干部。

（六）对受骗被迫服务的村长、农会人员，一般不以反革命对待。

（七）可能失守的县区及敌后，须分散掩埋必需物资。必须亲自动手埋，不损失。

陈云　江华（两萧去前方）
十三日

全党全军坚持南满

（一九四六年十二月十六日）

一、东北的重要——胜利多大？南满重要，"全党全军坚持南满"。

二、反复、长期、艰苦的斗争——不是三天两天、一月两月，家务可以打烂的。

三、部分服从全体，地方服从主力。

南满吃苦，为了北满。

地方部队与主力部队——兵贩、粮贩、钱贩。

四、敌后可以站住的，而且必须站住。

1. 农民：要粮要地的，政治、军事经验在增加。客观阶斗存在。

2. 兵力不足——东方不亮西方亮。关内关外，南满北满，主力与地方，此地方与彼地方。

3. 镇压反动，但须适当。低头者不能算反革命。

4. 有运动与根据地配合的游击战。

5. 本地干部。"东北人随风倒。"

6. 创造经验，善于使用经验。

7. 敌后游击战之重点在吸引敌人——不要怕自己身上背多。

五、工作是十分艰苦的。

主力兵团，地方兵团，地方同志，男女，伤病——穷人不怕苦，山沟小道，吃好吃坏。

站稳岗位——反对退却逃跑——研究对策，克服困难。

六、反动失败，革命胜利——古今中外，蒋必败我必胜，东北要胜，南满要胜。

拼死斗争的决心——人生干什么？反革命，不革命，干革命。

各个击破敌人，争取南满的坚持

（一九四六年十二月二十八日）

林彭高并中央：

（甲）二十二师分布于金川、山城镇、柳河、通化地区"清剿"。一九五师分布于通化、兴京、桓仁地区"清剿"。九十一师进到杨木桥子、果元牌一带有向鸭园、四道江进攻模样。二师主力在辑安及其以北地区，一部守备沙光子、宽甸。五十二军部及新二十五师在安东。三十师之八十八团在辉南、金川地区。暂二十一师第三团守备柳河、三源浦、孤山子，该师第二团及一八二师五四四团在辉南。十四师主力分于凤城、爱阳边门"清剿"，该师之四十一团在皮口及以北"清剿"。一八四师残部分布于瓦房店、普兰店一带"清剿"。独九师分布于岫岩、庄河、孤山县区配合"清剿"。二〇七师分布于兴京、永陵、抚顺、清原、西丰、西安等处守备。八十八师之一部分布于西安地区"清剿"。

（乙）敌后我辽南部队及独一师约四千余人被压缩于大连以北地区活动。独三师两个团活动于清原铁道线南北地区。四纵队主力以平顶山、八里甸子为中心，正向碱厂、清河城、救兵台、田师傅、双山子之敌进击，现永、桓间已无敌情，我大队挺入敌后，伪警团闻风而逃，敌小部分不敢活动。十二师缺四个营向辽南前进中。敌后行动目前最困难的是，气候寒冷，行军时宿营分散，了解敌情困难，伤兵安置困难，缺鞋袜冻坏手足者很多。如敌人将四师合击，新的困难更多。在敌主力稀薄地方，团队发展很快，流氓、土匪、警察、特务、地主成为敌统治的中坚力量。我薄弱的地方，部队及营以下的主力部队难以活动。目前三纵队控制于临、通铁路线上，打击进攻的敌人。九师及独二师主力展开金、辉地区活动，并控制金、濛线。如敌集中兵力向长白山区进攻，重将依靠长白山有利地形，进行顽强的防御战和消灭战。长白山区山高地险，森林丛密，道路有限，人烟极少，粮食困难，有利于大运动战，利于防御战，尤以严寒酷冷攻难守易。我们准备在这样条件下进行硬拼战。今天在敌人集中主力进攻南满情况下，我们依靠前后两条战线的密切配合，以分散敌人，回扯敌人，各个击破敌人，争取南满的坚持。我们对于硬拼战的方法很同意，在南满以及东北作战，根据地不成熟，机动地区受限制，敌强我弱、紧迫压缩以及我主力存在的条件下，事实上不得不拼掉几个棋子，改变力量。

北满出兵南满是一有力援助，在此严寒酷冷的气候下，宜充分注意部队的装备，特别是鞋袜手套。以上请示。

萧、陈、萧、罗、吴

坚持南满根据地的斗争

（一九四六年十二月——一九四七年四月）

一

（一）杜已下令攻辑、濛、临、松，企图歼我主力于狭窄的长白山地区。其进攻兵力为驻桓仁之九十一师、二师、一九五师、三十师之一部集结三源浦，二十二师已接防梅海，尚有两装甲兵团已到龙梅，二〇七师一部已接防永陵、兴京，十四师主力布于安奉路两侧"清剿"。据密息，八十八师已南下集中八面城，意图不明。

（二）在此情况下，已决定四纵全部伸向通化、桓仁、浑江以西，在安奉路两侧"大闹天宫"，消灭弱敌，调动敌人，支持地方。如敌围歼计划不变，则决以三纵一部坚持长白山区外，主力亦到敌后。那时除长白外，其余县城均将被占。估计两个大兵团到敌后作战，在伤兵、减员、补充等问题上极端困难。但不经反复、长期艰苦斗争，不能坚持南满。

（三）我们希望：（甲）东、西、北满能牵制住当前敌人；（乙）北满给我们一万吨粮。

以上各点妥否？请示。

（一九四六年十二月十六日萧劲光、陈云、萧华、程世才
致林彪、东北局并中共中央电）

二

（一）我们是十一月二十七日晚到临江的。三纵队已于十一月十六日改组领导，派了新的领导人。程、罗、唐等都到了辽东军区。据萧华同志对我说，此事曾得林总同意。

（二）农民群众已经在分地后确知八路是代表他们利益的。因此，当我军未退时，担架是可以组织的，一切是可以完成任务的。这已经不是简单的形式，而是表明群众真正有了觉悟。此次我军撤退，亦无群众扣捕落伍人员事件，相反，个别群众还有掩护的。这是四个月来（从七月起）土地改革的效果。

但群众鉴于日俄战争、"九一八"、"八一五"的经验，认为后退者必一去不返。因此，他们认为我军大势已去，眼看已得利益不可保，并且最重要的是已得利益不多，不值得为此而拼死斗争。所以敌来时，大家不逃，村干部出来维持顽军（也是顽军的需要，要他们派夫派差），所有我寄存群众家中或埋藏的物资（群众知道的），群众统统献给顽军或保安队、警察。民兵一部被坏人领导投敌，大部散了。区中队也如此。本地干部不愿离家，或离家随队几天，陆续溜走，只有少数（每县二十人左右）尚随我地方武装行动。县大队大量逃跑，完全不能抵抗保安队、警察。

南满情况警告了我们全东北（尤其北满未沦陷区），如果今冬明春敌向东、北、西满进攻时。在任何被占区中都必发生与南满同样情形，即不论土地分得如何彻底，但因为时间太短，群众得利不多（如果我保持了三年以上的地区或可例外），不能希望群众起来游击或摆地雷阵，不能希望群众与我并肩作战。我此刻深深体会"拉锯"反复斗争的意义，不如此，群众是不能进一步起来的。内战、抗战都经过这样时期。请你们研究为了弥补群众不能立即起来武装参战的缺憾，应否在军事上作其他的补救。例如林总前天发的电报，要各部积极滞止敌人，不使敌如入无人之境。此外，许多同志提到我们在若干地方应该做些工事，这当然与死守有区别。这一方面，我觉得大家应研究。

过去南满有些是接敌区，有些（如联合县）甚至是半岛式的接敌根据地，三面是敌，只有一条很窄的路通我大后方。在接敌区与半岛式区中，我们都有经验，证明那里在敌人普通进攻（不是"大扫荡"）情况下可以坚持，而且群众情况与中心区差不多，甚至群众对国民党纪律坏这一点的认识要更深刻些。但对于四面是敌的区域，过去尚无经验，而南满现在绝大部分是这种区域。注视和研究这种区域的工作和经验，成为南满工作的中心。

现在问，在敌后坚持与建立游击根据地或小块、大块根据地有无希望？要回答这个问题，须从两个条件看。一个条件大概有把握了，另一条件客观上存在着把握，还须实践证明。哪两个条件呢？其一，消灭敌地方武装，使敌正规军兵力空虚。安奉与南满两铁路间，敌只有十四师的四十一团，新六军的运输团，一八四师残部，其他都是保安队、县警察和大团（地主武装）。长春、吉奉、平梅三铁路间，正规军亦少。过去敌"扫荡"时所安的三十余据点，现在只剩十二个。我有三股武装共十一个连已进去二十天，打了四个据点，来电要后续部队与干部去。由此可见，敌正规军兵力不足。我们必须捉定敌人这一弱点，使敌人顾了后方顾不了正面，顾了正面顾不了后方。从东北全局看，使敌人顾了南满顾不了北满。为了扩大敌人这一弱点，我们正在设想，敌后多打保安队（即敌地方主力，大部是过去土匪改编的）、县警察（一部是原土匪，另外是伪满警特）和大团（地主武装）。消灭了这些，就使其正规军不能不填防，这就实际上减少了正面与全东北敌人进攻的机动兵力。同时，敌地方部队对我根据地"清剿"与破坏最厉害，而且我要发动农民，保护农民利益，也须打击这些反动地方武装。所以消灭敌人与发动群众是二而一的任务（当然发动群众不止打击敌地方武装这一点）。要实现这一条，我们在敌后的部队就要在战斗力上能消灭保安队和不怕敌正规军。这一点，我以为我们可以做到。

第二个条件，保护农民切身利益。农民是最讲实际的，他们的积极性是建筑在切身利益基础上的，得利越多积极性越高。在敌后我们要使农民得利。现在要研究有什么利可让农民得，农民有什么利需要我们去保护。这一定要弄清敌占后的农村中发生了什么问题，大体可以设想的是下列几个：今年分地所得的粮食是否退还地主，明年我们能否让农民种上今年分得的土地，地主对清算的报复和抽壮丁。现在想到的是这么几点，敌来后一定还有许多具体事件，如敲诈、抢劫、奸淫等等。根据现在农民、地主和国顽三方材料看来，敌后客观上存在着重大的阶级斗争，我们军队去，一定受到欢迎。我推想，欢迎的程度甚至会超过未沦陷时。因为那时国民党还未直接压迫这里的农民，现在是直接压迫了农民。在这些切身利益中，首先是保护今年分地所得之粮，只要吃了分地所得之粮，农民必然增加对土地斗争的决心。其次是解除国民党来后的一切日常压迫。再其次是我们要尽一切努力使明年农民种上所分得的地，只要农民在其分得之地上加了工，大体上就可设想他们不会轻易放弃秋收冬藏了。所有上述这些，仅仅是推想，都需实践证明。但大部农民想把今年分地所得的粮食自己受用，这是有确实材料的。我与安东、赛马等地退来临江的七个农民谈话，他们说农民早把大部粮食藏于密窖，只以十之一二放在仓内，以便应付地主。如地主要粮时，即说收成坏或被八路吃了来应付。据说，这种藏粮办法，在伪满时代农民怕出荷就行了的。农民是我们的老师，一切办法可以从他们那里去找，反转来我们加以集中提高和运用。据昨天从宽甸、桓仁、凤凰城回来的地委组织部长讲，那边农民的粮在场上已看不到了，大概用这种藏粮办法藏了。这样说来，敌后农民藏粮与地主要粮的斗争是一定存在的。此外，地主要报复，这也是一定的，开明观望者不会太多。那末，敌后客观上存在着阶级斗争是无疑的了。今冬是机会，决不能放过。

这里，我要着重指出敌后坚持中相互配合的问题。必须有三种配合：一是游击区与游击区的配合，如果此动彼不动，则易被敌人各个击破。二是正面与敌后的配合，正面至少要吸引住当面敌人，不增加敌后负担。三是南满与北满、东满、西满的配合。在这一点上，首先应该确定，南满准备打烂坛坛罐罐，吸住敌人，使之不能北进，以便北满争取时间。另一方面，东、西、北满要吸住当前敌人，东满要在吉奉线深入一股游击队，辽西要在铁法康继续坚持斗争。南满各区我们自己督促配合。再大一点的范围来说，关内、关外要有配合。现在关内正打，配合了我们关外。如此配合下去，敌关外不能增兵，则北满与东、西、南满很有可为。希望你们时时注视敌从关内增兵来关外的消息。

（三）地方武装问题。事实证明，打过土匪的民兵区中队都没有用，应该在敌占前，或则改编给主力，或则先后退整理，求精不在乎多。林总提出先后退整理，然后再回去，此法可行。县大队是小部叛、大量逃，也以早些改编一部分给主力为妙，免得济敌。那末，敌来时何种队伍没有垮呢？只有地方基干团。虽然也有逃亡的，也不能打正规顽军，但减员之后还能撑住。因此，东、西、北满各地每个分区都须有两个基干团（强者应如松江王奎先之七团，次者亦须如温玉成之一、三团），没有这样的团，敌来时是毫无办法支持地方的。

为了使基干团以及某些县大队、县独立团得到锻炼，请你们考虑可否派出北面的地方基干团到边缘地区活动，使他们在主力掩护之下，见识见识与顽军的作战。凡是与顽军作战有过锻炼的，战斗力就强，敌来不会垮。清原以北的县大队、县独立团及联合县的独立团都是如此，撤退时也可全师而退。未与顽军接触过的，闻风即溃。

（四）敌占时要尽量减少干部、资财的损失。现在干部牺牲很多。据辽南报告，岫岩一县即三百人，主要损失于事前未精简，还是平常那一套，架子大，干部多，体弱者和妇女不少。敌来"扫荡"时，不能钻两个月山和露宿山头的，都应撤退到最后方去做事。关于各县资财，不要有本位主义，应统统有组织地交给省委，放在最远的后方，如黑河、虎林等处，敌一两次进攻打不到那里，我还可取用。如果寄在民间，一定会被全数献出，结果游击队的衣服鞋袜反无补充。此外，游击队及县级机关，应由首长亲自埋藏若干锅、粮等物品于敌占后我可活动的山沟内，以便实在搞不到吃时去挖用。这点，冯仲云抗联干部有经验。

（五）镇压敌占区反动分子与反动地主。镇压是必须的，他们在杀我们，我们不能对他们宽大。但也不能乱杀，要使中间观望分子仍观望。沈阳县的经验是"多捉多放，快捉快放"，这实在是一种又镇压又宽大的办法。各地也杀了一些，但不多。此种方法，我以为可取。

（六）此间领导同志中的关系不很好，似乎很有些意见。我们的办法，是引导同志们一股热气地去打击敌人和争取群众。同志们都对我们很好，欢迎是衷心的，萧华同志的工作是很积极的，态度是很好的。

（七）我感到有困难的，决非在人事，这我完全可以对付，困难在于军事，我毫无经验。发生争论时，我无从说话，必须弄清事实，弄清利害，才能下决心。本来懂得军事的人，有许多问题是常识问题，但对我来说，却非下大力去摸不可。这件事比在北满不知苦多少倍，尤其因为军事常常逼在眼前，非迅速决定不可，而且我不能不管。但勇气是有的，现在正鼓起勇气来补十年内战、八年抗战所未上的课。

十三日之前我都在临江。十三日晚十二时我到前方去处理一个大的行动问题，因为有争论。十五日回临江又讨论了一天。此后情况，已给你们发了电报。

这样的信，问题虽经过考虑，但字句是随手写来的，可能词不很达意，请你们看我的主要意思。

（一九四六年十二月二十日陈云
写给林彪、彭真、高岗信的节录）

三

（一）大家认为，现敌主力靠拢向内圈压缩中，我已无好仗可打，且有可能被迫转移，于我不利。不如将主力一部伸入敌后，则虽有困难，但可使敌难以前后兼顾。且敌后我现有地方武装，对敌既无还手之力，亦难招架，需主力撑腰。故四纵（缺四个营）已于十八日到敌后创造根据地。先头部队收复八里甸子（桓仁西），歼灭伪警一百七十余人，并顽军一个班。现主力正向平顶山前进。十二师正向辽南岫岩一带前进。

（二）二十二日敌占领辑安。今后敌先打我内圈，抑先对付四纵，或同时并进，尚不明。

（一九四六年十二月二十四日萧劲光、陈云、萧华
致林彪、彭真、高岗并中央军委电）

四

（一）我们同意你们十二月十七日及二十六日两电，准备在像冀东、热河及华北抗战困难时期的那种局面下奋斗，并将一切打算都放在三、四两纵队坚持南满这一目标上。现因我北满发动攻势，敌兵五团北调。我正利

用时机求得歼敌一部，力争不但保住长白山区，且求在桓、辑、金、辉四点中收复几点。如此，则南满仍不失为东北重要的侧翼战略阵地，可以北出吉奉，西出安奉。在敌不能增兵关外及我在北满胜利的条件下，只要努力，这种可能尚未失去。

（二）力争上述较好局面不是轻易的，必须经过多次中小规模的对敌歼灭战，而我又需付出一定代价。过去安东、通化未失守前，主力兵员不充实，平均每师仅六千多人。主力经过战后伤亡减员，而地方武装在敌进攻下损失很大，据不精确统计可能在一万人左右，现已无地方武装可补充。加之现有之长白四县，总人口二十二万，规定旧历正月底止扩军一千，能否完成未定。沦陷区短期内扩军则无望。以上原因，使主力目前得不到补充，且在不断减员。因连队不充实，干部怕伤亡大，战斗信心降低。至于求打胜仗，争取俘获补充，亦须一个过程方能解决。

（三）为了消灭敌人，补充兵员是严重困难。如过早缩小师，可能不利且影响情绪。可否北满方面除给一万吨粮食外，再在兵员上于短期内给南满组织两个大的新兵补充团。补充团干部此间可派去，棉衣请代缝，我们还布。

（四）鉴于南满地区缩小、人民情绪下降、兵员困难的经验，请考虑北满应否利用时机，大扩一次军。

（一九四七年一月十六日陈云致林彪并彭真、高岗电）

五

一月十八日你们关于难补兵员给南满电，经我详细考虑后，有下列意见，请再考虑一次。

（一）南满吸引着敌新六军、五十二军及六十军暂二十一师全部，另一八四师新编之两个团，尚有不少保安独立师。南满对北满是一个重要的牵制敌人的力量。

（二）今后南满可能有两种前途：（甲）保住临、濛，使长白山区有完整四县（二十二万人口），进而夺回辑、柳、金、辉中二三城，如此则坚持敌后亦易。因山上与敌后互可呼应，对敌北进牵制力亦大，形成有力的掎角之势，此为上策。（乙）如临、濛不保，大部主力在敌后处于敌兵四面包围中，根据地不易迅速建立，那时敌情又有两种可能：其一，敌以少数兵力对南满，大兵北压；其二，则利用松花江开冻，北满主力无法南渡击敌，敌可集中东北重兵先扫南满，使我无立脚喘息之机会，而这种可能是很大的。敌采取各个击破，先清南满再攻北满，那时南满减员必大，扩兵短期无望，经过一时期后，南满对敌北进牵制力必减。由上估计，我必须拼死反复力争第一前途，只有在不得已时，才走第二前途。我们也准备了第二前途的。

（三）力争第一前途必须勇敢、积极地大量歼灭敌人，必须主力打运动战（南满现在应该是广泛的游击战，必要的阵地战，主要是运动战）。但主力兵员的补充，目前南满是极端困难的。地方武装叛逃万余，悔已不及。现有地方武装编并殆尽，每县所剩无几。过去所谓一、二、三独立师，共只五个小团，都在敌后边沿单独担任任务，不应再并。我们一再研讨，兵员来源如下：（甲）争取伤兵百分之七十归队；（乙）争取俘虏百分之五十留连队；（丙）地方动员一千新兵；（丁）抽机关及警卫人员下连队；（戊）讲求战术，减少伤亡，巩固连队，减少逃亡；（己）韩光处扩兵，大体上只能补辽南。这六种来源并不能立见效果，须先找到一批兵员才能接上气，因此想到北满的地方武装县大队中可否在三月份补我们三千人。

（四）利用与保持南满有利的环境与阵地，北满只给以几千新兵的支持，使其达到阻抑敌兵北进的效果，我以为这是十分"价廉物美"的。

（五）按常理，一个地区向另一个地区要新兵要粮食是不合理，且不能持久的，但想到南满如有较好局面，对于拱卫北满之更大作用，又估计到改善南满局面的客观条件的存在，故我力争上策之心未死，一再求援。我请求你们对援助南满兵员问题再考虑一次。

（六）南满的有利条件是全满其他地区所没有的；除暂需兵员及粮食帮助外，我估计都可以自力更生。

（一九四七年二月八日陈云致高岗电）

六

（一）军委十日电悉。

（二）十二月十八日四纵全部伸出敌后，又因北满出击，敌七十一军九十一师北调，一月中旬四纵主力六个团即回长白，与三纵合击通、辑地区五十二军的一九五师及二师，敌均逃脱，仅消灭一九五师五个连。此后，四纵主力四个团及三纵全部都集中作战。四纵十一师全部则仍在浑江以西、安奉路以东，进行钳制敌人的作战，配合及扶持地方武装。十二师师部率主力三十四团会合辽南独立师，目前虽被压缩，背靠关东州休整，但吸引了敌新六军二十二师四个营，十四师五个营，六十军一八四师两个团及两个省防师。由于敌后地区广大，交通便利，过去地方武装在敌进攻中垮了不少。为达分散敌人目的，我十一师全部及十二师一部，分散在敌后，对全局是有利的。

（三）现敌七十一军之九十一师又到梅河口，准备第三次进攻长白山，我正准备粉碎其进攻。目前辽东敌是：新六军、五十二军全部，七十一军九十一师及六十军暂二十一师全部，六十零一八四师两个团，并有几个省防师。

（四）我们将利用松花江开冻前积极歼敌，求得改善南满形势，并准备应付松花江开冻后北满欲援不能，而敌集中大力单对南满时的困难情况。

（五）目前长白山区内四个县只有二十二万人，敌后扩兵一时尚无望，最大困难是兵员，正以自己努力并向北满求援。我们认为南满目前虽有广泛游击战，且有必要的阵地战，但主要仍是运动战。

（六）劲光仍在前线指挥。

（一九四七年二月十一日陈云、萧华复中央军委并致东北局、林彪电）

七

五日九时、五日十二时（敌放水雷）及六日敌一八四师调郑家屯、估计九十三军可能调东北等三电均悉。我们从南满及东北全局着想，意见如下：

（一）九十三军来后，估计敌不能南北并攻（兵力仍不够），也不能南守北攻（三、四纵对敌威胁很大），料敌仍是先南后北，企图将我各个击破。

（二）如北满主力不来，敌先南后北，估计南满将被击破，北满不久必危险。

（三）北满主力南来后，敌南守北攻的企图也可能，但那时我南满兵力很大，极可能阻住敌之北进。万一阻不住敌而哈市失守，则比之敌先南后北哈市仍不保的情况较好。因我南北阵地仍在，全东北仍可保持长期斗争、南北互为依存的有利阵地。

（四）北满主力南来后，在敌集中兵力进攻下，南满仍被击破的危险也是存在的。但更大的一种可能性是，我以南来主力及三、四纵队利用南满山地陆续消灭敌人，而达到保住南满、迟敌北进甚至保住北满的目的。只要消灭新一军、新六军的两个师，东北困难就可减少，关内再来顽军，战斗力也必较低，则今后东北就好办了。

（五）再退一步想，在拼死力争之后，南满仍被击破，那时除必要留在南满敌后的部队外，一部主力可以转到东满、北满，不致全部陷死于南满敌后。

（六）北满主力南下时，抢占桦甸黑石镇很必要，能占磐石及其他地点则更好。但很可能桦、磐都占不了，被迫在金、辉、柳地区与三、四纵会合，即令如此，南满仍有消灭敌人，保持与扩大局面的可能。

（七）北满主力抽多少个师南下，请你依全局考虑酌定。如确定南下，可否将路线略告，以便配合。

（八）主力南来，今后兵员、财力必须仍靠北满支持。

（九）小丰满放水，不知下游尚能渡兵否？如逼着要走丰满上游，则需力争在化冰前过江。

以上意见请考虑。

（一九四七年三月七日萧劲光、陈云、萧华复林彪电）

八

二十八日电悉。

（一）萧、程已回临江讨论部署。我们认为，目前南满的敌情是严重的，今后更严重。但是敌兵虽多，目前其主力只二十二师两个团及十三军四个团。其他各师或则不强或已残缺。我只要再给二十二师及八十九师以相当歼灭，则渐次粉碎敌进攻是可能的。我们已集中两纵五个主力师打运动战。我们下定决心，不惜将三纵、四纵队打掉三分之二或四分之三，以争取较完整的长白山。从全局来看，这种决心十分必要。又因为此次及今后敌兵多，且靠拢，因此决心打几个恶仗、硬仗、较冒险仗（仍是运动战）。如无此决心，则必然这样也不便打，那样也不便打，其结果必然部队拖垮，山头失守，贻害全局。我们经验证明，愈怕损失则损失愈大，不怕损失则损失反小。从二月五日打到今天，共八仗，俘敌近万，我主力则伤亡三千。

（二）对北满建议如下：

（甲）暂时不必加兵南来，因在敌区中被敌重重堵追，干部思想必恐慌

（辽东敌后的经验），避战则减员，作战无法安置伤兵，很可能既有损失仍不达目的地，即使达到亦必疲惫应战，不如以此代价协同北满主力在长春西北死打硬打较有利。

（乙）可否由北满派一个主力师到东满加强桦甸方向，其作用是积极向敌活动，带出东满部队战斗作风，并保持我们与东满交通，必要时可转到南满。

（丙）北满主力可否提前出击，以免敌再增兵到南满。

（丁）你们准备给南满更多新兵，壮了我们的决心。我们希望来得快，给得多。第一批速南来，并请给两个现成的补充团，七天后，我们组成三个补充团架子（班长以上）来北满，以便陆续接兵南下。只要你们给人力支持，我们将以无比的勇气打仗。

（一九四七年三月三十一日萧劲光、陈云、萧华、程世才
复林彪、彭真、高岗电）

九

由于辽东主力及敌后、正面全党、全军的努力，由于北满主力三渡松花江出击，过去三个月中粉碎了敌对临江前后三次进攻，俘敌近万，歼敌二十营（敌后我军歼敌在外），收复五城。但这些胜利不应使我们麻痹。敌利用松花江开冻，北满主力对我配合较前困难的条件，首先集中兵力击破南满的企图是不变的。敌已从热河、平津增来东北五个师（大部或全部可能用于南满），并开始了第四次对长白山的进攻。敌鉴于过去三次的失败，目前进攻兵力与组织都加强了。但我南满阵地必须坚持。现辽东本身条件亦有改善，敌兵力虽多，其主力只二十二师及八十九师，因此敌之进攻应该而且可以被粉碎。

目前辽东全党的任务如下：

（一）在部队的高级干部中弄清粉碎敌之进攻，保持南满，有全东北全国的意义。我们必须不惜以任何代价，决心打若干恶仗、硬仗、大仗，以消灭敌之力量，粉碎敌之进攻。在连续战斗中损失是不可免的，但以局部损失去换取全体胜利，正是保证每个局部取得恢复与发展的必要条件。

（二）敌后部队应继续保持不叫苦的精神，积极活动，严格执行配合正面作战的任务。要随时随地发动农民，保护农民在分得的土地上春耕。同时，应预先准备必需的物质补充，以防战时交通隔绝和更困难的情况到

来，这里同样要有局部服从全体的精神。

（三）地方的、后勤的、机关的工作同志，都须继续并更积极地工作，以无限责任心去改善工作，保证前线胜利。

（四）我们的斗争将得到全东北我军尽量的配合与人力物力的支援，但全部精神必须放在自力更生上，避免依赖和等待。

（一九四七年三月三十一日中共中央辽东分局关于全党动员
起来粉碎敌人第四次进攻的通令）

十

目前敌人已经集中较大兵力，开始进攻南满。我们必须下定坚强的决心，粉碎敌人的进攻。对于坚持南满的斗争，不应有丝毫的动摇，在敌人面前不应有任何的畏缩与恐惧。从安东失守到现在，南满坚决粉碎了敌人三次进攻长白山的计划，歼灭了敌人两个师以上的兵力，生俘万余，收复了五个县城，振奋了群众，坚持了敌后斗争。这种形势的转变和开展，固然由于北满三次出兵，给了南满以胜利条件，但也由于我党政军民全体的努力和坚强的奋斗，尤其是我主力军给了敌人以歼灭性的打击，因此相当地改变了敌我力量的对比，改变了南满的形势。事实证明，只有坚强的奋斗，抱定歼灭敌人的决心和信心，敌人的进攻是能够粉碎的，敌我力量是能够改变的，形势是能够改善的，南满是能够坚持的。在今天，粉碎敌人进攻的条件，比上次更为有利。敌人经过我们东北各个战场连续打击以后，战斗力降低了，而我们越打越强了；群众经过国民党的蹂躏后，对我们的认识和同情心提高了；东、西、北满对我们的配合并未因松花江开冻而放松。今天增加到南满的敌人主力军并不多，大部都被我们打垮过。此外，还有战斗意志比较脆弱的云南军。敌军建制杂乱，后备力量有限，数量虽然增加，但其质量比前降低。今后只要歼灭一两个师，南满形势即可发生基本变化。目前摆在我们面前的问题，就是如何提高战斗意志，发扬打硬仗、打大仗、打恶仗的坚强决心。战争胜利的要诀，就是积极地争取主动性，努力造成敌人弱点，积极寻求和抓住一切有利机会，即使是微小的，也不应该放过，以达集中优势兵力，各个击破敌人。如果我们以消极的畏首畏尾的态度，这样不能，那样不好，只想等待适合口味的机会，结果我们越退缩，敌人越靠拢，我们处处被动，敌人总是主动。这样就会始终得不到机会，打不成好仗。被动的结果，必然是失利。要打硬仗、打大仗、打恶仗，必然要付出一定的牺牲代价。为了打胜仗，歼灭敌人，这种代价是要下决心付出的。保存实力，只有付出一定的代价，换取敌人更多的代价，才能得到。就是说以一定的牺牲换取的胜利，这样才能减少牺牲，保存自己，壮大自己。我们要发扬革命的英雄主义，在大敌当前，表现英勇无畏；以积极、负责、努力和坚决、勇敢、顽强的精神，来狠狠地消灭敌人，这便是我们革命军人最高尚品质的表现。这样的指战员应受到全党全国人民的尊重、爱戴和欢迎。战争是最艰苦、最残酷、最严肃的斗争。全体将士必须坚决执行命令，努力完成任务，严格遵守纪律，爱护根据地人力物力。每个指挥员要很好地了解敌情、地形，细密地组织战斗力，随时注意配合、协同与联系，反对莽闯、乱撞的战斗作风，提高从战术上爱兵的观点。为加强和统一前方部队的作战，已决定由曾、韩组织前方临时指挥部。韩于四日到达十师后，即与曾一起指挥作战。

（一九四七年三月三十一日萧劲光、陈云、萧华、
程世才、罗舜初、吴克华、莫文骅、唐凯致各兵团首长
并报林彪、彭真、高岗电）

十一

我们现派三个补充团干部架子来接新兵。你们能更多给我们新兵，使我们勇气大增。当然即使没有兵补，我们也要反复力争长白山的。有了新兵，增加了争夺的最有力的条件。

我们到这里可以说基本上是解决一个问题，即思想上树立起坚定不移的意志去坚持南满（不是打游击的南满，而是完整长白山区的南满。因为只有这样，对北满敌人的牵制作用才大）。由于这个问题的提出和解决，我们才敢大胆负责地说，即令现有实力全部消耗完了，仍不能保持南满时，也是必须拼的，因为这有全东北全国的意义。又因此打破了那种"保存"实力的退却的想法，那种退却的"保存"，将来南满与全东北都不能保存，近视眼必害自己，亦害全局。劲光在前面指挥，最大的收获是解决了部队干部思想上怕伤亡、"保"实力的问题。这一问题解决了，战术上就灵活了。又弄清了所谓"留得青山在，不怕没柴烧"在今天南满的意义，决不仅仅是指部队的实力，而大部是指硬要保住完整的长白山区，当然也指部队。

现在不敢说南满的问题完全解决了，但可以说大部解决了。

现在我要向你们提出而且要请你们考虑另一方面的问题，这个问题我

是经过了考虑的，希望你们加以一再的考虑。问题如下：

从全国、全东北经验看来，兵力总数是敌大我小（东北程度较差），但敌兵力仍不够，故只能而且已经采取"分别先后，集中重兵，各个击破"的计划。这一计划在苏北、鲁南收得若干效果；其原因敌我相较，敌仍有两个有利条件：兵多；运输便利。

被敌进攻方面的我军处境是困难的。苏北、鲁南我不知，以南满为例，第一困难是长白山区人少，因此粮少，房少，伕子少，运输力少，安置伤兵的地方少。就其当地条件来说，只能打游击战，但从全局来看，必须打运动战。在这样地区，人力上以及必要的物力上，如无其他地区的支援，则是不可能打运动战的。第二困难是无间隙的作战。例如，当北满出击敌人时，我们也不能并不应休息，因为只有牵住敌人，才便于北满歼敌；只有乘机向敌进攻，才能改善自己阵地，以备第二次敌来进攻。北满一停攻，敌立即以火速南运向我进攻，我虽想休息而不可得，不得不被迫应战。战争就这样循环无已地下去。所以休整二十天一个月，是根本没有的事。这一点如果不被各满了解，则可能在援助的行动上稍迟一点，对于南满就有很大的不利。

归结起来，要使东、西、北满了解我们南满的处境，在军事上、人力上和必要的物力上给我们足够而且及时的支援。

我考虑的结果认为：被进攻方面（例如南满），必须克服右的近视眼的"保存"实力，向困难屈服的倾向。一般说，只要看出这一问题就较易解决，因为共产党员本性革命，而且直接在敌兵的逼迫之下，故这一倾向不易被忽视，且容易说通。另一方面，即敌取守势方面，我们的干部思想，因为所居环境不同，不易深刻体会被攻方面的困难，也一时不易使所有干部都看清被攻方面之困难及其成败对于其他战场有切身利害关系。由于敌人暂时不对他这一方向进攻，很易近视苟安。这种倾向易被忽视，因此也不易迅速全部克服。由于这种倾向存在，可能产生钳敌行动不够积极，可能的人力物力的调剂被忽视。这种倾向存在是有原因的，我估计有二：（一）敌未直接对之进攻，不易使干部将局部利益与全部利益、一时情况与长远情况统一起来看。（二）八年抗战与十年内战无此可能、必要和经验。八年抗战，在若干阶段上，敌对我军基本取守势（太平洋战后，对全中国基本是守势），我军协同的需要不很大。今日之内战，则敌取攻势，而且是尽可能的集中重兵各个击破。十年内战时，各战略区既无配合的可能，更无此习惯。今日之内战,则完全有配合的必要,而且在这一点上,我们稍有弱点,注意不周,注意太迟,则必定吃亏。

中央和东北局对敌人各个击破政策的对策是,各战场协同动作,以各个击破敌人。这一政策确定了,执行了。但是,我以为执行的难关必须打破。即被进攻方面,右的情绪必须打破;在协助战场上,我上面所说的不积极、不及时支援的思想也必须打破。我提议东北局召集一次会议,将各战场有关人员找来交换一下意见,被攻战场方面可以提出请求援助哪几项,协助战场方面可以研究可能协助到什么程度。各定任务,一则坚持,一则协助,这样使击破敌策、执行对策更有效。我以为这不仅今天需要,万一哈市失守,北满也被分割,那时敌仍是各个击破政策,我们今天预先在思想上准备,并具体计算各满军事配合行动的可能程度,人力物力可能调剂的程度,也是需要的。请你们看这样的会议有否必要?

(一九四七年四月二日陈云写给高岗信的节录)

东西北满配合行动,以援助南满

(一九四七年一月二日)

林:

一、我四纵深入敌后,在东北顽军前出现了新的困难,即原已兵力不足,又要分兵敌后。顽方已定先扫敌后,缓攻内地。这样使迅速击破南满大兵北压的企图受阻。

二、我三纵及所有边缘敌后部队,都将积极援助四纵和发展自己。

三、为援助南满,陷敌于更难境地的最有效办法,莫过于东西北满配合行动,以及各满配合打破敌之各个击破计划。目前敌难增兵关外,北满地区大兵易(南满已难),正是各满配合行动的时机。今后敌我情况变化,则机会效果均将暂时减少。

四、各满配合,可能遭受北满若干地区失陷及敌迅速增兵东北的后果,但较之被各个击破,仍然有利。

五、上述可能偏看,请你考虑和指示。

陈　云
一月二日

保卫扩大长白山,坚持敌后三大块

（一九四七年二月七日）

一、国际形势。

（一）世界是光明的:（1）人民民主的胜利;（2）苏、英的接近;（3）美国的孤立和经济危机。

第二次世界大战中苏联的胜利,新民主主义国家的出现（东欧、中南欧）;英法人民的左倾,共产党的登台与社会党的组阁;殖民地半殖民地以中国为代表,到处发动人民自卫战争。这是第二次世界大战与第一次世界大战的不同。

因为美帝的侵略国策,英镑集团首当其冲,英美矛盾增加,造成英苏接近。

美国的选举证明了人民对其国策有意见。统治阶级国内孤立,国际上也孤立。据说,美国的经济危机在一九四七年到一九四八年一定到来。

（二）陆定一同志的文章指出,苏美的矛盾固然是世界矛盾之一,但是民主与反民主的矛盾更尖锐。它告诉我们每个同志,不要为美国恐吓政策所欺骗（反苏是烟幕弹,实质上是侵略小国家）,不要怕我们跟美国斗争搞得过分厉害。

（三）贝尔纳斯的下台,是国内国外孤立的结果,应当说是美国人民力量的胜利。美国对苏政策可能会缓和一些,但是对华政策基本上不会改变,只是方法上可能有些变化。对华问题在莫斯科四外长会议上可能提出讨论,比如撤退驻华美军。果真能够如此,则军事上对我们有利,政治上显示人民胜利,形式上对美援蒋不方便。美国表面上高嚷民主,这对中国开展民主运动也有利。但是,大的希望（和平）不必作打算,免得失望。

（四）美国撤退三人小组和执行小组，其目的是：（1）对去年一月十三日的停止国内军事冲突的命令没有得到履行不负责任。（2）恐吓中国民主人士和老百姓。总之，这暴露了美国第三者立场的虚伪。

二、国内形势。

（一）和平攻势的企图与对策。一月十六日，司徒雷登通知王炳南，要派张治中来和谈。中央揭露其"就地停战"是巩固地盘，休整兵力，准备再战。因此，以恢复去年一月十三日停战令时的军事位置、取消伪宪为由而拒绝之。

这是一件大事。蒋介石的企图是：（1）休整力量，继续进攻。（2）缓和国际压力，取得借款，使美国在四国外长会议上好交代。（3）欺骗人民，制造舆论。是否会起作用？是可能的。可能在人民中间，甚至在我们干部和党员中间，产生对和平的幻想。这点一定要下功夫给我们的干部和党员讲清楚。为了一时便宜，将来一定吃亏。如果继续打下去，乘蒋介石喘不上气，今后消灭他的程度和速度将会增大加快，否则会贻害无穷。

（二）军事形势。打下去的结果：（1）我们会更能坚持持久。（2）如果能持久，自卫战争取得胜利，革命高潮就一定会到来，在政治上我们将更加有利。打下去是苦，不打下去更苦。持久的话，国民党一定吃不消，中国内部一定大变。因为这是空前大规模的内战，与老百姓的关系既"广"且"切"。八年抗战，把中国经济搞垮了。抗战胜利之后，人们都希望生活尽快好起来。现在大学教授每月的收入只抵战前的十分之八。票价跌，物价涨，追其原因，一定与打仗密切相关。因为国民党的收入以发钞票为主，四千五百万靠薪水吃饭的人入不敷出，一定会叫喊。国民党抓丁抢粮是它敲诈勒索的好机会，但是一定会引起农民的反对。同时，贫困的结果将导致更多的贪污案件。腐朽机构需要一个东西来把它戳破，北平学运即是前哨。把这千载一时的机会放过，则先烈的流血牺牲、几十年的奋斗都白费了。因此，决不能上蒋介石所谓"和谈"的大当，要鼓一股劲，打下去。

三、东北情况。

（一）敌人方面：正规军五个军没有增加，老部队已被消灭百分之二十。增加了保安队，但是一部分地下军被消灭了。兵员是补充了，但是战斗力降低了。从去年停战算起，蒋军一共占了二十个县，机动兵力相应减少。因为占地分兵背上包袱，我们打掉了他的两个机动师。今后是否可能从关内增兵？有困难的，不会再来硬的，比如九十一军等。

（二）我们力量：（1）虽然失掉了城市，但是仍控制着广大地区，主力得到加强，战斗力普遍提高。（2）土地改革初步完成。国民党侵占东北的一年，使群众认识了共产党好国民党坏，这种观念由模糊变得明确。在群众中的动员开展了，力量增加了。（3）敌我力量有了大的变化，这种变化今后会更大，对我们会更有利。（4）敌人的政策是，"各个击破"，"后顾无忧"。我们的对策是，"协同动作"，"坚持敌后"。东北局批准全南满的主力和党员都坚持敌后。

四、辽东形势与任务。

（一）失去十五个县城，打了胜仗，保存了主力，坚持着敌后。

（二）山头之重要与必争。敌人两次进攻长白山已经被粉碎。即便没有山头，我们也要坚持斗争，但是坚持的大小就不同了，所以敌人要千方百计地进攻。敌人进攻力量可能一次一次减弱，也可能增加力量进攻。我们要几次粉碎进攻，并希望能够下山，有城市就住城市。

（三）我们的任务是：保卫扩大长白山，坚持敌后三大块。扩大长白山，即是桓仁、辑安、辉南、金川，以及通化，能收复就收复，这些都在扩大范围之内。我们要争取在解冻之前完成，这是北满可以配合我们的时候。一村一区都要力争，解决吃粮问题。

（四）保卫扩大山头的客观条件是完全存在的。敌人兵力不足，全东北机动兵力不多。我有力量，北满兵员充足，南满有强大主力。全东北我军（南满北满，敌前敌后，山上山下）可以互相配合。

（五）运动战是主要的。要有广泛的游击战，但正面是运动战为主，也有必要的阵地战。

（六）前方要决心消灭敌人。领导上（分局、军区、师、团）要看到主要任务是消灭敌人。为了完成这个任务则需要补充兵力，但是初期可能是补少出多。敌人集中力量对付南满，而这个地区又是牵制方向，因此损失一定大。地方小，人数少，会更加困难。所以，同志们预先在精神上要有准备，要下打仗的决心，何时何地都要好好打算。必须看到局部与全体的统一，现在与将来的统一。

（七）后方需要解决兵、粮、经费和精简（兵少官多）四个问题。没有兵员的补充，不能继续作战。后方必须保证前方兵员，这点每个同志都要认识到。部队要加强政治工作，巩固部队，减少逃亡。解决粮食问题的办法：

一是征，二是换，三是到边缘区从外往里背，四是从北满运，但是根本上还是要扩大地区。还要解决经费和精简问题。机关学校的人员要安心工作，努力完成这个繁重细密的任务。在这上面搞官僚主义必将一事无成。组织工作不落实，一定是锣齐鼓不齐。不精简，经费、粮、补兵员都成空话。

　　五、坚持敌后。

　　（一）南满坚持敌后是可能的。这是由于：（1）国民党兵力不足，正面与敌后难于兼顾，敌后空虚。（2）基本群众分得了土地，地主看八路军有力量，不敢对群众反攻倒算太甚，因此群众条件便于我们活动。（3）地理环境对我们是有利的，我们如果不能坚持，将无颜以对全国。

　　（二）除了必要的地方武装，初期在敌后必须以一定数量的主力，作为地方党的武装。过去曾有过偏差，不主张派主力，这是由于对敌我力量估计不正确。我们的力量要能够对付正规军，消灭保安队，一脚踢开大团。力量不足于此，则坚持不住；多于此，则造成浪费。必要时也可派主力到敌后扫一下。

　　（三）阶级斗争，八路强大。今日，各地区敌后八路军声势浩大，地主不敢过分压制农民，也容易出两面派。我们要善于利用这点。这种有利条件比内战时期是要优越的。因此，要用政府布告，充分使用政权力量。

　　（四）右倾情绪存在的原因。三十五团与二分区的损失是否可以下结论说敌后不能坚持？答案是否定的。原因在于有右倾情绪存在，特别是从安东撤退到四纵的出击，是对敌我力量和情况估计不正确。（1）主观上的右倾倾向来源于"左"的倾向。在安东失守前，从未想到敌后如此的艰苦，只是沿袭抗战后期敌占城市我占乡村的旧调。因为估计不足，精神上没有准备，致使敌人一到，我们措手不及。这是我们经验不足造成的（顽敌与敌伪不同——阶级与民族，我们的力量没有经过大风暴的考验）。因为开始过分乐观，后来则变成右倾的悲观。这些部队的物资困难是缺乏精神的结果，看轻了群众和自己，夸大了敌人的力量。安东二分区、辽南一分区都是如此。大家要认真做个经验检讨，好"惩前毖后"，不是责备一两个人，而是对敌我、对群众要有正确认识。（2）客观上当时我们的主力没有出去，敌人正规军集中疯狂扫荡，我们的地方力量没有经验。现在对形势要有正确认识，要依据具体情况，布置我们的斗争。

　　（五）必须游，也必须打——怕痛更痛。允许必要的敌后跳圈子，允许游来游去，但是必须主动地找敌人打，才能避免损失。早下决心，少受损失。今天的打胜于明天的打。

（六）军队干部要有军事的经验加政治上的认识，没有这种干部，力量容易遭受损失。要能够单独行动，应付情况，这样的干部才合标准。一切要从实际情况出发，不背经验包袱。

（七）从来来去去到一点一点占稳。力争点的占稳，改变来来去去。必须正面消灭敌人正规军，敌后消灭地方军；同时，发动农民自己动手（军队要有民运队），为切身利益而斗争。这两条的发展与我们占稳程度成正比例。第一着是消灭敌人，这样群众才敢起来斗争。

（八）土地政策上，二五减租尚不能提，仍然坚持"分给谁的地，由谁来种"。

（九）对地主阶级政策。镇压坏的最反动的地主，表扬好的不收粮的地主，欢迎收了粮而自动退还的地主。向农民收粮的需要他还粮，撑农民的腰，使群众易于发动起来。

（十）锄奸政策。镇压反动头子并出布告。对随从者宽大多些，镇压少些，宽大易得人心。不该杀的，叫群众去保，好使将来地主保农民。杀人须经过县委审查与批准，主持者对党负有责任。没收必须合乎政策，发给群众，禁止滥没收。

（十一）财粮政策。要粮不如用征公粮的办法，这样才能调剂、维持。要执行粮票制度，还粮、藏粮。部队要执行节省和照顾政策。财经上维持本币，以物资为基础，目前正在试验。

（十二）政权。我政府要发布告，省、县政权都必须存在。利用两面派，争取倾向我们。

（十三）组织政策。要根据中央奖惩指示，加强党的纪律。这方面，安东三分区、辽宁二分区搞得较好。本地干部是宝贵的，丢掉了完全错误。

（十四）一元化。地方同志负责，一定要有军事经验；军事干部负责，一定要照顾地方。

六、党内团结。我们是处在比较困难的环境中，克服困难要依靠群众、军队和党内的团结力量，但主要是党内的团结力量。强调这条才能发动群众，消灭敌人。任何时候党内都有争论，对此同志们要有原则态度：（1）老实的态度，是则是，非则非。（2）负责的态度，争论事小，原则事大；历史上的事小，现在的工作事大。因为现在整个南满的军队、党员、群众都靠着我们发号施令，这是政治上和生命上的责任。我们搞得好坏，是老百姓翻身的关键。偶一不慎，夹杂私人意气，就会影响全中国、全东北人民的翻身，无脸面对生者，白白牺牲了无数先烈的生命，无脸面对死者！在这样的关头，要求共产党员严肃地遵行原则。只有高度觉悟到对东北人民、对全中国人民所负的责任，凡事才能采取原则态度。有了原则态度，则一切问题不会解决不了的，我们都是经过锻炼的共产党员。

大家团结起来，办法是有的，胜利是有把握的。

大家挑起担子，在原则底下，把中央和东北局要求我们的任务完成。

不反对大豆出境为好
（一九四七年二月十三日）

定一：

本月真日新华社广播，有沈阳中信局出境大豆二万吨消息，我以为不反对大豆出境为好。对否，请示。

（一）大豆是东北主产，年可输出二百万吨。"八一五"后无法出口，豆价低过成本价，到处以大豆作燃料，准备豆熟后农民不收割。总之，东北豆、粮不出境，农民痛。

（二）我东北解放区现出口吨数远过东北蒋区。

陈　云

元日

早筹金融善策
（一九四七年三月五日）

（一）东北票现已发行三十三万（安东撤出前发二十五万），估计半数以上停在安东及敌占区。

（二）实定比价仍是辽东票一元比东北票两元，但以临江、哈市物价计，实为一比一。又因东北票腿长吃香，辽东区东北票逐渐流回北满。

（三）因通化地区原用东北票，故市场讲价仍按东北票。

（四）今后南来部队及辽东部队，如都用辽东票，则因流通地区狭小，必然通货膨胀，物价暴涨，陷军民于不利；如两种票纸同行，则不致辽东票日跌，且二比一的定价，必然引起军民争执。故我们意见，采下列步骤：

1. 今后停印、停发辽东票。

2. 在防止物价暴涨及持票人不突然吃亏原则下，比价成为一比一。

（五）如停印、停发辽东票，则今后办法如下：

1. 辽东全部家务（详四日电）及今后开支，均由东北财办处统筹统支（主要支出是三、四纵队及军区、分局）。

2. 我们现有机器两台开工，两台正装，每月可印东北票十万。钞票纸二千令皆交东北总行掌握，改印东北票，厂设长白县。

3. 已发之辽东票是否收回，视战局及印刷能力而定。

（六）今后战争频繁地区，如不迅速大量援助（大连被接收），则以辽东现有经济力量，支付辽东军费，一年以后亦必无法应付。为避免积重难返，不如早筹善策。

（七）今后辽东地区大军所在，筹码大增而无路，又与北满不能畅通的情况下，金融物价必甚严重，东北财办须早筹善策。我提议季壮来南满面商一次。

东北须有教育、保存干部的学校

（一九四七年三月八日）

由于东北干部有先来后到关系问题，分配的工作实际证明不称职的也有。各解放区无可安置而送来的，原则上这些干部在东北应给他们工作，且事实上许多工作还缺干部。但这些同志不肯降级，自己估计得太高，各地安插的结果，不是副职太多而碍事，就是这些干部天天不满。为了安插、保存、教育这些干部，东北须有军事与党务的学校，吸收这批干部，平时教育、保存，有适当工作时调用。这对东北局总部是一种麻烦，但这仅仅麻烦管理学校的人，而节省了各地无数麻烦，并且于工作于干部均有利。请考虑。

严格执行俘虏政策

（一九四七年三月九日）

东北局、中央：

最近通沟战斗，歼滇军三个营，敌我伤亡是十五比一。柳河战斗，我以两小时伤亡二十一人攻陷该城，歼滇军一个营，地方部队共俘一千四百人。这表明我军将士英勇善战，同时也证明滇军仇蒋厌战程度甚深。被俘

▲ 1947年5月，吉林公主岭战斗中东北民主联军的机枪阵地

之官兵情绪甚好，易接受我之主张。这一工作由于中央与东北局对滇军估计及方针之正确，而我辽东执行这任务得到了一些成绩，但还表现了许多缺点，尚未引起每个同志注意。普遍深入地开展工作，在对俘虏政策中，尚有严重缺点。今后我们应更进一步来开展滇军工作，争取战时放下武器及武装起义，这便给蒋介石军事上、政治上一个大打击的。现重新指示如下：

（一）全党全军应了解这一工作（以至整个敌军工作）的重要性，要认识战争的锁钥是消灭敌军，而瓦解敌军更是重要工作之一。不要以为这只是政治机关及政治人员的事，而应是全党全军的事业。每个同志特别干部党员更应从思想上打通，加强政策观点。

（二）在战场上对滇军要加紧政治喊话，组织谈判，严格执行俘虏政策，特别要禁止搜腰包、拿大衣等。对放下武器的官兵，精神上、物质上应特别优待，并有计划地利用俘虏进行打入工作。

（三）在地方上，经过群众用个别口头鼓动滇军的反蒋情绪，使他们同情我军。宣传蒋军因滇军厌战而企图解除其武装，以加深滇军、蒋军中矛盾。地方上敌工组要做这一工作。

（四）但须注意提高警惕性，不要以为滇军是清一色的，须清查蒋军分子。

（五）滇军今天还是在蒋介石指挥下向我们进攻的部队，依然是反动的部队。政治争取的目的是为了达到军事上歼灭任务，也只有给以坚决的军事打击，才能更降低滇军士气。因此，战时须百倍提高士气，使政治争取与军事压力双管齐下，战胜敌人。

萧、陈、萧、莫
寅　佳

今后南北战场的配合程度应更加密切

（一九四七年四月七日）

林：

几个月来，我军以协同动作，打破敌之各个击破，获得了成绩，北满三次出击，对南满粉碎敌之进攻起了重大作用。在执行中我们有局部经验及下列意见供参考：

（一）我被攻战场必须完全克服保存实力、向困难屈服的思想。由于敌之进攻及战争的困难，右倾情绪是必然产生的，但这种倾向易露难隐，因此也易被发觉而便于克服。

（二）在敌取守势战场上，我们干部的漠视和苟安思想很易产生，也易被忽视。例如对敌作战不积极，必要的人力物力调剂被忽视等。其来源有二：一则因其当面无敌进攻，渠亦不易深切领会被攻战场的困难成败对各战场的切身利害；二则过去缺少协同的经验。八年抗战，敌对我基本采守势，协同的需要不很大。十年内战，各战略区协同的可能性小。为了今后全东北更好的配合，须克服漠视和苟安思想，接受经验。

（三）由于东北敌人控制着便利的铁路运输，又由于南满我军阵地很小（若干地点的失守，南满阵地将变质），因此要求南北战场配合程度更加密切。依我军现有条件下，过高要求配合程度是不可能的。但各战役阶段及各个战役间比过去更进一步的配合是可能和必要的。例如北满开始歼灭八十八师时，如南满事先知道北满主力南下，则向梅河口出击阻止二十二师北上，或可给北满更多歼灭机会。再如敌以重兵进攻南满某一要点时，如果当时北满出击可以调动南敌，则北满出击时间迟早，对南满某一要点保持和失守有重大的关系，因此将对南满起重大作用。所以，我们建议今后北满出击时，请总部对南北两战场提出可能协同动作的部署，并给南满行动具体任务；南满则以每一行动，随时向总部报告（过去少了）。

（四）请考虑可否于适当时机召集各战场有关人员讨论一次协同动作的问题，并全盘核算我东北各战略区在军事上、人力上、物力上协同及调剂的可能程度。

（五）可否将东、西、北满的独立师经常放到战争环境锻炼（不是指调来南满），北满各主力师可否轮番参战。

陈 云
四月七日

健全党内生活

（一九四七年四月二十二日）

目前辽东党内存在着组织生活不健全的状态。这在上面有，下面也有。有的是受人影响，有的是本来就有的。

辽东党内，干部来自五湖四海，有先来的，有后到的。形势复杂，又战又和。这就容易发生无原则的纠纷，必须以严肃的原则性去对付之。

我提出下面三条意见。

（一）正面地坦率地辨明是非。

正面地坦率地辨明是非，这是应有的原则态度，不是得罪人。否则，就会助长混乱，不能解决问题。

被责备者不要一触即跳。"大广播"比"小广播"好，正面讲比背后讲好。是否是事实，一见面就清楚了。

（二）党内严格执行民主集中制。

民主不仅一般需要，在目前情况下有特殊需要。不经大家交换意见，是不可能集中的，形式上集中了也难免出错误。不民主，只集中，必然愈不能集中；多交换意见，反而容易集中。

核心领导只有经过严格执行民主集中制，并在实践中经过考验，才能建立起来。

民主又必须集中。个人意见不被采纳，不能生气，也不能不尊重集中的决定。

（三）每个党员都有在党内发表意见、讨论问题的权利，但又必须有服从决定、积极工作的义务。

遇到不如意的事和人,就不干工作,或在言论行动上消极,这是不对的。遵守纪律的重要,恰恰是在自己意见不被通过的时候,或者是有关自己的问题的时候。

在我们党内,个别党员的利益必须服从于全党的利益。个人服从组织,少数服从多数,下级服从上级,全党服从中央,这"四个服从"是一个也不能少的。这是我们党的铁的纪律,也是健全党内生活、增强党的战斗力的有力武器。

东北敌我力量发生变化的原因和东北建党问题

(一九四七年五月八日)

高岗同志:

四月十六日信收到。对东北估计和今后工作都同意。

造成东北今天形势的内部原因有三:一是打破和平幻想,一心一意备战打仗。二是发动群众。三是四个月来的战争(三下江南、四保临江)。这是主要的决定的。但去年七月以前有两件事是必须提及并计算在内的,即:一是锦州不决战。二是四平虽被迫打政治仗,但四平撤退的指挥是很成功的。在这样被迫与困难情况下撤下来全部,保持了元气。这是七月以前的两件大事,如果在这两件事上当时有错误的话,那末,东北就难有以后的好情况了。

关于敌我两军力量发生很大变化的问题,我最近研究了一下,把简单意思告诉你。这种变化不是空想的而是实际的,并且在经验上证明的。这种认识,是我到了南满,摸了战争问题以后五个月积累的知识,但这一认识的较完整的提出是在柳南大捷之后。

过去南满同志对于敌人力量估计过高,右的情绪很厉害,南满可否坚持、应否坚持(十二月十八日四纵到敌后才解决)?游击长白山还是力争完整长白山?拖掉部队的减员好还是拼命打的好(二月初分局会议解决的)?

可以打硬仗必须打硬仗（打九十一师，三次保卫临江的胜利和柳南大捷前的决心）。从这些实践中认识了敌我两军力量起了变化。推论其变化，原因何在呢？有四：

（一）和平转入内战变动了敌我两军的士气。打破和平幻想，使我军上下决心死打，开展了群众性的立功运动（作用很大）。国民党官兵满望和平，忽而转到内战，其官兵面前则前途黑暗，士气顿降。

（二）东北人民一年来改变了国共两军的成分和观感。敌军新兵大量增加了，最少三分之一，最多百分之六十，新兵士气很低的。东北人民正统观念的幻想已大大改变了，我军土地改革的结果，人心向我了（东北人民仍是农民最多，农民大体上普遍知道共党为人民，国党反人民）。根据地初具规模，子弟兵在部队中增加了，我军与东北人民血肉关系增加了。

（三）我军的战斗经验、指挥经验和炮的组织提高了。有炮无炮是大区别，有了炮是否组织得好又是一个区别。南满敌人普遍地怕我军大炮。此外，劲光初次指挥打仗时，师长们对劲光提出迂回到敌的屁股后面，主力师长是怀疑的（过去是顶牛）。每次胜利，每次有效，才被大家信服。

（四）敌兵力由集中变成分散，由分散又被各个削弱。今日之敌既非山海关、四平进攻安通时的集中（已背上包袱），也非那时的战斗力了（经过了去冬以来的歼灭战）。

只有敌我战斗力的改变，才能解释二十五师被歼灭，三卫临江硬仗的胜利（敌之兵力是九十一师全部，二师师部率两个团一个营，二十二师六十四团，一九五师残部，合起来人数仅比我略少一些，但战斗兵敌我相等），柳南的四次进攻被粉碎的胜利。也只有这样看，山东的大歼灭战才能解释。在这一点上，过去南满同志把消灭二十五师认为是"瞎猫捉到死老鼠"，"碰运气"，"不是一般的范例"，证明这些看法都来源于不了解敌我战斗力的变化（敌降我升）的右的看法。现在认识一致了，正在传下去（部队干部打了胜仗，也尚未知其所以然）。

同时，提出了敌我战斗力的变化，又须防止把敌人看成"豆腐"。同时，敌各军的强弱不同，受我打击的程度不同。

士兵必须保持锐气，硬要有爬到蒋介石头上屙尿的气概，但指挥员（主要是高级指挥员）则决不能骄傲疏忽。

现在的形势正像你来信的估计，正在根本改变的剧斗阶段。敌已由攻转为守（全东北），我由守正以一切努力转为攻。

只要我们在转变中继续大量歼灭敌人，则我们攻势的胜利将是确定的。我估计敌一次增兵在九个师及其以内，敌仍难改变守势。但敌人很难一次增来九个师，大体上是陆续增兵，恰给我各个歼灭的机会。

今后的重点是打攻坚仗（敌取守势，炮火更重要），打大仗（不战则已，每战则敌必甚多且靠拢），所以必须有攻坚（这与过去运动战消灭敌人的经验大有区别）和大歼灭仗的雄心，你们的决心是完全正确的。这样打的结果，关内一定陆续增兵来，过去背不起，现在可以陆续背。而且，我们只有这个时候大打，乘机消灭敌人是最有利的。因为平汉线和鲁南正把住了大门，蒋军大兵来不了东北，正是陆续歼敌的机会。这是为东北自身的斗争，但也应自觉地有意识地陆续吸引关内敌人到东北战场，加以歼灭。东北我军有此条件（炮火多而好），也有此责任。这样，东北战场将担负起陆续消灭全国蒋军机动兵力，而转变全国战局的责任。

现在鲁南战局是决定全国战局的关键，在这个战线上继续迅速消灭敌人三个整编师（每整师三个旅），则战局立即大定与速转。鲁南战场对于全国利害关系太大了。全党以一切力量从各个方面去减轻鲁南敌力，增加鲁南我军的有利条件，是全党的责任。

此外，分局在四月上旬开了八天会议，讨论辽东的历史问题。会议开过，将有些效果的，其中具体情况此信无法写，将来有机会见面时再谈。但一个组织问题可作为全东北教训的，写在下面供你们参考。

辽东过去是很不和的，"一言难尽"。根本问题有二：一是形势认识不清；二是小资产。

当面客气，背后议论，见了面今天天气哈哈哈，背了面三五成群议论纷纷。对我呢？大家都还好的。但做事呢？肯做者少，不干者多。上面这种情况是影响到下级的。

四月初，解决历史问题条件成熟了，就开会。除过去历史责任和目前党内右倾以外，我提出了"组织上的原则性"。

东北建党首先要靠几万关内来的干部，不建好这批人，新党员就无法建好。因为关内来的几万干部都是"泥水匠"，建党要他们建的，而且他们是东北党的骨干。

东北干部情况及环境是什么呢？我提出了五点，叫：五湖四海，先来后到，带兵空手（以上指干部情况），花花绿绿（大城市），又战又和（政治环境）。这就客观上存在混乱、自大，总之，很容易无原则。党如果对这种情况不是坚持严肃的原则性，而采取这也照顾那也照顾，则一辈子整不好党的。在这种情况下，恰恰不是讲照顾，而应该以严肃的原则态度来处理。

一个县级干部，因早到东北，干部甚少，当了专员或省府委员，这是工作需人、干部少的逼迫。但我们干部常常忘了自己有多大本领，以为"八一五"到东北来的路上，自己本领从走路就走大了，因此也忘其形了。而我们领导机关，如果对这些"有功的""带兵的""先来的"照顾照顾，而不是大吓一声："同志！你不要认错了！你的功劳不大！你的本领不大！"那就害了党员，决建不好党的。照顾照顾，这不是建党，而是弄垮党。这是东北建党的原则问题。我根据辽东情况，提出了三点，但我认为全东北有普遍性，可供你们参考（我作了一次报告，记录整好后送上）。

哪三点呢？第一点是："正面坦白地弄清是非"。有意见提倡当面揭穿，以为功劳大的，当面告诉他"你的功劳并不大"，"你的本领并不曾从走路中走大，也不曾因为一跃而为大官而本领也变大"。按能力分配工作，工作职位要与能力相称，不称者请下来，不怕你生气，要生气就生气。你要气病了，睡上一个月，就让你睡去。你不肯干了，就不要你干。你说辞职一定挽留，但一定要辞职，则要走就走。

第二点是：党内必须实行严肃的民主集中制。因为干部来源与思想复杂，如果包办，不民主讨论，则无法集中。又因大家初到，不民主讨论，也难免错误。但民主是允许每个人可以发表己见，不能以为自己意见未被采纳就叫"不尊重我"。

第三点是：党员有争论自己意见的权利，但有无条件为党工作的义务。现在一碰意见不相合，就来个"不干"，很多的。必须有这一条。你硬要违反这一条，就请你下台。

总之，东北的特殊环境，党内的小资产也随环境而生长。我们有些同志，在另一种形式下可以认识小资产，也会斗争，但小资产以另一种面目出现时，就不认识了，就讲照顾了，这是全东北的教训。在这一点上，你来信说，今后要说服地方干部的本位主义，那些人以为我搞起队伍就是我的，不愿编出。如果东北党内不能打倒这些小资产，无产正气不会发扬的，要亡党亡头的。这是建党问题，这决不能让步。我完全同意林对军事指挥官上的处置，不行的，拿下来。你对于地方干部的意见完全同意。我提议今后要在东北局讨论一次。我估计经过相当时期后，将有一个短时期的战争空隙,请你们适当利用,开上一次会。关于七七决议后一年来形势和战争任务,或者建党问题,需要讨论一次。

睡了二十天后起床了,现在未病,老婆娃娃昨天亦到。我每天可有几小时室外散步。

兵站、医院、后勤各种问题布置了一下,困难是有的,长白山人口少,但初期困难可度过。此外,正开着收复区工作的讨论。

萧华去了辽南传达,江华在江东未回,劲光、世才、吴克华、莫文骅去前方。我与罗舜初、唐凯在后方。

劲光来南满,思想上基本改变了延安时的毛病,而且没有他来在军事上直接去领导转变,转变是不可能的。萧华同志虽有缺点,但是积极工作的。

不多写了,致
敬礼!

陈 云
五月八日

消灭敌人,发动农民

（一九四七年六月六日）

我们现在是处在东北形势发生根本变化的新时期。因此,我们全党、全军面前的伟大的历史任务,就是消灭敌人,发动农民,创造巩固的强大的辽东根据地。

东北自从向敌人开展夏季攻势以来,仅仅三个礼拜,已歼灭蒋、杜正规军五个多师,收复二十二个县城。我军已由被动变主动,由分散到集中,由防御至进攻。这一新形势的到来,乃是由于东北翻身了的人民的力量,乃是由于北满主力三下江南,与辽东全体军民四保临江半年来艰苦奋斗的成果。

虽然捷音频传,但我们仍处在全面反攻前的过渡阶段,到胜利还须经一段艰苦奋斗的过程。为了继续消灭现有敌人及其必来的援兵，除前线的军事胜利外，我们必须动员所有能抽出的干部到新收复区，帮助人民翻身，创造根据地，这是辽东战局成败的关键，也是与改变全国形势快慢有关的问题。有些同志单纯兴奋、急躁，是不能解决问题的。

我们下乡的同志要"煮熟饭"。不再"煮夹生饭"，摧毁农村封建地主钢骨水泥的堡垒，让广大受压迫的农民真正翻身，真正满足百分之九十的基本农民的土地要求，切勿重蹈过去半生不熟的错误。

第一个要求，首先要彻底摧毁封建地主巩固的堡垒。为此，对地主封建力量应是先彻底打垮，而后照顾，打垮与照顾不能同时并兼。关于献地，只有个别的可以，一般的不要献地，防止某些地主借献地为名，而匿藏其土地财产。除对汉奸、恶霸、大地主彻底清算外，其他在政治上压迫农民而为农民所痛恨的中小地主、封建爪牙等，也不得妨害而且要满足农民的斗争要求，但在斗争中必须取得中农的赞同。

第二个要求，创造为群众所拥护的真正积极分子。要警惕伪满残余、封建爪牙和流氓成分在斗争中混入农运，窃踞领导地位外，今后选择培养积极分子的条件是：（1）又劳又苦；（2）贫农雇农；（3）青年壮年；（4）大公无私。在工作方式上要提倡找好人找穷人，要慢慢地找，细细地查，通过各种方式彻底了解积极分子。

第三个要求，走群众路线。我们过去未将群众真正发动起来，除了某些客观原因外，主要的是我们未走群众路线，以致地主未打倒，流氓当道，群众未动起来。为纠正这一错误，今后在领导方面，不要包办代替，要辨明是非，即不要把少数人的意见当成多数人的意见，也不要将多数人的意见当成少数人的意见，这就需要领导干部打开脑筋，开动机器。

用什么方法能使农民发动起来？不论发动斗争或分地，都要经过思想酝酿，打破顾虑，切不要操之过急。因此，要农民诉苦，提高觉悟，并对其进行时事教育，使其真正认识到与地主斗争的必要性和斗争胜利的可能性。群众是否发动起来，应以落后群众是否起来为标准。

第四个要求，我们的工作要求透不求快。在群众组织方面，名目不要多，要以农会为核心，一切通过农会。

下乡的同志们！只要下乡发动群众和仗打好了，根据地建立起来，有力地支援前线，我们就能胜利。发动群众同前方打仗同样重要，我们要保证把这一仗打好。

金融变动的应对办法

（一九四七年六月八日）

（一）金融变动临江今日已开始，其办法：

甲、宣传辽东本位市场计价，合记单位、税收征交皆以辽东票市额计算，即将物价由二折成一。

乙、凡过去以流通券记账契约债务，皆改成辽东票单位（即二折一）。

丙、因物价及形势需要，宣布本币与流通券汇兑率一比一，市场行使亦一比一。

（二）此办法之意义在于持辽东票的仍一顶一，持流通券的昨天一天增五角，今天则一元当一元。有辽东票不亏，有流通券则便宜。

（三）实施步骤：政府出布告，分别召开公营商店及商户会议解释，并通知部队机关执行。物价由贸易公司挂牌，拿出物资支持（一般将市场物价二折一）。

（四）临江贸易公司可挂牌与出售。物价（以本币计价）九折：重布六百元，苞米一斤三十八元，小米一斤七十五元，食盐一斤二百元，豆油一斤二百二十五元，赤金一两二十万元，火柴一箱四万八千元。

（五）前方可根据此精神进行，并以部分敌伪物资支持，定期将物价变动报告我们。王、叶、李请告北满物价。

克服缺点就是增加力量

（一九四七年七月一日）

庆祝二十六年，庆祝领袖康健。

"七一"应该是检阅我们党的力量。

全国党是强大的，事业是伟大的。二百旅，百余万军。一亿四千万，消灭近一百旅，正向胜利前进。

东北党是强大的，一年大变：军事，土革。今日非去年今日。

辽东党是强大的，协同全东北主力改变了形势。

全体同志是英勇的，坚强的，艰苦的。

但是检阅不单看到好的，还须看到我们的弱点。

何处看出弱点：新的任务面前暴露了弱点。

目前过渡阶段的任务是消灭敌人，发动农民。

是紧要关头：需要紧张的战斗与工作，需大规模作战，多数同志是适合需要地工作着，一些同志一些认识不相适。

一、闹情绪闹地位。

一个省委说几乎每县都有。估计军队中有否？也有。

互有意见，抵消工作力量。懒洋洋，不是一副融洽班子。

问题据说"不大"：你不服我，我不服你。又不讲清，马虎下去。

不愿下乡，无职位，太苦。不愿到兵站。

这些是：名誉，地位，个人享乐——"思想发霉"。

这是少数的，但这是严重的——尤其各县都有。

1. "下乡太苦"——是的。战斗，战动，工作团都很苦。

但你不愿苦，必然会大苦更苦。

2. "地位"。

大官做小事——初创时期必需的。

地位不是争得来的，贡献与地位是相称的——过低则必升，过高则必降。

功劳大，本领大。客观顺利，先来后到。

照顾照顾，戳穿政策。"立功""冒功"。

3. "包藏还是打开"？

坦白正面地讲清是非。

费时，妨害工作吗？节省，有利工作。

闹翻好不好？比不戳穿好。要睡就睡——还须准备要走就走。

必须这样做的原因：邪气当道，正气不扬。

必采"晒太阳"，打击邪气。

解决这些问题的原则有：坦正辨是非；严肃的民主集中制；有争论之

权利，有工作之义务。

利用"七一"的机会，凡有问题的组织讨论，反省。

二、反对本位主义，要从全局出发。

现在的东北战争、全国战争与抗战不同，东北与夏季前边不同。

每一局部的胜利寄托于全局的胜利——辽东改变原因就在长春路的胜利。东北的胜利就在于关内胜利。各战场胜利就在山东挑重担。

全局可以挽救局部，全局垮局部不能挽留的。

1. 辽东军队、地方中许多是照顾全局，但仍有本位主义。

物资、弹药调不动，打埋伏：烂背马，有炮无弹，有弹无炮。

大米后运，弹药无车运。

一听统一都跑掉了——江华同志处。被统了的叽里咕罗。

家务一般不报的——怕不给。财办是一切部门的供给部——是有合理使用的方针，对的。

严重在于各级打埋伏——这个风气必须改变。

地方上拨军队、拨地区、拨工厂是要闹架的。"接的越多越好，交的越少越好。"

2. 本位主义的原因有二：对全局盲目，个人主义的放大。

落后的小资的，无阶先锋队：局部全体，暂时永久。

3. 根据形势必须克服本位主义，强调照顾全体。

财经上：要统筹统支，不仅辽东而且全东北（花纱布、盐）。

军事上：地方向主力，当兵贩子，粮贩子，五五决议。

干部使用上：必须按照需要调动。

东北的干部要有全国的眼光。

三、性质：是成功中的缺点，但必须克服。

克服就是增加力量。

利用七一节讨论五五决议。

革命胜利的希望从来没有现在这样大

(一九四七年七月九日)

我讲四点。

一、形势。

现在的形势是新的革命高潮的前夜。这是中共中央二月一日的决定中讲的。从哪里看中国是新的革命高潮的前夜，从两个方面看。第一，人民解放军从去年到现在的一年中已消灭国民党军队将近一百个旅（三百个团）。蒋介石的队伍总计有二百四十八个旅，等于我们消灭了它的十分之四。当然消灭以后，蒋介石也补充了一部分。比如二十五师，我们消灭它一次，现在又有个二十五师，但是这个师被我们辽南保安团追得东跑西奔。第二，蒋管区大后方的老百姓没有饭吃。在大后方闹得最厉害的是学生，大学生、中学生都有，遍及上海、北平、四川、广州等地。他们游行示威的口号是要饭吃，漫画上画了一个空饭碗。从要饭吃中他们知道没有饭吃的原因是打内战，因此提出了反对内战的口号。在国民参政会四届三次会议期间，他们提出要共产党参加的要求，并决定在六月二日举行大的游行示威，但是被国民党镇压下去了。学生运动今后是否会再起来？仍然会起来的。这不仅我讲，大后方的外国人也这样讲。不要看轻这一运动，它是代表大后方人民的运动。这个运动的实质是反对国民党的斗争。

这两个斗争，哪一个是主要的、起决定作用的呢？我们人民解放军的胜利是主要的、起决定作用的。单纯靠学生的游行示威、喊口号，国民党是不会垮台的，而必须依靠人民军队打胜仗。越是我们打胜仗，大后方的革命情绪就越高涨。在去年我们丢掉安东、张家口时，大后方的一些人觉得大概蒋介石的武力解决中国问题还行，就是外国人也那样看。但是，今年他们的看法不同了，认为国民党的武力解决共产党不行，共产党的军队也打败不了国民党。

我们在全国已有三个战场转入了反攻：一个是东北战场。去年我们在八道江打仗，现在我们可以在通化、梅河口开会了。一个是太行山刘伯承将军领导的地区。一个是晋察冀，我们占了石家庄附近，又打津浦路，并占领了徐水。陕甘宁边区，我们已阻止了敌人的前进。现在只有山东地区国民党军还有小小的进攻。但是，去年我们在每个战场都是采取守势的。今后只要山东地区能够阻止敌人的进攻，那末，全国的形势就要大大转变了，大后方中间人士的腰也就粗了，他们就敢说话了。因此，蒋介石现在把一切力量都集中在山东，希望打了山东再打太行、东北。我们有没有希望转变山东的形势？完全有。现在山东的形势是"里打"（陈毅）、"外援"（刘伯承）、"蒋后游"。敌人的兵力像土豆子一样遍布山东，我们就要转变这一形势。如果山东形势转变了，那我们就会继续打到徐州、南京、苏中。如果蒋介石还想继续打的话，那我们就继续打下去，直至解放全中国。

自卫战争是可以胜利的，原因在于：一是民心不归蒋介石。这将影响到蒋军的士气。现在蒋军大多是抽壮丁抽来的，所以我们能够一连一营地缴他们的枪。俘虏兵放下武器，马上就能回过头来打国民党。蒋军打仗的结果是越打兵越少。抽丁越多，兵越不能打仗。二是越打仗，钞票越发行得多，物价越涨得高。大后方的大学教授每月能拿到的薪金难以维持生活，他们只好卖西服，老婆摆菜摊，这样的生活不能持久下去。三是打败仗。蒋军越打败仗，民心就越低；民心越低，蒋军就越要打败仗。

但是，另一方面，我们也不能过分地看轻敌人的力量。首先，敌人还有兵力，他还要继续抽丁，我们不能把他估计过低。其次，美国还会给他帮助。最近美国给了他一亿发子弹。所以，我们不要希望一下子就能打胜，还需要经过苦战。但是，我们也不要害怕。有些新同志一听美国援助蒋介石就有些害怕，担心美国会不会把原子弹丢到通化？我们说不会的，除非第三次世界大战发生。说它不会，一是美国动员美国人民打仗不容易，美国还有些资产阶级的民主。二是美国也要考虑，它能不能打胜仗。

现在世界变了，不像从前了。有的资本主义国家垮下去了，有的变成人民民主国家了。英国在大选中选掉了丘吉尔，而选了工党的领袖。法国换掉了戴高乐。这就说明了人民的力量。美国的华莱士到处讲演，反对战争。现在的形势是变了，美国不可能将什么原子弹丢到中国。三次外长会议无结果而散。今天，在世界上反动力量不可能任意横行，革命胜利的希望从来没有现在这样大。世界上共产主义运动有了一百年，前七十年只出了一个苏联，后三十年就出来许多人民民主国家。这是社会发展的必然结果，中国共产党的发展也说明了这一点，谁也阻止不住。希特勒、东条比蒋介石凶得多，但是结果都垮下去了。中国一百年的革命斗争，四亿五千万人的翻身，就在我们这一辈人的手里，这是历史已经注定了的。

二、东北问题。

东北已经改变了战局，但是现在仍然处在全面反攻的过渡阶段。现在，我们已将吉奉线的清原到烟筒山一段占领了，四平线占领了梅河口等地，最主要的是南满和东满连在一起，南满站得住站不住脚的问题已经解决了。过去，南满和北满两个拳头不能一起运用，现在可以了。去年南满紧缩到二十二万人口，现在已扩展到七十万。夏季攻势根本改变了东北形势。四平未打下来是美中不足。国民党把许多地方的兵力都集中到四平，因此我们不能打四平。但是四平不亮，其他地方如通化、安东亮了，东方不亮西方亮。四平城里不亮，但是乡下亮了，终究城里也会亮。人没有了问题，自然城就会让出来。我们是否可以一直打下去？不行。因为现在还是过渡阶段——拉锯式的，就是某些城市有进有退，目的是要消灭敌人的有生力量，斗争的反复还是有的。大家有了去年的经验，不要着慌，留得青山在，不怕没柴烧。但是，拉锯是越拉越大，绝不会越拉越小，这是可以保证的，缩小是暂时的。

我们的任务是解放东北人民，因此有两件事情要做：一是消灭敌人，二是发动农民。用什么方法、依靠什么基础来改变东北形势呢？采取的形式是战争，根本内容是发动人民群众。我们所以能打胜仗，真正的力量就在人民群众。蒋介石虽然占了许多大城市，但是不能打胜仗，而我们却能够打胜仗。这一点蒋介石始终没有学到，也不可能学到，因为我们是和工农群众结合在一起的。今天，我们在东北所以能打胜仗，就在于我们发动了群众，大批农民参军。为人民服务，就是为工农群众服务。有了老百姓就能打胜仗，反之就要打败仗。今后，东北战局还要继续发生大的改变，主要地还是要依靠发动人民群众。

三、我们的干部是否认清了东北的形势？

现在，有很多外来干部认不清东北形势，也有少数人经不起考验，在工作中考试的结果不及格。原因是对东北形势是盲目的。东北是革命力量与反革命力量争夺的重点，但是东北革命力量比较弱，十四年来共产党、抗日联军的力量都比关内小得多。如果东北拿到我们手里，华北也搞过来，那我们的力量就大得不得了，这就等于华北的人口加东北的工业。这样蒋介石就吃不住，所以他就想集中兵力打山东，然后回过头来打东北。

由于许多外来干部不了解现在的形势，因此让他们下乡他们不乐意，感到苦。我说要享福的人，你走错了路。有的同志也许要后悔来东北，我说你不要后悔，因为东北是重点，保住东北，对华北也有好处。考不及格的人包括：一是不愿吃苦，觉得抗战八年了，想休息，想找安定的工作。二是闹名誉地位，想当官。三是腐化。这些人革命还不行，不是为人民服务，而是为自己服务，为当区长、为金镏子奋斗。大家要知道，今天不愿吃苦，将来就会比现在多吃一百倍的苦。

东北的干部来自五湖四海，干部中有先来后到。一个黑龙江省只有十三个领导干部，缺少干部，因此有的人虽然过去是区、村干部，但是来东北后成了县级干部。可是，他脑子里不想自己行不行，将来是不是让位于比自己能干的干部，却闹起地位来。占着茅坑不拉屎，带兵徒手。每个区里县里都有这样的一些人。过去我们对他们是照顾政策，现在要来个揭穿政策，告诉他，你不行，虽然地位高但是没有多少本领。许多同志到东北一年多，应该好好想一想，到底为人民服务了多少，为自己服务了多少。一个人只有经常反省，才会进步。

四、每一个干革命的人都应该了解现在是什么时候，应该采取什么态度。

现在的形势是四个字，叫"紧要关头"。敌人的方针是先打山东，再打东北。国民党现在所以来不了东北，是由于它的兵被山东、太行挡住了。我们有两种办法：一是山东、太行挡住他们，我们可以休息。一是乘东北敌人不能增援，赶快努力消灭敌人。我们应该采取后一条，乘肩上担子还轻的时候赶快努力，否则我们是立不住脚的。现在是个机会，应该利用起来。如果认为现在地方大了，想休息休息，那是傻瓜。我们现在的态度应该是找困难的工作，到困难的岗位上，到艰苦的岗位上，而不是到安适的岗位上。大家都应该到农村中去，发动群众，这个工作是决定胜败的关键。

对野战军经费以不定自给任务为有利

（一九四七年八月十七日）

高、李：

一、挖浮产我们正在进行，农民很积极。但东北局六月二十三日指示中估计"这部分埋藏的财物常比地主全部土地的价值还要大几倍"，这材料是否可靠（北安亦如此估计）。我怀疑是否把土地作价太低了。（按理不应以土地改革时土地价贱的一时现象计价，应以地租收入按平均利润计算，我以为至少正常的价等于三年地租。粮价亦不宜以统购价计算，需以正常交易价计算。）此点请查告。

二、一纵二次来电，仍在要我们退还去年四平战前辽东地区（现收复区）的投资（正在调查处理），并说每月差五千八百万元，财经办事处不报销。现在财经办事处对野战军经费是否发足？是否仍有规定部队自给的任务？如有自给任务，可否考虑今后对野战军一切经费全发，不要他们自给。一则让他们收心作战，再则不再借口自给而乱搞生产。我以为财经办事处如能用大力开财源，则以不定自给任务为有利。妥否，请考虑。

陈　云
八月十七日

安东、辽南土改要既透且快

（一九四七年九月九日）

一山、澜波报东北局告白坚：

一山、澜波来电均悉，我昨由辽宁省委各县工作团听汇报回来，简告如下：

甲、辽宁八县（西安、东丰、海龙、清原、辉南、柳河、通化、辑安）情况如下：

（一）八月二十日止，平均已突破十分之一的屯，正将各县工作团作面的展开，至全县三分之一或四分之一。

（二）普遍扣押奸霸地主。由追浮、分浮到分地，运动是猛烈的。斗争后的群众参军是热烈的。柳河一个区（全县共七区）报名参军者四百一十五人。

（三）由于各县斗争的影响，工作团未到之区，农民情绪已普遍激动。因此，减少了工作团在发动农民斗争前花费在农民中酝酿的时间和人力，工作速度加快了。

（四）由于各地斗争的影响与农民情绪的高涨，地主普遍地对佃户借粮请客，很多地主组织假翻身会，假斗假分浮，流氓则混水摸鱼。辽宁讨论结果，否认其假农会与假斗争（因我们无大量干部派出转变其内容与斗争）。

（五）许多干部怕工作夹生，怕流氓混入，因此小心了，这是好的。但另一方面，又把怕夹生、怕流氓变成精神负担，束手束脚。讨论的结果，认为去年之夹生，除对地主照顾太多太早外，各地所公认的三个原因中（地主未倒，流氓混入，农民发动不充分），主要原因是农民发动不充分。只要农民充分发动了，地主是可以打倒的。流氓之所以窃踞领导，也正是因为农民未充分发动。因此，防止流氓窃踞领导的武器，应该是两个而不是一个。即一，主观上小心防止流氓，坚决依靠贫雇农。其二，是依靠广泛、猛烈、深入的群众运动去暴露和洗刷流氓。

（六）分局六六关于土地改革第一号信上所指不应求快、必须求透的问题，是为了防止"走马看花"地"发动斗争"，这种倾向现在没有发生，以后仍须防止。但是，根据经验看来，"透"的基本内容是充分发动群众，只要充分发动了群众，则不仅可透，也可较快。反之，如果发动群众不充分，则虽慢也不透。所以，防止夹生、防止流氓、搞快搞慢等等中心问题，是充分发动群众。

（七）追浮是群众迫切需要的，但必须认清分青分地是主要的，土地是农民致富之本，尤其在秋收前绝不放松分青分地。分浮时必须为了置办牲口、农具，反对吃喝。

（八）柳河打人最烈，前一时期每斗必打（以棍子打），且在各县普遍传开成为打风。因此，其中有打重者，也有不该打死而打死者，且个别两面光也被打，落后分子也以大打斗争对象为表示积极的手段。我们认为，农民打地主是封建压迫的结果，凡属适当之打不能阻止，但领导上应防止不适当的打。追浮办法要尽量利用软的方法（查、吓），又因为农民觉悟程度不齐，凡属轻重不同的斗争对象应分开斗争，否则，很容易将对付罪重斗争对象的办法同样施于罪轻的对象（把罪轻者捎杀了，捎打了）。防止不适当的打，又不是泼冷水。

（九）严格区别狗腿子与两面光。狗腿子是穷人地主心，两面光是群众中的落后分子。故对两面光不是打击，应以种种积极方法引导其参加群众斗争。

（十）在乡村中发动群众的工作是十分复杂的，根据具体情况办事而又不离基本原则是很不容易的。因此，每个工作团负责人的政治质量（根据情况办事而又了解政策的精神）是十分重要的，不强者应加强。

以上十条情况，供安东、辽南此次各县联席会议参考。

乙、估计到安东、辽南是处在直接的战区（不同于北满的大后方），估计到安东、辽南群众斗争情绪已普遍的高涨，又估计到一切为着前线的胜利，因此对安东、辽南土地改革的农民翻身运动，要求既透且快。又在这个基础上，要求更迅速地得到大量翻身农民参军上前线的效果。此点希望你们根据各县情况，加以研究和讨论。

丙、前一两个月是工作团开始下乡的时期，工作经验还不多，但各工作团对于工作经验的交流也注意得不够。今后希望各地随时在各个具体工作上作经验的交流。

丁、希望你们将各县联席会的结果告诉我们。

陈　云
九月九日

辽东土地改革工作中的教训

（一九四八年四月十六日）

去年七八两月，辽东两千干部连北满四个工作团一齐下乡，当时只集中打击地主和恶霸富农。七月时，土改工作采取很慢的点点前进、求透不求快的办法。但群众在亲尝了八路军好、中央军坏的经验后，又在我军各方胜利前进的形势下，情绪普遍高涨，他们迫不及待，到处请工作团去，开展土地改革。另一方面，辽东在久战之后，急待补充兵源和动员战勤（北满主力大部到了四梅线两侧），建立地方武装，肃清土匪。在此情况下，运动速度加快，范围加大。

去年七月至今年一月，七个月中，除秋冬攻势的新收复区外，辽宁大体分了土地，安东、辽南则三分之二或四分之三的地区分了土地。总的说来，工作是有成绩的。消灭了封建土地制度，发动了农民，十万农民踊跃参军，并在基本地区内肃清了土匪。但由于运动扩大过分迅速，阶级划分不清，没有巩固地团结中农，对佃富农与旧富农不加区别，许多地方把富农与地主一样对待，保护工商业的政策没有严格执行，以及一度打风盛行，死人过多，犯了很多"左"倾错误。直到一月份中央及东北局指示纠"左"，才开始纠正。现在，老区正继续纠偏，新区则照中央指示，首先打击大地主。所有新老区，都以春耕为中心，同时进行纠偏或发动的工作。

土改工作中的错误，主要由我负责，因我是负责指导土改的。造成错误的原因，就在于对若干问题的认识含糊不清。

一、对于贫雇农翻身，在现阶段只能翻到什么程度，没有明确的恰当的认识。现在看来，分了地主、富农多余的土地和牲口以后，基本上已算翻身了。至于牲口还不足等等，只能在以后发展生产中逐步解决。否则，必然打击太多，孤立自己。

二、只看中农对土改犹豫观望的一面，没有充分认识坚定地团结中农的必要，分了富裕中农的牲口，又侵犯了其他中农。这种做法，贫雇农经济上所得不多，政治上损失甚大。

三、没有研究富农剥削剩余劳动量的大小，以为凡雇长工者都是富农。当时不知剥削部分只占其总收入百分之二十五以下者应划为中农。因此，误划许多中农为富农。对佃富农，则偏看其二地主性（转租地主土地），他们在乡村中政治地位甚高，牲口又多，因此与旧富农大体上同等对待。

四、在工商业政策问题上产生混乱的原因，在于未彻底认清保护工商业、发展经济，无论对城市和乡村，对工人、城市贫民和农民，对支援战争，都是有利无害的。

五、在打人问题上，当时没有认识到，农民打恶霸虽属正义，但群众运动中人多手杂，打风一开，就会乱打，其结果必然祸害百出。以法庭来处罚应惩之恶霸，既可避免乱打，又可为农民伸张正义。

六、运动中凡属农民提出之要求，总是有原因的。但是，不少要求从全局和长远看来是不合理的。有些要求，即使在当时说来也是不尽合理的。因此，在运动中不能放任自流，作群众的尾巴。

七、在群众情绪高涨的情况下，运动范围可以大些。但如无明确政策，无足够数量和质量的干部，过度扩大运动范围，就容易出乱子。

关于图们口岸办事之决定

（一九四八年六月三十日）

奉东北局、东北行政委员会、东北军区司令部之指示，关于图们口岸办事处特作如下之决定，希即一体遵照执行为要。

一、东北贸易管理局图们口岸办事处兼东北行政委员会驻图们办事处，并任命刘裕孚同志为处长、孔祝三同志为副处长。

二、该办事处之任务：

1. 配合吉林省党、政、军负责关于沿江国境之管理事项。
2. 沿江对外贸易及货物输出入口之办理及统一管理等事项。
3. 代表政府办理当地对友邦之外交事项。

三、关于人员因公、休养或退伍出境赴朝鲜或通过朝鲜赴别处者，必须遵照下列规定：

1. 无论党、政、军人员，必须遵照系统请得东北局组织部、东北行政委员会外事处或东北军区政治部之正式介绍，否则，不准出境。但单纯为国家对外贸易需出境执行职务（例如押车）者，经由东北贸易管理总局之正式介绍即可。（除以上规定之批准机关外，任何机关无权介绍出国。）

2. 出境人员除一般必需之行李外，所携带之物品必须有以上各该机关之证明，否则，办事处有权检查并禁止其携带。至于武器、弹药，无朝鲜方面手续者，绝对禁止携带。

3. 出境人员之食宿、旅费，除以上规定之介绍机关明确证明供给作正式报销外，办事处不负责任。但在规定范围内，可予兑换定量之鲜币。

4. 出境人员必须穿着便衣，绝对禁止穿军装、戴军帽，否则，不准出境。

5. 过境人员不准在朝鲜境内私自购买东西。如确有需要，必须经财委会之审核批准并证明手续，否则，以走私论，货物没收之。

6. 关于沿江朝鲜人出入国境事项，由东北政委会外事处另行规定之。

四、关于沿江对外贸易统由办事处办理，除特殊器材办事处不能或不易采购且经财委会或贸总批准者、始准派员出境直接采购外，任何机关部队不得直接对外贸易，否则，以走私论，输出入之货一律没收之。

五、办事处关于对外贸易及输出入口工作统受东北贸易管理总局直接领导。关于非贸易性之外交事项，受东北政委会外事处领导。

此决定阅后传达有关人员。

东北行政委员会财经委员会
陈　云　李富春
六月三十日

把财经工作提到重要位置上来

(一九四八年八月)

我们在六七两月集中检讨了财经工作,其原因就在于二三月中财经方面发生了两件大事:一为鹤岗煤矿在发动工人中产生了不适当的打击职员的"左"的错误,另一为三月物价暴涨及由此而来的工人实际工资降低,工人不安,公营企业商品售价太低发生赔本现象。兹分述如下。

(一)以鹤岗煤矿为代表对职员的"左"的错误,在鸡西和西安煤矿以及铁路的个别区段均发生过。东北在公营企业中犯过的主要错误,不在过高的工人待遇,相反地,注意工人必要的待遇还不够,而在对职员政策上的右或"左"的错误,其中尤以"左"的错误为重。主要原因是对职员特别是对行政管理人员的作用估计不足。这是一切新接收企业中带普遍性的问题。解决的办法已有中央批准的关于职员问题的"八一"决定。

(二)三月物价波动原因有二:(甲)大量增发了纸币。增发之原因是主力部队和二线兵团人数增多,同时又必须购粮四十万吨,去冬今春开支增加,又无物资作为支付手段。故货币发行量由二月底的一千四百万元增到今天的六千万元,平均物价指数也涨了近三倍半。(乙)去年粮食歉收,故粮价在货币发行量激增和粮食求过于供的两重影响下,领头上涨了十倍,由二月底的每斤一百六十元涨为今天的一千六百元。

一九四八年度共收公粮一百三十四万吨,贸易局购入粮四十万吨,除供给必需外,再无调剂市场余力。而东北解放区八九百万城市人口所需之二百五十万吨食粮及粉糕用粮,除哈市外完全仰仗于二千多万农民的售粮。在此种城市人口众多,公家又无力调剂的供求关系下,略有失调,粮价即暴涨。此外,去年南满和北满全歉收,而南满历来缺粮,北粮无法大量南运,粮食南贵北贱,最高时相差七倍,影响北满粮价。同时,因公家购粮,限制商贩携带五十斤以上的粮食,缩小了社会的调剂力量。

(三)粮价飞涨的结果,公营企业中完全发货币工资者(约五万工人)和部分发货币工资者(约二十五万工人),其实际工资大降。而此时企业机关对于工人生活注意不足，三月公布的东北公营企业工薪标准又太低，因此，四五月间工人大躁不安。五月以后逐步提高工资，并拟了新的工薪标准，其主要内容是提高工薪的实物计算，并大部支付实物（约百分之七十）。

（四）由于粮价飞涨，而公营企业的牌价，如火车、轮船、邮政、电力，以及为公家完全掌握的煤、盐、布、金价等等，则基本未动。一部分主管同志怕刺激物价而不敢提高公营事业价格，因此造成一系列不合理现象。例如，六百里的火车票价只等于十支纸烟价，一盏二十支光电灯每月收费只等于一支纸烟价；接近产盐区的通化每斤盐价一千二百元，不产盐的北满反而只售五百元；我掌握之布价，由十斤粮换一尺布，一跌而为五斤粮换一尺布。金价也跌了一半。贱卖时间仅四十余天，后即提价，当时并非畅卖，故损失不算多。

全东北只有哈市一处是粮食配给，粮价远低于其他大小城市，相差三四倍，又不敢主动提高，结果不但公家赔本，也无法阻止其他大小城市的粮价上升，而且造成了哈市配给粮外流。此种公营物价过低的办法，不利于工农业生产，仅利于小贩。由于小贩利润高，有些工厂的工人和职员请假当小贩。

（五）在粮价飞涨之下，公家即令按照市价统购，农民也囤粮不卖。为了度过灾区的粮荒季节，鼓励农民出卖粮食，故于七月十日公布命令，在禁止私商囤积的同时，允许粮食自由流通。结果缺粮区粮价下跌或趋向平稳，余粮区上涨，全东北形成适当的市场价格，在此粮食青黄不接的最紧要关头，一个月来只涨了百分之四五十，反比四五两月粮价为平稳。

（六）秋收及新公粮征收以前，估计物价仍将逐步上涨。其中，粮价我无法控制，煤、盐、布、金及公用事业价则必须主动跟上粮价。又因淡月货币回笼不够，开支不减，必被迫发行。我应力求物价平涨而非暴涨。

（七）东北工业恢复的范围日益扩大，工业在经济中所占的比重日益提高。又因为各个国营企业之间，国营与各省、市、县公营企业之间，公营企业与私营企业之间，虽有各厂的生产计划及部分的加工和订货关系，但就全体说来，在工业中我们还缺乏计划性，这就使原料、机器、人员、产销等等，缺乏调剂和衔接，产生浪费和损失。因此，东北局决定，今年必须制订一九四九年工业生产计划，如果可能则进一步拟订一九四九年及一九五○年两年的生产计划，以便我们学习并走向计划生产。为此，首先必须规定国营企业的生产计划；其次必须规定各省、市、县公营企业的生产方向和计划。在这些国营、公营企业之外，又必须调查合营和私营工厂的情况，以便给以生产方向上的指导，在可能的条件下实行订货加工。

（八）综观上述情况，说明东北财经工作到今天仍存在浓厚的盲目状态。其原因，一是财经工作的范围日益扩大，而且复杂，我们无经验；二是两年来我们集中力量于战争和土改，未深摸细摸财经问题。我们已觉悟到，在目前情况下，需要把财经工作放在不次于军事或仅次于军事的重要位置上。

学习并走向计划生产

（一九四八年九月一日）

因为东北工业恢复的范围日益扩大，工业在经济比重中日益提高，又因为各个国营企业之间、国营与各省市县公营企业之间及公营与私营之间，虽有各厂的生产计划及部分的加工与订货关系，但全体说来在工业中我们还大大缺乏计划性，这就使原料、机器、人员、产销等等缺乏调剂衔接，产生浪费损失。因此，东北局决定今年必须制定一九四九年工业生产计划，如果可能则应进一步拟定一九四九及一九五〇年的两年生产计划，以便我们学习并走向计划生产。

为执行东北局一年或两年工业生产计划的决定，首先必须规定国营企业的生产计划，其次则必须规定各省市县公营企业的生产方向和计划，在这些国营、公营企业之外，又必须调查合营和私营工厂的情况，以便给以生产方向上的指导及可能的订货加工。为此目的，我们提出一个调查和报告提纲，请你们调查研究后答复。我们希望于九月二十日回答我们。

但为了使我们迅速了解各省市县较大较重要的公私企业，在此信到后，请就你们知道的或大概知道的扼要情况先回答我们，以便我们研究之后。在九月底东北局所召集的高干会上提出一个各省市县公私企业的生产方向。

关于新收复区敌我货币比值及对策问题

（一九四八年九月二十八日）

李、高并报中财：

新收复区敌我货币比值及对策问题，提供下列意见，请考虑：

（一）由于东北敌占区物资缺乏，敌币价值将超过关内速度继续猛跌。对伪九省流通券，绝对不可采兑换办法，因而也不应由我们规定合法比值，否则不但我们吃亏很大，且将延长在新收复区驱绝敌币的时间。

（二）地区收复后，应立即出布告，禁止敌币流通（总部已准备了布告），其目的在于促使敌币迅速自动向敌占区流出。同时政府应组织人民自己以敌币向敌区购买物资。

（三）在禁用敌币后，在短时期内必不免暗中流通，且比值混乱，极不一致。政府对暗中使用者不必认真干涉，但须多方宣传贬低其价值，其目的仍为促其迅速流向敌区。但政府税收及公营事业，卖货收费，绝对不收敌币。贫苦群众确有因禁用敌币而大受损失者，如有必要而且可能时，采其他办法帮助之。

（四）由于东北敌区物价过高，金圆券价值可能与关内有很大悬殊。如果你们拿到金圆券，可以顺利迅速向关内敌占区买到物资时，则应否在关外新收复区兑换一部分金圆券，往冀东作为外汇，请你们根据需要与有利原则决定，但仍不宜公开规定比值。

（五）冀东地区对金圆券对策，我们对情况不明了，请照过去经验，在对我们有利无损的原则下由你们自定对策。

陈、李

东北财经问题

（一九四八年十月八日、十一日）

我们目前面临着很大困难。财政开支，工业投资与购粮，物价，这三个问题把我们搞苦了。现在，我们每天需要一万吨粮食作为财政开支。工业要投资，如铁路一定要修，枕木不仅要准备东北的，还要准备关内的。亚麻、糖、葡萄也要收购，今年不收购，以后就无人种了。哪一项不投资都不行。东北三千一百万人口，七百万是过城市生活的。今年不投资，明年还要投资。前两个问题需要发钞票，多发钞票物价就要上涨，显然与第三个问题"物价"发生矛盾。困难就在这里。

下面，我讲三个问题。

一、财政金融情况。

（一）现有脱产人员一百四十万，其中军队一百零八万（内有公安武装二万），地方三十二万（热河四十万在外），军队占百分之七十七，地方占百分之二十三，为三比一。整个脱产人数占全东北人口的百分之四点五，实际还要多一些。一九四六年直接供应六十八万人，去年十二月接近一百四十万这个数字，一年骤增，今年第二季度起就是这个比例了。关内如何？华北今年三四月财经会的统计，人口计七千九百五十万（除陈赓、苏北），脱产的有一百六十万，其中军队一百二十万、地方四十万，占华北人口的百分之二点四；晋东南脱产人员占百分之一点三七；渤海占百分之三点零四；山东占百分之二点七八；西北占百分之六点七；晋察冀占百分之二点五四。我们东北占百分之四点五，开支很大，但是解决了问题；从财政上看不好，但从政治上、军事上看就很好。中央告诉我们，农业税收超过百分之二十、脱产人数超过百分之二就会有危险性。因此，摆在我们面前的只有两条路：或者挑起百分之四点五这个担子来，或者裁兵。东北局过去是挑起来的方针，把形势改变了再说，如此方能消灭被围困的敌人，又能歼灭增援的敌人。假如改为百分之二点五，脱产人员只能有七十七万人，其中军队五十八万，地方十九万。消灭被围敌人与打援二者不得兼顾。再看，在工业化国家里，百分之四点五也不算高。那末，还有没有办法减少财政开支的困难？有的。办法不是裁兵，而是减后充前、苦后充前，即：减少后方，充实前方；后方苦一点，前方好一点。再苦几年。

（二）一九四八年收支情况。从去年十二月起，开支大大增加，但收入并不充足。征粮只有一百三十四万吨，而脱产人数已接近现在这个数字。换来棉花一万三千吨，大连纺织出来，布匹仅能供给军需。今年支出预算三百六十万吨，包括粮秣八十五万吨，运费十万吨，各种经费一百七十万吨，交中央二十六万吨，地方一万多吨，工业投资三十七万吨（银行投资二十五万吨在外），预备明年单衣的百分之六十需十五万吨，仓库底子十三万吨。此外，还准备购粮三十万吨。今年收入预算，也是三百六十万吨。其来源是：去年节余十万吨；收公粮一百三十四万吨，占总收入的百分之三十七点二；对外贸易九十一万吨，占百分之二十五点三，其老本还是靠公粮；工业收入（铁路、电气都是赔本的，主要靠布、盐）八十九万吨，占百分之二十四点七；税收十一万吨，占百分之三点零六；借银行贷款五万吨；杂收二十万吨，共计三百六十万吨。收支相比，真正透支也不多。关内收入的比例是：华北收公粮、公棉占总收入的百分之六十至百分之八十二，晋东南农业税收占百分之八十二，晋察冀占百分之七十八，西北占百分之六十，华东占百分之七十一。

（三）从上面数字看，收入与支出是平衡的，这是一种特殊的平衡。全年的平衡，不等于季月的平衡。出来与进去，制造与运输，自用与出卖，旺淡不调，问题很多。货物（资产）价值上的平衡，不等于季月货币收支的平衡。因此，我们不能以为全年收支平衡，就掌握一切了。开支不仅每月必开，而且季度上有透支（如军需）。工业投资是非投不可的，亚麻不收购不行。现在工业投资（抢修铁路在外），每个月必须开支二千八百五十亿元，而回笼的（主要靠贸易、税收）只有一千亿元，还差一千八百五十亿元。如果把各种开支都计算在内，每月需要五千亿元。病症所在就是如此。

（四）物价大涨的原因何在，有无可能避免？原因有三：（1）钞票发行多；（2）物资不足；（3）人为原因，工作中有错误缺点。头两点很清楚，现在只研究人为的原因。其中已发现的一条，就是粮食禁止流通的问题。应作为一个主要教训。进入东北以来，粮价的门没开，也可说开了一点。如果三月间开放，可能粮价不会如此上涨。当时是粮价跑在其他物价前边，规定的公价远远落后于私价。如果不改变，公家太吃亏。教训在哪里？调整物价在前还是开放粮禁在前？应该开放粮禁在前，开放之后如有问题，再来调整。七月的开放是被迫的，缺粮的地区希望开禁，反对的是余粮地区的城市居民，是少数人。本来公家买不到粮，开禁之后买了四万八千吨。这说明我们的贸易力还不够，商人的调剂力比我们大。七月的教训是，涨价中有必然的因素，也有人为的因素；有份内之涨，也有份外之涨。

调整公私价格、公公价格，也有份内之涨与份外之涨的问题。这样涨了那样不涨，私人涨了公家不涨，都不好。以后公营企业涨价时，要共同制订合理的平均物价指数。应该是要涨一起涨上去，像"赶鸭子"一样。不要你涨了，我不涨。

有何可能避免物价大涨？平涨是无问题的、难免的，问题是如何避免大涨。这个问题不能单在经济范围内来回答，因为现在是军事第一。现仅就经济范围来说，有三个条件：（1）避免错误；（2）必须做到每月货币收支接近平衡；（3）掌握一定数量的必需物资。

我们研究了一下货币收支计划。每月财政支出为一千六百五十亿元，工农业投资为五百五十亿元，总计需二千二百亿元。办法是：多采取物资交换，增加实物供给，减少货币支付。要使银行成为国营企业名副其实的总会计，各企业会计必须与它联系。订出财政纪律，买东西时首先要向公家企业购买，不能光图便宜到市场上买。现款收入计划为二千一百亿元，其中铁路回笼力最大，煤、电、水、电报、电话也可回笼，其次是贸易公司。税收可以回笼四百五十亿元，发行城市公债可达三百亿元。现在私人物价上涨百分之二十至百分之三十，公价不能落后于私价，否则就太吃亏，支出很大收入很小就是了。

以上这个计划有些根据，但也有危险。仗打起来了，军费增加了，铁路收入减少了。假使因各种原因冲破了计划，如何办？只有裁减人员。如果不能裁减人员，最后就是发钞票。当然这不是绝对的。因为现在是战时。我们必须掌握一定数量的物资。除各种开支与出口外，要经常保持四十万吨至五十万吨粮食，这是最基本的。现在，粮食总的需要量是，军队一百万吨，出口八十五万吨，城市职工调剂六十万吨，共计二百四十五万吨。因此，公粮要征够，计一百一十五万吨，谁减必有谁增。还要发钞票购粮。购多少？只准备购二十五万吨至三十万吨（包括鸡蛋、猪肉在内五万吨）。要求多购是普遍的，但多购即多发。不购的结果，会发生粮食贬价，谷贱伤农，这是确定的。工业品与粮食的比价，应是二匹或二点五匹布换一吨粮。工业品是卖的少、买的多，一定价高，工业品与农产品的价格悬殊。如果保持农民粮价不要太低，工业品价格又不会降低，农民能换到工业品，我们明年也有粮食，这是两利。也有可能是粮贱，农民换不到东西，我们手里也没有粮食，这叫两害。也有可能是一利，利于我们。今年我们能多买四五十万吨粮食，明年就可以压台。除粮食外，手里还要多掌握一百万匹布。再过六七个月后，看情况才能确定物价能不能避免大涨，因为我们现在手里还没有东西。现在的发行对实物的准备为一百比一百零四，三年来群众对发票子的负担为二百三十万吨粮食。

（五）明年概算。一九四九年收入为五百一十七万吨，其中，公粮二百零五万吨，对外贸易一百四十八万吨，工业九十四万吨，税收二十五万吨，冬鞋之类十万吨，一九四八年存二十五万吨，公债十万吨。全年支出为五百一十七万吨，其中，人吃马喂一百万吨，军工、医药、航空器材近七十万吨，社会事业费三十万吨，经济投资五十万吨，交中央十万吨，再加其他各种经费。在工业投资项内，不包括修复松花江桥。看得远点，我们要准备修八千公里铁路。关内需要一千五百公里的器材，三百六十万立方米木材，这个任务是责无旁贷的。这笔经费也未计算在内。必要时要将次要的铁路拆到关内铺设重要线路。

（六）精于业务，提倡节约。东北有无浪费，我看是有的。哪种浪费最大？最大的浪费是在财经工作中、工业管理中。做财经工作的同志应有所自觉，要认识到现在碰到的都是新问题，现有的知识远远差于新的情况，稍一自满，一定搞不好。我们现在处于战争环境，不可能把全党的力量都集中到经济工作上面，经济工作只能集中在现有的做经济工作同志的身上。因此，要有高度的自觉性，碰到的都是新问题，旧的经验不能应付。

讲节约，要首先在财政部门中提出来，用钱要有财政预算。过去这方面较差，财政上还未走出供给制。其次是银行，要求银行在全部经济中起调剂作用。在运输、保管、生活中要避免浪费。粮食是财政收入中最大一项。粮食工作有成绩，但还可进一步努力，提高粮食质量，保证不霉烂，加工达到必需程度，这样可减少亏蚀，以节省十五万吨粮食。挖煤矿，只顾现在不顾将来，损失很大。要提高火车运转里程。葡萄酒要少喝，苹果要少吃。但更要注意的重大问题是，在人员上"必要者设，可去者去"。一个人在前方年需二点一吨粮食，等于一两金子，而在后方是一点四吨粮食，这一问题全党要注意。生活标准上可以节省一点，比如买沙发、搬房子、修房子、打药针。对汽车标准（大汽车每年需要七十五吨粮食、小汽车每年需要十五吨粮食）上的浪费，也要作斗争。后方机关要提倡搞农工生产，不准做生意。学校及社会事业采取民办公助或公私合办，水利等其他社会事业也要如此。对此，经济工作同志应负主要责任，各省同志也要同心合力。

（七）省财政问题。一年来，各省负担很多，下面负担也很重。热河现处于战区，很困难，将来要帮助他们。地方财政在计划上、编制上、支付上要统一到省。办法是：（1）上级（东北局、政委会、司令部）要给下级确定一个编制，上级负责，下面好办。（2）公粮按标准由上面发，衣服也由上面发，除此以外的其他开支和投资要靠下面的农工业收入解决，不能靠加税。（3）应该作出全年收支预算，交财政部审查。农工业收入中，若干工业只取部分利润。预算一次做定（不是每月），多的交，少的略补一点。精神准备是，交者多，补者少，补是万不得已的。（4）计划统一，预算统一。统到省为止了。

二、国营工业与经济计划。

（一）产量和比重。国营工业在东北经济中占最大地位。而最大最完整的工业是铁路，全长有一万公里，在我们手里的是八千公里，八万工人。华北只有四千九百公里。讲工业，没有铁路运输统一不行。苏联常把运输工业放在第一位。哈尔滨市五大工业共有二万人，仅铁路工人就有一万六千人。客运收入一个月为七万五千多吨粮食，一年约一百万吨粮食。电气、军工未计算。工业和盐务局收入即占总收入的百分之四十。明年出布三百五十万匹，合粮一百四十万吨。煤八十万吨。盐六十万吨。金一万两，合粮二十万吨。纸十五万吨。洋灰十万吨。伪满时一千四百斤粮食换一立方米木材，明年出木材合二百万吨粮食（目前红松一立方米换一吨粮食）。二千一百万农民生产一千二百万吨粮食，三十万工人的生产就合五六百万吨粮食。

（二）办什么？方针是：轻工业要提高质量与数量。重点放在恢复重工业与军工业上，中心是为了军火生产。钢铁、铜、化学工业、汽车零件制造、电器材料，我们都要搞起来。汽车要搞苏联型的。东北目前最缺的是电器和油类。困难有两个：一个是缺少技术专门家，一个是缺少资本。这两个问题必须解决。

（三）计划性。现在工业中最严重的问题是计划性问题。我们现在下面各部门可能是有计划的，但是上面没有计划。如果只有部分的计划，而无统一的计划；如果下面有计划，而上面无计划，这样各个部门的计划都有可能要统统破产。没有总计划等于无计划。随便的计划不等于实际的计划、真正的计划。比如只计划明年要生产多少纸，这很容易做，但如果不计划原料等等，这个计划等于没有。讲完成计划，必须具备四个条件：(1) 原料、材料；(2) 技术；(3) 必须投入的资金；(4) 计算运输。过去只忙于搞枕木，现在又担心枕木无车运，林业局与铁路不联系。生产必须有全部的计划，各抓一把，既不合理又不经济。讲计划性，必须有全部经济的计划。现在需要工业的农业的生产计划，财政的计划，再加上贸易的计划，运输的计划，金融的计划，必须有一套。当然，现在我们还没有经验。但是，再粗也必须在十一月底前搞出一个计划来。

（四）工人与科学。不单强调工人，同时必须强调科学技术。过去发动工人、改造职员有成绩，这是必须的。但是，过去在这一点上也有某种程度的缺点与错误，就是忽视科学技术，轻视技术人员。今后要强调科学技术。资本主义靠技术驾驭工人，社会主义靠工人职员驾驭技术。工业上要学习苏联，学习技术。

（五）总结业务。现在工业部门中管理生产的同志还是无产阶级的政治家，不熟悉生产过程，忽视业务管理。他们不会计算，不知道成本究竟多少，常闹原材料饥荒。鸡西、鹤岗、蛟河、西安四大煤矿究竟有多少成本不清楚。这说明我们的业务不精。现在事故很多，煤矿今年发生五百多次，铁路上也出事故。要减少事故，提高质量，避免浪费，降低成本。业务问题要向苏联学习。这个问题过去就有争论，将来也会有争论的。苏联的经验是抛弃了资本主义的经验，在技术上占第一位。我们不要走弯路。我们与外国技术家合作时会有争论的。

（六）干部对象，发展党员。在工业建设中，我们技术干部的真正来源是现在产业界的职工。旧的技术人员与管理人员，全国约有几十万人。这些人在思想改造以后。是可以成为我们的干部的。现在工人中的党员太少，我们要发展，过去发展得少。铁路八万职工，只有党员四千人。十二万军工，只有党员一千多人。应该大大地发展。

（七）要有专门家和培养专门家。现在最严重的问题是缺乏专门家。我们要聘请专门家，而且要长远地培养。哈尔滨工业大学要好好地办，保证他们的学生七年毕业。

三、省营工业。

（一）情况。（1）东北八省共有一千四百零九个厂，三万二千三百工人。以单位计，加工业占百分之二十七，供给为主、出卖为辅占百分之三十三，出卖为主、供给为辅占百分之四十（其中有若干特厂特产）。（2）生产量约值四十万吨粮食。同大公比约值十分之一。与私营的比重差不多，但供给大、民需少。（3）作用主要是供给财政（菜金、办公、杂支），民需、公需较少。

（二）任务。保持供给，扩大民需、公需，提高指导管理上的助手作用。

（三）避免盲目性，提高计划性。（1）生产方向、数量与管理。哪些行业要缩小？粮食加工业大致不会有大的发展前途。纺织、火柴、纸烟、肥皂、清凉饮料、牙刷已达到了饱和点。这些行业的生产，不在提高数量而在提高质量。什么是仍可发展的？林业有出路，还有金子、麻袋（每年生产三百五十万条，明年公家需要五百万条，价格可适当提高一点，以吸引其发展）、农民用具、纸张、土产与特产品，这些都是可以发展的。哪些是发展的方向？军事需要的，农民需要的，大公需要的，是今后发展的方向。我提议组织几个管理委员会。粮谷加工委员会以大公为主，组织小公，其次再联合私人。丝织与棉织、洋火、纸烟、纸张、煤矿、金矿、木材、铁工业、被服等管委会，也由大公负责投资，并组织小公而后私人。要召集开会，计划生产。建立新工业，要得到工业局的批准。（2）眼光。承认过渡性，力争比较长期性。避免不合理的拆大补小、拆东补西。这种现象应该基本结束。

（四）过去的统一与现在的分管。过去的统一，东北对各省，各省对各县，一般是合理的与必要的。统过的也有，这是个别的。各省工业除个别例外，现有的只能省市县经营（长期内如此），但需服从方针与政策。还有个别需要统一的，有两种形式：一是拿过来，一是订货，可以放心去经营。

（五）协助的性质与范围。上面对下面的协助主要是生产计划上的协助。资金只能依下不依上，依下少依上。原料、推销上的协助，应按经济原则办理。

（六）整理工厂。各省提出来的经验：（1）缩小单位。可节省人员、开支。（2）经济核算要清理家务。支付要有经济手续。（3）教育干部。老干部少，新干部多，老干部还发生毛病，因此必须加强教育。（4）关心工人。人的思想不改变，就会浪费机器、原料，如改变就能够合理地使用。人在工业中起决定作用。

（七）由各级政府的工业部门管理指导。

另外，东北局提出了东北六种经济构成及方针，请大家提出意见。

庆祝松花江桥修复通车

(一九四八年十月二十四日)

今天举行中长铁路松花江桥修复通车的典礼，我代表中共中央东北局庆祝这个胜利。一九四六年东北人民为了自卫战争的必要而破坏了松花江桥，时隔两年，东北人民在苏联工程人员的兄弟的协助之下，又修复了松花江桥。两年以来，东北人民在中国共产党领导之下走过了一段艰难而胜利的路程。此刻松花江桥的修复通车，又是连接着锦州大捷与解放长春之后，应该估计到：松花江桥的修复通车是一种伟大的胜利。它有重大的军事、经济、政治的意义，它将加速东北人民的军事、经济、政治的胜利。

我们感谢铁路工程师、技师、员工、修复部队和参加修复工程的所有劳动兄弟们。他们以国家和铁路主人翁的姿态，刻苦勤劳，两年来在铁路上日夜不息地努力工作，现在又修复了松花江桥。他们的劳动贡献与前线胜利有着不可分离的联系，没有后方的工作，不可能有前方的胜利。但是，铁路员工同志们，我们的任务还很重大。随着人民解放军的胜利，我们必须不失时机地、及时地修复一切新收复的铁路，使修复铁路的工作适应于军事胜利的需要。这是为了东北人民和全国人民的解放，尤其是为了我们全体劳动人民的解放。东北铁路员工同志们，我们应该自觉到一切新收复铁路的修复工作中，应该站在行列的第一排。

我们衷心感谢苏联的专门家、工程师和全体工程同志们，没有他们在各方面的协助，修复尤其是短期内修复松花江桥是不可能的。这是苏联社会主义的科学成果。苏联和苏联同志协助我们修复松花江桥，这仅仅是中苏两大民族劳动人民兄弟友谊的又一次证明。自动放弃沙皇时代在中国一切特权的是苏联政府，流血牺牲消灭东北日本帝国主义军队的是苏联红军，按期撤退军队的是苏联政府，在修复铁路工程中协助我们的是苏联工程人员，我们感谢苏联同志，我们祝贺中苏人民的永久友谊，我们感谢世界劳动人民的领袖斯大林。

沈阳特别市军事管制委员会布告

(一九四八年十一月三日)

沈市甫告解放，为安定社会秩序，便于本会清理接收，特向原在沈市的军事、行政、经济、教育、社会等机关一切工作人员（包括主任、局长、科长、经理、职员、厂长、技师、工人、医生、校长、教员等）颁布以下事项：

（一）应按原有职务照常上班。

（二）应各负责保管所属部门一切资产、设备、机器、文件、档案、账册等。

（三）应将所属部门人员、资产等简要情况按原有组织系统分别造册，呈交本会所属卫戍司令部、政委会办事处、市政府、公安局、财政处、经理处、后勤处、铁道等处。

（四）呈报手续由各该机关主管人负责办理，如第一级负责人不在，即由第二级负责人办理，第二级不在即依次下推。自布告之日起，限三日内呈报完毕。

（五）以上事项办理妥善者，本会一律予以奖励；如有违抗或办理不当者，即予惩处。

（六）一切到职工作人员，得按具体情况由本会酌发生活维持费，由各机关工厂等负责呈报人数具领。

以上各项，希沈市全体公教职工人员共同遵守，切实办理为要。

主　任　陈　云

副主任　伍修权　陶　铸

关于沈阳接收情况的报告

（一九四八年十一月十一日）

东北局并报中央：

甲、情况。

（一）散俘原有二三万，成为治安最大问题，各纵、卫司、区政府收容后，只旧城内尚有游散外，街上已无成群者。最高估计，游散及换便衣者尚有三四千，但长春遣俘续来，除一切可争取当兵者外，估计有一二万老弱俘兵官须遣送唐山、平津，正派遣干部按站发钱南遣。沈阳俘兵早由国党发了棉衣。

（二）沈阳市所存弹药甚多。据已发现分藏各仓库之弹药、炸药，估计约可装六百车皮。已运出疏散二百四十车皮。敌机专炸兵工厂与弹药库，兵工厂受损较大。弹药因分存所损尚小，已由周纯全、刘居英、江泽民，组成运输三人团抢运。如能安全运出，将大利于全国作战。

（三）沈阳周围各县高粱颗粒未收，但市内民粮存储好于长春。七日来，小市售粮不缺，每斤我币三千以内，只要解放区各县对沈开放粮禁，可能不发生大危机。蒋军西撤前售出军粮，故缴获粮只三百万斤，需由沈阳供给的我军人马约三十万，必须请安东、辽北大力运粮来沈，才能解军粮之荒。此事务请李、叶督促。军粮问题上另一危机是沈、安将无空车皮，因疏散之弹药未易卸车，运来粮车悉装出弹药，如弹药不能快卸，则必粮弹两误。

（四）从蒋央行账看，敌九省券已收兑很多，未收回者只一万五千亿。金圆券在东北已发出二亿五千万。金圆券在物价上所表现市价，七天来由我票八百合金券一元，跌为我票一百至二百换金券一元。八日，我以一（金）比一百（我）挂牌收兑，三天兑入百余万。现锦州我二千元换金券一元，估计金券将向两锦南去。因贫民有九省券，我即照国民党三十万九省券比一金券价，以三千（敌九省券）比一（我票）收兑。八日兑入敌券八十亿，估计将全兑入，我只费五亿本币即可收拾全部敌九省券，所费甚微而得民心。

（五）据查，沈市原有商店二万余家，自去冬孤立沈阳后只剩七千。八日前，由于散俘多，币价未定，商店未开。至昨日止，已有一半开门，大铺多数开门。因我预先公布沈市附近地区物价及百货公司收买价格，故物价一般平稳无大波动。现行人热闹。电灯、电话三日下午修复，邮电于五日即与全东北开通，自来水六日修复，电车八日上街。群众对我迅速恢复很佩服。

（六）铁岭、沈阳三日通车，安奉路六日通车，中长南段只差太子河桥，沈至新民已通。目前全力抢修营盘至清原路，只缺椿木。但因疏散弹药与防止特务逃跑，故未卖客票。营清通后，全力抢修西线。

（七）接收情况：八大工厂（即兵工厂、汽车厂、皇姑屯机车厂、桥梁厂、炼钢厂、电器厂、橡胶厂、机器厂），除兵工厂、橡胶厂被轰炸部分受损外（主要是厂房），均原封接管。其他工厂、企业、机关、学校均已接管。旧人员报到上班者日增。全体职工均发临时生活维持费十万，影响甚大。沈市公教职工十七万，连家属近六十万，占现有人口三分之二，他们与我们血肉相关。在保存移交中看出，与三年前正相反，人心已向我。最可注意者，这么多工厂、企业、机关、学校的最高级职员，如联勤之将官、工厂厂长、银行经理、学校校长、铁路局处长、市政府各局长，亦陆续报到上班。目前人事均未变动，我只派一个军管会的军事代表。许多工厂、企业单位的军事代表，是哈市与北满带来的东北新干部，他们既熟练又忠勇，十分可爱。军管会接收方法就学三年前苏军与熊式辉的接收方法。即在军管会下，各按系统，自上而下，只派军事代表，命令旧人员留职呈报情况，等待接收处理。用此办法，主要工厂、企业、机关接收之后，已开始系统地接收附支机关。接收内容是资产、人员、档案。移交接收签字手续不妨延迟，求快必乱，易被偷漏。已派军代者，凡可开工即开工。

（八）沈市警察原五千五百人，现上班四千五百人。我们的办法是交出武器（除部队已收者外，共一千三百支），徒手服务。现交通警察在一切原岗指挥交通，我们的分局长均已派下去。依现有经验看来，像过去哈市处理的一样，旧警察的武装必须放下，将来必须彻底改造，但在大城市中暂时利用其徒手服务又是必要的。目前，城市交通中危险问题是车辆靠左靠右问题。全国各大城市靠右，新汽车构造适于靠右，许多新雇和俘来司机习于靠右，但东北政委会因伪满时靠左习惯而久已通令靠左。为了适于沈、长各市与将占大城市情况，东北政委会以通令改为靠右为好。敌电台已查出十五部，情况由陈龙另报。

（九）留沈美、英、法领馆到各主要机关找人拜访，侦我动向，我则无经验。朱其文回拜各领时说话错误，已有专报。现规定非经军管会决定，任何人不见外人；接见前必由对方先提书面问题；每次会见前规定我方说话范围，不准说出范围，也不答复书面以外问题。

（十）五日，只以三五干部利用原中央日报的工人，校对出了《沈阳时报》。现《辽东日报》人员已到。有关沈市的一切布告，中央及东北局政策决议，为市民、职员字字细读。在大城市中的报纸是传布政策最大机关，我们深觉此工具之重要与关系重大，故把刘白羽、华山、姜丕之组织报道委员会，住在军管会，陈、陶亲看大样。

（十一）最重要的是我军在此次进城后，对工厂、企业做到了不搬机件器材而且严格保护，部队中城市政策教育收到大效。个别的仓库中拉些细粮是有的，但这是久战缺粮的必然现象，且我们供给工作尚未做好，即此亦仅个别现象。市民对我军纪律是很赞许的。我们正以大力准备全军每人一份慰劳品。

乙、困难。

（一）各项政策中央和东北局都早定了的，但人多手杂，经验甚少，执行中央、东北局政策时一不小心，易出岔子，而沈市为中外全国观瞻所系，故我们抱定方针，遇事不忙，宁多研究，而迟延决定的时间，不让草率而出岔子。前者所失小，后者损失大。例如，目前对于高级技术人员、高级战俘或放下武器的军官，以及对于隐藏或报到的简任级文官的处理，正在研究情况与处理办法。

（二）哈市介绍来青年、宣传等部门工作的人已有好几批，但许多部门的来人行动，大半忙于接受房产与安家。我们在为找房子与争夺接收对象的问题上，与后来人员发生了许多应付上的困难，抵消了对外工作的力量。我们请求后方暂时不要派各机关人来，只派专到沈市工作者来。

丙、工厂与房子分配问题。

目前决不能分配工厂，一分即乱，势必忙于内争而疏于对外接收。只有再过一两个月，东北局讨论之后，再以合理使用的原则来分配。关于房子问题，现野战军指挥后勤机关及卫戍、沈市的主力纵队，他们在沈有短期工作与驻留，目前必须首先保证大战之后正在休整的野战军所需的房屋用具，只要让他们好好休整，就是增加今后作战的力量。故北满机关不要派人来打前站找房子，必须等待野战军离开沈阳之后，才能合理调整房子。以上所述，妥否请示。

陈、伍、陶
十一日

沈阳特别市军事管制委员会布告（第四号）

（一九四八年十一月十五日）

倾奉

东北人民解放军军区司令部命令内开："解放区境内，除经军事当局特许者外，一切中外机关团体人民，均不得设置无线电台。"等因奉此，本会特布告以下诸项，希沈市一切中外机关团体，各界人民与各国侨民，一体知照，切实遵守：

一、设有无线电台者，限自布告三日起三十六小时内，将全部电台收发报话机件交出，由本会保存，并呈报电台工作人员姓名、籍贯、住址与职务。

二、凡设置无线电台隐匿不报者，一经查出，除将机件没收外，当事人员应依法惩处。

三、无线电收音机不在此列。

此布

主　任　陈　云
副主任　伍修权　陶　铸

▶ 一九四八年十一月六日,《人民日报》刊登的中共中央发给林彪、罗荣桓、高岗、陈云等的贺电,热烈祝贺全东北解放

接收沈阳的经验

(一九四八年十一月二十八日)

沈阳接收工作,准备时间非常仓促。东北局于十月二十七日决定军管会人选,抽四千新老干部,由陈云率领接收几个大城市。二十八日开动员大会,说明政策,规定纪律,从哈尔滨动身。只在路上开了几次会,十一月二日战斗结束,即进沈阳城。好在沈阳未经激烈战斗,军管会人员进去快,接收工作还算顺利,一般国民党未搬走的工厂机器,均保持得完整无损。现将接收工作的几个主要经验。简报如下。

一、怎样才能接收得快而完整。军管会在出发前即确定了"各按系统,自上而下,原封不动,先接后分"的接收方法。一九四六年进哈尔滨时,因干部少,也曾采用过这种方法。分述如下。

(一)各按系统。军管会除市委外,下辖经济、财政、后勤、铁道、政务等五个处,以及市政府、公安局、办公室、卫戍司令部等单位,进行接收。依现有经验来看,这次军管会本身接收机构尚缺外交、军事、社会、文化四个处。

(二)自上而下。入城后即布告通知原有机关主管人负责办理移交手续;如第一级负责人不在,即由第二或第三级办理。同时,从原有内线和下面群众中了解情况。

(三)原封不动。旧职员均按原职上班,工厂企业等只派去军事代表,政权部门只撤换头子。对职员、工人一律发生活维持费十万元,等于四十斤粮,有些高级职员则不发。这只是临时过渡办法,主要目的在避免混乱和大的波动。接收步骤,第一步是资产档案,第二步才能整理人员。

(四)先接后分。各部门只有接收权,无占有权、支配权,资产档案一律不准搬走。各部门不对原来上级负责,只对军管会负责。权力集中在军管会,无条件服从,待全部接收完毕后,再统一分配工厂、房子等。接收证件统一由军管会发,由专人负责审查盖章,无证件即不准接收。此外,在入城之前,应连续广播我之政策、办法(此条很重要)。要预备布告、信封、图章、通行证、警察袖章等，并预做招牌，以便在进城后几小时即能摆开办事。军管会机关应放在食宿交通方便之适当地点，充分利用电话与各方联络。

事实证明，这些做法，既能防止乱，又能保证快（两天都接上了头）。如果不按系统，不分上下，乱接一通，必然损失很大，影响很坏。

二、怎样才能迅速恢复秩序。要做到比较稳当而无大波动，有五个关键问题要解决。

（一）首先要恢复电力供应。没有电，电灯不亮，电话不通，自来水没有，电车和火车也无法开动，变成一座死城，秩序就无法控制。沈阳靠外面送电，抚顺解放后即送电来，群众称道。但要把这项工作做好，有一先决条件，即必须有相当数量的技工。这次哈尔滨各系统共带来新的技术干部数百名，他们忠勇而熟练，一个晚上在万难的情况下，即开出疏散弹药的火车，使本地人员惊异，无"共产党土包子不懂技术"之感。

（二）要迅速解决金融物价问题。为避免外地商人来抢购，本地商人将物资收藏，以及物价先落速涨现象，先介绍了解放区近来各地的物价表，使商人有底，敢于开市。为吸引粮食入城，定价高于外地，二十六天来粮食源源不绝，物价无大波动，粮价大体尚超出我百货公司收买价，高粱米每斤三千元。对金圆券处理，则先观望了四天，当金圆券一元跌至我东北币一百五十元时，即挂牌以一比一百的比价，收兑一星期，使之自动向关里流出。敌九省券以我一敌三千的比价，亦兑一星期。两者兼兑，共兑出东北币二亿元。沈阳解放一个星期，凡能开市的买卖，大体已开市，市面很稳定。

（三）敌警察必须收缴枪支，让其徒手服务。交通警察尽快站岗，消防队各守原位，户籍警察大部可留。其他刑事警察和武装警察队等带特务性者，二十天后集中受训，也不宜过早遣散。

（四）稳定人心，传布政策，主要靠报纸。城市的人有看报习惯，不可一日无报。对我宣传品，各阶层都是字字细读。除安民布告等预先准备好外，可先准备几期报纸稿件，一进城就立即出报。内容首先只能是刊登一些基本政策文件，各种布告和解放区一般新闻，不能一下子苛求内容生动，适合新区群众口味，但转载旧的文件，要有选择。一切布告，必须字斟句酌。要审阅大样，对广告都要过细审查。报社与对外报道委员会应各派一人，在头半个月经常住在军管会参加会议，密切联系，分期出报。排字校对,都用原人,我只派五六个干部,故第三日即出报。

(五)工资问题需要妥善解决。沈阳(连抚顺、本溪)有公教职工约十五万人,如不注意工资问题,则人心不定。因工资问题不能一下合理解决,我于入城后五天,首先普遍发生活维持费(兼有货币占领市场作用),十一月份发临时工薪。沈阳系围城,解放前粮食奇贵,故工资标准不能按解放前折粮数发。目前基本上根据国民党的底薪等级,工人、职员、技师从每月八十斤至四百斤,因比围城时提高很多,故一般已满意。高级技术人员距离应远一些。对国民党的欠薪,则置之不理。特殊情况者,可作必要的救济。

此外,这次卫戍工作的缺点,在于卫戍机构本身不健全,没有建制部队入城,卫戍部队是临时指定的。最初几天,卫戍司令部命令不能普遍迅速下达,以致街上通行受阻,手中又无机动部队,不能应付各接收系统的紧急需要。依沈阳经验看,除一般卫戍部队外,卫戍司令部尚需有一个半团机动兵力,随时派出保护接收了的工厂、机关。卫戍部队应是单一建制,让有训练有纪律教育的部队担任。沈阳解放初期需三个师方能监管仓库、看管俘虏、担任警戒、扫雷,及派遣临时警卫等。

三、迅速处理俘虏和疏散弹药。这两项工作处理不好,将严重影响治安秩序。如沈阳这样后方基地性质的大城市,敌之后方机关系统众多,人员复杂,我历次放出归俘也不少,加以战败回城的散兵极多,我一进城首先就碰到散兵游勇收容处理问题。此次事先准备不够,这一工作延迟时间较久,对治安影响最大。散俘首先是收容好,有饭吃,有房住。次一步是如何往外分散处理。现在感到应先准备好几个解放团的架子,以便于收容。这次各区政府和卫戍司令部指定地点,花很大力气进行登记和检查,才基本解决了散俘问题。弹药疏散是入城后才碰到的问题,事先更无准备。沈阳原处在作战情况下,又是补给基地,不少弹药已经装车待运,各弹药仓库皆有铁路叉道可通,有许多弹药在仓库附近未卸车,头几天敌机轰炸目标,首先就是这些地方。我们发现后,组织三人委员会,动员很大人力,连夜疏散。力争搬动数里或数十里,幸而保存了这批弹药,未受损失。如果重要弹药仓库被炸,沈阳可能半城被毁。现在看来,入城时需有充分的铁路人员和保护车站的武装,以保证交通和疏散。

四、军管会内部做到减少扯后腿、抵消精力之事。军管会各负责人,要坚持接管原则,秉公办理,全力制止争房子、争汽车、争工厂等纠纷。

这次能做到一般未发生这些问题，就是因为军管会本身坚持原则，不偏不私，模范行动。

五、关于重大事件、容易出乱子的问题，必须预先有充分精神准备。军管会的首脑要有足够时间来考虑研究重大问题。此次外交、粮食、金融、捕杀等重大问题，军管会多少都有精神准备，但外交仍出乱子。

六、要保证接收得好，最重要的还必须入城部队有良好的纪律教育。此次入沈部队很多，都懂得保护工厂、保护城市。今年以来，城市政策教育收到了很大效果，犯纪律者是个别分子。对苦战之师，应在吃住方面主动照顾。

七、此次接收沈阳，使我们有一感触，即接收一个大城市，除方法对头外，需要有充分准备和各方面能称职的干部。依目前形势看，中央和各战略区野战军，均需准备有专门接收大城市的班子，待工作告一段落，即可移交给固定的市委等机关。这样的接收班子，可以积累经验，其中骨干可以暂成专职，依次接收各大城市。

中央同意组成专门班子接收大城市给陈云的复示

（一九四八年十二月十五日）

陈云同志并告东北局：

你写的关于接收沈阳经验简报及关于外交工作检讨两电，均甚好，已转发各局各分局及各前委阅读。你提议各区要有专门办理接收大城市的班子，甚对，已告华北、华东、中原及西北在接收和准备接收大城市中即作此准备，望东北局也准备将接收沈阳、长春两个城市的人员组成两个班子，为着明年南下接收大城市之用。目前如可能，从沈阳的接收人员中抽调二三十个得力干部给黄克诚带往天津参加接收工作，也很有必要。如何，望东北局商复。并望以后将沈阳经验，继续总结电告我们。

中共中央东北局关于
沈阳接管经验之补充报告

(一九四九年一月)

沈阳军管会正在总结接收经验。以下各项经验过去未注意，对新收复城市可能有用，兹转上，供参考。

一、根据沈市近月破获盗匪案件统计，原在国民党监狱中被我入城部队释放之惯匪所组织抢劫者占三分之一以上。故今后新收复城市，入城部队必须与军管会公安机关协同处理国民党监狱在押人犯，除对政治犯经过审查可释放外，对盗匪等犯不宜即放，可于秩序安定后，另设游民教养院之类集中管制，以免徒增治安困难。

二、此次甚感有专门卫戍部队之必要。这种卫戍部队不在多而在精，经过专门训练，纪律好，有相当城市知识，一个可抵数个用。今后接收每一大城市，应由这样特别警卫部队入城。尚未训练好这种卫戍部队以前，最低限度也要求卫戍部队不要几天变一次，因变动一次，交接之间终有损失。

三、从哈尔滨出发时，各系统原拟各带武装部队负责接收看管各自之工厂、仓库、房产等，后考虑怕因而弄乱，遂统一由卫司派出武装。结果会因卫司手中无机动兵力，应付不过来，入城后最初几天，有的机关仓库等受过些损失。现在看来，即便卫司有足够兵力，由于卫戍部队本身之更替及其与各系统间的技术联络等有不便处，也造成看管与警卫任务执行之困难。因此，各系统与卫司均同感各系统应自带负责看管工厂、仓库等之专门接收部队，归各自建制。是否引起乱的中心关键，不在各带部队，而在能否确实执行军管会的各项接收原则。

四、军管会下设之财政处，因当时部队云集，来往干部又多，因此，供给任务超过接收任务，此次幸人力物力准备较充分（附近运粮汽车即达百辆），尚未发生断粮事。故新入一城市，当货币问题未解决时，首先就有吃不到饭的危险，因此，新收复大城市之军管会下面，必须配有强力的供

◀ 一九四八年十一月七日《东北日报》刊登以陈云为主任的沈阳军管会成立的消息及军管会发布的有关接收工作的规定

给处，专管供给工作。

五、接收之工厂，愈快复工愈好，最好是立即复工。这是保护工厂，安定人心，解决工人生活的基本环节（否则工人不安，必生偷窃）。生产出来的东西，总会有用处。首先复工，其次再解决订生产计划等问题。

六、此次税务局因带干部太少，怕旧人员贪污（一定贪污），最初一时期，税收中断，约损失一百亿以上（每天最低四五亿），这是因小失大。因此在我干部来不及配备时，一般旧税务人员可暂时利用一下，使税源不断，以便再逐渐训换旧人员。

七、城市的电话簿子非常重要，有些系统是从电话簿中才发现新接收对象。

八、新区知识青年，渴望解放区书报，应随军管会尽快带大批书报入城，首先有计划散发、赠送各学校、各工厂、各机关一批。

在沈阳工人代表大会上的讲话

（一九四九年一月五日）

今天的会开得很好，各厂的代表都反映了许多情况和工友们的意见。特别好的是从这些意见中看到，我们工人不仅是关心工资、福利和其他生活上的问题，而且更关心生产建设的问题。这表示我们工人阶级确实具有国家主人翁的气魄。在伪满和国民党时代，你们决不会提出这些问题，他们也决不让你们提出这些意见。只有现在，在人民政府之下，你们才热烈地发表意见，关心国家生产建设的大事。这证明共产党及其领导的人民政府，是真正代表大家，为大家"当差"的，是遵循工人、农民和其他人民群众的意见办事的。工人不仅是工厂的主人，又是国家的主人。今天这个会上，大家都充分表现了这种主人翁的精神，表现出工人阶级的政治觉悟很高，这是特别值得高兴的事。请代表们回去告诉你们厂里的工友们：政府一方面要帮助大家尽可能把生活改善，凡是目前办得到的事，一定办；另一方面也要靠大家挑起担子，共同把生产搞好，早日打倒反动派。只有这样，我们大家的生活改善才有可能。

这样的会，以后还要经常开，以便能经常把工厂的情况和工人的意见反映上来，改善我们的工作。共产党领导革命二十几年了，现在革命力量这样强大，全国胜利就要到来，是依靠什么法宝呢？没有别的，就是依靠大家出主意。"三个臭皮匠，凑成一个诸葛亮"，有事找大家开会商量，办法就出来了。我提议，以后开这样的会，各个有关部门的负责人员都要来参加。

大家今天提出的问题，凡是当前应该办、可以办得到的事，一定尽力去办。但是，不能说你们提出的每个问题我都能马上回答，因为对于各个工厂的具体情况不了解，就难以作具体的答复。比如某某人的工资评得不合理，这只有工厂内部才能讨论解决。工友们将原谅我今天不能对你们的每个问题都作答复。但是，我一定负责把大家的意见分别交给各个有关的部门，请他们斟酌办理。

忍受暂时困难，支援前线

大家所提的意见，大约可分这样几类，现在我扼要地来谈谈。关于工资、生活和福利方面的意见，这当中有些是目前可以办得到的，就应该办起来。比如，每月工资分两次发，每个工厂设立一个小图书馆，这都是可以办的。又如家属在山海关、唐山等地，现在要接回来，这也是能办到的，你们可以经过职工会去领路条。

还有些事情也是应该办的，但在目前却有很多困难，希望大家能体谅。第一件是煤炭。现在发的是炉煤，不好烧，早起做饭困难，还耽误上班。为什么发炉煤呢？我把缘由告诉工友们。沈阳解放时接收的大部分是铧子沟的煤，只有两万多吨抚顺煤。东北大军进了关，每天得多少列车给他们运给养军需，火车头又非烧抚顺煤不可。大家想想，是把抚顺煤发给大家做饭，让进关的人民解放军饿肚子，打不下平津好呢，还是我们后方工友们和大家委屈点，用炉煤做饭好呢？当然只好大家委屈点。为什么抚顺这样近运不来煤？因为抚顺煤矿叫国民党破坏得不成样子，露天矿光挖煤不剥土，竖井坑洞也给水淹满了，现在三万多工人每天才出三千来吨煤。抚顺矿要经过一段时间才恢复得过来。阜新煤矿井坑也尽是水，出煤还得一个时候。北满倒是有煤，但是一时不能大量运过来，这是火车不得空的缘故。总之，人民解放军到前方打仗，解放平津的人民要紧呢，还是后方烧煤要紧呢？当然是打仗第一。不彻底打倒反动派，工人阶级的胜利就不巩固，为了全体工人阶级的长远利益，只有暂时忍受一下烧炉煤的困难。这种情形要请代表们回去给大伙说清楚，政府不是不关心工人生活，现在正在从各方面想办法，只要能运到，就给大家发些好煤。

再一件大家提出的，发粮食的地方太少了，发起来太慢。是的，几千人到万把人的工厂，一两个地方发粮的确不够。拿普通一个县城打比，城里居民五六万人，有多少粮米油盐煤炭铺？一万人的工厂加上工人的家属，差不多抵一个普通县城，要开那样多的粮米油盐煤炭铺当然不是件简单事。从全体来看，这是一件很大的事。光十二月份沈阳所有公营企业的工资中，仅粮煤二项共三万五千吨，得一千一百六十六个车皮装；把这些东西在几天之内再分发到各厂去，这又是一件大事；再要从工厂发到每个人手中，还要发得快，发得好，更不是容易办的事。这件事需要代表们回去号召大家出主意，商量个好办法出来。要大家来参加工作，帮忙，或者组织工厂消费合作社。

有一件事代表们今天还没有提出来，这就是现在发的粮食还不算好，以后还不能完全保证都发好粮。这件事也是个困难。政府的粮食都是农民缴的公粮，翻身的农民大多数都是缴好粮食，但也有少数觉悟较差的农民，缴的粮不大好。公粮太多不易保管，特别是苞米容易生热发霉，一时翻腾不到就霉了，所以发的粮食总难像市场上私人卖的那样好。如果工资都发钱，让大家到市上去买，票子就要毛了，结果还是大家吃亏。政府当然总是想尽一切办法给大家发好点的粮食，但有时遇到不好的，就要请大家体谅这个困难。

还有，工厂的玻璃窗叫国民党飞机轰炸震坏了，做工的时候很冷。现在造平板玻璃的工厂还没有复工，只好暂时用洋铁片或木板钉补一下。当然还是冷，而且光线不好，这也要请大家暂时忍耐，等玻璃厂开工就好办了。

另外还有些问题，也是要靠大家商量决定的。如有些部门轻重工业怎样分法，在那里的工资怎样评定才更合理等等，都要靠大家回去召集本厂工友，会同厂里的管理方面，商量着办。

彻底消灭反动派，建设幸福的将来

今天也有许多代表说：现在的生活，比国民党在时好了。是的，但是从工人阶级革命的目的来看，我们现在的生活还是很苦。革命的目的是为了劳动者人人有吃有穿，而且要吃得较好，穿得较好。我们现在的生活还差得很远，要达到比较高的生活水平，还需要走一段很长的路。目前在这段路上的绊脚石就是国民党反动派，有它在，我们的生活休想到那步田地。中国工人阶级受资本帝国主义和官僚资本压迫上百年了，现在眼看它们在中国就要垮台，蒋介石却叫喊起来："不打了，我要和平！"他想叫人民松手，让他休息一会儿，以便卷土重来。我们能让吗？（代表齐声回答：不让！）对，决不松手，要坚决把反动派彻底打倒。消灭了反动派，我们才能全心全意来发展生产，建设我们幸福的将来。苏联革命成功以后，经过三个五年计划，人民生活才一天天好起来。我们在全国打垮国民党反动派以后，也还要艰苦奋斗，进行大规模建设。上了岁数的工友也许会灰心："还要多少年建设，我等不上了。"你等不上，不是还有你的儿子孙子？我们工人阶级不是光为自己，是为整个人民大众，为我们后代子子孙孙永远的幸福。工人阶级这么多年来的奋斗，就是为了不再忍受被压迫被剥削的痛苦，为了追求美好的生活。一百零一年前，马克思和恩格斯就写了《共产党宣言》，号召工人阶级起来革命，自求解放。直到三十二年前，俄国的工人阶级革命才成功了。中国工人阶级奋斗了二三十年，现在就要成功了。沈阳的工人阶级，从旧中国的反动统治，到伪满和日本帝国主义的压迫，又经过国民党的"二满洲"受了几十年的苦，到去年十一月二日，沈阳的天下才变了。十一月一日还是国民党的反动统治，十一月二日就变成了工人和人民大众的天下了。这叫作翻身，看起来是一天变过来的，但这是奋斗了二三十年的结果。就是全国解放之后，要达到吃好穿好，也要靠我们大伙自己努力，而且要计算到这是一段不短的路程。

大家提出的关于学习方面的意见，表现出工人阶级强烈的上进心。入训练班学习政治知识，这是应该充分满足大家要求的。要求学技术，翻译外国文的工业书籍，编写各种工业知识和经验的小册子，这是很好的意见。这些事都应该逐步地尽量办起来。有的还要求入专门技术学校深造，这个意见也是好的。我们的工程师不光是学校毕业的学生能当，还要挑选政治觉悟高、工作好、肯用功、有上进心的工人，到学校去学习，提高他们的文化科学水平，把他们的生产经验与科学原理结合起来，这样就一定可以培养出许多优秀的工人工程师。这个办法苏联已经实行多年了，他们培养了很多工人出身的工程师，从事社会主义建设。但是，这种专门学校我们这里马上还办不起来。现在可以先办一些训练班、补习班、补习夜校。

职工要团结一致，搞好生产

有的代表提出，工友们对于工厂个别职员有些意见。我们的看法应该如此：工人是工厂里直接劳动的，人数最多，是最重要的。许多职员过去有一种缺点，就是轻视劳动者，瞧不起工人，觉得自己穿长袍握笔杆，就是"上等人"。其中有的人有过对不起工人的地方。但是，要认识职员也是生产中不可缺少的，没有职员画图、写账、打算盘也不行，没有工程师和管理人员更不行。而且将来有许多工人还要当职员、技师和管理人员。

目前，如果工厂的工人对职员有意见的话，那是应该加以解决的。解决的时候，要根据实际情况，参照中共中央东北局一九四八年八月一日《关于公营企业中职员问题的决定》，采取适当的办法。除了个别作恶甚多的职员必须开除出厂以外，各厂员工之间应该团结一致，提高生产。工友之中如果受过哪个职员的气，这个职员作了自我批评，而且道了歉，那末，工友的气就应该消了，我们工人阶级对于打倒反动派必须坚决彻底，对于应该合作的员工之间的小"气"，要看成是小事。工人阶级是一个干大事的阶级，我们要解放全中国四万万七千万人，以及全世界的二十万万人，要把人类数千年来不合理的社会制度推翻，建立新的合理的社会制度。这是极其光荣而伟大的事业。办这样大事的工人阶级，应该把大事小事分别开来，全力干大事。只要员工之间的"气"已经适当解决了，就应该团结一致，努力生产，支援前线，把反动派打倒，以便创造工人阶级和人民大众的自由天地。

在生产方面，今天提的意见都是很好的。这方面工友们至少要估计到两个困难。第一个是我们的老干部对管理生产还不内行，还缺乏经验。第二个是原料、器材不足，目前又处在战争环境中，补充也很困难。因此，就需要工友们大家想办法，发挥工人阶级克服困难的精神。想办法节省原料，利用一切能找到的器材乃至已被当作废物的东西，进一步设法创造代用品。代表们回去后，就与自己的厂长、经理商量，再集合全体工友的意见，订出三个月的生产计划，或者一年的生产计划。要告诉全体工友，大家要挑起担子，不光是积极做工，还要真正尽主人翁的责任，在厂长领导之下参加管理工作，团结职员一起干。此外，还要特别告诉全体工友，要大胆提意见，凡属对生产有好处的意见，都可以提。做得通的意见，经过管理方面和工友方面商定之后，就可以办。现在工厂的领导会欢迎工人提意见，工友们对于厂里的生产和工作有什么意见，应该以负责的态度提出来，大家商量着办，把生产搞得更好。

关于审查抚顺制铝厂初步设计议定书的报告

（一九五二年二月九日）

毛主席并中央：

中财委党组干事会于一月三十一日讨论和审核了抚顺制铝厂的恢复、改建初步设计，参加会议的报告人是东北工业部副部长吕东，苏方设计组长克列苗诺夫。兹将该厂初步设计议定书送阅，并将其情况及设计要点报告如下：

（一）抚顺制铝厂是日本帝国主义于一九三七年开设的，其设备与建筑是逐步扩充的，在"八一五"前年产量为八千五百吨。"八一五"后重要装备失散，一九五〇年春主席和周总理在莫斯科时由富春向苏方聘请了恢复和改建的设计组。现在根据初步设计看来，是属于恢复、改建性质，尽量利用原有建筑物，但设计的年产量提升为一万五千吨。其中一万吨供哈尔滨铝合金加工工厂制造后，用于航空工业和其他工业用铝，另五千吨铝丝则用于制造高压电线（各国的高压电线都用铝，少用铜，因其来源易，价钱贱）。尚有两种副产品。

（二）原料、电力及燃料的每年用量：氧化铝三万吨，氢氧化铝一千四百六十吨（均来自山东张店厂），萤石三千八百八十吨（东北岫岩马鹿沟矿），硫酸五千九百二十吨（东北自给），曹达灰一千六百四十吨（即纯碱，大连供给），各种沥青一万四千二百九十吨（东北自给），山西阳泉无烟煤九百吨。电力全年三亿一千五百万度，燃煤一万六千九百吨。

（三）主要车间有四，其生产方法和主要设备如下：

（1）电解车间：用直流电分解法来分解氧化铝，制成粗铝。主要设备为电解槽一百四十四个，水银整流器（变交流电为直流电）七套。其中五套经常工作，两套备用。

（2）电气铸型车间：以粗铝经过氯气精制，注入电炉，再分别经过铝锭或铝丝锭铸型机，铸成锭。主要设备为容量七八吨的两个电炉及电气加热装置。

（3）氟化盐车间：是用萤石为主要原料制成冰晶石（即氟化铝及氟化钠）。冰晶石的作用是在电解时作为氧化铝的溶剂以降低其熔点。冰晶石的制造需经过加酸分解，用水吸收，精制，加入氢氧化铝及纯碱浓缩分解、过滤、干燥等过程。本车间年产能力为冰晶石一千二百吨，出售氟化钠五百一十吨。

（4）阳极糊车间：本车间是用油焦、无烟煤及沥青为原料制成电解时所用的糊状阳极。制造时经磨碎、捏合等过程。阳极糊的年产能力为一万吨。此外，并年产底部糊五百吨（填充电解炉的炉底之用）及电极糊七百吨（供制造电石的电炉用）。

上述（3）、（4）两个车间的产品除了氟化钠五百一十吨及电极糊七百吨系作他用外，皆系本厂在制铝时电解所不可少的消耗材料。

（四）预计全厂开工后职工人数约一千七百人。其中技术人员一百六十四人，生产工人及辅助工人一千二百六十人，职员及下级服务人员一百四十一人，警备及消防人员一百三十五人。

（五）水电供给：生产用水为每秒钟一百二十九立升（一公斤水的体积），日用水为每秒钟三十三点七立升。电力年消耗量三亿一千五百万度，约等于四万三千四百千瓦电机的全年发电量。为了确保电力不致中断，由火力和水力电两条输电线路保证之。

（六）抚顺制铝厂的恢复、改建投资总量，苏方设计公司不能估价。根据东北工业部的粗估，约在人民币三千亿元（即三亿斤米）以内。

（七）经周总理指示后，我们已核准这个初步设计，并当面道谢了苏方设计组长。因为上项设计是大量利用原有建筑和现存设备的，因此苏方设计组的技术设计工作（是比初步设计更带技术性的，但更精细的设计）即在抚顺进行，组长克列苗诺夫需再留在我国十个月。不久，苏方的技术设计人员三十余人亦将来抚顺。他们进行技术设计时的办公处所和招待事宜均由东北工业部负责。

（八）因为山东张店铝氧厂未请到苏方设计组，只靠中国技术人员恢复设计的，设计是否正确，我们全无把握。克列苗诺夫组长已答应为我们审查这个设计，代开订货单，并代拟应聘苏联操作专家的种类。

陈、薄、李
二月九日

抽调技术员工支援鞍钢建设

（一九五二年四月）

华东、中南、西北财委，华北、东北计委，中央各工业部党组并报总理、主席：

一、鞍钢改建的初步设计规定完成期限为七年（一九五二年至一九五八年底），是否按期完成或推迟，关联到我国的财力和建设的进度。如果推迟一两年完成，则不但迟得二百五十万或五百万吨钢材，因而损失了十亿或二十亿卢布，而且由于钢材不可能大量入口（解放以后每年只能入口三四十万吨），必然推迟了一切新工业的建设。因此，集中全国力量首先完成鞍钢的改建，是我国工业化首要的步骤。为了支援我国的工业建设，苏联已允在上述时期内供应鞍钢的全部重要装备和援助施工安装，目前的关键在于我们能否调集足够的干部和技术员工来适应改建安装的需要。为此，除由东北自行配备者外，决定由各地和各工业部门抽调技术工人到鞍钢去，限于本年五月调齐，并由鞍钢派人到各地接收。所抽技工除公营工厂外，私营工厂亦应由当地政府设法抽调。并望以局部服从全体的精神，保证质量，不讲价钱，按期调齐。各地、各工业部门调往鞍钢的技工的人数、种类，另列附单。

二、目前我国各工厂的技术人员是很少的，比之苏联工厂中技师与工人的比例低得多。苏联工厂中每一百个工人就有十五个左右的技师，我国工厂则每一百个工人只有三五个技师，因而已有工厂的技术人员也是不够用的。但是，考虑到今后几年，我国新建工厂是既无现存的熟练工人，也无现存的技术人员，而这些新工厂如钢铁、有色金属、汽油、汽车、飞机、坦克、拖拉机、发电机、滚珠、化学等等是工业化的基础，没有这些工厂，我国的工业化是不可能的，就国防和经济建设看我们必须建立这些工厂。退一步说，就培养技师、技工看，也不能等待培养出了技师、技工之后再开这些工厂。相反的，只有建立了这些工厂之后，才能更易培养出技工和技师。因此，这些新工厂的建立是不能推迟的。出路只有一条，既不能推迟这些新工厂的建设,则只能从已经缺少技师、技工的旧工厂中抽出技师、技工。因此,除了培养新的技术员工外,各地、各工业部门必须准备在近几年内大量抽出技术员工。为了将来抽调时不陷于被动,应预先在旧厂中培养技术员工,准备几套副职,以便割了三四道韭菜之后,一切旧厂仍能照常办事和提高生产。这一点希望各地、各工业部门要专门讨论一次,向工厂干部说明旧厂必须是供应技术员工的泉源,大量培送员工是他们的责任。铁路、煤矿、电气、纺织、机器是我国历史较久的工业,因而那些企业将担负更多输送技术员工的责任。为此,中财委将定出一个各地、各企业几年之内抽调技术员工的数目,希望各地先行准备。

中财委
四月

合理调整粮食供销矛盾(节选)

(一九五七年七月、八月)

粮食问题是最重要的问题。现在情况怎么样?现在,我们是处在很困难的情况下。从前我们想,合作化以后,一家一户的农民,一亿一千万个农户变成了七十几万个合作社,搞粮食大概是容易的吧?农民越组织,搞粮食越容易,这是我们过去的想法。毫无疑问,过几年以后,情况一定会比个体经济时好得多,工作方便,对国家有很大好处,将来一定是这样的。但是现时,去年、今年的情况并不是这样。我们现在粮食方面的困难程度还很大。合作化以后农民的生活要求提高一些,农民消费粮食的标准要求高一些,随着劳动强度的提高,消耗粮食也会增多。东北是产粮地区,华北、西北是灾荒地区,那个地方的农民是半年糠菜半年粮,粮食吃得很少。合作化以后,要吃多少粮食,统统定了标准。因此,一般地说农村的粮食消费水平提高了,特别是灾民和贫困农民吃粮比过去多了,连牲口吃饲料也吃得比过去多了。农民多吃粮食应该不应该?我们革命的目的就是为了提高人民的生活,应该那样,这是没有问题的。但是,合作化以后,农民固有的阶级本质并没有一下子改变，而且近来只顾个体、不顾合作社、不顾国家的个人主义情绪有发展，富裕中农的资本主义思想有发展；合作社的干部和相当多的县、区、乡干部有本位主义思想，只照顾农民这一边，对国家的需要有一定程度的忽视。大家知道，七月份从全国大多数地区来说，麦子已经收起来了，这个时候是国家买进麦子的时候。农民收了麦子以后，国家卖的粮食就应该减少。但是，现在不是这样，七月份卖出的粮食很多，收的粮食很少。去年收了一百四十亿斤到一百五十亿斤的样子，今年要收一百六十亿斤，但各地开会的结果能够搞到的只有一百三十亿斤。卖呢，四、五、六月是卖得很多的时候，七月应该下降，但是仍然卖得很多，比去年同期卖得多。所以，现在粮食处于紧张的局面。这主要是因为农民、合作社和县、区、乡干部有一种多留一点、少卖一点的倾向。这种情况说明，合作化以后立即容易搞到粮食的想法是不现实的。合作化以后是社会主义，但也可能发展个人主义，发展本位主义。这是一种情况。

　　还有一种情况，就是我们的粮食年度．一九五五年是丰收，一九五六年是灾荒。所以，一九五六年七月到一九五七年六月这个粮食年度，卖出的粮食很多。收得少，卖得多，国家库存减少六十亿斤。特别是华东地区、中南地区、华北地区和东北地区，是统购统销以来库存减少最多的一年。还有一些粮食多的地区，比如新疆、四川、贵州、云南，但是大多运不出来。四川运出很多，但是运出以后，只给了大城市。这种情况对我们来说是一个最严重的情况。

　　第三种情况是，五年计划已经实行了四年，这四年农业的年景是什么样呢？两年灾荒，一年平年，一年丰收。今年年景还不一定，长江不会有什么水灾了，所以大的灾荒可能不来了，但还说不好。华北这个地方要到八月二十号才能定，东北这个地方还要晚。前四年里头，两年灾荒，哪两年呢？是一九五四年、一九五六年。平年是一九五三年，丰收年是一九五五年。如果拿这个情况来看，那末我们应该怎样准备？应该把国家计划建立在什么基础上面？我们五年计划对粮食的提法是，五年里要有两年的灾荒准备。如果没有这个准备，那末灾荒来了，我们就抵御不了；而有了这样的准备，我们才能把粮食放在稳当可靠的基础上。

　　总之，我国目前的粮食情况是：第一，农民留得多，卖得少。第二，库存减少得很多。第三，四年里有两年灾荒。

要从根本上解决粮食问题，需要很多年数，需要很大的努力。在根本解决粮食问题以前，用什么方法保证粮食不出毛病呢？办法恐怕只有"以丰补歉"这一个。意思就是说，哪个年份丰收了，哪个年份多收一点；哪个地区丰收了，哪个地区多收一点；哪个季节丰收了，哪个季节多收一点。只有在丰收的年份、丰收的地区、丰收的季节，我们能够多收了，那末，就可以弥补灾荒的年份、灾荒的地区、灾荒的季节。这是我们的办法。这是收的方面。但是，现在看来，粮食方面只注意收还不行，销售比收购的工作更重要一点，对销售的注意力应该比收购的注意力大一点。我们可以算一下账：一九五五年是丰收年，国家收购了八百六十亿斤，一九五六年是灾荒年，国家收购了八百三十四亿斤。丰收年和灾荒年仅相差二十六亿斤。但是，丰收年和灾荒年卖出去的粮食差得很多，去年灾荒年卖出粮食八百三十三亿斤，前年丰收年卖出七百零五亿斤。那就是丰收的时候我们不要希望多收很多，而主要是希望少卖一点。因为老百姓家里有粮，可以少卖一点粮食给他。从这个意义上来讲，我们在丰收的时候不要收得太多，丰收的时候主要抓住销售，把销售抠紧。这就是说，应该把销售工作比收购工作看得更重要一点。农村中销售量要压缩，城市里销售量也要压缩。去年城市销售量多了一点，糕点用粮多了一点，口粮的标准也高了一点。要把城市中的粮食销售标准尽可能地压缩下来，只有这样才能说服农民。否则，农民要说：我种粮食，你们吃那么多，我吃得少。所以，中央主张城市的标准要尽量地压缩，而且城市中间要尽可能吃一点红薯，吃一点杂粮，为的是说服农民。我们必须增加库存。如果经过两个平年或者经过一个平年一个丰年的话，可以增加我们的库存。现在的库存是多少？去年是四百二十七亿斤，去掉七十多亿斤，现在只有三百五十亿斤。第一步要把库存增加到四百五十亿斤，第二步增加到五百亿斤。增加到五百亿斤是什么意思呢？就是说，如果连续碰到两个灾荒年，我们可以抵得住。过去的情况是：一九五四年是灾荒，一九五五年是丰收，一九五六年又是灾荒。如果碰到两年灾荒，中间是平年，那就不好办了；如果连续碰到两年灾荒，那末情况就更困难了。所以，我们必须准备库存：第一步四百五十亿斤，第二步五百亿斤。有这样的准备，才能够抵御两年的灾荒。我们的国家是很大的国家，如果粮食没有一点后备，那末，出来一点乱子，问题就很大。小的国家，一年进口一百万吨粮食，那就解决很大问题。我们国家来一百万吨粮食是什么样呢？我们一年的销售量需要八百三十三亿斤，就是四千多万吨，我们一年就需要这么多的粮食。可不可以从苏联运粮食来？那运都运不及，只有靠我们自己的库存。

同志们，粮食毕竟是一个重要的东西，是保证物价稳定绝不可少的东西。物价稳定靠什么？头一个就是粮价稳定，第二个是有衣服穿。吃饭、穿衣这两样稳定了，老百姓就说物价稳定了。如果粮食价格不能稳定，粮食发生动摇，那末整个物价就动摇了；如果粮食动摇了，整个五年计划建设就会动摇。所以，粮食是稳定物价最重要的一种物资，是经济建设中必不可少的物资，没有粮食就不能建设。因此，为了保证粮食不出毛病，在今年秋收以前、秋收中间，要在农村中进行一个大的运动，一个社会主义教育运动。要开展一个斗争，反对那些不顾国家、不顾集体的个人主义、本位主义，进行社会主义教育。

(八月九日)

第三部分

深切怀念

为接管和建设大城市创造经验

——韩光谈陈云

在纪念陈云同志诞辰100周年前夕,我们采访了中纪委原常务书记韩光同志。韩老给我们重点介绍了20世纪40年代后期,党组织派他到大连工作的情况,韩老对陈云同志当年对大连工作的重要指示仍记忆犹新。

韩老说,他一生都是受陈云影响的。早在20世纪30年代,党中央还在上海,他们那时在满洲省委,在沈阳、哈尔滨时,经常能看到中央发来的文件,很薄的纸,字都是油印的,很小,刊物名叫《斗争》。《斗争》对他们影响很大,那时也没有别的指导刊物,每一期由秘密交通员带来,拿到以后大家都抢着看。他记得当时有一个叫陈云的,写了一篇《关于一个共产党员应该怎么做》的文章,特别是地下党员应该怎么做,制度怎么建立,应该有怎样的革命气节。这个印象非常深,一直记着。但是,当时陈云是怎样的人,不知道。

1937年,组织安排韩光到莫斯科东方大学学习。当时中央驻共产国际代表团里有王明、康生、陈云几个人,他们都到学校作过报告。特别是王明,作报告时带着很多书,翻翻这本,翻翻那本,给人印象是这个人读的马列书多,但是你听完报告,不知道他讲了些什么。陈云来作报告时,就没有稿子,拿着一张字条,大概是讲课提纲,讲红军长征,讲遵义会议,讲毛主席怎样指挥部队打胜仗,他讲的大家印象都很深,都能记住。回来后进行讨论,对王明讲的讨论不出什么,而对陈云讲的讨论很热烈,大家增强了革命的勇气和信心。这是初步印象。在莫斯科时他不叫陈云,叫史平。同学们都欢迎他讲,后来慢慢知道史平就是陈云。

1938年,韩光回到国内,1939年到了延安,分配到中央组织部,部长就是陈云。陈云平时不大讲话,但讲起话来都很实在、中肯。后来韩光到中央统战部工作,有一段时间和陈云没有联系。

1945年8月日本投降后,组织上派韩光到大连市去处理一件事。那时大连是由苏军占领着。斯大林很有战略眼光,认为大连一占领,以后东北打起来，国民党从大连海港就运不进兵，打算通过大连再进军东北就困难了。组织上原先考虑派伍修权去大连，伍修权说："现在我离不开，而且有现成的人在，又去苏联学习过，懂俄语。韩光这人还不错，就让他到大连跑一次。"陈云说："可以，这个人我知道，我让他去。"这样，彭真和陈云就决定让韩光去大连。

当时，韩光所在部队要从胶东烟台旁的龙口上船，再到东北。部队没有军舰，只有小帆船、舢舨子。这种舢舨是靠风的，人力无法对付，路过大连时，无意间进入大连港。苏军不清楚是海盗，还是国民党的便衣，或是八路军，因为不清楚，就把战士抓起来进行调查。组织要韩光去就是办这件事。那个地方管事的是个苏军中将，非常友好。他已证明韩光是中共东北局派来的，就说："你的事好办。"当时他就向一个中校交代了任务，就是说中共的大量部队要从这里经过，但他又补充说："假如你们部队是穿着军衣的，或者拿着武器，那我们就不客气。晚上来我们不管，要是白天来，我就要缴械，并扣起来，但晚上就给你们送回去，一支枪一发子弹都不留你们的。"韩光和他开玩笑说："我们那些枪，你们喜欢要吗？都是从日本兵手里缴械下来的破烂枪。"那个苏军中将说："这个你知道就行了，我们一定放行。"韩光说："我得马上回去汇报了。"苏军中将说："你先别忙，你们中共对大连这块地方还要不要？"韩光说："怎么能不要呢？不要，怎么会派我来呢？"苏军中将说："不是。你来是办这件事的，你们应当派一个市委书记来。"韩光说："那好办。"苏军中将说："国民党发展起来会把你们喉咙卡住的。"韩光说，"我们不会让他们卡我们脖子，而是我们要卡他们的脖子。"苏军中将说，"那好，那就快派一个市委书记来。你看，国民党市党部都挂上牌子了，他们已成立两个多月了，你们中共才刚来人。"此外，韩光他们还商议了派副市长、秘书长、公安局长、教育局长、财政局长等有关事宜。这个苏军中将还说："办报纸很重要，你们还得派一个会办报纸的主编。"韩光问："还要什么。"苏军中将说："剩下的，你们爱来多少，就来多少，这个天下都是你们的，国民党在这里没有什么作为。"后来，这个中将用一架从日本人那里缴来的教练机，把韩光送回沈阳。

飞回沈阳当天晚上，韩光去了东北局，住在原沈阳张学良将军的大帅府里，回去见到了彭真和陈云，向他们作了简要汇报。彭真说："大连形势非常好，是要马上抓，你要的这些人（指要派到大连的有关方面负责人）

都可以给。"随后,彭真把伍修权和萧华等找来,当时萧华带了一批山东部队到了沈阳。彭真说:"韩光要的人,你们要选最好的去,这个地方(指大连)能够一下子抓到手的。"随后韩光问陈云:"你有什么指示,我到那里怎样开展工作?"陈云说:"那里情况我不很知道,看来国民党很难把大连拿下来。你去先把情况详细了解一下,下次回来对我详细说。在那地方,你们要和苏联同志相互尊重。那个地方在外交上,我们还没有发言权,内政上你们打算怎么办,都要和苏方充分协商,要根据具体情况办事,不要照抄照搬,更不要把在莫斯科学的东西套着用。一句话,要按具体情况办事,实事求是。"后来到了大连,他们按照陈云的指示开展工作,与苏军的关系搞得也不错。

  1947年年初,在辽东分局召开的一次会议上,韩光又向陈云汇报了有关大连工作中的几个问题,他都给予了很明确的指示。一是大连老百姓对戚子祥(音)很有意见,他虽不是汉奸,名声却不好,想撤换他;二是有关大连土改问题怎么办;三是苏军的纪律有些问题,如何对待。陈云说:"这几个问题并不难解决,戚子祥大概是苏军用的,既然现在并不影响你们的工作,你们就给苏方留着,这也是统战嘛!"陈云说:"现在最要紧的是要把党组织,把工会建立好,把公安局建设好。工会工作非常重要,把工厂生产搞起来,好支援前线。哈尔滨是一个大城市,但工业还不行,北满地区工业也不发达,只有煤是不行的。所以大连要把工业抓起来,抓好工业支援前线,只有把这件事办好了,大连工作才有成绩了。"陈云接着问:"你们那儿农民有多少?"韩光说:"大概有4万多户。"陈云问:"工人呢?""二三十万户。"韩光答。陈云说:"你看看,可见你们那个地方主要不是农业,而是工业。如果农民按4万户算的话,也不过20多万农业户口,你们全市有100多万人,因此农村工作晚一点,没有关系嘛!你们把工人队伍组织发动起来,就算有成绩了。"陈云指示非常实际,对大连这样一个大城市而言,农村土改工作可以适当推迟一些。这在当时是别人不敢说的,而陈云却明确说了。最后,陈云又说:"你们就根据这几点意见去办,把这些事办好了就行了。但你们千万要注意,外事政策不在我们手里,这方面要听苏方的。对内政策要主动与苏方联系商量,商量不通就放缓一点办,今天不能办的,就明天办。你们只要把军事工作抓起来,把工业生产抓起来,把工会工作抓起来,把党的工作抓起来,这样我们党在大连的工作就会全面开展起来,就会得人心。你们要注意,千万不要照抄照搬别人的经验。"

　　韩光深情地回忆，他带着陈云的指示回到大连，向当时市委的同志、向党员干部传达后，大家都感到，陈云的指示精神完全符合大连工作的实际，正是由于他们较好地贯彻执行陈云的指示，才逐步打开了大连工作的新局面，为以后我们党接管和建设更多的大城市，提供了许多有益的经验。

永远的怀念
——郭峰谈陈云

在陈云诞辰100周年前夕，我们采访了原辽宁省委第一书记郭峰同志。郭老深情地回忆了陈云在东北工作期间的若干往事。郭老说，陈云同志在东北接近4年的时间里，对东北的解放、东北解放区的建设以及发挥东北解放区支援全国解放战争的作用，贡献巨大。

第一件事是对创建东北根据地的贡献。中共中央关于建立东北根据地的指示是1945年12月28日下达的。在此之前，中央曾经征求过东北各位领导同志的意见。陈云当时是中共中央东北局委员、北满分局书记，他于1945年11月起草了由东北局转中共中央的电报，分析东北形势，指出我军独占东北的可能性是没有的，建议创建大城市外围及铁路干线两旁，包括中小城市在内的巩固的根据地。后来，中央下发的12月28日指示就吸收了陈云的很多意见。在实际工作中，他领导的北满分局创造性地贯彻中央指示精神，开展土地改革，取得了很多很好的经验，如马斌式的工作方法、宾县的工作方法等。这些经验、方法后来成为整个东北地区土改工作的重要参照。总之，陈云关于建立东北根据地的战略意图和具体实践，为东北根据地的创建和巩固作出了突出贡献。北满根据地的巩固使东北野战军获得坚强的后方，为前线源源不断地提供粮食、武器装备和兵源，确保了三下江南、四保临江和随后的夏季攻势、秋季攻势、冬季攻势的全面胜利。

第二件事是陈云为了东北战略全局，坚持南满斗争。大家都知道，1946年11月，蒋介石发动山海关大战一年后，即改变了原来的作战计划，制定了"南攻北守、先南后北"的战略方针，企图先吃掉南满根据地，解除后顾之忧，实现其独霸东北的野心。那时，南满根据地只剩下了临江、长白、濛江、抚松四县，不足4万人的我军，被国民党10多万军队压缩在长白山脚下的狭长地带，南满根据地进入了解放战争以来最艰苦的岁月。恶劣的环境，使许多干部、战士没有棉衣、棉帽、手套等御寒物品，大家吃的是啃不动的窝窝头和酸菜，经常露宿在冰天雪地中，靠烤火过夜。

1946年10月，经党中央批准，时任中央政治局委员、东北局副书记的陈云和萧劲光一起到南满去，组成南满分局（即辽东分局），陈云任书记兼辽东军区政治委员。陈云说，"我是自告奋勇到南满的"，这反映了陈云在敌强我弱的严峻形势面前，勇挑重担的革命精神和力挽狂澜的革命气魄。陈云到南满后，经过认真的调查研究，分析形势，认为南满必须坚持，而且能够坚持。他在关键的七道江会议上，对与会的军、师领导干部形象地说："东北的敌人好比一头牛，牛头、牛身是向北满去的，在南满留下了一条尾巴，如果我们松开这条尾巴，那就不得了，这头牛就要横冲直撞。南满保不住，北满也就危险了；如果我们抓住了牛尾巴，那就了不得，敌人就进退两难，因此，牛尾巴是个关键。"陈云充满信心地说，"我来南满就是为了和大家一起坚持南满斗争，你们让我来拍板，拍板就是坚持南满。"陈云的话虽不多，却落锤定音，从而基本上统一了大家的思想。郭老动情地说，坚持南满斗争，正如陈云比喻的是"拉住了牛尾巴"，不准国民党锋芒北进哪！这为北满的整军、扩军争取了时间，所以才有三下江南、四保临江的胜利。那时，在南满斗争是很危险的，陈云要是不去的话，很多部队就会北撤。如果那样，北满的压力就很大了，东北解放的时间也会推迟。所以陈云坚持南满斗争的功绩是有口皆碑啊！

第三件事是在东北解放区的财政经济建设上。陈云在东北全境接近解放的时候又回到了东北局，主持东北解放区的财经工作。在恢复、发展工商业，筹集军粮、军款支援东北解放战争，以至全国解放战争方面，他的贡献是很突出的。

第四件事是接管沈阳。1948年11月初，在沈阳解放的欢呼声中，陈云出任沈阳特别市军事管制委员会主任。他指出，从现在起，沈阳就是共产党领导的城市了，我们一定要比国民党管理得更好。沈阳是我们党解放的第一个工业城市。初获解放的沈阳，一派百业凋零的景象，工厂倒闭，生产停顿，商业萎缩，资金短缺，物资匮乏，社会秩序非常混乱。陈云清醒地认识到，保卫新生的人民政权，迅速进行社会改造，恢复和发展城市建设功能，这是沈阳接管后的艰巨任务。他和军管会同志从开始执政的第一天起，就把解决电力、交通、通讯作为城市运转的起点，并着力抓紧解决粮食供应、金融物价、俘虏、弹药等有助于恢复社会秩序和稳定人心的问题。之后，根据党的七届二中全会精神，陈云进一步明确指出，依靠工人阶级，面向生产，是目前压倒一切的中心。要"以发展国营工业，特别是机械工业为重点，加速壮大国营经济的领导力量"。并强调指出，东北解放了，但全国尚未解放，因此东北最根本的中心任务是支援全国。陈云领导的军管会在接管沈阳的过程中，创造了接管大城市的经验。党中央后来将接管沈阳经验推广，对指导全国接管大城市起了很大作用。最后，郭峰同志深情地说，我们要永远缅怀陈云对东北革命和建设作出的丰功伟绩，陈云同志永远活在我们心中。

忆陈云同志在东北解放战争初期的革命实践

钟子云

我是1936年在莫斯科东方共产主义劳动大学学习时认识陈云同志的。那时他是中共驻共产国际代表团的成员之一，经常同代表团的其他成员（如王明、康生、陈潭秋、王稼祥等）到学校参加一些政治活动，或作时事报告。1936年下半年，他先期回到迪化（今乌鲁木齐），1937年回到延安。我是1938年8月由莫斯科到迪化，经兰州、西安，回到延安。我到延安后，住在中央组织部招待所内。陈云同志任中共中央组织部部长，所以我常能见到他。我以后被分配到中共中央党校干部部工作，陈云同时去党校作关于干部工作的报告，这对我做干部工作教育和帮助很大。

1945年8月初，苏联出兵东北，日本政府宣布投降，我又被分配到东北工作。1945年9月初，我由延安出发去东北，同我一起到沈阳的，还有陈郁和孔原同志。我们到沈阳后，陈云同志找我谈话，说东北局决定派我去哈尔滨市工作，并具体安排了我的任务，是与苏军和李兆麟等同志取得联系，接管政权，组建部队，建立党的组织，搜集物资，除奸反霸。

11月16日，陈云同志带领部分干部也到了哈尔滨市。他们到哈市后，立即组建了中共中央北满分局，其成员有李兆麟、张秀山等；成立了松江省委和松江省军区；撤销了中共滨江地区工作委员会，组建了哈尔滨市委。

刚做完上述几项工作，苏联远东红旗军第一军的负责人（红旗军的军事委员斯莫林柯夫）即向李兆麟和我提出，我方在哈市内的一些党、军队主要领导机关，必须限期撤出哈尔滨市。他们根据雅尔塔协定和中苏条约的规定，在苏军战败日本帝国主义3个月后，即应将他们所占领的东北地区全部交给国民党政府接收。李兆麟和我回到陈云同志的住处（哈市南凤花园街），即向陈云同志和省委、省军区的其他领导同志报告这一情况，大家纷纷说，我们是奉中央和毛主席的命令来到哈尔滨工作的，不能让我们退出哈尔滨，将哈市交给国民党，所以提议请陈云同志亲自约见斯莫林柯夫交涉，陈云同志同意了。11月20日晚，我陪同陈云同志去苏军司令部，出来接待的不是斯莫林柯夫，而是苏军驻哈市的卫戍司令官卡札柯夫。陈云同志就能否不退出哈尔滨问题向他作了最后的交涉。卡扎柯夫说，这是莫斯科的命令。

陈云同志回机关后，即向其他各领导同志作了耐心的解释和说服工作，并立即布置将当时在哈市所组建的上级领导机关（如北满分局、松江省委、松江省军区、哈市保安总队）及其他一切穿八路军军装的干部和军队，按期在11月23日早晨全部撤出哈尔滨市。这一撤退确实困难很大。最大的困难是时值严冬，东北各地已普降大雪，气温经常在零下25℃~30℃之间。而这时各根据地来的干部大都无棉衣，新组建的部队也缺乏御寒的衣服。因哈市和北满地区历来不种棉花，一切衣着都靠其他农产品经过市场由各地交换而来。当时因时间紧迫和各地交通困难，虽想尽各种办法筹措冬装，仍极感困难。所以部队撤出哈市到农村时，有些战士穿着日本人丢下来的更生棉衣。

在陈云同志为首的中共中央北满分局领导下，分局各领导机关撤到宾县。不久，洛甫等同志也来到宾县，参加了北满分局工作。随之组建了北满军区（吉黑军区）司令部，陈云同志兼任政治委员。当时，北满分局所属松江省、合江省、牡丹江省和哈尔滨市土匪四起，地主武装猖獗，一部分县保安队也叛变了。在这种情况下，陈云同志11月30日提出了明确的建立东北根据地的意见，即发动农民群众分配敌人所占土地和各大地主的土地，组织农民武装，壮大和巩固已经组织起来的正规武装部队，集中力量剿匪除奸。按照这个指示，各省委、省军区领导群众，取得剿匪工作局部的胜利。

1946年3月初，松江省人民代表大会在宾县召开，成立了松江省政府。陈云同志说："现在看来我们离开城市到农村工作是正确的。只有到农村才看清我们的力量是在广大农民之中。必须深入农村去寻找和组织我们的力量，这样在争取东北这场斗争中，我们才能取得最后胜利。"陈云同志从当时的实际情况出发，深入教育干部要安心农村工作，依靠农民群众清剿土匪及地主武装和叛军，真正在东北建立巩固的根据地，争取全东北的彻底解放。此时松江省所属的14个县都在我军控制下，而国民党在哈市所接收的松江省政府，只是一个省府大楼及其在哈市所属的有关业务机关，而外县的县级政权，一个也没有。这时，我们才真正理解在农村进行剿匪和发动农民反奸清霸，建立农民武装的重要性。

北满分局撤到宾县的5个月中，其所属的3个省的省会（宾县、佳木斯、牡丹江）和各县政府所在地都在我军控制之下。到苏联红军从北满全部撤退之后，北满根据地的建设已有相当巩固的基础。1946年4月27日苏军全部撤离哈尔滨，次日我军未经任何战斗即顺利占领哈市。6月中旬，东北局和民主联军总部及其所属的各领导部门也随之进入该市。自此，哈尔滨市即成为我党在东北地区的军事、政治、经济、文化中心，北满逐步成为东北解放战争较为巩固的后方根据地。

东北局进到哈市后，即和中共中央北满分局合并。同时，中央也改组了东北局的领导机构，由林彪任书记，彭真、罗荣桓、高岗、陈云任副书记。7月，东北局召开了扩大会议，研究如何在东北进一步建立巩固的根据地和继续发动群众在农村进行剿匪和土改，以便支援东北和全国人民的解放战争等问题。会议决定动员12000名干部下乡。这次会议，陈云同志起了重要作用。

东北局改组后，陈云同志分管东北的财政经济工作。为了解决东北解放战争中的经济困难，他指示哈市及其他各省市进行筹款，发行公债，建立东北人民银行，发行东北流通券，逐渐压缩和回收伪满及苏军所留下的伪满洲币和苏联红军券，巩固我东北根据地的财政和金融阵地，逐步解决根据地在支援战争中的财政困难。

为了恢复、改善和发展东北地区的财政和经济工作，陈云同志付出了艰辛的劳动。他除了狠抓财政和金融工作，想尽一切办法恢复和组织工业生产，加强商业管理和商品流通工作外，还把哈市和东北根据地一切可能交换的产品和多余的物资，利用各种关系和渠道贩运到国民党地区出售，以换回根据地军民所急需的生活物资，如布匹、棉花及医药卫生用品、无线电通讯器材等，以补充根据地的军需民用。由于陈云同志的领导和组织，在我军进入哈市后不长的时间内，即解决了12万套冬季军用棉衣，棉皮鞋、皮帽和棉手套等物资。这对支援我军冬季作战起了重要作用。当时在他直接领导下，有一个民主联军总后勤部（这个单位的负责人是叶季壮和张永励等同志）负责搜集、保管由各种渠道汇集来的各种物资及现金，然后根据轻重缓急，统一分配到各部队和地区合理使用，防止苦乐不均。如在哈市内没收的敌产（除房产外）各种物资和经费都全部交给叶季壮同志统一保管和分配，防止发生本位主义。为了切实执行这些决定，哈市政府及市委制定了严格的财政纪律，违者加以处分。这是度过财政经济极端困难的有效办法。

陈云同志在1946年年底调任中共南满分局书记，当时正值那里的处境最为困难之时。他和萧劲光同志指挥南满的部队取得了"四保临江"战役的胜利，给敌人以沉重打击，为巩固南满根据地和取得东北解放战争的胜利奠定了基础。

陈云同志与北满根据地的创建

于 千

东北解放战争时期,党中央在建立东北根据地的战略决策中,北满根据地是创建最早的。1945年11月中旬,中共北满分局成立后,就在嫩江、龙江、合江、松江、牡丹江5省进行开辟根据地的工作。陈云同志作为北满分局书记,兼任北满军区政委,依靠党的集体努力,以非凡的胆识和智慧领导广大群众,认真执行党中央的战略方针,开展反奸清算、减租减息、分配土地、扩大武装、清剿土匪、建党建政、生产支前等工作,出色地完成了开创根据地的特殊使命,为北满根据地的创建,为整个东北根据地的建立和发展,提供了丰富的经验。

一、科学分析客观形势,制定正确的战略方针

1945年11月16日,陈云同志带领干部到达哈尔滨,根据中共中央东北局的决定,宣布北满分局正式成立,陈云为书记,高岗、张闻天、张秀山、李兆麟为委员。于11月24日驻宾县,从事开辟北满根据地的工作。当时,国内外和东北的政治军事形势正处在一个风云变幻、错综复杂的时期。日本投降后,为迅速争夺东北,党中央从关内调派10万大军和2万党政干部先期进入东北,建立东北根据地。当时,我党在东北尚未取得全局的优势,大批土匪和反动武装尚未剿清,广大群众尚待发动,一般群众对国民党抱有相当幻想,我党与国民党蒋介石争夺东北的战争成为革命的必然;另外,苏军因同国民党政府签有条约,根据条约规定,要把接收东北的主权交给国民党政府,要求我军撤出大城市。虽然苏军在一些方面给了我们一些帮助,如不允许国民党军空运或海运部队去东北,给我们运转,送一些武器装备,等等,但由于受中苏条约的制约又不可能给我们太多的帮助。在这种情况下,如何看待形势,制定正确的战略和工作方针,就成

为至关重要的问题。而这又不能不经过一个认识过程和统一思想的过程。为了正确分析形势，制定对策，陈云同志在沈阳、哈尔滨、宾县等地进行了周密的调查研究，并通过对国内外形势、苏美政策、国民党战略和国内各阶层思想动向的分析，逐步形成了北满地区的战略构想。11月下旬，在他的主持下，与北满分局的主要成员高岗、张闻天一起讨论研究，提出了关于北满工作的战略方针，即给中共中央东北局并转中央的电报《对满洲工作的几点意见》，在电文中陈云同志正确地分析了东北的政治军事形势，对北满工作应采取的工作方针与作战方针，作出了全面的正确阐述。指出，国民党军队在占领山海关到锦州之后，正在准备向沈阳、长春、哈尔滨三大城市及长春铁路干线推进，苏联又要我军退出大城市，交出已接收的政权，我们必须认识到"首先独占三大城市及长春铁路干线以独占满洲，这种可能性是没有的"。因此，东北工作的基本方针，"应该不是把我们的全部注意力集中这三大城市，而是集中必要的武装力量，在锦州、沈阳前线给国民党部队尽可能的打击，争取时间，同时将其他武装力量及干部，有计划地、主动地和迅速地分散到北满、东满、西满，包括广大乡村中小城市及铁路支线的战略区，以扫荡反动武装和土匪，肃清汉奸力量，放手发动群众，扩大部队，改造政权，以建立三大城市外围及长春铁路干线两旁的广大的巩固根据地"，"以造成我们前进和后退的阵地"，夺取东北的胜利。陈云同志的观点和主张，得到了党中央的完全赞同。1945年12月24日，刘少奇根据东北军事部署中存在的问题，指示东北局"你们今天必须放弃争取东北大城市的任何企图"。"今天的中心任务是建立可靠的根据地，站稳脚根"，要"把屁股坐在东满、北满、西满等可靠地区，去建立可靠的根据地"。毛泽东重庆谈判回来后，详尽听取了刘少奇的汇报，又参考了东北其他领导同志的意见，于12月28日为党中央起草了给中共中央东北局关于《建立巩固的东北根据地》的指示，肯定了陈云同志提出的建议，全面阐述了建立东北根据地的问题，进一步明确了全党全军的斗争方针与任务，指明了争取全东北解放的胜利途径。

我党在东北的工作方针和作战部署，在独占东北到"让开大路，占领两厢"的重要转变过程中，陈云同志起了很重要的作用，向中央提供了许多宝贵的意见和建议，特别提出了我党在东北工作应采取的基本方针。陈云同志的建议和中央连续发出的指示，解决了建立巩固的东北根据地的方针、政策及一系列问题。根据这一精神，各地重新调整了战略部署，从而把北满及东北根据地的建设引上健康发展的轨道。

陈云同志还把建立北满根据地放在东北根据地的突出位置上。北满背靠苏联,东邻朝鲜,环境优越,无后顾之忧,北满根据地建设的成败,直接关系着整个东北根据地的前途命运。陈云同志倾其全力,在北满开始了创建根据地的探索和实践。他首先规定了北满工作的中心,"应该放在广大的乡村、中小城市及铁路支线的几个根据地的建立,如以珠河、牡丹江为中心,以佳木斯、依兰为中心,以绥化、北安为中心,以洮南、三肇为中心,以讷河、龙江为中心,建立若干根据地,我们的兵力、干部、资材,必须主动向那些地区转移,以造成我们前进和后退的阵地"。多次号召所有党政军干部,凡是可以离开机关的,都要到农村去,集中力量做剿匪、发动群众、建立根据地的工作,为打人民战争解决兵源、粮源和后方稳定问题。他强调说:"现在大城市只是个旅店,广大农村才是我们的家。""不论是中央委员还是区委委员,都是群众一级干部,都要下去当工作队员。""这可以叫大官做小事,这种小事,对于当地工作来说,就是世界革命。"这种由党政军干部组成的工作队、工作团、武工队,去做群众工作,去稳步地、一片一片地肃清敌伪势力、土匪、地方武装,建立根据地,可以叫作革命的"蝗虫政策"。陈云同志说:不这样做,便不会有根据地,便不会有真正的优势,就解决不了兵源、粮源和后方问题,就谈不上打人民战争。

陈云同志为了适应长期人民战争和创建根据地的方针,在军事、剿匪、土改、财经、后勤、兵工、交通、城市工作、文化和建党建政等方面,根据具体情况,制定了各种政策。比如,在军事上,陈云同志提出:"在敌强我弱的情况下,我军作战原则不在于城市和要点的一时得失,而是力求消灭敌人。为此,应采取诱敌深入,待敌分散,以优势兵力各个消灭敌人的方针,消灭敌人就达到保卫根据地的目的,一般不作阵地战,广泛地使用运动战和游击战。"陈云同志提出的这些战略思想和工作方针,为北满根据地的创建与巩固,起了重大作用。

二、抓住发动群众的关键环节,创建北满革命根据地

陈云同志1946年6月任东北局副书记兼东北民主联军副政委,7月13日他在中共中央西满分局会议所作的《发动农民是建立东北根据地的关键》的报告中,分析了东北形势,阐述了建立东北根据地的方针任务。指出各项任务中心就是发动群众，也是建立根据地的关键环节。

陈云同志在分析当时美蒋与我争夺东北且敌强我弱的形势时指出："敌之所以强，主要是因为有美国人帮助；我之所以弱，主要是老百姓没有发动起来。"为了改变敌强我弱的力量对比，陈云同志讲："主要办法是发动群众，增强我们的力量。从关里再调主力部队是不可能的，因为关里也在打。我们准备同国民党在关里和关外全面打，这样更有利，调动主力到东北也不是好办法，没有群众支持，单纯拼骨头，打来打去，是会打光的。"

日本投降后，我党虽然派遣一批关内干部和部队，连同东北抗日联军进驻北满地区，但群众尚未得到发动，部分群众由于反动势力的破坏宣传和威胁，对我党我军采取观望、怀疑态度，而土匪利用复杂的社会关系，组织情报网，经常能得到我军情报，所以我军不易掌握匪情，往往在剿匪行动上出现扑空现象。要在东北站住脚跟，取得剿匪斗争的胜利，除竭力巩固一切可能占领的战略要点外，主要取决于广大群众的支持。陈云同志指出："要站住脚，就得有群众，没有群众，地方虽大，离敌很远也站不住；有了群众，地方虽小，离敌很近，可以站住，长征走了很多地方，都没站住脚，到了陕北才站住了，主要是那里群众发动起来了。"他强调"要把发动群众看作一切工作的根本"。

陈云同志提出的这一重要指导方针，得到了认真贯彻执行，各地不论在反奸清算、减租减息、分粮分地，还是扩大武装、清剿土匪等斗争中，始终紧紧抓住发动群众这一关键环节。在北安地区，黑龙江省工委1945年12月和1946年1月两次就加强群众工作，给各县工委发了指示信，指出："发动群众的中心环节，在目前是反奸，制裁汉奸、特务，过去压榨人民的汉奸爪牙，这是启发东北人民由反日到反奸，由民族觉悟到阶级觉悟的必由之路。"张闻天等同志到达合江后，放手发动群众，果断地镇压了汉奸、反动资本家曲子明，对佳木斯及整个合江地区震动很大，群众拍手称快，掀起了反奸清算的高潮。在剿匪斗争中由于群众真正发动起来了，土匪无藏身之地而走向覆灭。陈云同志说，"有了群众，一切都好办，可以有军队消除土匪，经费供给也有来源"，"没有群众一定要失败，死无葬身之地"。陈云在斗争中创造了"经济—武装—再经济"等一整套发动群众、开展农运的经验。陈云同志指出："发动农民的方法，是发动反奸清算、减租减息、分粮分地的斗争，在农民翻身斗争中，提高了农民的觉悟，武装积极的农民，改造村屯政权，使乡村的政权确实掌握在农民的手里，并随之建立农会，组织各种各式的人民武装，吸收农民参加战争的各种工作，使东北自卫战争成为广大人民参加的战争，随着群众运动的发展，必须吸收在斗争中的积极分子加入我党，并在农村中建立党的堡垒——支部。"在如何发动群众的问题上，陈云同志还总结出许多具体做法。

首先，提出为发动群众而斗争。陈云指出，"现阶段为和平民主而斗争，关键是实现经济、政治、军事民主"，解决农民经济生活、政治地位及组织农民武装等问题。宾县把斗争口号具体化为农民翻身的标准：吃饱肚子，拿印把子，说话算数，有枪在手。明确的斗争口号，使农民群众明确了方向，主动投入到运动中来。

其次，在斗争中武装农民。北满地主武装很多，且多与土匪勾结，如果农民不掌握武装，就不能分地主的土地。陈云指出："发动农民起来斗争，得要掌握武装。因为地主普遍有枪，从经济斗争到武装斗争，再深入经济斗争，再进一步转入武装斗争。这样农民不仅同地主斗，也敢同国民党斗了。"宾县马斌同志发动群众，搜缴地主枪支，成立村屯自卫队，使运动蓬勃开展起来。陈云称赞"这是一种伟大的创举"，并将其推广各省。

第三，加强党政军的群众纪律。陈云同志指出，"部队破坏一次群众纪律，就等于军队打了一次败仗，要防止到地方上抓一把"，还指出，军事人员必须有充分的群众观点，军队必须协同地方武装进行群众工作，严格遵守三大纪律八项注意，充分发扬我军既善于打仗，又善于发动群众的光荣传统。

第四，掀起干部下乡热潮。陈云同志要求"不分男女、新老及哪一级干部，都要深入下去"，"军队每个团都要抽三分之一指战员下乡。要当参谋，参群众的谋"。根据陈云同志的指示，北满各地抽调了大批党政军干部，组成工作团，深入到农村从事发动群众工作。

第五，检查指导，纠正工作中的盲目自流现象。陈云同志指出："党政军民各项，都要有政策，有工作计划，随时检查总结和交流经验。"北满分局驻在宾县，就以宾县为工作的点，总结典型经验，指导全面工作。分局为了尽快地将群众发动起来，及时地总结了宾县农运的经验。并编辑了《宾县农运的经验》小册子，列入党的读物发至全东北，使宾县群众工作的经验得到大面积推广。

三、坚持和发扬党的优良传统作风，赢得了北满人民的信赖和爱戴

中共中央东北局派来北满工作的党政军干部，在创建北满根据地的过程中，表现了共产党人所具有的优良传统作风，从而使我们党获得了北满广大人民群众的信赖和爱戴，在这方面陈云同志堪称楷模。曾在北满地区松江省工作过的张秀山同志回忆说：陈云同志在东北工作期间总是深入群众，调查研究，高瞻远瞩地提出问题和解决问题，在具体落实中央的指示和方针上，作出了榜样。在陈云同志身边工作过的同志，无不认为陈云同志的思想作风、工作作风，堪称共产党人的楷模。

（一）实事求是的思想作风。他强调一切工作都要从实际情况出发，并为此提出了要把"全面、比较、反复"6个字作为认识问题和解决问题的科学方法。"全面"，就是在了解情况、调查研究解决问题时，要全面地看问题，从事物的各个方面及其内在的联系中掌握其客观规律，切忌主观性、片面性、表面性，透过现象深入事物的本质去看问题，解决问题；"比较"，就是把了解到的各种情况、各种意见、大量的资料，加以分析比较。比较的方法，有"左右前后法"与"古今中外法"。即有横的比较与纵的比较，就是在调查研究的基础上做分析与综合工作，以求得正确认识和正确解决问题的办法；"反复"，就是经过全面的调查和分析比较，认识和解决问题的方案初步确定以后，还要冷静下来，再做反复斟酌，反复地思考，选择最佳的方案。

陈云同志与各省市的领导同志一起，经常深入各条战线第一线，向干部群众调查研究，运用这一认识与解决问题的科学方法，突破一点，取得经验，指导全局工作。

（二）密切联系群众的作风。陈云同志善于深入群众，联系群众，在北满分局刚迁到宾县时，城内外常有国民党军土匪骚扰，在艰苦的环境中，陈云同志规定逢五逢十召开形势任务座谈会，经常作形势任务报告，对于稳定干部情绪，统一干部思想，起了极为重要的作用。他在领导北满农运工作中，亲自培养、总结和推广了马斌的群众工作经验（马斌从1946年1月至4月任宾县县委书记），并通过《东北日报》大力推广，要求"到处有马斌，马斌到处有"。

（三）为人民服务，艰苦奋斗的作风。在开创北满根据地时期，北满地

区正处于极为复杂的艰苦斗争环境。陈云同志反复教育干部："克服和战问题上的混乱思想，准备以长期艰苦奋斗取得和平"，"强调共产党员为人民服务的责任，号召他们走出城市，丢掉汽车，脱下皮鞋，换上农民衣服，不分文武，不分男女，不分资格，一切能下乡的干部要统统到农村去"，不怕艰苦，一步一步地向着奋斗目标前进。

分局驻在宾县城内的一个教堂里。陈云、高岗和分局秘书长住在牧师的一个小平房里，李立三从苏联回国来宾县，没行李，就住在秘书长床上，秘书长就和机要人员挤在一起睡大炕。北满分局同志的生活费用由松江省委供给，不发钱，生活比较艰苦，但大家都是积极工作。陈云同志率先垂范，与分局工作人员同住一座房、同吃一锅饭，同甘共苦，同心同德，努力开创北满根据地，赢得了人民的信赖和爱戴。

北满分局在陈云同志的直接领导下，按照党中央的战略部署，具体制定和执行了正确的工作方针，抓住发动群众这一关键环节，发扬了党的优良传统和作风，进行了艰苦卓绝的斗争，发展了革命力量。"经过了八个月的工作，我在北满已掌握了主动"，稳定了局面。北满根据地的创建，使北满地区成为东北根据地的战略大后方，为全东北的解放作出了历史性的重大贡献。

在北满分局工作的日子里

孙仪之

1945年日本帝国主义投降后，国民党为争夺东北的资源和战略要地，与美帝国主义相勾结，加紧向东北运兵。东北成为我们反对蒋介石篡夺抗战胜利果实的斗争中心。我党为了解放东北，粉碎蒋介石霸占东北的阴谋，迅速派遣四位政治局委员和许多中央委员，调集大批干部和部队，分头挺进东北，消灭日寇和伪满残余，与国民党展开了争夺东北的斗争。

日夜兼程　急奔东北

1945年9月13日，我随中央党校教育长张秀山同志率领的干部团由延安出发，渡过黄河，日夜兼程，经晋西北，过封锁线。到河北的宣化、古北口时，人马已经十分疲劳，马夫掉了队，我就自己喂马，赶到热河的承德，马也累得趴在地上起不来了。承德设有我们的办事处，休息两天，交了马匹，然后改乘火车，于10月4日经锦州到达沈阳。

在东北民主联军总部

当时，东北局和新组成的东北人民自治军总部已驻在沈阳。我们抵达沈阳后，先住在市郊的工人宿舍区，干部团的领导同志向东北局报到后，我们才进驻市内。

我到东北局报到，由东北局组织部长林枫同志谈话，决定我担任东北人民自治军卫生部长。我当时曾要求到地方工作，但未获同意。于是，我即与张汝光同志将晋西北和关内来的卫生干部等共30余人组织起来成立了东北人民自治军卫生部。戴文斌同志任政委，张汝光同志任副部长，立即展开工作。

我在沈阳主持联军卫生部工作不到一个月，主要是调查了解日本在当地的医药机构以及与苏军建立一些联系。这期间，我们接管了一个日本陆军医院、一个伪满红十字会医院和一个制药厂，还收集了一批医药物资，从日军的综合仓库里，运出一批药品器材、帆布褥子、玉米面等急需物品。

当时，沈阳的社会秩序很混乱，国民党的先遣人员胡作非为，苏军的纪律也不好，他们临时印的"红军票"在市场上流通，买东西、到饭馆吃饭也不给钱，喝醉了酒开着吉普车在街上乱打枪，甚至强奸妇女，民愤极大。

苏军借口根据美、英、苏的雅尔塔协定和苏蒋签订的"友好同盟条约"，要把东北交给国民党，不让我们接收。并且要我们撤离沈阳20公里以外。我们不愿撤出，但也不能再用东北人民自治军的名义了，就改称"辽宁保安队"，成了地方部队，继续驻在沈阳。不久，苏军又催我们撤出。我们又改用"沈阳保安队"的名义，并且都换上警察服装。我们不懂警衔，搞来一堆警衔让大家自己挑着佩戴。有的干部也不分辨什么衔，拿起黑星（警察尉官的肩章）就戴。一些警卫员都是年轻小鬼，他们图好看都戴上了红星（警察将官的肩章）。这样就闹出了一些笑话，上街时，干部戴着尉官警衔走在前面，警卫员戴着将官警衔，背着驳壳枪跟在后面，老百姓看到都笑。苏军知道我们这是在演戏，还是要我们撤出沈阳。10月底，我们撤到距沈阳市中心20余里的铁西区。听说当天晚上东北局讨论了我们的分散转移问题。随后东北局一部分转移到抚顺，又到东满通化；另一部分转移到北满。这天晚上，林枫同志通知我随高岗、张闻天、王鹤寿等去北满分局。第二天，我们急忙做好各项准备工作，次日就离开民主联军总部，从沈阳出发了。

陈云同志让我当秘书长

北满分局在哈尔滨以东的宾县。我们由沈阳乘火车先去哈尔滨，火车还没进哈尔滨站就受到苏军的检查。苏军检查人员要我们下车，把我们带到检查站。我们当中只有张闻天同志会讲俄语，由他和检查站的苏军军官交涉后，我们进入哈尔滨市内南岗，住在我地下党员、公安局长的一座小楼里。当时哈尔滨的社会秩序也很混乱，我们有一位同志去道外买东西时被暗杀了。苏军士兵也在大街上卖东西，我花70元红军票买过他们的一条毛毯。我们在哈尔滨只住了三四天。

11月初，我们到达宾县。陈云同志已带一部电台在这里成立了北满分局。张秀山、聂鹤亭率一部分干部成立了松江省委和松江军区。张闻天同志提出要求到下面工作，去了牡丹江、虎林一带。王鹤寿同志到北安工作，刘达同志在哈尔滨做地方联络工作，张永励、刘向三两位同志到外县搞接收物资的工作。我那里没有人，不可能组织卫生部，闲着没事干很着急。我想，既然来了就要干，不能等着看，就找陈云同志，要求随便给我分配点工作做。陈云同志说，好啊，现在分局缺少工作人员，你就在分局临时担任秘书长吧。我很高兴有事可做了，表示尽力去干。

当时北满分局一个秘书也没有，吉黑军区司令部也没有一个参谋，除陈云、高岗各有一名警卫员之外，只有三四名电台机务、报务员和两名机要员。我在陈云同志直接领导下，管理分局的电台、电报，安排向首长汇报，通知召开会议，以及管理生活等一切事务，还要保管各处送来的黄金和钞票。我手下没人不行，就找了两位同志分别担任管理科长和教导员，让聂鹤亭、刘达、张永励、刘向三等同志的爱人在分局做抄写电报的工作。我们的生活由松江省委供给，有时也送些纸烟来，还给陈云、高岗各做了一套棉衣。虽然我们没发棉衣，也没发钱，生活较艰苦，但大家都是积极工作，希望打开一个新局面。

北满分局驻在宾县城内的一个教堂里，陈云、高岗和我3个人住着牧师的一座小平房。我和陈云同志住牧师的书房，高岗住牧师的卧室，中间是过道，有壁炉，也是我们吃饭的地方。

陈云同志性格稳重，作风民主，工作细心、慎重，考虑问题非常周密。他每起草一份电报或文件，总是反复考虑和斟酌，多次修改，征询有关同志的意见，考虑不成熟，决不轻易发出，有些文电稿，还要我拿去征求松江省委同志的意见。当时在我们驻地附近有许多日本侨民，我们有的干部看上了日本女人。陈云同志知道后就说，这可不行，不能和日本人结婚，要我起草一个文件，制止这类事情。我写出草稿送陈云同志审阅时，他发现了一个错字，就对我说："老孙，你是当医生的，如果给病人开药方写错一个字，吃错了药，就要出大事故了！"我赶快说："你批评得对，我今后注意。"陈云同志很重视对干部进行时事政策教育，只要晚上有时间，就要我召集分局、省委和军区的干部开"慢谈会"，由陈云同志向大家讲当前形势和我们的任务，使干部随时了解形势，提高大家的斗争信心和工作热情，干部很受教益。陈云同志当时还保持着江浙南方生活习惯，他很注意整洁。我在陈云同志的直接领导下，不断接触一些地方党的工作，对地方工作产生了兴趣，晚上睡觉时，我先后两次向陈云同志要求到地方工作。陈云同志对我说："可以的，但是现在分局没有人，以后再说吧。"

高岗的性格粗犷、好动，坐不住，是陕北人的生活习惯。他比较邋遢，不注意整洁。身为分局委员和司令员，倒没有什么架子，但对待工作却粗枝大叶。他很爱玩，没人陪他，就到机要科找人下棋，晚上他一个人还抱着凳子跳舞。我收到电报，都是先送给陈云同志和他看。每次送电报都要到处找他，如果他正在下棋，就把电报往裤袋里一塞。电报看完了也不交还给我，随便乱放，我很担心失密。有一次，我送给他的电报少了一份，就去找他要。他找不到，就说，你搜吧，还不相信我这个中央委员！最后，我在他的被子里找到了。我在延安时，从报纸上看到过他的文章，以为他的文化水平很高，到北满分局跟他一起工作，才知道他的文化水平并不高。有一次，他起草了一份给中央的电报稿，条理不清，阐述混乱，我不好发，请他再修改一下，他懒得改，就让我给"捋顺捋顺"，使我很难办。我请示陈云同志，陈云同志说，他个人给中央的电报，我不好修改。最后，我只好重新整理一番，给他看过后发出了。他的嘴也馋，又不注意卫生，有时从街上买回卤猪头肉、醋蒜头，吃饭时就往我们的火锅里放，把菜搞得很不是个味。陈云同志说："麻子，你这样乱放，还让我们吃吗？"高却笑笑说："好吃，好吃。"他还常在衣兜里装花生，随手剥着吃。有一次他看到老乡院里有鸭子，叫我去买。我说没钱，他笑笑说，一个中央委员还吃不到鸭子。以后我对陈云同志说了，陈云同志身上还有点钱，给他了。

我和陈云、高岗一起工作、生活了近5个月，看到这两位领导人明显的不同。陈云同志的思想水平和工作作风对我教益颇深。不久，李立三、李兆麟、冯仲云、钟赤兵等同志，先后从苏联回国来到宾县。这时，北满分局书记是陈云同志（兼吉黑军区政委），委员有高岗（兼军区司令员）、张闻天、李兆麟、张秀山等。

对李立三同志，我在中央苏区就早闻其名，但不认识。这次见面，陈云同志向我介绍说，这就是大名鼎鼎的李立三。他回国时没有行李，只带着一条毛巾挽着个漱口杯、牙刷。我把自己的床铺连同被褥让给他用，我就和机要人员挤在一起睡大炕。从此，天天和李立三同志在一起，就熟了。他和陈云同志谈话很坦率，我也在场。有一次他问陈云："我过去犯错误，为什么七大还选我当中央委员呢？大概我过去不是错误吧？"陈云同志说,你过去的错误还是错误,这是在毛泽东的领导下,推选你当中央委员的。并且向他解释了毛主席对犯错误干部的政策,他才信服了。在闲谈中,李立三同志说:"在苏联生活了十几年,很想回国,接到苏共中央转来的中共中央的通知,说我当选为中央委员。开始我还怀疑,这是真的吗?又一想,这是苏共中央转来的通知,该不会错的,很高兴,回宿舍告诉爱人,爱人还为我买了酒、菜祝贺。不久,又接到请我回国的通知,更高兴了,爱人又为我饯行。"

李兆麟同志是东北抗联的领导人之一。他从苏联回来后,积极要求工作,他担任滨江省副省长,去哈尔滨做统战工作。他刚回国,不了解国内的斗争情况,陈云同志提醒他要提高警惕。李到哈尔滨不久,1946年3月9日国民党特务邀他去道里,李刚就座,埋伏的国民党特务就手持匕首蜂拥而上,把他杀害了。李牺牲后,经我方查找,才发现他的遗体被藏在室内的床下,我们在哈尔滨举行了安葬仪式。为了纪念李兆麟烈士,以后在哈尔滨市修建了兆麟公园。

北满分局并入东北局

抗日战争胜利后,我党确定了"向北发展,向南防御"的战略方针。1945年10月20日,中央决定将长春沿线及大城市让给蒋军,来电指示,"迅速在东满、北满、西满建立巩固的基础"。10月24日,中央又来电指示,东北的"中心任务,是建立可靠的根据地,站稳脚跟","趁顽军尚未到达时,将主力从容移至安全地带,在冬季好好进行发动群众建立根据地的工作"。遵照中央指示,11月25日,我军放弃锦州。12月28日,中央又发来《建立巩固的东北根据地》的电报,进一步指示,"让开大路、占领两厢",逐步积蓄力量,准备将来转入反攻。

在日伪统治时期,北满分为松江、嫩江、合江、牡丹江、北安5个省。日寇投降后,蒋军还未来北满,那些"胡子"土匪即成为国民党的地下军,到处都有。当时我们的武装只有两个半连的老战士,干部不足100人,力量薄弱,敌人不断扰乱和破坏,工作很难开展。我们的干部下乡工作,群众不了解,不欢迎。敌人有时还在炕洞里安放炸弹,谋害我们。他们还进攻过宾县县城,被我们一个连的老战士打退了。

1946年1月,三五九旅由旅长刘转连、政委晏福生率领来到北满,到方正、勃利、鸡西一带剿匪。2月,杨国夫师长率第七师也来到北满,又去绥化、铁力、三肇、安达、北安一带剿匪。松江军区部队也扩大成立了独立师，由高岗率领去通河、木兰、巴彦一带剿匪，分局也转移到通河。这时正是寒冬季节，部队的服装尚未补充，作战行动很是艰苦。由于剿匪部队的伤员急需收容，还有些日本难民有病也要治疗，陈云同志就让我还去搞卫生工作。1946年3月下旬我离开分局，到吉黑军区主持卫生部的工作。我是一个医务卫生干部，在北满分局近5个月的工作中，学到了许多东西。离开后，我还是很留恋分局。我军各路部队一面剿匪，一面发动群众，开展对汉奸、恶霸、国民党地下军的斗争，建立地方政府，扩大部队，局面迅速打开了。

这时，蒋军在美国的帮助下，调兵遣将，占领沈阳，进攻四平，又进占长春、德惠，抵达松花江边，扬言要进攻哈尔滨。国民党在哈尔滨的先遣人员还做了花枕头、缎子被，准备迎接宋美龄。在这种情况下，我们又作撤退的准备，东北局由东满，民主联军总部由四平，经长春都撤到了哈尔滨，后方机关撤到了佳木斯。北满分局和吉黑军区分别并入东北局和民主联军总部，由东北局进行统一领导了。

陈云同志与辽宁

中共辽宁省委党史研究室

陈云同志是伟大的无产阶级政治家、革命家，杰出的马克思主义者，中国特色社会主义建设的开创者和奠基人之一，党和国家久经考验的卓越领导人。在70多年的革命实践中，他为中国新民主主义革命的胜利和新中国的建立，为中国社会主义建设的发展，作出了永不磨灭的功勋。辽宁人民尤其不会忘记，他亲自参加和领导了东北的解放战争和辽宁的城市接管，并于新中国成立后多次视察辽宁工业基地的建设，作出一系列重要指示。在纪念陈云同志百年诞辰之际，追忆他老人家在辽宁大地上留下的足迹，回想他老人家亲切的话语，重温他老人家的谆谆教诲，我们心中充满了深切的缅怀之情。

一、战略性的抉择

陈云同志不仅是我国经济工作的杰出领导者，而且在军事战略上也是卓越的指挥者。在20世纪中叶，那场决定中国向何处去的历史大决战中，陈云同志以他丰富的斗争经验、伟大的政治远见和坚定的革命意志，为建立东北解放区和实现东北全境解放作出了卓越的历史贡献。

1945年抗日战争胜利后，鉴于东北在战略上的重要性，中共中央决定组建中共中央东北局，由彭真、陈云、伍修权、程子华、林枫5位委员组成，彭真任书记。党中央明确提出全国的战略方针是"向北发展，向南防御"。先后从关内各解放区抽调2万名干部、11万军队进入东北。陈云于9月中旬从延安到达沈阳，开始了领导建立东北根据地的斗争。11月2日，中共中央决定组建中共中央北满分局。11月16日，中共北满分局在哈尔滨成立，陈云任书记兼北满军区政治委员。

11月26日至28日，陈云在哈尔滨主持召开了北满分局成员会议，总结了几个月以来的经验教训，起草了给东北局及中央的关于《对满洲工作的几点意见》的电报，系统地阐述了建立东北根据地的思想。陈云指出，我党我军独占三大城市沈阳、长春、哈尔滨及长春铁路干线以独占东北的可能性现在是没有的。当前在满洲工作的基本方针应该不是把我们的全部注意力集中于这三大城市，而是集中必要的武装力量在锦州、沈阳前线给国民党部队以可能的打击，争取时间，同时将其他武装力量及干部有计划地、主动地和迅速地分散到北满、东满、西满，包括广大乡村、中小城市及铁路支线的战略地区，以扫荡反动武装和土匪，肃清汉奸力量，放手发动群众，扩大部队，改造政权，以建立三大城市外围及长春铁路干线两旁的广大的巩固根据地。该电前后分两天发往中央，中央收到一半阅后，立即复电表示完全赞同。12月28日，毛泽东向东北局发出了《建立巩固的东北根据地的指示》，再一次肯定了陈云关于建立东北根据地的思想。实践表明，陈云的意见完全符合东北当时的实际情况，它确定了党在东北的正确战略方针，为夺取东北的胜利指明了方向。

为在全东北普遍落实中央关于建立东北根据地的指示，解决干部中的思想问题，统一东北党内的认识，根据中共中央指示，东北局于1946年7月3日至11日召开扩大会议，会议通过了委托陈云起草的《东北的形势和任务的决议》（简称"七七决议"）。决议指出，必须认识东北斗争的尖锐性和长期性，克服和平和战争问题上的混乱思想。全党必须下最大决心，努力准备一切条件，粉碎蒋军进攻，以战争的胜利去取得和平。《决议》进一步明确党在东北工作的重心，坚持中央关于建立巩固的东北根据地的正确方针，把创建根据地放到工作的第一位。创建根据地的主要内容是发动群众。我军的作战原则不在于城市和要地一时的得失，而是力求消灭敌人，保卫根据地。《决议》号召东北全党干部走出城市，到农村去，形成干部下乡的热潮。《决议》的通过，标志着东北全党的工作方针和战略重心从根本上转向了建立东北根据地的正确轨道，从而为解放战争在东北的胜利奠定了重要的思想基础。

1946年10月中旬，蒋介石发动山海关大战后不久，即改变了原来的作战计划，制定了"南攻北守，先南后北"的战略方针，企图吃掉南满我军，解除后顾之忧，转而全力进攻北满，独占整个东北。从这时起，南满进入了解放战争时期最艰苦的岁月，一度成为东北战场的焦点。党中央与东北局十分重视南满的斗争，曾多次发出电报、指示，告诉南满军民准备迎接艰苦的战斗。在这种情况下,陈云自告奋勇前往南满工作。经东北局同意,报请中央批准,由陈云兼任中共辽东分局(亦称南满分局)书记、辽东军区(亦称南满军区)政委,由萧劲光任分局副书记、辽东军区司令员。11月27日,陈云和萧劲光到达辽东军区所在地临江,开始了紧张的工作。当时,迫切需要解决的是要不要坚持南满的问题。

12月11日至14日,辽东军区在七道江召开了军事会议。会议一开始就在是否坚持南满根据地的问题上发生了严重分歧。只有少数人同意坚持南满,认为南满战略地位重要,坚决不能丢。多数人持反对意见,认为长白山区地形狭窄,不利于大兵团作战,对坚持南满没有信心。会议连续开了几天,各抒己见、相持不下。就在此时,突然发生了敌情,盘踞在安东和通化的敌人正准备向临江进犯,情况万分紧急。但由于会议对去留问题未达成统一,因而影响了具体作战方针的最终确定。于是军区党委将会议情况报告给陈云,并请他参加会议,作最后决定。

12月13日晚,陈云顶着漫天风雪从临江来到七道江前线指挥所,同与会的同志亲切交谈,了解情况,直到深夜。第二天,陈云在七道江会议上就坚持南满斗争的战略意义作了重要讲话。他形象地说:"东北的敌人好比一头牛,牛头、牛身子冲着北满,牛尾巴在南满,如果我们松开这条牛尾巴,那就不得了,这条牛就要横冲直撞,南满保不住,北满也危险。如果我们抓住牛尾巴,那就了不得,敌人就进退两难,因此抓住牛尾巴是个关键。"陈云循循善诱,全面分析了"留下"和"撤走"的利害得失,说明了坚持南满的重要性和可能性,他语重心长地说:"我来南满就是为了和大家一起坚持南满斗争,你们让我来拍板,拍板就是坚持南满,我们在背靠沙发(指苏联、朝鲜的支援)的形势下向前进,虽然是艰苦奋斗的前进,还是比退到北满最后被敌人打出国境再打回来合算。我们不走了,都留在南满,一个人也不走,留下来打,要在长白山上打红旗,摇旗呐喊!"陈云有理有据的分析和果断干脆的决定,统一了人们的认识,得到了大家的拥护和赞成。会议一致通过了巩固长白山,坚持敌后三大块(即辽南一分区、辽宁二分区、安东三分区)总的战略指导思想,以及正面与敌后两大战场密切配合,内线作战和外线作战相结合,运动战与游击战相结合的军事指导方针。这就顺利解决了要不要坚持南满这一重大问题。

历史证明,陈云在七道江会议上的讲话,是关键时刻决定性的一次拍板,也是决胜全局的一步好棋。在此基础上,陈云同萧劲光指挥南满部队胜利地进行了四保临江战役,从而彻底粉碎了敌人"南攻北守,先南后北"的作战计划,扭转了南满的危局,站稳了脚跟,使我军由防御转入进攻,由被动变为主动,有力地配合了辽沈战役。

二、执政实践的创举

沈阳,是东北最大的城市,也是东北军事、政治、经济的中心。随着东北解放战争的胜利,接管好这座大城市便成为我们党实现战略转移的首要任务。党中央经过慎重考虑,决定由陈云同志来完成这项艰巨的使命。陈云同志肩负着党的重托,通过卓有成效的工作,在较短时间内全面完整、成功地完成了对沈阳的接管,为全国积累了城市接管经验,并带领全市人民积极进行社会改造,恢复发展城市经济建设,使沈阳这座创伤累累的历史名城很快地焕发青春,也为沈阳以后开展大规模的经济建设奠定了良好的基础。

当辽沈战役即将胜利的时刻,党中央把接管沈阳的准备工作提上议事日程。1948年10月锦州解放后,党中央在给东北局的指示中明确提出了准备接收沈阳的任务。根据中央指示,10月27日,东北局决定组成以陈云为主任,伍修权、陶铸为副主任的沈阳特别市军事管制委员会,全权处理接管沈阳的工作。10月29日,陈云率领从东北各地抽调的4000名新老干部从哈尔滨出发,途经吉林市、梅河口,绕道四平市到达开原。在进驻沈阳途中,陈云召开了5次会议,讨论接管政策和方法,以确保各项接管工作顺利进行,使全体干部对成功接管充满信心。

11月2日,沈阳获得解放。军管会从铁岭乘汽车进入沈阳,立即按预定部署开始接管工作。11月3日,东北局在大和旅馆(今辽宁宾馆)召开成立沈阳特别军事管制委员会大会。陈云同志在会上特别强调:沈阳是我们党接收的第一座大城市,一定要接管好,不能将我们打下来的城市变成死城市。要让国民党所有在职人员在规定的时间内向人民政府报到,一律上班,各机关开始办工,工厂开始生产,商业部门都要开始正常营业。从现在起,沈阳就是共产党领导的城市了,我们一定要比国民党管理得更好!

会后,军管会按照陈云同志提出的"各按系统,自上而下,原封不动,先接后分"的方针,开始了全面、完整的接管工作。军管会下辖经济处、财政处、后勤处、铁道处、政务处、市政府、公安局、办公室、卫戍司令部9个部门，分别接收原国民党机构的各系统。军管会发出布告通知原国民党机关主管人员负责办理移交手续，要求旧职人员均按原职上班，避免混乱和大的波动。各接收部门对工厂、企业和房子等只有接收权，而无占有权和支配权，权力集中在军管会，待全部接收完毕后，再统一分配。在接管工作的实施中，由于陈云同志领导有方，指挥得当，方针正确，措施有力，接管工作进展顺利，社会秩序良好。入城的第二天，市内就恢复了供电、供水，电话、电报、通信开始使用；工厂、学校、机关和企事业单位的房屋、设备器材、仓库物资等一般没有遭到破坏。到11月5日，全市基本完成清点移交和接收工作。10日左右，国民党政府官僚资产阶级所有的一切矿山、铁路、邮政、银行、医疗机构、商店和其他企业，统归国家所有。接收和没收的164个企业改为全民所有制国营企业，接收工作初步告捷。

陈云同志十分重视总结经验。11月28日，他写了《接收沈阳的经验》的报告，电告东北局并转告中央。报告从七个方面总结了接收沈阳的经验，由中共中央转发给各中央局和各前委，供接收其他城市借鉴。关于怎样才能接收得快而完整。军管会在出发前即确定了"各按系统，自上而下，原封不动，先接后分"的接收方针：各按系统，是指军管会除市委外，按下辖经济、财政、后勤、铁道、政务等5个处，以及市政府、公安局、办公室、卫戍司令部等单位，进行接收。自上而下，是指入城后即发布告通知原有机关主管人负责办理移交手续；如第一级负责人不在，即由第二级或第三级办理。同时，从原有内线和下面群众中了解情况。原封不动，是指旧职员均按原职上班，工厂企业等只派去军代表，政府部门只撤换头子。对职员、工人一律发给生活维持费，有些高级职员则不发。接收步骤，第一步是资产档案，第二步才能整理人员。先接后分，是指各部门只有接收权，无占有权和支配权，资产档案一律不准搬走。各部门不对原来上级负责，只对军管会负责。权力集中在军管会，无条件服从。无证件者不准接收。此外，在入城之前，应连续广播我党的政策、办法（此条很重要）。军管会机关应设在食宿交通方便的适当地点，充分利用电话同各方联系。事实证明，这些做法，既能防止乱，又能保证快。如果不按系统，不分上下，乱接一通，必然损失很大，影响很坏。关于怎样才能迅速恢复秩序：入城后首先要恢复电力生产与供应；要迅速解决市场及金融物价问题；对警察必须收缴枪支，让其徒手服务；迅速出版报纸，稳定人心，宣传党和政府的政策；工资问题需要妥善解决。此外，陈云同志还提到要迅速处理俘虏和疏散弹药；军管会内部做到减少扯后腿、抵消精力之事；关于重大事件、容易出乱子的问题，必须预先有充分精神准备；要保证接收得好，最重要的还必须入城部队有良好的纪律教育；接收一个大城市，除方法对头外，需要有充分准备和各方面称职的干部。陈云同志总结的接管经验得到了中央的赞同，成为后来我党接管其他城市的基本准则。

随着解放战争的深入发展，党中央明确指出，新解放的城市要将革命和建设一起进行，应以经济建设为中心，动员一切力量恢复和发展生产事业。陈云同志根据党的七届二中全会精神，提出要从指导思想上明确，依靠工人阶级，面向生产，是目前压倒一切的中心。要"以发展国营工业，特别是机械工业为重点，加速壮大国营经济的领导力量"。并强调指出，东北解放了，但全国尚未解放，因此东北最根本的中心任务是支援全国。陈云同志针对接管后工厂处于停工半停工的状况，深入实际，调查研究，确定了八大战略性工厂。他指出，应优先重视这些带有战略性工厂的恢复与发展。在工厂复工之前，首先，要做好工人群众的工作，设立群众工作委员会，要采取多种形式宣传党的政策，举办形势教育短训班。其次，要建立厂工会或临时接管委员会，组织工人代表参加接管工作，发动工人和技术人员及职员复工，为生产献计献策。陈云等还几次召开动员大会，晓之以理，动之以情，号召全市人民恢复生产，支援前线。为发挥各大国营企业在发展生产中的主导作用，陈云同志经常深入基层，召开各大国营企业和工人代表座谈会，倾听工人群众的意见。对工人提出的关于生产的问题，陈云同志要求大家想办法，节约原料，创造代用品，尽主人翁责任，把生产搞上去。对于工资、生活福利等问题，陈云同志指出能办到的立刻就办，不能马上解决的困难，希望大家勇挑重担，忍受暂时困难，共同把生产搞上去，支援全国解放战争。在陈云同志和军管会的积极努力下，工厂企业迅速恢复生产，工人们忘我地劳动，有力地支援了前线，为全国解放战争提供了有力保障。

在接管沈阳的整个过程中，陈云同志始终保持艰苦奋斗、谦虚谨慎的品格和作风。军管会入城不久，就从大和宾馆（今沈阳宾馆）搬到伪辽宁省政府旧址办公，陈云同志自己住在一幢解放前银行职员的住宅里。另外，军管会进城后，接收了原东北"剿总"副总司令梁华盛的一辆美国制造的高级轿车，有关部门提出应给陈云同志专用。陈云同志当即批示：我不用。并转批让部队用。当部队领导又批回让陈云用时，陈云最后批示：上送给毛主席用。陈云同志还对工作中的缺点和失误主动承担责任，作自我批评。他的优良品质和作风深深地教育了广大干部群众，使军管会的工作有条不紊地进行。

三、共和国长子的辉煌

陈云同志十分重视辽宁工业基地的建设，还在新中国成立前，就曾于1949年1月到4月先后到抚顺、鞍山、大连、新金（今普兰店）、瓦房店、本溪、安东（今丹东）等地进行实地考察，指导工作。新中国成立后，陈云同志长期担任党和国家重要领导职务，工作繁忙，日理万机。但他始终心系辽宁，于1951年、1952年、1957年、1958年、1959年多次到辽宁视察，并作出一系列重要指示，有力地推动了辽宁工业基地的建设。

新中国成立之初，陈云同志就非常关注鞍钢的恢复和发展，帮助鞍钢解决工作中的困难，在全国第一次钢铁会议上，他号召全国的专家和技术人员到东北（主要指鞍钢）去，从事新的经济建设工作。在此之后，鞍钢火速派出代表团，到京、津、沪、华东、华北、华中等地招聘各类专业技术人员，较好地缓解了技术力量严重匮乏的困难。1951年11月，陈云同志首次来到辽宁视察。他来到了鞍钢视察。他鼓励鞍钢职工要抓紧生产和修复设备，多生产钢铁，为抗美援朝做贡献，为国家财政经济好转做贡献。随着全国国民经济恢复发展，全国性的大规模建设高潮即将到来。中共中央在运筹国民经济大政方针之际，提出作为工业建设"重中之重"的鞍钢，应该及时转变工作重点，把以恢复工作为中心转变为以基本建设为中心。1952年3月上旬，陈云同志再次来到鞍钢视察，明确指出鞍钢要把基本建设放在第一位。他说："我们要搞建设，五年计划，三年准备，今年是最后一年……今后你们如不把基本建设搞好，将来要犯路线的错误。建设任务成为中心任务了，其他任何工作都比不上基建重要。东北要比关内早，基建远远超过生产，将来在全国也会以基建为主。"当得知鞍钢生产任务很重，人员不足时，陈云同志讲了国内外政治经济形势，讲了全国经济建设的远景规划和发展速度，用辩证的、发展的观点教育鞍钢领导同志，要眼睛向内，自力更生解决，从生产岗位抽调合适的人员到基建岗位上去。他深谋远虑地指出："实现五年计划，这关系到国家命运，关系到世界和平力量。把生产人员抽出来，生产是受点影响，但不能垮，不这样，基本建设就垮了。国营工业不发展，资本主义就发展，我们就没有办法建设社会主义了。""对生产人员考虑过要'割韭菜'，要割三刀，今年是第一刀。你们思想上要有准备，早点比迟点好，早割早提拔……"陈云同志的重要指示不仅为鞍钢的进一步发展，也为辽宁老工业基地的建设指明了方向。陈云同志指示后，当时的东北工业部发出了《关于加强鞍钢基本建设工作的决定》。鞍山市委召开十几次会议，研究如何贯彻陈云指示，如何加强鞍钢基建问题，提出"基建第一""以基建为中心"的口号，号召全市人民全力支持鞍钢基建。经过卓有成效的工作，鞍钢形成了生产和基建两套机构，两支队伍，为以后的大规模发展奠定了坚实的基础。

1957年8月7日，时任国务院副总理的陈云和李先念来到辽宁视察。8月8日主持召开辽宁、吉林、黑龙江三省经济管理体制改进工作座谈会。会上，陈云同志就在若干工作中划分中央和地方管理权限的问题发表了具有重大和深远意义的讲话。他指出，体制问题是很重要的问题，是中央和地方分权的问题，分权问题是在许多地方分权。这次会议要解决工业、财政、商业的问题。现在工业行政管理有两个问题：一是中央集中的太多，地方的权限太小，限制了地方的积极性；二是国家集中的太多，厂矿的权限太小，限制了厂矿干部和职工的积极性。因此要在物质分配、利润分成、人事管理上适宜地扩大地方管理工业的权限；要减少指令性的指标，在财务和人事管理上适当地扩大企业管理的权限。商业机构设置由地方按照中央规定的原则根据具体情况自己定，企业利润实行中央和地方统一按比例分成，商品定价由中央和地方分别管理。地方财政收入按一定比例上交国家后划归地方，一些特殊性的支出由中央拨款，地方可用自己的收入搞一部分基本建设。陈云同志还认真听取了与会者对《关于在若干工作中划分中央和地方管理权限的意见（草案）》的意见，对辽宁省委提出的一些问题提出了具体的解决办法。

8月9日，陈云同志应辽宁省委书记黄欧东的邀请，出席了中共辽宁省、市、地委书记和省直机关党员负责干部大会。他指出：粮食问题是最重要的问题，物价稳定，头一条就是靠粮价稳定。粮价动摇，物价就要动摇，整个五年计划统统都要动摇。我们是大国，粮食不能依赖进口。要从根本上解决粮食问题还需要很多年，在此之前，保证粮食不出问题的办法只有一个，即以丰补歉。在粮食工作中要反对不顾国家、集体的个人主义和本位主义。农业问题对我们压力很大，搞不好就要拖经济建设的后腿。解决这个问题，一靠增加化学肥料和化学纤维；二靠兴修水利，抓好治涝和灌溉；三靠搞好计划生育。我国的基本建设取得了很大成绩，苏联帮助设计了156项，我们自己搞了800多项，不是社会主义制度是办不到的。我们在基建方面还是比较勤俭节约的，但现在看来，由许多方面还可以再省一点，慢一点，把轻重缓急分得再清楚一点。这些缺点不能埋怨苏联的设计，而要承认我们自己没有经验，我是第一个要负责的。国家很穷，钱都是老百姓的，我们应好好总结教训，在基建方面认真节省。陈云同志的重要讲话为辽宁如何处理工业与农业、积累与消费的关系指明了方向，成为辽宁工业基地发展过程中长期坚持的重要准则。

1959年6月，时任中共中央副主席、国务院副总理的陈云同志在因病休养期间，来抚顺考察工业生产和人民群众生活等实际问题。在抚顺西露天矿视察时，陈云了解到由于受浮夸风的影响，西露天矿出现了采剥比例失调的情况，严重地影响了西露天矿采煤任务的完成。陈云立即严肃地告诫有关领导，采剥比例失调问题一定要解决好，不然后果将不堪设想。一针见血地指出了煤炭生产的弊病和今后的方向。在调查中，陈云发现矿区存在着严重的交通堵塞状况，遂亲临现场实地考察，提出了解决矛盾、缓解矛盾的一些具体建议，并责成市委有关部门尽快解决。在调查研究的基础上，陈云同志还就抚顺矿务局总体改造提出了设想：以抚顺地下煤炭资源为主，发展抚顺配套工业，实现资源的综合利用。在抚顺铝厂视察时，他听取了铝厂领导的全面汇报，并同厂领导探讨了铝厂改造、新建铝厂所需投资经费等问题，还协调解决了苏联专家在铝厂援建中出现的问题。陈云同志在视察抚顺铝厂等工厂矿区后，对抚顺市委的工作提出了指导性意见，并再三叮嘱抚顺市的领导同志，城市建设要协调发展，防止单打一。陈云同志的重要指示，为促进经济建设与城市建设、城市管理、人民生活等各项事业的均衡发展指明了方向。

本溪市是我国重要的原材料生产基地，为国家的经济发展和辽宁老工业基地建设作出了很大贡献。但是，与国际上许多重工业城市相似，本溪市经济发展与环境保护的矛盾比较突出，由于忽视了环境保护，造成大气污染十分严重，到20世纪80年代初，本溪成为全国污染最严重的城市，已达到令人不能忍受的程度，严重威胁着本溪人民的生活和健康。本溪的环境污染问题引起党和国家的高度重视。1988年1月，国务院环境保护委员会调查组到本溪实地考察；1988年7月全国各大新闻采访团到本溪了解情况。国务院环境保护委员会调查组经过调查，感到本溪环境污染严重，于1988年8月21日将调查报告、摄录的本溪环境污染纪实片及内参草样上刊发的新华社记者王言彬写的《卫星上看不见的城市》一并送到陈云同志处。陈云同志当晚看了关于本溪环境污染的调查报告、录像片和文章。对人民群众一片赤诚的无产阶级革命家，看到150万人民群众的生存环境如此恶劣，陈云同志心急如焚。第二天，陈云即在王言彬同志的文章上作了批示："治理污染，保护环境，是我国一项大的国策，要当作一件非常重要的事情来抓。这件事，一是要经常宣传，大声疾呼，引起人民重视；二是要花点钱，增加投资比例；三是抓监督检查，做好落实。"从而为本溪市治理环境污染指明了方向。本溪市委、市政府全面认真贯彻陈云同志的指示，将治理环境污染和保护环境紧密结合起来，经过7年的艰苦努力，市区环境得到显著改善，并在此基础上逐步探索出一条依靠科技进步，促进经济与环境协调发展的新路。

回顾陈云同志在东北解放战争和接管沈阳中所作的历史性贡献，尤其是对辽宁工业基地的亲切关怀和巨大支持，给予我们许多新的启迪。辽宁人民一定不辜负陈云同志的期望，要更加坚定决心和信心，为振兴辽宁工业基地和构建和谐辽宁作出新的贡献。

深切缅怀陈云同志
为加快辽宁振兴　建设和谐辽宁而努力奋斗

中共辽宁省委党史研究室

陈云同志是伟大的无产阶级革命家、政治家,杰出的马克思主义者,中国社会主义经济建设的开创者和奠基人之一,以毛泽东同志为核心的第一代中央领导集体和以邓小平同志为核心的第二代中央领导集体的重要成员,党和国家久经考验的卓越领导人。在他70多年的革命生涯中,为中国人民解放事业和社会主义建设事业立下了不朽的功勋,在国内外享有崇高的威望,深得全党、全军和全国各族人民的尊敬和爱戴,永远是我们学习的楷模。2005年6月13日,是陈云同志百年诞辰。在陈云同志百年诞辰之际,我们要深切缅怀陈云同志,为加快辽宁振兴,建设和谐辽宁而努力奋斗。

辽宁曾是陈云同志长期战斗和工作过的地方,这里留下了他的光辉足迹和不朽精神。解放战争时期,陈云同志担任中共中央东北局的重要领导职务,是东北解放战争的重要领导成员之一。他于1945年9月到达沈阳,任中共中央东北局委员,与彭真同志一道组织部队接管城市、控制交通线、迎接中央派往东北的大批干部和部队。11月初,陈云同志任北满分局书记兼北满军区政委。他在起草给东北局并转中共中央的电报中提出,放手发动群众,扩大部队,改造政权,建立沈阳、长春、哈尔滨三大城市外围及长春铁路干线两旁广大的巩固的根据地。这一正确主张,得到了党中央和毛泽东同志的充分肯定。1946年6月,他任东北局副书记兼东北民主联军副政委,7月,他为东北局起草的《关于东北的形势和任务》,经东北局扩大会议一致通过并得到中共中央的批准。这一决议按照中央建立巩固的东北根据地的思想,进一步明确提出深入农村、发动农民是东北斗争成败关键的工作方针,使根据地的工作大步前进。1946年10月,在国民党调集重兵进攻南满解放区的危急时刻,他出任中共中央南满分局书记兼辽东军区政委，并与萧劲光等同志一道指挥我南满部队"四保临江"作战，促使东北战场形势发生根本转折。1948年1月，陈云同志兼任东北军区副政委、东北财经委员会主任，主持东北解放区的经济工作，并参加组织指挥辽沈战役。1948年11月2日沈阳解放后，陈云同志就任沈阳特别市军事管制委员会主任，主持领导接管沈阳工作。他创造性地制定实施了"各按系统、自上而下，原封不动、先接后分"的接管方针，使沈阳这座全国最大的重工业城市完整地回到人民手中，并迅速稳定社会秩序、恢复生产，有力地支援了全国解放战争。陈云同志对辽宁工业基地的建设极为重视。他深入实际、调查研究，确定了沈阳有色金属冶炼厂等八大工厂的建设，又相继到抚顺、鞍山、大连、本溪、丹东等地进行考察，对恢复建设提出指导性意见。新中国成立后，陈云同志长期担任党和国家重要领导职务，在工作十分繁忙的情况下，始终牵挂着辽宁工业基地的建设，仅20世纪50年代就5次来辽宁视察工作。对辽宁的工农业发展和城市建设等工作多次作出重要指示。辽宁老工业基地在社会主义建设时期所取得的辉煌成就，倾注了陈云同志的大量心血，得到了陈云同志的亲切关怀和指导。

今天，我们缅怀陈云同志的丰功伟绩，就是要把陈云同志对辽宁的亲切关怀，作为鼓舞我们前进的强大精神动力，用陈云同志的革命风范和伟大品格，激励我们为振兴老工业基地、建设和谐辽宁而努力奋斗。

第一，我们要学习陈云同志坚定不移的革命信念

在长期的革命生涯中，陈云同志始终对共产主义充满必胜的信心。他经历了民族解放斗争与人民革命斗争、武装斗争与和平建设的长期考验，无论是领导工农群众工作、党的建设工作、军队工作和经济建设工作，无论斗争怎样艰巨，情况怎样复杂，也不论是在顺境中还是在逆境中，始终表现出共产党人不可动摇的信念和坚强的无产阶级党性。他坚定地站在无产阶级和最广大人民群众的立场上，牢固树立共产主义远大理想和全心全意为人民服务的人生观，始终把党和人民利益放在第一位，从不计较个人荣辱、得失。他认真学习马克思主义，他的思想观点特别是关于经济建设和党的建设方面以及运用马克思主义哲学观点和党的实事求是思想路线指导实际工作方面的许多论述，是毛泽东思想和邓小平理论的组成部分，是

党和人民的宝贵精神财富。他的《怎样做一个共产党员》《巩固党和加强群众工作》《学习是共产党员的责任》和《要讲真理，不要讲面子》等重要著作，对党的建设从理论到实践都有重大建树。他于1939年发表的《怎样做一个共产党员》中，明确提出了党员的六条标准，即：第一，终身为共产主义奋斗；第二，革命的利益高于一切；第三，遵守党的纪律、严守党的秘密；第四，百折不挠地执行党的决议；第五，群众模范；第六，学习。陈云同志在长期的革命实践中，身体力行这六条标准。他兢兢业业，鞠躬尽瘁，废寝忘食，带病工作，细致具体地抓经济工作；坚持从实际出发，突破陈规，创造性地开展工作；坚持真理，修正错误，敢于讲真话，坚持自己的正确主张不动摇。大无畏的精神和艰苦奋斗、一丝不苟的精神，说到底，都来源于对共产主义、社会主义必然胜利的坚定信念。

胡锦涛同志指出："崇高的理想信念，始终是共产党人保持先进性的精神动力。共产主义理想和社会主义信念，是建立在马克思主义揭示的人类社会发展规律的基础之上的，因而是科学的理想信念，共产党员有了这样的理想信念，就有了立身之本，站得就高了，眼界就宽了，心胸就开阔了，就能自觉为党和人民的事业而奋斗。"全省广大党员干部要以陈云同志为楷模，紧密结合当前开展的以实践"三个代表"重要思想为主要内容的保持共产党员先进性教育活动，认真学习，努力实践，不断增强党性，进一步坚定共产主义理想和信念，在振兴老工业基地、建设和谐辽宁的伟大实践中当先锋、作表率，贡献出自己的力量。

第二，我们要学习陈云同志严谨务实的科学态度

在工作中求真务实，坚持实事求是的思想路线，是陈云同志革命实践的突出特点。他善于把马克思主义基本原理同中国具体实际相结合，从我国国情出发，尊重实践，尊重群众，清醒地科学地分析和判断情况，创造性地、踏实细致地开展工作。他做工作善于从大处着眼，细处着手。他指出，做经济工作应"树立整体思想"，考虑战略性问题，同时又要做细，踏踏实实，这样才能把工作抓好。他的至理名言"不唯上、不唯书、只唯实"，是科学的思想方法和工作方法。他指出，"我们要讲真理，不要讲面子，是什么就是什么，应该怎样就怎样"。1956年，针对国民经济计划指标过高的偏向，他和周恩来同志提出了经济建设中要反对急躁冒进倾向的正

确主张,并在1957年初又进一步提出了"建设规模要和国力相适应"的思想,这种坚持实事求是、勇于直言,时刻把党和人民利益放在第一位的精神,赢得了全党和全国人民的尊重和敬佩。他提出"交换、比较、反复","特别要听反面的话","听一听不同的意见。如果没有不同的意见,也要假设一个对立面,吸收正确的,驳倒错误的,使自己的意见更加完整"。并提出在工作中"要用90%以上的时间研究情况,用不到10%的时间决定政策"。这些深刻、卓越的思想,闪耀着辩证唯物主义的光辉,至今仍然对我们的工作有着重要的指导意义。从陈云同志身上,我们看到了中国共产党人对中国社会发展规律的深刻理解和把握,看到了无产阶级勇往直前的革命精神和严格求实的科学态度的有机统一。

我们要学习陈云同志,把这些好的思想和作风继承下来并发扬光大,按照胡锦涛同志要求的那样,"按照客观规律和科学规律来谋划发展,一切从实际出发,立足当前,着眼长远,积极进取,量力而行,不搞主观臆断、违背客观规律的'拍脑袋'决策,不追求脱离实际的高指标和盲目攀比,不喊哗众取宠的空口号,要求真务实,埋头苦干,扎实工作。"在当前振兴辽宁老工业基地的伟大实践中,大力倡导理论联系实际的思想作风,深入基层,深入群众,认真研究本地区、本部门存在的矛盾和问题,把情况搞清、搞透,下功夫解决实际问题。大力倡导严谨务实的科学态度,从客观实际出发,深入调查研究,提高科学决策水平。

第三,我们要学习陈云同志服务群众的公仆情怀

陈云同志关于坚持党的群众路线的思想十分丰富。早在民主革命时期,他就提出:"没有群众,一定失败。""没有人民,就没有英雄。""头一条是人民,第二条是党,第三条才是个人。""共产党必须天天关心人民群众的利益。"共产党及其领导的人民政府,"是真正代表大家,为大家'当差'的"。他经常对各级领导说,"要从群众最高兴的工作做起",要解决人民群众迫切需要解决的问题。他不仅告诫我们的干部要关心和爱护群众,还身体力行做出表率。在领导坚持南满根据地时,他明确提出要"切实保护农民的利益",把解决农民土地问题作为根据地建设的根本大计来抓。在接管沈阳后,他首先采取得力措施,重点解决恢复水电供应、稳定物价、解决职工工资等与人民群众生产生活密切相关的问题。1988年8月,陈云同志对本溪的环境治理作出重要批示，明确指出："治理污染，保护环境，是我国一项大的国策，要当作一件非常重要的事情来抓。这件事，一是要经常宣传，大声疾呼，引起人民重视；二是要花点钱，增加投资比例；三是抓监督检查，做好落实。"陈云同志的批示，对彻底治理本溪市环境问题起到了重要作用，对我们当前树立和落实科学发展观，建设生态良好、人与自然相协调的和谐辽宁，仍然具有现实指导意义。

我们要学习陈云同志始终心系群众、一心服务群众的公仆情怀。深刻认识到"我们党的根基在人民、血脉在人民、力量在人民"；"共产党员心里要始终装着群众。党员干部无论职位高低、权力大小，都要当好人民的公仆，切实把立党为公、执政为民的要求具体深入地落实到各项工作中去"。要真心实意地帮助群众解决好诸如低保、就业、棚户区改造及困难群众生产生活等热点、难点问题，真正做到权为民所用，情为民所系，利为民所谋。

第四，我们要学习陈云同志严于律己的高尚品格

陈云同志对人民群众十分关怀，对自己要求严格。他在延安时就提出"从自己做起，从现在做起"的口号，大力倡导言行一致的作风。他一贯公私分明，一点小事也不放过。在艰苦的战争岁月里，身体一向虚弱的陈云同志与大家同吃同住。他与战士们一样吃的是粗粮，睡的是地上铺着的稻草和麻袋片；他每天烧很少的木炭，省下来送给战士。"四保临江"战役胜利后，他告诫身边的同志，谁也不能居功自傲，胜利要归功于党中央的英明决策和南满军民的浴血奋战。在进驻沈阳后不久，陈云同志就从大和旅馆搬到伪辽宁省政府旧址办公，自己和家属及警卫人员、秘书住在解放前交通银行职员的住宅里。当有关部门提出要将一辆缴获的美制高级轿车给他专用时，他当即拒绝并批转让部队使用。当工作出现失误时，他总是自己主动承担责任，作自我批评。关于这方面的感人事例还有很多。

我们要学习陈云同志吃苦在前、享乐在后和艰苦朴素、克己奉公的优良作风，按照中央提出的"八个坚持，八个反对"的要求，解决好我们在思想作风、工作作风和生活作风方面存在的突出问题，自觉地做到立党为公，执政为民，常修为政之德，常思贪欲之害，常怀律己之心，不断提高

执政水平和拒腐防变的能力。

　　陈云同志的革命精神、思想风范、崇高品德和理政经验是一座极为丰富的宝库，他在经济建设、党的建设、哲学、文艺等诸多领域的深邃思想和非凡建树，将永远鼓舞和激励广大党员和干部群众。陈云同志的业绩和思想，永远是鼓舞我们前进的巨大精神力量。我们要紧密地团结在以胡锦涛同志为总书记的党中央周围，以邓小平理论和"三个代表"重要思想为指导，全面贯彻党的十六大和十六届三中、四中全会精神，解放思想，实事求是，与时俱进，开拓创新，为振兴老工业基地、建设和谐辽宁而努力奋斗，让陈云同志等老一辈无产阶级革命家亲切关怀过的辽沈大地再铸辉煌。

陈云同志坚持南满根据地的决策与实践

中共辽宁省委党史研究室

南满，地处东北地区的南部，东临黄海，西濒渤海湾，北接东北地区最大的城市沈阳，南靠当时驻有苏联红军的旅大市（今大连市），中长铁路纵贯南北。这里，土地肥沃、物产丰富、交通发达、工业基础雄厚。南满，就是这样一块重要的战略重地。日本投降后的三年解放战争时期，国共两党和两军，在南满地区展开了激烈的争夺。特别是1946年6月国民党大举进攻东北后，南满地区就成了敌我拉锯时间最长、争夺最激烈、战斗最残酷的地区。

也就是在这样的背景下，时任中共中央东北局副书记的陈云同志毅然来到南满，亲自主持南满地区的对敌斗争，并以他丰富的斗争经验，伟大的政治远见和勇于献身的革命精神，带领南满地区的广大军民，写就了解放战争史上不朽的英雄壮歌。

严峻的形势

1946年10月，蒋介石发动山海关大战后不久，即改变了原来的作战计划，制定了"南攻北守、先南后北"的战略方针，企图先吃掉南满根据地，解除后顾之忧，然后挥军北上，全力进攻北满，实现其独霸东北的野心。从这时起，南满地区成为了东北的主要战场，并造成了南满的严重危机局面。南满根据地只剩下了临江、长白、濛江、抚松四县和两道大沟，不足4万人的我军被国民党军队的10万余人压缩在长白山脚下的狭长地带，南满根据地进入了解放战争以来最艰苦的岁月。

中共中央与东北局十分重视南满的斗争，曾多次发出电报、批示，告诉南满军民准备迎接艰苦的战斗。1946年10月31日，为统一和加强对南满地区的领导，坚持南满的解放斗争，中共中央东北局决定，并经中共中央批准，陈云同志（当时任中共中央政治局委员、中共中央东北局副书记、东北民主联军副政治委员）和萧劲光（当时任东北民主联军副司令员）一起到南满去，组成南满分局（亦称辽东分局），陈云任书记兼辽东军区政治委员，萧劲光任副书记兼辽东军区司令员。

陈云在到南满上任前，曾对他的秘书王玉清说："我是自告奋勇到南满的，你怎么样？是去南满，还是留在北满？"王玉清当即表示同往。"自告奋勇到南满"反映了陈云同志在敌强我弱的严峻形势面前，勇挑重担的革命精神和力挽狂澜的革命气魄；也反映了陈云同志坚信人民战争必胜的信念。

陈云离开哈尔滨，经牡丹江、图们，取道朝鲜，于1946年11月27日到达了辽东军区所在地临江，并于12月初正式组建了中共南满分局。

南满要坚持

南满的战略地位非常重要，坚持南满将迫使敌人分散兵力两面作战；如果放弃南满，敌人解除了后顾之忧，将集中兵力压向北满。因此，能否坚持南满，成了东北形势好转或恶化的关键。

1946年的冬天，是一个分外寒冷的冬天、斗争十分艰苦的冬天。没膝深的冰雪遮住了长白山的绿色；零下40℃的奇寒，封住了鸭绿江的水声。南满的主力部队第三、第四纵队就是在这种艰苦的环境下，收缩在长白山脚下，干部和战士面临着"到何处去"的抉择。

在陈云和萧劲光到临江来以前，在南满的领导层中出现了不同的意见。有的主张坚持，甚至提出"区不离区，县不离县"，分散打游击的口号；有的则主张向北满撤退，与北满主力会合，认为南满坚持不住了，再坚持下去就要到"鸭绿江去喝水""到朝鲜去留洋啦！"南满的主力部队三、四纵队已作了在必要时开过松花江，与北满部队会合的准备，地方武装也准备上长白山打游击。

陈云到临江出任辽东分局书记，这本身就意味着要坚持南满根据地。陈云到临江不久，首先召开了南满地区部队和地方主要负责干部会议，宣布东北局关于成立辽东分局的决定和主要领导的任命，传达了党中央和东北局对南满工作的指示。他强调说：不论先来后到，不论有部队没有部队，都要讲五湖四海，团结一致，坚持南满的对敌斗争。在随后的半个多月时间里，陈云不是把中共中央东北局关于"坚持南满，巩固北满"的战略方针强加给军区的同志们，而是经过细致的调查研究，做深入的思想工作,把大家的思想统一起来。1946年12月20日,他在给中共中央东北局的信中说:"发生争论时,我无从说话,必须弄清事实,弄清利害,才能下决心。"当时南满的形势确实很严峻,由美式装备的国民党大军压境,辽东分局和辽东军区机关及主力部队被围困在长白山脚下。这一地区当时有人口不过23万人,要担负起三四万人的部队的支前工作确实存在很大困难。加之当时地方上的土匪、特务、伪警察、地方武装到处活动,不少干部被杀害,广大群众尚未被发动起来,对我军还不很了解,不敢与军队接近,使军队处境更加困难。恶劣的环境,使许多干部战士没有棉衣、棉帽、手套等御寒物品,大家吃的是啃不动的窝窝头和酸菜,经常露宿在冰天雪地中,靠烤火过夜。以上种种困难,影响了干部的情绪,群众也对南满的前途和命运忧心忡忡,议论纷纷。有人认为,南满很难坚持;但也有一部分同志不愿意放弃南满,特别是四纵队在新开岭歼灭敌二十五师以后,斗争信心倍增,认为我们一定能够坚持住南满。经过认真的调查研究,陈云分析了形势,认为南满必须坚持,因为南满的战略地位对于东北的全局是至关重要的。其一,敌人的战略方针是"先南后北",我军如果北去,正中敌人下怀,解除了敌人的后顾之忧。而坚持南满,则牵制敌人的有生力量,打乱敌人"先南后北"的进攻计划。其二,南满也能够坚持,因为南满根据地有广大的人民群众作为军队的强大后盾,且得到了各根据地的配合与支持。其三,坚持南满要立足于战争,以战求存。在认真分析了各方条件后,陈云同志坚定了坚持南满根据地的信心。他在给东北局的信中说:"首先应该确定,南满准备打烂坛坛罐罐,吸住敌人,使之不能北进,以便北满争取时间","我们下定决心,不惜将三纵、四纵队打掉三分之二或四分之三,以争取较完整的长白山。"从全局来看,这种决心十分必要。

七道江决策

1946年12月11日,在鸭绿江边的一个小村镇,在辽东军区前线指挥所七道江的一间小屋子里,辽东军区师以上干部召开了军事会议,萧劲光作了坚持南满根据地和作战方针的报告。会议主要讨论目前南满的形势、今后的作战方针和布置军政教育训练问题。但是会议不知不觉把话题转到是坚持南满还是放弃南满的话题上来,出现了重大的分歧,愈争愈烈。有的同志主张放弃南满北上;有的同志主张坚持南满斗争;有的同志主张大部分到北满,小部分留在南满;也有的同志主张先在南满打一仗看一看,打不赢就北上，打得赢就坚持下来不走；等等。会议开了两天，争论的每一方都各持己见，相持不下。这时敌人又开始向我军进攻，而军队对去留问题的意见还统一不起来，作战方针也没有确定下来。为此，军区党委便请陈云同志从临江来参加会议，是去是留，请他最后定音。

13日晚格外寒冷，大雪已下得齐腰深，10时许，陈云同志冒着零下40℃度的严寒，顶着大雪来到七道江。一进会场，他首先问大家好！给人一种轻松亲切的感觉。"你们都是搞军事的，来了是想听听你们的意见。主意还是大家出，办法还是大家想。"陈云亲切而谦虚地说道。听了陈云同志平易近人的几句话，大家顿时活跃起来，他们围炉而坐，亲切交谈，会议在民主的气氛中进行着，直到凌晨。

14日，陈云顾不上旅途的疲劳、连夜开会的艰辛，又主持召开了会议。他首先问大家："你们看，南满还有没有文章可做呀？"陈云这意味深长的一句话开阔了大家的思路。听了他这么一问，与会同志一致感觉到，陈云来临江主要是同大家一起商量解决问题的，都十分踊跃地发言。有的同志说，南满没有多少文章可做了；有的同志却说，文章还是有做的，看是做什么文章，是做大文章还是小文章……大家你一句，我一句，辩论足足进行了一整天。在同志们辩论的过程中，陈云始终很少说话，一直耐心

▲ 1948年，陈云（前排右三）在临江同辽东军区机关工作人员合影。前排右一为罗舜初，右二为莫文骅

而仔细地听着每个同志的发言。

在广泛听取同志们的意见后，陈云形象地说："东北的敌人好比一头牛，牛头牛身子是向北满去的，在南满留下了一条尾巴，如果我们松开这条尾巴，那就不得了，这头牛就要横冲直撞。南满保不住，北满也就危险了；如果我们抓住了牛尾巴，那就了不得，敌人就进退

▲ 吉林省浑江市七道江村。1946年12月，陈云出席辽东军区在这里召开的师以上干部会议

两难，因此，牛尾巴是个关键。"陈云同志循循善诱，全面分析了"留"和"撤"的利害关系，说明了坚持南满的重要性和可能性，他语重心长地说："我来南满就是为了和大家一起坚持南满斗争，你们让我来拍板，拍板就是坚持南满，我们在背靠沙发（指苏联、朝鲜的支援）的形势下向前进，虽然是艰苦奋斗地向前进，还是比退到北满最后被敌人打出国境再打回来合算。我们不走了，都留在南满，一个人也不走，留下来打，要在长白山上打红旗，摇旗呐喊！"陈云的话虽不多，却落锤定音，这是关键时刻决定性的一锤，是陈云对坚持南满斗争的一大贡献。

陈云在七道江会议上的讲话以后，多数同志都赞成了他的意见，基本上统一了大家的思想，使会议在坚决坚持南满这一基本方针的指导下，转入了具体作战方针和作战部署的研究。最后，会议通过了巩固长白山，坚持敌后三大块（即辽南一分区、辽宁二分区、安东三分区）总的战略指导思想，以及正面与敌后两大战场密切配合，内线作战和外线作战相结合，运动战与游击战相结合的军事作战指导方针。

"四保临江"的日子

临江，是一座小县城，南满军区指挥部就设在这里。北面是险峻的长白山脉和原始森林，东面是鸭绿江，西面是气势汹汹的敌人，我军已到了同国民党军队决一死战的紧要关头。

国民党蒋介石为了实现其战略野心,从1946年的12月中旬到1947年4月份,集中十几万部队,四次向临江地区发动进攻。当时的环境十分恶劣,气温常在零下40℃左右,战斗基本上是在冰天雪地中进行。战士没有棉衣穿,有时一连十来天趴冰卧雪,军队冻伤很多。由于奇寒,许多枪支打不响,有的连枪栓都拉不开。战士们宁可自己受冻挨饿,用毯子、大衣包枪支。就是这样,广大指战员发扬了不怕牺牲,不怕严寒,不怕疲劳,连续战斗的作风,为保卫临江,与敌人展开了一场殊死搏斗。

七道江会议结束后的第三天,也就是1947年12月17日,敌人集中了6个师的兵力,在郑洞国的指挥下,分三路向临江地区进犯,企图先夺取临江,然后驱逐和消灭南满我军。根据七道江会议制订的作战方案,辽东军区采取内线与外线密切配合的作战方针。陈云决定,派主力第四纵队于12月18日出敌不意地直插敌后,纵横驰骋在安(东)沈(阳)线两侧地区,开辟敌后战场,迫使敌两个师回调,减轻了正面敌人对临江地区的压力,1947年1月5日,我北满主力集中12个师的兵力首次南渡松花江作战,直接威胁长春和吉林,又迫使敌人从南满抽调两个师北援。我主力第三纵队乘机反击敌人,在北满部队"一下江南"作战歼敌4000余人的有力配合下,四纵队和三纵队历时一个月,歼敌5000余人,粉碎了敌人对临江地区的第一次进攻。这是辽东分局成立后,陈云同志领导南满斗争的第一仗,他为之付出了极大的心血。

"一保临江"战役的胜利,沉重打击了敌人的嚣张气焰,鼓舞了部队的士气,保卫了长白山根据地,也使南满的解放斗争由敌进我退进入了敌我拉锯时期。一保临江战役后,敌人并不甘心自己的失败,又纠集美式装备的精锐部队4个师的兵力,分三路第二次向临江进攻。我南满主力部队在军区首长亲临前线指挥的鼓舞下,采取灵活的游击战术,历时9个昼夜的激烈战斗,歼敌3900余人,取得了"二保临江"的胜利。经过一星期的重新部署,敌人又出动5个师的兵力第三次发动了对临江的进犯。南满我军在取得二次临江保卫战胜利的鼓舞下,又粉碎了敌人的进攻,取得了"三保临江"的胜利。

我南满部队"三保临江"胜利后,南满敌军日趋被动,他们不惜一切代价,积极部署兵力,妄图与我军作拼死搏斗。对临江发动了第四次进攻。辽东军区对南满所属部队发出了战役动员令,着重讲清夺取这一战役胜利就会彻底扭转南满战局的重大意义,号召全体战士,努力作战,勇立

▲ "四保临江"战役中抓获的国民党俘虏

▲ 临江军民夹道欢迎从前线归来的人民子弟兵

新功。在我南满将士的共同努力下，坚决抗击了敌人的进攻，保卫了临江，保卫了南满的胜利果实。

在"四保临江"的日子里，陈云始终与南满的将士们在一起，同呼吸，共命运。他在战事紧急的情况下，为补充主力部队兵员不足，把自己的警卫班送到了前线。他通宵达旦地坚守指挥岗位，甚至在患感冒发烧的时候，也不离开他指挥战斗的电话机和地图，精心地研究和部署每一次大大小小的战斗。在第三次临江战役取得胜利后，陈云在临江主持召开了分局和军直干部会议，分析了战争的形势和任务，重申了坚持南满的方针，陈云同志逐一征求大家的意见，说如果要付出大的代价，准备承担一切责任。他反复问大家，对这样的决定后不后悔，大家同声说不后悔。于是陈云一拍桌子，风趣地说："我们学上海交易所的规矩，成交了。"陈云在为辽东分局起草的《关于全党动员起来粉碎敌人第四次进攻的通令》中说："我们必须不惜以任何代价，决心打若干恶仗、硬仗、大仗，以消灭敌之力量，粉碎敌之进攻。"又在致各兵团首长电中说："我们要发扬革命的英雄主义，在大敌当前，表现英勇无畏，以积极、负责、努力和坚决、勇敢、顽强的精神，来狠狠地消灭敌人，这便是我们革命军人最高尚品质的表现。"

"四保临江"胜利后，陈云兴奋地说，国民党蒋介石为了占领全东北，不惜调用王牌军与南满部队作战，不但没有达到目的，反而被我们打得落花流水。陈云同志扳着指头说，"四保临江"才几个月，我们的人越打越多，武器越打越好，根据地越打越大，部队越打越坚强，取得的胜利一次比一次大。最后，陈云打着有力的手势说，我们的目标，第一是解放全东北，第二是解放全中国！

坚持南满斗争的胜利，是东北解放战争中非常关键的一步，它牵制和分散了敌人的进攻，粉碎了国民党"先南后北"的战略方针，换来了东北战场形势的好转，为战略反攻创造了十分有利的条件。陈云在七道江的决策，是解放战争史上闪光的一页。

记陈云同志领导南满斗争二三事

中共吉林省委党史研究室

陈云同志是我党老一辈无产阶级革命家,是第一代中央集体领导的重要成员,他不仅是我国经济工作的杰出领导者,而且在军事战略上也是卓越的指挥者,著名的"四保临江"战役就是在他的指挥下取得胜利的。陈云同志为建立东北根据地和东北解放作出了历史性的贡献。他丰富的经验,求实的作风,坚定的意志,高尚的风格,为我们留下了宝贵的精神财富。

临危请缨,陈云自告奋勇去南满

1945年年底,蒋介石为发动内战,夺取东北,在美帝国主义的支持下,开始向东北调集大批军队,到1946年秋,到达东北之敌已达60万。蒋介石凭借这一军事力量,向我东北解放区发动了猖狂进攻。当其进攻受阻后,遂采取"南攻北守,先南后北"的战略方针,企图先吃掉我南满根据地,解除后顾之忧,然后北上,全力进攻北满,实现独占东北的美梦。从这时起,南满进入了解放战争时期最艰苦的岁月,一度成为整个东北的主要战场。

1946年7月,国民党军队占领四平、长春、吉林市后,气焰十分嚣张,继续大举向南满根据地进攻。南满我军主力不足4万人,在地方武装配合下进行了英勇还击,取得了新开岭战役的重大胜利。但在敌强我弱,敌人步步紧逼的形势下,我军被迫放弃安东,撤退到临江县城。

此时,我南满根据地只剩下长白、抚松、濛江、临江4个县,人口23万。这里地区狭小,山地荒芜、物资奇缺,加上刚解放,没有底子,老百姓过着半饥半饱的日子,我主力部队和机关10万多人一下子来到临江县城,吃、穿、住都成了问题。在零下40℃的严寒季节,部队缺少棉衣、棉帽、手套,冻伤的很多,有的部队吃的是冻得啃不动的窝窝头和酸菜,住的也很困难，经常露宿野外，靠烤火过夜。

不仅周围环境十分恶劣，党内军内也存在一些问题，由于环境艰苦和有些同志消极情绪的影响，群众中对南满的前途命运十分担心。

党中央、东北局十分关心南满的斗争，曾多次发出电报，指示南满军民要迎接最艰苦的岁月。10月26日，东北局和东北民主联军在哈尔滨召开了紧急会议。会议针对敌人"南攻北守、先南后北"的战略方针和南满的严重局面进行了充分的讨论，为便于加强领导，最后决定成立中共中央辽东分局。在这次会议上，陈云主动要求去南满工作。他认为：目前东北我军斗争的关键，是能否在南满站住脚，保卫南满是中心任务，南满丢了，北满也守不住。如果坚持南满，就会迫使敌人分兵两处，给我们南北调动敌人、夹击敌人创造有利条件。在当时南满形势岌岌可危的情况下，陈云主动请战到那里去，反映了陈云同志在敌强我弱的严重形势面前，勇挑重担的革命精神和力挽狂澜的革命气魄，也表现出陈云同志非凡的战略眼光

▲ 1947年，陈云同萧劲光在中共中央南满分局（又称辽东分局）、东北民主联军总部所在地临江（现为吉林省浑江市辖区）

和领袖风范。和陈云同志一起去南满的还有萧劲光同志。

1946年11月，中共中央发出通告，以陈云、萧劲光、萧华等为核心成立南满分局，陈云任书记兼南满军区政委，萧劲光任副书记兼南满军区司令员。南满分局统一领导南满地区党、政、军、群工作。

陈云和萧劲光是10月27日动身的，他们乘坐一列火车从哈尔滨出发前往临江。此时，已是深秋季节，可地处我国北部边疆的牡丹江山区，已经是寒风刺骨、雪花飘飘了。陈云不同往常地一身戎装，黄色军大衣、军制服、军帽，俨然一位出征的将领。作为我党我军的高级领导人，陈云有着丰富的对敌斗争经验，但此次去南满，心情并不轻松，他深知自己肩上担子的分量。

列车驶过牡丹江后，停在一个叫斗沟子的小站上，准备在这里过夜，明天再接着赶路。没想到在这里遇到险情。斗沟子车站前方是一个陡坡，车站位于陡坡下边。晚11点多钟，一列货车在爬坡时突然从坡上往回滑，下滑的货车越来越快，眼看就要与陈云、萧劲光乘坐的列车相撞，在这千钧一发之际，一位铁路扳道工奋力冲过去，扳开道岔，使那列货车翻到离列车两米左右的地方，路基被毁坏了，但一场灾难却避免了。

在斗沟子车站耽搁了几天后，陈云、萧劲光取道朝鲜，经一个月的辗转颠簸，于1946年11月27日到达南满军区驻地——临江县城。

决胜全局的一步好棋

陈云同志一到临江，不顾旅途疲劳，马上深入基层调查研究、了解情况。在半个多月的时间里，他夜以继日地听取各方面的汇报，找地方同志谈，找部队同志谈，找敌后同志谈，找农民谈。经调查，南满的情况确实严重。美式装备的敌人大军压境，我主力部队被压缩在长白山脚下的狭长地带，不少干部被杀害，一些地方武装哗变，广大群众尚未发动起来，我军处境极为困难。但在这样艰难困苦的条件下，仍有一些同志不愿放弃南满根据地，特别是四纵队歼灭敌二十五师、首创东北战场全歼敌人一个整师的先例后，同志们认为："我们完全有力量，为什么不打？"这些敌情、我情、军情、民情引起了陈云同志深深的思考。离开哈尔滨时，东北局的指示是：贯彻"七七决议"，发动群众，坚持南满根据地，完成军事上牵制敌人的战略任务，要完成这一任务，确有不少困难，但是这些困难并不是不能克服的。经过全面分析形势，陈云坚定了坚持南满根据地的决心。

对于能否坚持南满的斗争，当时在领导干部中认识是不一致的。陈云、萧劲光到来之前，由于局势严重，我南满主力部队三纵、四纵已做了必要时开过松花江与北满部队会合的准备，地方武装也积极准备上长白山打游击。

为了统一大家的思想，12月中旬，辽东军区在临江县附近的七道江村召开师以上干部会议，目的是为了增强与会人员坚持南满的信心，确定正确的军事行动方针，粉碎敌人的进攻。但在讨论中引起了激烈的争论，出现了重大的意见分歧，只有少数人同意坚持南满，认为南满战略地位重要，坚决不能丢。多数人持反对意见，认为长白山区地形狭窄，不利于大兵团作战，对坚持南满没有信心。会议连续开了几天，各抒己见、相持不下。正当我军对战略部署争论不休的时候，突然发生了敌情，盘踞在安东和通化的敌人正准备向临江进犯。情况非常紧急，必须从速决断。于是萧劲光将会议情况报告给陈云，请他到会拍板定夺。

12月13日晚，刚刚患过感冒的陈云顶着漫天风雪，赶了4个多小时路，来到七道江前线指挥所，同与会的同志亲切交谈，了解各种不同的意见，直到深夜。第二天，陈云在七道江会议上就坚持南满斗争的战略意义作了重要讲话。他在分析了东北战场形势之后指出：坚持南满斗争，可与北满形成掎角之势，这对我们是很有利的。相反，如果放弃南满，不仅会失去这个有利的战略、态势，而且损失的人马最终不一定比留在南满坚持斗争损失得少。陈云把走和留作了一番比较后说，如果我们向北撤，部队过长白山时要损失几千人，撤到北满，敌人不仅会追过来，还会全力对付北满，那时北满保不住，部队在战斗中还要损失几千人，同时，留下来的地方武装也会受到很大损失，这样前前后后加到一起，向北满撤，要损失万把人，两相比较，还是坚持南满斗争得大于失。

陈云还形象地打了一个比方说："东北的敌人好比一头牛，牛头、牛身子冲着北满，牛尾巴在南满，如果我们松开这条牛尾巴，那就不得了，这条牛就要横冲直撞，南满保不住，北满也危险。如果我们抓住牛尾巴，那就了不得，敌人就进退两难，因此抓住牛尾巴是个关键。我们坚持南满斗争的条件是具备的。首先，敌兵力不足，经我军不断打击，老兵减少，新兵增多，战斗力下降。其二，我军有主力存在，地方武装有一定基础，经过一段时间的工作，基本群众对我军已有初步认识。其三，我军背靠朝鲜，无后顾之忧，又有北满策应，有各根据地的配合与支持，只要我们充分运用这些条件，就可以逐步改变敌我力量的对比。"陈云同志的循循善诱，使大家感到心悦诚服。

最后，陈云语气坚定地说：你们让我来拍板，拍板就是坚持南满，我们在背靠沙发（指后面有苏联、朝鲜的支援）的形势下向前进，虽然是艰苦奋斗地前进，还是比退到北满，最后被敌人打出国境线再打回来合算。我们不走了，都留在南满，一个也不走，留下来打。

陈云当时除在东北的职务外，还是中共中央政治局委员，中央书记处候补书记。他平易近人，善于团结同志，实事求是，看问题全面，同志们对他怀着崇高的敬意，此次讲话，循循善诱，大家感到心悦诚服。陈云讲话后，萧华率先表态，表示赞成坚持南满斗争的决定，接着其他同志也表示了赞成的意见。尽管有部分同志的思想还不太通，但基本上统一了大的意见。最后会议确定了坚持南满，巩固长白山区，坚持敌后三大块（辽南一分区、辽宁二分区、安东三分区）的战略思想，以及游击战与运动战相结合，外线作战与内战作战相结合的原则，至此，奠定了改变局面的基础。

历史证明，陈云同志于七道江会议的讲话，是关键时刻决定性的一次拍板，也是决胜全局的一步好棋。在此基础上，我军胜利地进行了"四保临江"战役，从而彻底粉碎了敌人"南攻北守，先南后北"的作战计划，扭转了南满的危局，站稳了脚跟，使我军由防御转入进攻，由被动变为主动，有利地配合了辽沈战役。

深入土改，给农民以看得见的利益

"四保临江"战役之后，我军开始进行战略反攻，从而结束了敌进我退的局面，南满形势逐渐好转。此时，陈云将主要精力放到土改上来。

"八一五"光复后，长期被奴役的东北人民翻身做了主人，他们兴高彩烈地迎接解放。但是由于受日伪的残酷统治，加上国民党的反动宣传，一般群众对国民党存有幻想，对我党我军持观望态度。1946年7月，我党在南满掀起土改运动后，打土豪、分田地，给农民以看得见的利益，使广大群众对我党我军有了新的认识，留下了很好的印象。

1946年10月以后，国民党集中兵力向我辽东根据地大举进攻，我军实施战略转移，土改被迫暂时停下来。有些已土改的地区地主恶霸依靠反动势力，卷土重来向农民群众反攻倒算，从农民手中夺回被分配的土地、房屋、牲口、粮食和浮财，农会干部和积极分子被残杀。在敌占区，敌人到处烧杀抢掠，抓丁抓夫，派粮派款，搞得民不聊生。

陈云同志来到南满后，面对南满严峻的政治、军事形势，沉着冷静、审时度势，他在经过深入调查、认真分析后指出：在敌后坚持根据地的关键问题是"保护农民的切身利益"，因为农民是最讲实际的，他们的积极性是建立在切身利益基础上的，"得利越多，积极性越高"。陈云同志在长期的革命实战中深深体会到，只有解决农民的土地问题，农民才会坚定地跟着共产党干革命，农村根据地才能建立、巩固、发展，革命战争才能获得雄厚的物质基础和人力资源。因此，陈云同志提出把解决群众切身利益的土地问题，作为根据地建设的根本大计来抓。同时对不同地区提出不同的任务和要求。解放区要进一步落实"五四指示"，发动群众、平分土地，调动群众参军参战的积极性。游击区要开展反奸清算、保护农民的眼前利益。收复区则要全面开展土地改革运动。在陈云同志的具体指导下，辽东分局都派出土改工作团，他们走村串户，访贫问苦，扎根串联，发动群众。针对群众中存在的正统观念和怕变天等思想顾虑，帮助农民认清国民党反动派和恶霸地主的反动本质，讲清我党我军一切为人民的宗旨，使广大群众认清共产党的军队是为穷苦人打天下的军队，是人民的子弟兵。同时，我野战部队抽调三分之一兵力在地方部队的配合下深入开展剿匪运动，对少数罪大恶极的汉奸、恶霸地主实行严厉镇压，从而铲除土匪的社会基础，保护了土地改革。

1947年，我军取得夏季攻势的胜利后，南满收复大片失地，我党的工作重点由军事斗争转向土改。为正确地指导土改运动，1947年6月6日，辽东分局在临江大戏园子召开了一次规模空前的群众大会。在这次会议上，陈云同志作了著名的"六月讲话"。他说：我们现在处在东北形势发生根本变化的新时期，因此，我们全党、全军面临的伟大历史任务就是消灭敌人，发动群众创建巩固的辽东根据地，这是关系到辽东战局成败的关键。因此，除前线外，我们必须动员所有能抽出的干部，到新收复区，帮助人民翻身，创造根据地。在谈到下乡发动群众进行土地改革时说：我们下乡的同志要煮熟饭，不要煮夹生饭，摧毁封建地主的堡垒，让广大受压迫的农民真正翻身，真正满足百分之九十的基本农民的土地要求。

这次会议后，辽东分局发出"发动收复区广大农民彻底摧毁地主封建势力，建设强大巩固根据地"的口号，抽调2000多名干部，组成工作团，分赴各收复区开展土改运动。

土改运动的开展，使千百年来受剥削的农民成了自己土地的主人，"耕者有其田"，这个劳动人民世世代代梦寐以求的愿望终于实现了。广大农民从切身体验中认识到只有壮大人民军队，才能保住翻身的成果。因此，人民群众参军参战、支前的积极性空前高涨。在整个"四保临江"战役中，南满根据地人民群众给我军以巨大的人力、物力支援，要人有人、要粮有粮、要车有车，全力支援人民解放战争，使这场正义战争以人民的胜利而告终。

殷切的期望和嘱托
——陈云同志对我国重工业基地建设的关怀

中共黑龙江省委党史研究室

陈云同志是中国社会主义经济建设的开创者和奠基人之一。新中国成立后，面对严峻的国际国内形势，陈云同志提出要重视我国重工业的建设和发展。为促进我国重工业基地的建设，他曾多次来我省的哈尔滨、齐齐哈尔等国家重工业基地视察。陈云同志那深入实际、认真开展调查研究的工作作风，平易近人的优良品质和对工人们的殷切期望，都深深地刻在龙江人民的心中。

为中国工人阶级争光

1957年10月17日，中共中央副主席、国务院副总理、中央经济工作五人小组组长陈云同志在国家经委副主任贾拓夫、中共黑龙江省委书记冯纪新的陪同下来到齐齐哈尔市，视察国家"一五"重点工程建设情况。

走下火车，陈云同志不顾一路旅途劳累和南北温差显著变化的不适，与前来迎接的齐市市委书记李治文、市长高衡等直奔第一重型机器厂的建筑工地。

第一重型机器厂是"一五"期间被列为国家156项重点工程之一，于1953年开始筹建，1956年破土动工，它是制造国民经济建设所需要的大型、成套机器产品的全能"母机工厂"，是我国机械制造行业特大型骨干企业，在国民经济发展中占有重要的战略地位。

视察中，陈云同志首先来到重型厂的建设工地。在该厂三大主体工程之一的热处理车间的沉箱施工现场，陪同人员介绍说：沉箱这座钢筋混凝土构筑物长37.8米，宽21.3米，面积805.14平方米，埋入地下深度26.5米，沉箱工程的复杂性不只在于规模巨大，而且是置于车间厂房的地下构筑物。它不同于桥梁基础，必须严格防止渗漏。陈云同志认真听取陪同人员的介绍，当他得知这个沉箱施工设施建成后，几十米长、上百吨重的机器部件都要在这里进行热处理时，对在场的干部群众动情地说："同志们！你们都是新中国第一代建设者，你们肩负着社会主义建设的历史重任，一定要为中国人民争气，为中国工人阶级争光，一定要高质量、高速度地把工厂建设好！"陈云同志的肺腑之言、殷切希望使在场的干部、群众都受到极大的鼓舞和振奋，顿时全场响起"坚决胜利完成第一个五年计划"的呼声，人群一片沸腾。

离开沉箱施工现场，陈云同志又来到水压机车间的建筑工地。他听取了国家机械委副主任沈鸿同志关于生产水压机等方面的问题汇报后，风趣地拽拽自己身上穿的一件进口的确良衬衣说："你们看，这种衬衣穿几年，领子也磨不破，可惜我们国家现在还不能生产。"他环顾四周，望着一双双迷惑不解的眼睛，语重心长地说："我们现在还不能制造大型的化纤设备，如化纤企业里的空气压缩机，目前就制造不出来。如若我们有了万吨水压机，就可以加工空气压缩机，那时就不会愁没有的确良衬衣了。"接着，陈云同志十分严肃地说："我们的军事、冶金、动力以及未来的化纤工业企业，在一定程度上都依赖于这个重型机器厂啊！"他的一席话语，使在场的每个人都感到肩上的担子沉重、责任重大。大家都表示要认真按陈云同志的指示办事，抓好建厂工作，在高质量、高速度地完成建厂任务的同时，生产出具有世界水平的1150毫米初轧机和12500吨水压机，为我国的重工业建设作出自己的贡献。

陈云同志离开第一重型机器厂后，又视察了齐齐哈尔钢厂。

绿洲宝石，永放光芒

1975年，正处在"文化大革命"的后期，第四届全国人民代表大会胜利闭幕后，邓小平在毛泽东的支持下，主持党中央和国务院的日常工作。他针对当时国民经济的混乱状态，开始了大刀阔斧的整顿工作。为尽快恢复经济秩序、发展国民经济，更好地配合邓小平同志顺利开展全面整顿工作，时已年届70岁高龄的全国人大常务委员会副委员长陈云同志，在中共黑龙江省委书记王一伦同志的陪同下再次来到齐齐哈尔视察。

8月3日，陈云同志下榻在富拉尔基的红岸宾馆。此时虽是夏末秋初时节，但陈云同志却穿着一件驼色的薄毛衣。与18年前相比，他显得有些清瘦，但富有神采的眼睛却闪烁着更加智慧的光芒。十分关心第一重型机器厂的陈云同志首先来到这里视察。

为了在总体上了解第一重型机器厂十几年来的发展规模、生产水平及方方面面的情况，陈云同志首先听取了厂领导的工作汇报。当听完介绍重型厂自己设计、自己制造、自己安装的12500吨水压机的整个过程后，他十分兴奋地要求立即去生产车间走走看看。

陈云同志先后参观了大型金工车间、军工车间、粗加工车间、水压机车间和热处理车间，听取了工厂负责同志关于工厂生产和落实把"国民经济搞上去"指示的情况汇报。当他来到当年视察过的热处理车间，登上10米高的热处理炉平台，俯视26米多深的井式炉，连连赞叹说："就是了不起，咱们工人阶级的力量真大啊！"之后，他又来到水压机车间。1957年他来这里视察时，水压机车间仅是竖立起许多钢结构件。现在他站在具有世界先进水平的高大的水压机前，内心十分高兴。他饶有兴致地询问水压机的生产、操作等情况，边听边点头，脸上洋溢着喜悦的神情。

视察中，陈云同志看到重型机器厂生产出那么多的冶金设备、重型锻压设备、矿山设备、石化设备、电站设备、水泥设备、制糖设备及各种冷热轧辊、大型铸锻加工件、军工产品等运往全国各地，对重型机器厂为我国工业和经济发展作出的巨大贡献给予了充分的肯定。他要求厂领导按党中央和国务院的指示精神，搞好整顿工作，为"把国家经济搞上去"多作贡献。

11年后，陈云同志仍不忘富拉尔基第一重型机器厂。1986年，他欣然挥笔为重型机器厂写下"绿洲宝石，永放光芒"的题词，以鼓励重型机器厂的工人和后来人，让重型机器厂在中国大地上更加欣欣向荣。

今后多作新贡献

齐齐哈尔钢厂原名北满钢厂，是我国"一五"期间苏联援建的156项重点工程之一，是专门为生产军工、机械制造、电力与其他部门需要的高级碳钢、合金钢材、锻件、铸钢件而建的。1952年10月，陈云副总理在北京代表中央签字，正式批准这个特殊钢厂的"初步设计"。党中央为此作出了"十六项决定"，强调："这一特殊钢厂的建设，在我国国民经济发展中具有特别重要的意义。"1953年6月，周恩来总理在全国财经会议上强调指出5年内必须完成这个重点项目。该厂于1954年4月破土动工，1957年11月全面竣工并投产使用。陈云同志1957年10月曾视察过齐钢。那时，这里仅是工程建设初具规模的场面。

1975年8月，在视察完重型机器厂之后，陈云同志来到齐钢，看到的是该厂广大工人正在贯彻各行各业都要整顿的指示精神而进行紧张生产的场面。

他走进齐钢最大的轧钢车间，看到上千名职工在进行着机械化的操作，隆隆的机声充斥厂房，腾腾热气扑面而来，感到十分高兴。陈云同志兴致勃勃地攀过一架又陡又窄的铁梯，来到3米多高的初轧机的操纵平台，注视着平台下往返穿梭般的钢锭，在铿锵的撞击中被挤压成细长的方坯。虽然周围炙热，但他依旧兴致不减，亲自走向操纵室慰问工人。他拉着工人的手说："你们辛苦了！为祖国创造财富，很光荣！"

当陈云同志听说齐钢为我国自己制造的第一台汽车、第一辆坦克、第一门大炮、第一台水轮发电机、第一艘万吨巨轮、第一颗人造卫星、第一座原子反应堆等提供了重要部件的用钢时，感慨道："过去齐钢为国家的建设立过功，今后还要多作新贡献。我们国家要想工业大发展，赶上世界先进水平，不仅要搞好钢铁工业，还必须抓好电子工业。"在科技飞速发展的20世纪90年代，我们重温陈云同志的教诲，深深为他的远见卓识而折服。

8月13日，陈云同志一行离开了齐齐哈尔。

陈云同志于20世纪50年代、70年代两次来齐齐哈尔重工业基地视察，给人们留下了深刻的印象。他深入实际、调查研究的工作作风，以及对我国重工业基地的建设和发展的关怀令人难忘。他对广大工人的期望和嘱托永远铭刻在人们的心里。他的一言一行时刻激励着各行各业的工人，为我国的社会主义现代化建设作出更大的贡献。

论陈云同志对党领导经济工作思想的理论贡献

王意恒　王　超　郭作为

陈云同志是党中央第一、第二代领导集体的重要成员，也是我国经济建设的开创者和奠基人之一。新中国成立前，他曾担任中共中央东北局的主要负责人，亲自参加和领导了东北的解放战争和辽宁的城市接管工作。这一时期，他在以毛泽东同志为首的党中央领导下，创造性地贯彻执行了党中央的路线方针政策，以其卓越的政治智慧和高超的领导才能，成功地实现了我党对东北第一个大城市——沈阳的接管，并在较短时间内恢复了城市的经济发展，创造了有名的"接收沈阳经验"，为我党新中国成立后加强对城市工作和经济工作的领导积累了弥足珍贵的经验。新中国成立后，他多次视察辽宁，对辽宁工业基地建设提出过许多战略性的意见。陈云同志关于发展经济的思想是他党建思想的重要组成部分。在纪念陈云同志诞辰100周年的今天，重温这段历史，总结和运用陈云同志的经济工作思想，对于我们高举邓小平理论伟大旗帜，以"三个代表"重要思想为指导，在胡锦涛同志为总书记的党中央领导下，加强党的执政能力建设，不断推进中国特色社会主义建设具有现实的指导意义。

一、发展经济的根本目的在于为人民谋福利

"民为邦本，本固邦宁"。中国共产党的根本宗旨是全心全意为人民服务，党领导发展经济工作的出发点和落脚点就是要始终维护和实现最广大人民的根本利益。"建设一个有利于人民的社会主义经济"是陈云同志经济思想的主体。这一点在他领导接收沈阳的过程中得到了充分的体现。

1948年11月2日，以陈云同志为主任的沈阳特别市军事管制委员会进入沈阳。面对千头万绪的接管工作，陈云同志坚持把安排、改善、提高人民生活，为人民谋福利放在首位，作为考虑其他一切问题的基点。"群众有

许多实际问题摆在我们面前，这些问题解决得好，群众会更信仰我们的党，我们党在群众中的威信就越来越高"。所以，一进城，他就把与人民群众密切相关的物价问题和金融问题作为接管中最为重要的工作，千方百计保证人民的吃饭穿衣和利益不受损失。

当时，国统区与解放区的经济体系迥然不同，解放区是粮贱布贵，而国统区是粮贵布贱。接收沈阳后，极易出现外地商人进城抢购，本地商人囤积居奇、待价而沽而使物价"先落速涨"，祸及百姓的现象。陈云同志认为，物价问题如不迅速解决，工商业不能开门，城乡关系不能沟通，市民日常生活就没有保障，接收城市的成果也难以巩固。为吸引粮食进城，在陈云同志主张下，军管会先介绍了解放区如哈尔滨、开原等地近来的物价，"使商人有底，敢于开市"。同时，规定贸易局粮食的收购价格高于外地，加上国营贸易公司调运一部分以及接收敌人的存粮，就可以保证粮食供应。由于措施得当，大量粮食进入沈阳，确保了百万市民的供应。

当时，金融问题也是个十分复杂而又极端重要的问题。人民群众手中尤其是工人和城市贫民手中都有一定数量的国民党发行的"金圆券"，而当时东北币与"金圆券"的比价已达到 1∶150，如果处理不好，工人和城市贫民将蒙受严重的损失。为保护广大人民利益，军管会入城后很快发出布告，规定所有流通市面的各种币种停止使用，一律改用东北银行及各地分行发行的地方流通券。对于"东北九省流通券"和"金圆券"责成东北银行沈阳分行按照合理比价限期兑换，很快就稳定了人心。沈阳解放仅一个星期，凡能开市的买卖大体已开市，市面很稳定。

为了充分保证城市人民的生活，陈云同志经常反复对照大量经济生活资料和各种指数对比，认真研究，以高度的责任感维护人民的利益。就连进入沈阳后，汽车是左侧通行还是右侧通行的问题，他都要亲自召集军管会进行讨论，并在会后同熟悉情况的同志商量，最后决定仍按照沈阳市民的习惯按右侧通行，以避免交通事故的发生。

"我们共产党必须天天关心人民群众的切身利益"，一切从人民利益出发，一切都是为广大人民谋福利，这是陈云同志的毕生追求。在陈云同志领导经济工作的实践中，始终以解决广大人民群众的生活问题为主线，把为人民谋福利当作出发点和归宿点。1949年1月5日，陈云同志在沈阳工人代表大会上深情地说："共产党及其领导的人民政府，是真正代表大家，为大家'当差'的，是遵循工人、农民和其他人民群众的意见办事的。"工人阶级"革命的目的就是为了劳动者人人有吃有穿，而且要吃得较好，穿得较好"。充分体现了他一切想着人民，一切为了人民利益的思想。

进入改革开放新时期以来，以邓小平、江泽民、胡锦涛同志为核心的党中央领导集体，在领导建立社会主义市场经济体制的伟大实践中，始终坚持抓好发展这个党执政兴国的第一要务，始终强调党领导人民建设社会主义的根本任务是解放和发展生产力，增强综合国力，满足人民群众日益增长的物质文化需要。"三个代表"重要思想的核心内容，就是要切实把维护和实现最广大人民的根本利益体现在党领导发展的大政方针和各项部署中，落实到经济社会发展的各个方面。这些思想都是老一辈无产阶级革命家光辉思想的继承和发展，必须始终坚持。然而，目前有些领导干部在错误的发展观、政绩观的支配下，发展经济的目的性产生扭曲，有的甚至严重偏离了社会主义经济的发展方向，以损害人民群众的利益换取自己所谓的"政绩"，这是与陈云同志的经济思想格格不入的。我们纪念陈云同志，就必须牢记党的宗旨，把发展经济的着眼点始终放在人民群众的利益上，切实保障人民群众的经济、政治和文化权益，努力让发展的成果惠及全体人民。

二、发展经济要从国情出发，中国要特别重视农业问题

陈云同志历来主张发展经济要从国情出发，不能照搬照抄外国经验。对于中国这样一个农业人口居多的大国来说，要十分重视农业问题。他曾经指出，"农轻重"的排法就是马克思主义与中国革命实践相结合。

陈云同志多次提出发展农业是头等大事，农业特别是粮食是第一位的问题，粮食定、天下定。"农业问题是全国的大事……我们都是干革命的，搞社会主义的，对于这样关系全国六亿多人民的大事，关系整个社会主义建设的大事，是不能不关心的。"因此，他一再强调各级党委以及各级领导部门都必须高度重视农业、农村和农民问题。

1957年8月9日，陈云同志在辽宁省市地委书记、省直机关党员负责干部大会上的讲话中，就农业问题专门发表了讲话。针对当时普遍重视发展工业的状况，陈云同志指出，农业是整个国民经济的基础，如果搞工业的人不懂得农业情况，那么建设就搞不好。他还说，粮食问题是最重要的问题，是保证物价稳定绝对不可少的东西。如果粮食价格不能稳定，粮食发

生动摇，那么整个物价就动摇了，整个五年计划就会统统动摇。所以，粮食是稳定物价的最重要的一种物资，粮食是经济建设中必不可少的，否则就不能建设。他还强调，农业问题不仅是一个经济问题，而且是一个政治问题。他说，在第二个五年计划不注意农业的发展，到第三个五年计划再来注意，那么今后十五年将处于紧张的状况。如果十五年中间年年这样粮食不够吃，布今年二十尺，明年搞得十八尺、十六尺、十五尺、十四尺、十三尺、十二尺，这样下去，喊毛主席万岁的老百姓，恐怕也不喊万岁了。老百姓喊毛主席万岁，要看他有没有衣服穿、有没有饭吃。

陈云同志这次在辽宁发表的关于农业问题的观点和主张，为辽宁的发展指出了正确的道路，也成为他在中国共产党第八届中央委员会第三次全体会议发言的基础。陈云同志对农业问题的高度重视，体现出党中央集体坚持农业基础地位的经济战略指导思想。

现在，我国正处在全面建设小康社会的伟大历史时期。新一届党中央继承和发展了这一战略指导思想，坚持从中国的国情出发，始终特别重视农业、农村、农民问题，连续两年出台"一号文件"，将解决"三农"问题作为统筹经济社会发展的重要环节。作为辽宁来说，要振兴老工业基地，建设和谐辽宁，同样离不开坚持农业的基础地位。没有农业的积累和支持，就不可能有工业的发展；没有农村的稳定和全面进步，就不可能有整个社会的稳定和全面进步；没有农民的小康，就不可能有全体辽宁人民的小康。任何轻视农业、忘记"无农不稳"的思想都是十分危险的。

三、坚持综合平衡地发展国民经济

国民经济综合平衡发展理论，是陈云同志成功地指导我国社会主义经济建设宝贵经验中的重要组成部分，也是他对马克思主义再生产理论在同中国实际结合中的具体运用和创造性发展。这一理论表明，在生产资料公有制的条件下，可以通过计划和综合平衡自觉地来安排比例关系，从而正确反映社会主义经济按比例发展的基本规律，保证国民经济持续、稳定、协调、快速地发展。

陈云同志国民经济综合平衡理论中最为重要的一个原则，就是全面实现财政、信贷、物资、外汇四大平衡，尤其要重视作为基础的财政平衡以及基本建设规模和国力相适应。1957年8月，在沈阳召开的东北三省体制工作会议上，陈云同志在谈到财政方面问题时指出，在基本建设投资过程中，为了合理地分配国家基本建设所需要的物资，并且照顾全国的产供销平衡，这一部分基本建设投资，应当连同中央拨款的部分，一并提出计划草案，报给中央主管部门统一审核，综合平衡，纳入国家整个基本建设计划。

陈云同志的国民经济综合平衡理论，经社会主义建设实践证明是完全合理正确的。正是基于这一重要原则，在党中央领导下，在陈云同志具体主持和参与下，我国"一五"计划、1963—1965年调整和改革头6年这3个时期，就做到了宏观经济综合平衡而微观经济又比较活，使社会主义制度的这种优越性比较充分地表现出来，同时也充分体现了党领导经济工作重在谋划全局思想的重要性。

坚持综合平衡，统筹谋划全局，是国民经济持续、稳定、协调、快速发展的保证，是为改革开放创造一个比较宽松环境的前提。陈云同志的国民经济综合平衡理论，实质上就是中国社会主义经济思想史上最早的宏观调节理论，也是他对于增强党的执政能力，不断提高党领导经济工作水平的一大重要理论贡献。在我国的社会主义建设发展过程中，由于忽视综合平衡，曾出现多次陈云同志预见过的种种经济紧张、过热和失控等问题。我国今后的国民经济发展，更要认真吸取以往的失败教训，更加注重实现综合平衡，协调发展。党的十六届四中全会决定指出，要建立体现科学发展观要求的经济社会发展综合评价体系，积极推进"五个统筹发展"，这是对陈云同志国民经济综合平衡理论的继承和发展。当前，研究陈云同志关于党领导经济工作的思想，不能不把对国民经济综合平衡理论的研究放在突出位置，并且做好谋划全局的工作。

四、发展经济必须坚持走可持续发展道路

陈云同志十分注重从战略高度看待经济工作，在他的发展观中较早地反映出可持续发展战略的丰富内涵。

陈云同志的可持续发展思想在于他提出了关于集约化发展工业的理论。1957年8月，陈云同志在辽宁省市地委书记、省直机关党员负责干部大会上针对当时工业基本建设浪费严重、盲目投资的现象指出，我们有许多方面可以省一点的没有省，某些基本建设标准高了，有一些可以慢一点

办的，办得急了。……飞机制造厂搞了一个，又想搞第二个，现在看起来第一个工厂的潜力还很大，生产远远没有达到定额，何必忙于搞第二个呢？……基本建设占地太多。1959年，陈云同志还提出要以抚顺地下煤炭资源为主，发展抚顺配套工业，实现资源的综合利用。这些观点，尖锐地指出了当时一些地方盲目投资、重复建设的弊端，反映了他强调工业发展重在挖掘潜力，走集约化道路的思想。陈云同志更是科学地预见了盲目追求高产量，缺乏严谨的科学态度，必将造成不堪设想的后果。陈云同志曾经考察过并提出整改措施的抚顺某煤矿，就因没有接受告诫，最终因采剥比例严重失调，而在1961年坍塌，用不可挽回的巨大损失，证实了陈云同志的远见卓识。

经济建设要与环境发展达到和谐统一，是可持续发展的一项重要内容。在环境保护方面，陈云同志很早就提出过许多极有见地的指示。辽宁省本溪市在20世纪80年代，由于经济发展与环境保护的矛盾比较突出，长期忽视环境保护，大气污染十分严重。陈云同志对此作出重要批示："治理污染，保护环境，是我国一项大的国策，要当作一件非常重要的事情来抓。这件事，一是要经常宣传，大声疾呼，引起人民重视；二是要花点钱，增加投资比例；三是要反复督促检查，并层层落实责任。"陈云同志对环境保护的重视，充分体现了国民经济建设要做到可持续发展的思想。

陈云同志这种可持续发展的战略思想，正是我党目前提出的坚持科学发展观的基本内核。从而衬映出他的经济发展观突破了时代的局限，是我们当前进行现代化建设必须长期坚持的指导理论。从历史实践上看，由于我国经济增长方式长期以粗放型为主，在很长一段时间里，对资源与环境的保护不够，给经济发展和社会进步都带来了很大阻碍。所以，重新学习运用陈云同志的经济发展理论，坚持贯彻落实全面协调可持续的科学发展观，逐步提高领导经济发展的能力，大力发展循环经济，下大力量解决经济建设过程中出现的资源浪费、环境破坏等问题，对于推动我国经济持续快速协调健康发展具有重要的现实意义。

五、党领导经济工作重在政策引导

我们党关于一定时期国民经济和社会发展的总体目标、主要任务和基本战略的实现或贯彻都是依靠一系列正确的政策方针来保障的。党制定政策，重点是制定促进经济发展、社会进步的总方针、总政策，特别是解决关系全局的重大问题的大政策。

　　陈云同志在制定政策时，坚持从解决中心问题、抓主要矛盾入手，接管沈阳便是成功的范例之一。在接管之前，陈云对于沈阳的战略地位和辐射作用有着清醒的认识。沈阳在解放前是东北地区的最大城市，也是东北地区的中心城市，工业发达，交通便利，沈阳及其周围城市鞍山、本溪、抚顺共同构成中国最大的重工业区。为此，1948年10月31日，负责接管沈阳的陈云同志组织召开会议，指出：沈阳的解放意味着东北全境即将解放，沈阳的接管工作做得好，可以有力支援全国解放战争，为今后接管关内各大城市提供经验。所以，陈云同志对接管沈阳重要性的明确认识，为制定相应的政策，成功接管沈阳，以沈阳的接管与建设作为东北及全国工业基础建设的突破口提供了扎实的前提准备，并在接管过程中逐步使自己的城市政策思想逐步发展，成功创立了"沈阳经验"。

　　当时，党中央强调指出，"城市已经属于人民，一切应该以城市由人民自己负责管理的精神为出发点"，要保护城市、爱护城市、建设城市、发展城市，要坚决实行"发展生产、繁荣经济、公私兼顾、劳资两利的正确方针"。陈云对于中央关于城市工作的一系列基本方针政策非常重视，除自己认真学习研究外，还强调对干部和群众进行党的城市政策、工商业政策的教育。他没有死搬硬套中央的政策，而是结合所接管的沈阳市的实际情况，"严格遵守党和政府的工商业政策、城市政策和法令"，并对接管沈阳的全过程做了认真研究，制定一系列的政策法规，保护与促进沈阳乃至整个东北的经济发展。陈云同志在负责接管沈阳的过程中，明确地制定了一系列政策措施，使接管城市的各项政策极大地完善化了。"沈阳经验"创立前，中共中央虽然已经制定了接管大中城市的一系列基本原则和政策，"石家庄经验"也已经创立，毛泽东还在《再克洛阳后给洛阳前线指挥部的电报》中提出了关于城市政策应注意的九点政策，但是，就如何坚持实施"各按系统、自上而下、原封不动，先接后分"的方法，以及关于如何进行经验恢复与建设，如何接管大城市国营企业等若干具体政策，却是没有的或者是不够明确的。而陈云同志在接管沈阳过程中成功地创立的"沈阳经验"则明确地总结出了这些内容，对我党领导经济及整个社会发展在政策制定方面进行了有益探索。这对于以毛泽东为代表的中国共产党人的完整的正确的城市以及经济发展政策思想的创立，起着承上启下的重要作用。

制定正确合理的政策，是促进经济发展和社会全面进步的重要保证。这一点正是我们党的一大优势。因为我们党坚持民主集中制的组织和决策制度，同时代表着最广大人民群众的根本利益，要想实现政策保障并不困难，关键在于如何发挥传统优势。陈云同志的政策思想给了我们很好的启示。一是抓工作的中心，从解决主要矛盾入手；二是要充分考虑其他方面。改革开放后，我国根据邓小平同志"两个大局"战略构想和江泽民同志关于地区经济发展思想，积极推进区域经济的发展。首先是东部沿海地区的快速发展，然后是适时地实施西部大开发、东北老工业基地振兴和中原地区崛起等战略决策。在每个区域经济发展过程中，充分发挥中心城市的辐射带动作用，都坚持以点带面。这充分体现了陈云同志的城市政策理论。在东北地区等老工业基地振兴战略的实施过程中，就充分发挥了沈阳这个中心城市的辐射作用，在政策制定上在从中央到地方都给予沈阳以有力支持，做大做强沈阳的装备制造业，从而带动全辽宁乃至整个东北地区的工业发展。同时，相关部门和相关产业政策的配套出台，也有力地支持了老工业基地的振兴与快速发展。

六、发展经济要走改革创新之路，营造良好环境

党领导经济工作，就要站在解放生产力、促进生产力发展的高度，不断推进理论创新、制度创新、科技创新，营造鼓励人们干事业、支持人们干成事业的体制环境和社会氛围，放手让一切劳动、知识、技术、管理和资本的活力竞相迸发，让一切创造社会财富的源泉充分涌流，推动国家的繁荣和民族的昌盛。

陈云同志较早地发现了计划经济的弊端，不断地从宏观和微观两个层面上积极探索经济体制的创新与发展，为经济发展营造充满生机与活力的良好氛围。1957年在沈阳召开的东北三省体制工作会议上，陈云同志就针对工业方面指出，现在工业行政管理有两个问题：一是中央集中的太多，地方的权限太小，限制了地方的积极性；二是国家集中的太多，厂矿的权限太小，限制了厂矿干部和职工的积极性。因此，必须扩大地方管理工业的权限和厂矿企业的权限。陈云同志提出，一是从宏观上采取中央与地方分权，适当扩大地方权限的方式进行改革。关于中央与地方的分配管理权限，要从扩大地方管理工业的权限、扩大地方对物质分配的权限、合理分

配工业方面的利润分成、扩大地方对企业人事管理权限等四个方面入手。其中，陈云同志强调重工业只放一部分，轻工业放大部分，纺织工业采取"先小放、后大放"的方针。对于重工业，像鞍山钢铁公司、本溪钢铁公司、大型化工厂、重型或精密的机器电机仪表厂等都不能放，但在建设资金和利润分配上对于地方都可以给予支持与倾斜，从而调动地方的积极性。二是从微观上在适当地扩大企业的管理权限方面进行改革。他认为，扩大企业的管理权限，可以从减少指令性的指标、扩大企业财务管理权限、给予一定的人事管理权力等三个方面着手。通过这些改革可以取消现行的某些不合理的规定，增强企业发展的活力。三是在发展过程中要注重解决因管理失误而造成浪费的问题。他指出，过去我们在一些建设方面有很多浪费，浪费的最大方面是"打游击"。他认为，因为是中央批准的，所以这些错误缺点在中央。因此，这种因管理失误，特别是因管得过死造成的浪费一定要改正，加大地方对中央企业的领导和监督权限。陈云同志的这些理论，在一定程度上冲破了新中国成立初期经济体制改革的禁区，为我国的改革开放打下了良好的思想基础。

只有从宏观经济到微观经济，都充满生机与活力，那么社会才会发展进步。要想做到这一点，必须从体制上进行改革。陈云同志的一系列大胆的有益探索，找到了改革的思路，为营造经济建设的良好环境提供了必要的准备条件。实现国民经济持续、稳定、协调、快速发展是全党当前的中心任务，为此必须大力推进经济体制改革。其中一项重要任务就是加快国有企业改革的步伐。东北地区，特别是辽宁省的国有企业改革成功与否，关系着全国改革的成败。辽宁省的国有企业众多，相当部分企业历史包袱沉重、亏损严重，原因就在于经营管理机制不活，要想尽快改变现状，必须从陈云同志的有关理论中得到启示，坚决贯彻落实党中央的决策精神，着力推进体制机制创新，继续坚持"抓大放小"，完善所有制结构，从根本上为企业和整个国民经济发展营造良好的环境。

经济工作是我们党的中心工作。陈云同志作为我国经济建设的开创者和奠基人之一，具有极其丰富的领导经济工作的实践经验。他的经济理论思想已经融入毛泽东思想、邓小平理论之中，并被"三个代表"重要思想所发展、升华，成为党领导全国人民进行建设中国特色社会主义伟大实践的理论基础。

今天，我们辽宁人民正在为实施党中央关于振兴东北老工业基地战略，建设和谐辽宁，实现辽宁全面建设小康社会的目标而奋斗。在这样一个重要历史时刻，重新回顾和研究陈云同志关于党领导经济工作的重要论述和光辉思想，对于我们抓住重要战略机遇期，推进经济结构的战略性调整，加大技术改造力度，加快体制和机制创新、科技创新、管理创新，全面提高对外开放水平，促进社会协调发展和可持续性发展，把辽宁建设成为国家重要的先进装备制造业基地和原材料工业基地，实现全面建设小康社会宏伟目标具有重大的现实意义和启示作用。

南满斗争的胜利闪烁着陈云同志
杰出军事指挥才能的光辉

杨孝君　刘　维

陈云同志是我们党内著名的理财专家，他是新中国经济建设工作杰出的开创者和领导者，在他70多年的革命生涯中，他经济工作的思想和实践，对当代中国产生了巨大的影响。他在新中国经济工作中创造的伟绩，早已被世人所敬仰，被海内所认同。不仅如此，陈云同志还是一位杰出的军事家。在20世纪中叶，那场决定中国向何处去的历史大决战中，陈云同志以他非凡的胆识和才干，展示了他杰出的军事指挥才能，是他和他的战友们亲自拉开了东北战场由战略防御转入战略进攻的序幕。坚持南满斗争的胜利对当时东北战场乃至全国战场都产生了巨大的影响。陈云同志在南满斗争中，在东北解放战争中所作出的突出贡献，将永远载入人民解放战争的光辉史册。

临危请命，无私无畏的大局意识

1945年8月15日，日本投降后，由于东北特殊的战略地位和雄厚的资源基础（仅工业产值就占当时全国的70%），成为国共两党首先角逐、争夺的最为重要的战略地区，大有谁占有东北，谁就占有半壁江山之势。毛泽东在党的七大上说，东北是特别重要的，如果我们把现有的一切根据地都丢了，只要我们有了东北，那么中国革命就有了巩固的基础。蒋介石则深知，如果中共占有东北，将如虎添翼，失去东北必将严重动摇其统治。中共中央和中央军委派遣大批干部和部队率先进入东北。蒋介石为夺取东北，于1945年年底开始向东北调集大批军队，到1946年秋，到达东北的国民党军已达60万。1946年6月国民党军队大举进攻东北后，南满地区就成了敌我拉据时间最长、争夺最激烈、战斗最残酷的地区。1946年10月，蒋介石发动山海关大战后不久，即改变了原来的作战计划，制定了"南攻北守、先南后北"的战略方针，企图先吃掉我南满根据地，解除后顾之忧，然后挥军北上，全力进攻北满，实现其独霸东北的野心。

陈云当时对东北形势的认识十分深刻。他在1946年7月7日由他起草的《东北的形势和任务》中针对蒋介石在1946年6月6日的南京谈判中"除允许给我兴安省、新黑龙江省及嫩江省一部和延吉地区外，其余均要接收，不但要占点，而且要占面"，明确指出，"此为我方所绝不能接受者。与其不战而失如此广大地方，将来不能收复，不如战而失地，将来还可收复。况且战的结果，除某些城市要道还可能失去外，我亦有粉碎蒋军进攻，收回许多失地之极大可能。因此，全党必须下最大决心，努力准备一切条件，粉碎蒋军进攻，以战争的胜利去取得和平。一切游移不定及侥幸取得和平的想法，都应扫除干净。"

面对国民党军对东北的大举进犯，我军的多数同志主张放弃南满，固守北满。但陈云从全国和东北的大局出发，对坚持南满斗争，有着独到精辟的认识。他在1946年10月26日东北局和东北民主联军在哈尔滨召开的紧急会议上发言说，安东、通化失守后，南满的形势很是严峻。现在杜聿明又在集结精锐军队，妄图一举攻占我临江根据地，使南满的形势更加危急。南满虽小，是个局部，但它的战略位置十分重要，对整个东北，乃至全国的形势，都很重要。所以，南满不能丢，南满的形势必须尽快扭转。经过这几天的分析和思考，我认为扭转南满局势的当务之急，是选派一些同志去南满帮助工作。陈云力主坚持南满斗争，充分表现了他杰出军事战略家的韬略。坚持南满虽然有诸多不利条件，特别是敌我力量对比悬殊，我军又缺少广泛和巩固的后方根据地，坚持南满无疑是一招险棋，但是走好这步棋将会根本扭转东北战局。是历史选择了陈云——在那危急关键的时刻担起了坚持南满斗争的重任。

在当时中共中央派到东北的中央委员、中央候补委员一共20多名，萧华一人在南满，其余几乎都在北满的情况下，从未领兵打过仗的陈云主动请命，要求到南满坚持斗争，这充分反映了陈云临危不惧、勇挑重担的大无畏革命精神，表现了他以革命事业为己任的崇高精神境界，也反映出陈云非凡的战略眼光。主动请求去南满的还有东北民主联军副司令员兼参谋长、我党最早在外国系统地学习过军事的军事家萧劲光。1946年11月，中共中央发出通告，以陈云、萧劲光、萧华为核心成立南满分局，陈云任分局书记兼南满军区政委，萧劲光任副书记兼南满军区司令员。南满分局统一领导南满地区党、政、军、群工作。自此，陈云亲自主持南满地区的对敌斗争，并以他丰富的斗争经验、伟大的政治远见和勇于献身的革命精神，带领南满地区的广大军民，谱写了解放战争史上不朽的英雄壮歌。

一锤定音，多谋善断的科学决策

陈云一生注重调查研究，具有深入细致的分析、判断、处理问题的能力，具有敏锐的洞察力和高超的组织协调能力。陈云善于用客观事实分析战局的利害关系，遇事冷静、沉稳，在对敌斗争中坚定、果敢。在坚持南满斗争中，陈云的这些特点得到了充分的体现。

南满当时的形势非常严峻，敌人大兵压境，其主力就有8个师、10余万人，装备精良，来势汹汹。我军主力三、四纵队的三四万人和40多个机关企业的3万多人被敌人压在长白、抚松、濛江、临江4个县内，这一地区只有23万人口，要担负我军这么多人的支前工作十分困难。因此，在军区和纵队负责人中，大多数人主张向北满撤退。陈云、萧劲光在去临江的路上即开始了解情况。到临江后，马上进行调查研究。7天之后，召开了南满地区党政负责人会议。这次会议是大保卫战前必要的组织准备。

1946年12月11日，萧劲光在七道江前线指挥部，主持召开了师以上干部参加的军事会议。在会上，萧劲光作了《关于坚持南满和今后军事行动方针问题》的报告。目的是确定正确的军事行动方针，粉碎敌人的进攻。但由于思想认识没有统一，报告引起了与会同志的激烈争论，少数同志主张坚持南满斗争，多数同志对坚持南满没有信心。会议连续讨论了几天，双方相持不下。这时，得到敌情通报，敌人已向我进犯，时间紧迫。因此，萧劲光只好向陈云请示，请他作最后的决定。13日晚，陈云冒着零下40℃的严寒，顶着漫天大雪从临江赶到七道江前线指挥所。陈云同志平易近人，十分谦虚，他说："你们都是搞军事的，我不是搞军事的，来了是想听听你们的意见，办法还是大家想。"同志们见陈云十分亲切，便活跃起来，大家畅所欲言。14日，陈云主持会议，大家争先恐后地讲自己的意见，陈云平心静气地听着双方的争论，直到晚上，双方的话终于都说完了，大家纷纷要求陈云拍板。陈云说："我们不走了，一个纵队也不走，都留在南满，当孙悟空大闹天宫，在长白山上打红旗。"

他给大家算一笔账。他说，我们北撤要过长白山，现在天寒地冻、满山冰雪，我们缺衣少粮，过长白山要损失几千人；我们北撤，敌人必尾追堵击，我们又要损失几千人；到了北满，敌人会集中兵力压过来，我们又要损失几千人；北满地形不宜于作战，我们有可能退到苏联，可我们早晚还得打回来，打回北满，又要损失几千人；等打回南满，我们还要损失几千人。这5个损失，加起来至少要损失1万人，实际上要占我们部队人数的一半，北撤也不能保存实力。北撤我们还有一个损失，那就是要失去南满的广大人民群众。失去人民群众，我们将难以取得胜利，甚至死无葬身之地。我们之所以越打越大，关键就在于我们代表着人民的利益，人民就是我们的生命，我们与人民血浓于水，鱼水情深，谁也离不开谁。离开人民群众的利益，还是共产党和共产党人吗？他还说，东北的敌人好比一头牛，牛头、牛身子朝着北满，在南满留下了一条尾巴。松开牛尾巴，野牛就要横冲直撞。抓住牛尾巴，就了不得！敌人就进退两难，甚至两头挨打。因此，坚持南满，是东北全局的关键。陈云简明又睿智的讲话，说服了大家。之后，陈云加重语气说，国民党军队目前是很强大，但不是不可战胜。坚持南满，可能要损失四分之三的部队，甚至可能是五分之四。但这比撤离南满，北满也可能保不住，部队照样受损失要合算。从更大范围和政治上看，是人民的力量在进攻。今后的前途是蒋党蒋军必败，我党我军必胜！

陈云最后说，如果这个决心下错了，责任由我来负，不怨大家。希望同志们团结一心，坚持南满！陈云深入细致的分析、比较，使与会同志的意见基本上得到统一。最后，这次军事会议通过"巩固长白山区，坚持敌后三大块"的战略指导思想，制定了正面战场与敌后战场密切配合、内线作战与外线作战相结合、运动战与游击战相结合的军事作战指导方针。

陈云全面分析形势，对比算账，权衡利弊，具有极强的说服力，解决了军队指挥员怕伤亡，不愿坚持南满斗争这一大难题，取得了坚持南满斗争的第一步胜利。历史证明，陈云七道江会议的讲话，是关键时刻决定性的一次拍板，也是决胜全局的一步好棋，奠定了改变南满乃至东北局面的基础，体现了陈云非凡的指挥决策才能。陈云作出坚持南满斗争的决策，决不是一时冲动，空穴来风，而是在对东北全局形势的认识和坚持南满利弊得失的科学判断基础上形成的。

争取支援，创造夺取胜利的有利条件

陈云胸怀全局，高屋建瓴，对坚持南满斗争有明确的战略思想、战略

方针、战略部署,这是坚持南满斗争最为有利的条件。他在1946年12月20日写给林彪、彭真、高岗的信中着重指出敌后坚持中相互配合的问题。他认为扭转战局必须有四种配合:"一是游击区与游击区的配合,如果此动彼不动,则易被敌人各个击破。二是正面与敌后的配合,正面至少要吸引住当面敌人,不增加敌后负担。三是南满与北满、东满、西满的配合。在这一点上,首先应该确定,南满准备打烂坛坛罐罐,吸住敌人,使之不能北进,以便北满争取时间……再大一点的范围来说,关内、关外要有配合。现在关内正打,配合了我们关外。如此配合下去,敌关外不能增兵,则北满与东、西、南满很有可为。"这些精辟独到的分析,充分体现了陈云统筹全局的领导能力和高超的指挥艺术。

陈云看问题全面、深刻,实事求是。一切工作从实际出发,不唯上、不唯书、只唯实。考虑问题既立足全局,又善于从多侧面、多角度来分析、比较,深入细致地研究战略方针、战略部署的可行性。陈云决策坚持南满斗争,是通过全面深入地调查研究,充分了解各种有利条件和不利条件,准确掌握敌情、我情,认真考虑解决南满困难的对策,经过深思熟虑后决定的,并想方设法从多方面寻求支援,以改变对南满我军不利的局势,为夺取坚持南满斗争的胜利创造有利的条件。

首先,请求北满在兵力、粮食等方面给予支援。陈云着眼于东北全局,全面分析东北的形势,一再强调南满重要的战略地位,坚持南满、保住临江的重大意义。他在1947年1月16日致林彪并彭真、高岗电中说,南满主力经过战后伤亡减员,而地方武装在敌进攻下损失很大,据不精确统计可能在1万人左右,现已无地方武装可补充。为了消灭敌人,补充兵员是严重困难。可否北满方面给1万吨粮食外,再在兵员上于短期内给南满组织两个大的新兵补充团。鉴于南满地区缩小、人民情绪下降、兵员困难的经验,请考虑北满应否利用时机,大扩一次军。

陈云1947年2月8日在致高岗的电报中,力陈南满补充兵员的利害,再一次恳切求援,电文中说:"一月十八日你们关于难补兵员给南满电,经我详细考虑后,有下列意见,请再考虑一次。"

陈云力陈南满的作用。他说,南满吸引着敌新六军、五十二军及六十军暂二十一师全部,另一八四师新编之两个团,尚有不少保安独立师。对北满是一个重要的牵制敌人的力量。今后南满可能有两种前途:一是保住临、濛,使长白山区有完整四县,进而夺回辑、柳、金、辉中二三城,如此则坚持敌后亦易。因山上与敌后互可呼应，对敌北进时牵制力亦大，形成有力的掎角之势，此为上策。二是如临、濛不保，大部主力在敌后处于敌兵四面包围中，根据地不易迅速建立，那时敌情又有两种可能：其一，敌以少数兵力对南满，大兵北压；其二，利用松花江开冻，我军北满主力无法南渡击敌，敌可集中东北重兵先扫南满，使我无立脚喘息之机会，而这种可能是很大的。敌采取各个击破，先清南满再攻北满，那时南满减员必大，扩兵短期无望，经过一时期后，南满对敌北进牵制力必减。由上估计，我必须拼死反复力争第一前途，只有在不得已时，才走第二前途。我们也准备了第二前途的。力争第一前途必须勇敢、积极地大量歼灭敌人，必须主力打运动战（南满现在应该是广泛的游击战，必要的阵地战，主要是运动战）。但主力兵员的补充，目前南满是极端困难的，因此，想到北满的地方武装县大队中可否在3月份给南满3000人。他又说："利用与保持南满有利的环境与阵地，北满只给以几千新兵的支持，使其达到阻抑敌兵北进的效果，我以为这是十分'价廉物美'的。""按常理，一个地区向另一个地区要新兵要粮食是不合理，且不能持久的，但想到南满如有较好局面，对于拱卫北满之更大作用，又估计到改善南满局面的客观条件的存在，故我力争上策之心未死，一再求援。我请求你们对援助南满兵员问题再考虑一次。""南满的有利条件是全满其他地区所没有的，除暂需兵员及粮食帮助外，我估计都可以自力更生。"

在陈云诚挚恳切地一再请求和不急不躁地分析利弊得失、算账对比的作用下，北满最后给南满3000新兵，1万吨粮食，并争取到北满主力三下江南。这些对于坚持南满斗争起到了十分重要的作用。

其次，坚持辽南游击战争牵制了敌人的一部分兵力，缓解了对临江的压力。中共辽南省委根据"七道江会议"制定的正面战场与敌后战场密切配合的指示精神，在南满我军进行"四保临江"战役期间，积极配合辽东战场作战，全力出兵牵制敌人。辽南我军虽然处于敌强我弱、敌众我寡，根据地大量丧失的极为艰难的环境下，但是为了坚持斗争，消灭敌人，保卫根据地，仍主动作战20余次。毙伤敌人2000余人，俘虏1000余人，打击了敌人的疯狂气焰，粉碎了敌军消灭我辽南部队的企图，并牵制了敌军4个师的兵力，对配合我军主力正面作战起到了一定的作用。陈云在谈到南满战场我军作战情况时，对辽南部队的作战成绩作了充分肯定，指出，辽南部队在我军"四保临江"作战中，钳制敌军主力新六军起了很大的作用。在敌后游击战中辽南地方武装立下了战功，被陈云赞誉为"辽南屋檐下的一盏灯"。

北满对南满人力、物力的支援及三下江南和辽南我地方武装出击敌后，对"四保临江"和坚持南满斗争的胜利是至关重要的。这些都与陈云极力主张配合、多方面创造有利条件密不可分，与南满制定了正确的军事作战指导方针密不可分。陈云以他的睿智、沉稳、坦诚、深谋远虑以及耐心细致地分析、对比、算账、说理，终于争取到了各方面对南满斗争的支援，这对于坚持南满斗争取得胜利是十分重要的条件，是陈云对坚持南满斗争的又一突出贡献。

依靠群众，创建巩固的南满根据地

陈云从他的革命实践中深深地体会到，中国共产党从小到大，从弱到强，靠的是依靠群众。有了群众的支持，就能无往而不胜。陈云到南满后，面对南满严峻的政治、军事形势，经过深入的调查研究，冷静的思考，认真的分析后深切地感到，要改变南满的形势，最重要的是改变敌我力量的对比。并指出："改变敌我力量对比，主要的办法是发动群众，增加我们的力量。""群众不起来，干部恐怕要当'华侨'，十万主力也要打完的。有了群众，一切好办，可以有军队，清除土匪，经费供给也有来源。"

他进一步指出，依靠群众，建立根据地须从两个条件看：其一，消灭敌地方武装，使敌正规军兵力空虚。陈云分析：安奉与南满两铁路间，敌只有十四师的四十一团，新六军的运输团，一八四师残部，其他都是保安队、县警察和大团（地主武装）。敌正规军兵力不足。我们必须捉定敌人这一弱点，使敌人顾了后方顾不了正面，顾了正面顾不了后方。从东北全局看，使敌人顾了南满顾不了北满。为了扩大敌人这一弱点，我们正在设想，敌后多打保安队（即敌地方主力，大部是土匪，另外是伪满警特）和大团。消灭了这些，就使其正规军不能不填防，这就实际上减少了正面与全东北敌人进攻的机动兵力。同时，敌地方部队对我根据地"清剿"与破坏最厉害，而且我要发动农民，保护农民利益，也须打击这些反动地方武装。其二，保护农民切身利益。他说："农民是最讲实际的，他们的积极性是建筑在切身利益基础上的，得利越多积极性越高。在敌后我们要使农民得利。现在要研究有什么利可让农民得，农民有什么利需要我们去保护。"

陈云深入细致的分析，把坚持南满斗争的有利条件和制胜之道讲得十分透彻，在他的领导下，南满根据地逐步建立起来，并很快地发展壮大。在"四保临江"战役期间，虽然战情十分严峻，但陈云仍十分关心土改工作。他亲自召集临江县委部分负责同志和部分区委书记开座谈会，了解土改情况，研究土改中的具体政策问题，指示如何深入土改，开展春耕生产。这对临江在战争环境中坚持土改起到了重要作用。随着战役的展开，农民群众日益高涨的政治热情更使陈云心中有底。在肖家岗保卫战中，翻了身的农民，在县区村领导的组织下，为支前组织了大车队、爬犁队、担架队，日夜不停，川流不息地往前线运送粮食、弹药和回运伤病员。妇女们则组织起来，为过路的大部队去前线，日日夜夜地推碾子推磨，蒸大饼子摊煎饼。离肖家岗最近的红土崖区的三道阳岔村、四道阳岔村的妇女，在战斗最激烈的那些日子，每天都做上万斤的干粮送到前线。为了让子弟兵们吃饱吃好，家住肖家岗的农民尽管很穷，连盐都买不起，但他们也全力支前。先是把仅有的一点盐捐出来，之后再捐咸菜，最后连咸菜水都捐了出来。支前的农民们赶着一辆辆大车，车上满载着运往前线的干粮或军衣、军鞋，他们饿了、冷了，却舍不得吃一口干粮、穿一件军衣。担架队员冒着敌人的炮火，去抢抬伤员。有的被炮火击中当场死了，后面的农民

▲ 1948年，在临江召开的欢送土改翻身农民参军大会

接着又冲上去。他们的行为激励了指战员，使我军的战斗力得到超常的发挥。

在整个"四保临江"战役中，南满根据地的人民群众给我军以巨大的人力、物力支援，要人有人、要粮有粮、要车有车，全力支援人民解放战争，使这场正义战争以人民的胜利而告终。在"四保临江"胜利后，陈云把主要精力倾注在土地改革的群众运动上，使南满根据地的土地改革健康发展，为辽沈战役的胜利奠定了扎实的基础。

浴血奋战，决胜千里的南满保卫战

陈云坚持南满斗争有完整的战略思想、方针和部署，深得毛泽东军事思想、战略思想之妙，并始终贯彻执行了中央的战略方针，并以他的智慧和才能使毛泽东的军事思想在南满斗争的实践中得到了灵活、充分的体现。毛泽东1947年1月11日起草的中央军委致东北局林彪、高岗、彭真电指出："南满四纵二十天敌后作战经验亦指明，只有采取勇敢进攻方针，才是胜敌之道。他们还要勇敢一点，要敢于进攻一营两营驻守之敌而歼灭之，并且每次均一定要准备打援兵。""只要你们能用一切方法将杜聿明现有力量（五个军十五个师及技术兵种、保安部队等）加以削弱，例如平均每月歼敌一个师（相当于关内之旅）以上，一年内歼敌十二个师以上，就可使自己转入有利地位。"在这个战略思想和战略意图之下，坚持南满就不是孤立的被动防御，而是为了转入战略进攻而进行的积极防御，是全国和东北战局中的一招好棋、妙棋。这也是陈云做好南满这篇文章的核心用意所在。

在"四保临江"战役期间，我南满部队的将士忠实地执行了中央的战略方针，用鲜血和生命去实现这一战略方针。他们浴血奋战、英勇杀敌、不怕艰苦、不怕牺牲、顽强战斗，夺取了一个又一个胜利。

1946年12月17日，敌人纠集6个师的兵力，向我南满分局所在地临江地区发动第一次进攻。12月18日，我主力第四纵队出敌不意直插敌后，迫敌将新二十二、九十一两个师回调，减轻了正面敌人对我临江地区的压力。1947年1月2日，我北满主力一下江南，使敌将九十一师及新一军三十师北调。这样，敌人6个师撤走了3个。我三纵队乘敌主力北调之机，开始向通（化）辑（安）线反击。从四纵队挺进敌后到三纵队的通辑线反击战，历时一个多月，共攻克敌据点37处，歼敌4000余人。首战临江，意义非凡。这是分局成立以来，决定坚持南满斗争的第一仗，是在极端艰苦的条件下打胜的第一仗。

在二保临江之前，陈云主持召开了南满分局第一次扩大会议。他针对一些领导干部看不到光明等问题，就国内外及南满的形势与任务，进行了高屋建瓴的分析。在这次会议上，陈云就坚持南满的方针作了讲话，他针对一保临江中，一些部队怕损失，在认识上反弹，又想要北撤保留实力强调说："南满作战总的是牵制战，牺牲是一定会有的，但局部牺牲是为了保全整体，使战略地位不至于丢弃。否则，我们退入长白山，整个南满变成敌后，部队作战的损失要比现在的损失更多。"这次会议开得很好，解决了一些重大的思想认识问题，否则，会影响到二保临江的成败。

1月30日，敌人调整部署，以4个师的兵力第二次进攻临江。2月5日拂晓，战斗打响。激战一天，到黄昏时，三纵七、八、九3个师三面包围高丽城子。晚10时，敌向通化方向突围，被我军歼灭2000余人。部队乘胜连续作战，挥师三源浦，直指增援的敌二〇七师。2月8日，我军向敌阵地发起勇猛的冲击。一举消灭敌二〇七师第三团（缺一个营）及保安团一部近2000人。至此，敌之第二次进攻临江又以失败告终。两战两胜，大大提高了部队的斗志和信心，但我军在南满的被动局面并没有就此改变。

2月13日，敌军又集中5个师分四路向我临江地区发起第三次进攻。2月18日，我三纵主力全歼通沟敌暂二十一师两个主力团。21日，三纵、四

▲ 1947年，"四保临江"时，三纵九师二十五团在柳河阻击敌人

纵、辽宁地方部队、安东军区部队相互配合，全歼大北岔敌九十一师二七二团及直属工兵营、特务营。接着，我军主力又歼敌二师六团三营。2月21日，我北满部队二下江南作战，消灭了敌军一部分有生力量。2月27日，四纵仍活动于宽桓、通辑广大地区打击敌人；三纵北上，收复柳河、辉南，扩大了根据地。辽南部队与四纵十二师继续于敌后作战，创造辽南的独立局面。3月8日，我北满部队三下江南作战，敌人被迫回兵长春。经过一个多月的艰苦作战，我南满部队收复金川、辉南、柳河、桓仁、辑安5座县城，敌人5个师被我打垮3个。我毙伤俘敌近万人，彻底打退了敌人的第三次进攻。三保临江的胜利，使敌人逐渐陷于全面被动，我军力量进一步壮大，部队士气更加高涨。

三四月间，大地回春，松花江即将解冻，南满最艰苦的隆冬季节过去了，形势向有利于我的方向转化。敌军虽然三次惨败，仍不死心，趁我北满主力回渡松花江之际，又拼凑7个师的兵力，第四次进攻临江。在此之际，陈云在临江主持召开分局、军直干部会议。会议分析讨论了战争的形势和任务，重申了坚持南满的方针——坚决地打，要准备打大仗、恶仗、硬仗，只要有利于全局，南满的牺牲是有价值的。会上，萧劲光作了《树立坚持南满军事斗争的正确思想》的报告，针对部队的思想状况，指出："只有用正义的战争消灭非正义战争，才能根本避免战争的伤亡。""伤亡有两种：一种是怕伤亡而伤亡，消极保存力量，结果降低了部队士气，增长了敌人气焰，形成被动挨打；一种是胜利的伤亡，付出必要的一定的代价是为了换取更大的胜利，以局部的牺牲换取全局的胜利。将敌人消灭了，就不再有伤亡，地区扩大了，兵源增多，就能壮大自己。"会议经过充分讨论，一致认为，无论战争多么残酷，也要打下去。而且要坚决打胜。陈云问大家，对这样的决定后悔不后悔。大家一一表态不后悔。于是，他诙谐地一拍桌子说："我们学上海交易所的规矩，（拍板）成交了。"

第四次临江保卫战，从战前动员准备，到战役开始，都淋漓尽致地展示了陈云坚决、果敢、高超的军事指挥才能。我全军指战员以高昂的斗志，英勇顽强的战斗作风，争取了先机。我军先敌展开，先敌占领阵地，先敌进攻。4月3日5时半攻击开始。突击方向打得坚决，同时展开强大的兵团进攻敌人纵深，实行两翼包围迂回。结果，歼敌八十九师全部及五十四师一六二团，俘敌7000余人。这一路是进攻之敌的主攻部队，又是从热河新调来的，装备精良，气焰嚣张。将其全歼，打破了敌人整个进攻计划，迫使各路之敌仓皇退兵。从而粉碎了敌人第四次进攻临江的计划。

至此，这场事关东北解放战争命运的大保卫战胜利结束了。南满我军，自1946年12月16日至1947年4月3日，经过108天的连续作战，在北满部队三下江南的配合下，打退了敌人的四次进攻，共歼敌3.8万余人。

"四保临江"战役关系到东北战场的全局。这一战役的胜利，彻底粉碎了东北国民党军"南攻北守、先南后北"的进犯战略，巩固和扩大了南满根据地，改变了南满和东北敌我力量的对比，扭转了战局，结束了我军在东北战场上的被动局面，迫使东北敌军由战略进攻转入战略防御，而我军则开始由战略防御转入战略进攻。

陈云敢于斗争、敢于胜利的大无畏革命精神，大智大勇的军事战略谋略，在坚持南满斗争中得到了充分的体现。一代伟人陈云，在临江短短的不到一年的时间内，在中国共产党领导的人民解放战争的历史中，矗立起一座不朽的丰碑。

陈云同志领导接管沈阳的实践是中国共产党执政能力的最初体现

王 超

1947年年底,中国革命的历史进入了伟大的转折,人民解放军结束了长期的战略防御而转入战略进攻,这标志着国民党反动统治的结束和中国共产党的全面胜利已是不可阻挡的历史趋势。经过夏、秋、冬三季攻势,东北人民解放军完全取得了战争上的主动地位,国民党军队被压缩在长春、沈阳、锦州三块孤立地区。1948年9月12日,辽沈战役打响,东北的解放指日可待。在中国革命新高潮到来之际,党中央认识到城市将被人民永远占有,工作力量的中心应该转到城市上来,而解放大城市并做好大城市的接管工作对掌握全国政权又有着特殊重要的作用。10月26日,东北局召开紧急会议,研究决定委派时任中共中央政治局委员、中共中央东北局副书记兼东北财经经济委员会主任、东北军区副政治委员的陈云同志担任沈阳特别市军事管制委员会主任,全面领导沈阳的接管工作。27日,东北局确定陈云、伍修权、陶铸、王首道、朱其文等人组成沈阳市军管会,并抽调4000名新老干部,由陈云率领接管沈阳及周围几个城市。

陈云同志深知,沈

▲ 沈阳解放初期,从解放区调入大批党政干部来市军管会(设在大和宾馆,即今辽宁宾馆)报到

阳是东北最大的城市，也是东北军事、政治、经济的中心，能否将这样一座大城市接管好，是中国共产党实现战略转移的第一份答卷。为此，他确定了"各按系统，自上而下，原封不动，先管后分"的接收方针。入城后，在陈云同志领导下，军管会只用几天时间便解决了电力、政权建设、城市安全、粮食、物价、金融等重大问题，使沈阳迅速恢复秩序并开始进行生产建设，支援全国。

城市接管是中国共产党从"打天下"转向"治天下"所迈出的第一步，也是对中国共产党执政地位与执政能力的最初考验，意义重大。沈阳的成功接管标志着全党工作重心由农村转移到城市的序幕已经拉开，共产党从此登上了执政的新的历史舞台。尤为重要的是，在这最初的执政实践中，陈云同志集中体现了共产党人非凡的执政能力，向世人证明了中国共产党能够执掌国家政权并带领人民摆脱贫穷落后生活，建设新中国。今天，重温陈云同志领导接管沈阳的光辉历程，不仅可以重新领略陈云等老一辈无产阶级革命家的革命风范，而且对贯彻落实党的十六届四中全会提出的《关于加强党的执政能力建设的决定》有着重大的启示作用与指导意义。

一、科学判断形势是执政党人的必备素质

为保证接管的顺利进行，入城前陈云同志5次主持召开军管会会议，确定接管的方法、原则、分工，对接管工作进行了全面部署。实践证明，沈阳的成功接管正是得益于陈云同志的高瞻远瞩和对形势的科学判断。战略决策者的高瞻远瞩、科学判断形势往往能够起到加速历史进程、改变发展方向的决定性作用。这种预见才能在战场上是指挥家制胜法宝，对于面临即将接管大城市从而执掌全国政权这个新情况的共产党人来说则是一种必备的素质。

1948年10月15日东北野战军攻克锦州，接管沈阳的工作被党中央提到议事日程。党中央明确提出：东北局目前最紧急的工作，除继续争取瓦解敌军与巩固并准备逐步改造起义及投降的部队外，还应立即动员大批得力干部，不仅去接管长春，而且要准备接管沈阳及抚顺、本溪。

从1948年起，陈云同志就开始将注意力从军事斗争逐渐转移到经济工作上来。8月，陈云同志给中央发去由他亲自起草的《把财经工作提到重要

位置上来》的报告，不仅分析了当时东北的财经工作状况，而且指出"两年来我们集中力量于战争和土改……在目前状况下，需要把财经工作放在不次于军事或仅次于军事的重要位置上"。陈云同志对形势的正确判断得到党中央的认同，党中央决定把接管沈阳的特殊使命交给陈云同志。

10月28日，陈云同志召开军管会第一次会议，确定接收的原则是自上而下，按照系统，统一接收，原封不动，先接收、后分配。他提出军管会的约法八章布告（后来正式发布的为有关接收工作的六项规定）、卫戍司令部的入城布告和市长就职布告要多印多发，一进城就由电台向全市人民广播，并告诫接管人员沈阳的解放为全国所瞩目，应当兢兢业业，犹如"进京赴考"。10月31日，在前往沈阳的火车上陈云同志召开第二次军管会议，会议指出：沈阳是东北最大的城市和工业中心，沈阳的解放意味着东北全境即将解放，沈阳的接管工作做得好，可以有力支援全国解放战争，为今后接管关内各大城市提供经验。因此，接管好沈阳对建设东北和支援全国具有重要意义。陈云同志再次宣布了接管的方针、方法、分工及注意事项，规定：电话要畅通，一切物资、文件不得外拿，不准许乱打枪，只准公安抓特务，不准杀人；不准没收财物，采购统一于商业局；保护好敌留粮库，设法在市内先借粮，奖励粮食进城；各接收单位先发一批维持费，公教人员可按一定比价将金圆券兑换本票，但数量不能过多；物价不要低于解放区，允许商人和农民进城购物；先集中力量力争15天修通抚顺至清原铁路，1周至10天修通本溪至安东间的铁路；卫戍工作要分五六个卫戍分区，设分区司令部，白天不戒严，晚6点后宵禁；要重新对干部进行一次入城教育。11月1日、2日，军管会又连续召开三次会议，要求编好第一期《沈阳时报》，准备好布告和各机关、单位住地的招牌。11月2日黄昏，陈云同志带领军管会的主要干部和卫戍部队从铁岭启程，乘17辆汽车开入沈阳，按照预定部署开始接管工作。

毛泽东同志曾说，"战略指导者当其处在一个战略阶段时，应该计算到往后多数阶段，至少也应计算到下一阶段。尽管往后变化难测，愈远看愈渺茫，然而大体的计算是可能的，估计前途的远景是必要的"。陈云同志对形势的科学判断为沈阳的接管创造了有利的条件，奠定了成功的基础。陈云同志能在复杂的环境下提出具有重大指导性的原则、方法，与他具备较高的马克思主义理论素养和运用马克思主义的立场、观点和方法观察、分析形势，把握革命斗争规律，科学预见事物发展的素质密不可分。

二、善于解决关键问题是执政本领的重要体现

城市接管工作涉及方方面面，要在短时间内使沈阳这样一座大城市恢复正常的社会和生活秩序绝非易事。具有杰出领导才能的陈云同志抓住主要环节，将政权建设、确保城市安全、恢复城市功能和进行舆论宣传作为接管的关键问题加以解决，迅速稳定了沈阳的局面，也证明了我党不仅可以做好农村工作，而且可以做好城市工作，不仅可以夺取政权，而且可以执掌好政权。

11月3日，东北局在大和旅馆（今辽宁宾馆）召开成立沈阳特别市军事管制委员会大会。陈云同志在会上特别强调：沈阳是我们党接收的第一个工业大城市，一定要接管好，不能将我们打下来的城市变成死城市。要让所有国民党原在职人员在规定时间内向人民政府报到，一律上班，各机关开始办公，工厂开始生产，商业部门都要开始正常营业。从现在起，沈阳就是共产党领导的城市了，我们一定要比国民党管理得更好！

军管会接管后，首先加强了政权建设，成立了沈阳特别市政府，并宣布市政府的主要负责人，组成新的市区组织和街道办事机构，建起街公所142个、居民小组3830个，还先后开办了两期干部训练班，准备各方面称职的干部。同时，积极筹备组建群团组织，为巩固人民民主政府架起了联系群众的桥梁与纽带。城市安全保卫是巩固新生政权的保证，陈云同志对此进行了周密部署。入城后的第二天，除指派部分卫戍部队维持秩序外，攻城部队全部撤出城外。军管会随即发布有关接收工作六项规定的布告，对军事、行政、经济、教育、社会等机关工作人员所应承担的接收任务和待遇作出安排。同时，卫戍司令部发布第一号布告，要求市民遵守法令，入城部队严格遵守《三大纪律八项注意》和一切入城纪律和规则。两个布告的发布对社会秩序的安定起到了重要作用。市公安局于4日恢复交通警并派出巡逻队、执法队在主要交通道口服务。沈阳是国民党在东北的后方基地，系统众多，人员复杂，经我军历次释放的归俘和战败回城的散兵有7万多人。陈云同志指出对俘虏的处理方针首先是对散俘收容好，做到有饭吃、有房住，其次是处理好往外分散。他提出由市长朱其文先召集商人摊集粮食解决俘虏吃饭问题，然后再抽调得力干部积极开展收容和妥善安置、遣散工作。沈阳也是国民党军需补给地，仓库里储存的炮弹、炸药、

雷管等军事物资约600车皮，还有几十个车皮的弹药就存放在仓库附近的火车上没有运走。国民党在沈阳解放的最初几天将这些仓库作为轰炸的首选目标，沈阳有半座城市被炸毁的危险。军管会连夜组织指挥抢运疏散，通过昼夜抢运，把大批弹药军火迅速运往各地，保证了沈阳的安全。

　　城市功能是一座城市的命脉，也是市民赖以生存的基本条件。军管会进城时，沈阳因为没有电，电灯不亮，电话不通，自来水没有，电车和火车也无法开动，城市功能陷于瘫痪状态，恢复电力供应便成为当务之急。在军管会领导下，"解放后的第二天即开始部分送电，并连日抢修被烧毁的变压所、倒断的电线杆、高压线及主干线、供应水源地，并到工厂及用户中去修理，使全沈阳大放光明。解放前早被切断电源的铁西、皇姑屯、沈阳各区的住户普通线，也都大部分恢复了送电。"由于解决了供电这个重要环节，其他城市设施也得以恢复，"电灯电话3日下午修复。邮电于5日即与全东北开通。自来水6日修复，电车8日上街。""铁岭、沈阳3日通车。安奉路6日通车。中长路南段，只差太子河桥。沈阳至新民已通。"时任陈云同志政治秘书的李锐同志曾用一首诗形象地描述了电力恢复前后的情景："十万残俘一死城，烛光人影报佳音。笑谈三日城苏醒，处处飞轮马达鸣。"由此可见沈阳恢复速度之快，也表明沈阳各项功能开始正常运转。

▲ 沈阳各界人民群众集会游行，庆祝全东北解放

发挥舆论宣传的不可替代作用。历史性的变化必然引起人们思想上的波动。我军在军事上完全占领沈阳后,做好对市民的宣传工作,稳定人心,成为日益紧迫的任务。沈阳曾是国民党在东北政治、军事的中心,一些市民在一定程度上有"国民党为正统"的观念。陈云同志强调运用多种方式加强宣传,充分发挥舆论宣传的效用。解放当天,东北新华广播电台就发布了沈阳解放的消息:"我东北人民解放军在今天就是二号黄昏,解放蒋匪最后巢穴沈阳,守城的敌军全部被我军解决。现在东北全境已宣告解放,我东北战场上的伟大解放战争至此已获得完全胜利。"

4日晚上,沈阳新华广播电台正式开始播音,每天三次播音共7个小时,除广播国内外新闻及政令、布告外,并有文娱节目。城市人有看报纸的习惯,于是报纸就成为宣传我党政策和时事消息的"最大机关"。在进城之前陈云同志亲自审看了第一期报纸大样。11月5日,《沈阳时报》正式创刊,以《庆祝沈阳解放》为题发表社论,号召全体市民通力协助民主政府,自动保护一切公共设备建筑,检举一切破坏分子,帮助卫戍部队和公安人员恢复社会秩序,各安生业,建立新民主生活。第二版刊登了东北局颁发的关于保护新收复城市的指示,并发布东北解放区各地物价及沈阳市百货公司收买物品的价格。创刊号共发行2万余份,各机关人员及市民争相抢阅。东北书店沈阳分店以传播毛泽东思想、建设新民主主义文化为宗旨,8日开业后,前往买书者络绎不绝。全市11家电影院从9日起放映《民主东北》,免费招待市民观看。秧歌队、讲演队、标语队等也纷纷走上街头以喜闻乐见的形式进行宣传,受到市民的欢迎。

陈云同志一贯主张"工作要抓中心,照顾其他。中心为主,做到全局与局部的一致","不忘记经常工作,但必须抓住中心,防止事务主义,乱头无绪"。陈云同志善于抓住主要环节、解决关键问题的工作方法在接管沈阳中发挥了至关重要的作用,也使我党的执政本领得到了充分体现。

三、全心全意为人民是执政的唯一宗旨

陈云同志是共产党人的优秀代表,他深深懂得我们党除了人民的利益,没有自己的特殊利益。物价、金融、供应问题与百姓生活息息相关,是城市人民利益之所在。陈云同志经常反复对照大量经济生活资料和各种指数对比,认真研究,以高度的责任感维护人民的利益。他全心全意为人

民的实际行动为我党的执政宗旨做了最好的诠释。

物价是进入沈阳后首先要解决的问题,如不迅速解决,工商业不能开门,城乡关系不能沟通,市民日常生活就没有保障。国统区与解放区的经济体系迥然不同,解放区是粮贱布贵,而国统区是粮贵布贱,所以容易发生外地商人来沈阳抢购棉纱和布匹、本地商人隐藏物资而使物价先低速涨的现象。为此,陈云同志确定沈阳的物价原则是首先要介绍解放区如哈尔滨、开原等地物价,同时规定沈阳物价,公布百货公司买卖货物价格,使商人有所准备,敢于买卖。对于粮食问题,陈云同志指出沈阳粮食价格应比铁岭、开原高一些,贸易局用适当价格收购农民运进来的粮食,加上国营贸易公司调运一部分以及接受敌人的存粮,就可以保证粮食供应。由于措施得当,大量粮食进入沈阳,既确保了百万市民的充足供应,又避免了物价的不正常波动。

金融是个复杂而又极端重要的问题,人民手中尤其是工人和城市贫民手中都有一定数量的国民党发行的货币,若处理不好,工人和城市贫民将遭受严重的损失,也会引起社会的混乱。为保护广大人民利益,军管会入城后很快发出布告,规定所有流通市面的各种蒋币一律停止使用,改用东北银行及各地分行发行的地方流通券。对于东北九省流通券、金圆券责成东北银行沈阳分行定价限期兑换,时间为一星期。11月8日,中央、中国、交通、农民银行以及中央合作社金库,在各行人员清点后转为国有。军管会对私人银行采取了保护政策,由国家银行以比吸收存款更高的利息奖励吸收存款。11月22日起,私营银行如志城银行、哈尔滨银行等相继开业。国民党统治时期,黄金黑市交易猖獗,军管会通过了解市场动态主动掌握金价,迅速成立了官金店,领导金店工会审查私人金店,规定成色,注明牌号,劝告私人金店不得以低色伪造冒牌,混淆市场,防止金价波动,成功地对黄金市场进行了有效管理。

"群众有许多实际问题摆在我们面前,这些问题解决得好,群众会更信仰我们的党,我们党在群众中的威信就越来越高"。陈云同志扎实有效的工作说明,我们党执政的根本目的是一切为了人民,执政的一切出发点和落脚点都是为了人民的利益,全心全意为人民是我党执政的唯一宗旨。

四、认真总结经验是对执政规律的最初探索

沈阳是我党接管的第一座大工业城市，在短时间内便成功实现接管，各项工作有条不紊，这是我党取得的新的重大胜利。认真总结沈阳的接管经验不仅会对北京、天津、上海等大城市的接管产生深远影响并提供有力借鉴，也是对执政规律的有益探索。1948年11月28日，陈云同志将《接收沈阳的经验》的报告上报东北局并转报中共中央，不久中央将其作为成功经验转发给各中央局和各前委。

接管大城市是当时我党面临的全新课题，尚无经验可资借鉴，必然要经历一个从没有经验到有经验，从有较少的经验到有较多的经验的过程。中共中央工作委员会在1948年2月19日总结收复石家庄的城市工作经验时指出："东北及其他解放区，均可能在最近收复一些中等的和大的城市，而这些城市收复后又可能长期归人民所有，如何去收复城市，收复后又如何管理，这在党内一般是还没有解决的问题。"几天后，中央又发出《中央关于注意总结城市工作经验的指示》，陈云同志深知中央对城市接管经验需要的迫切。因此，他在接管沈阳的实践中，高度重视对接管经验的总结。在总结中，对"各按系统，自上而下，原封不动，先管后分"的接收方针进行了详细阐述，这条方针也成为后来我党接管其他城市的基本准则。

关于怎样才能接收得快而完整。军管会在出发前即确定了"各按系统，自上而下，原封不动，先管后分"的接收方针：(1) 各按系统。是指军管会除市委外，按下辖经济、财政、后勤、铁道、政务等五个处，以及市政府、公安局、办公室、卫戍司令部等单位，进行接收。(2) 自上而下。是指入城后即发布告通知原有机关主管人负责办理移交手续。如第一级负责人不在，即由第二或第三级办理；同时，从原有内线和下面群众中了解情况。(3) 原封不动。是指旧职员均按原职上班，工厂企业等只派去军代表，政府部门只撤换头子。对职员、工人一律发给生活维持费，有些高级职员则不发。接收步骤，第一步是资产档案，第二步才能整理人员。(4) 先管后分是指先接后分。各部门只有接收权，无占有权、支配权，资产档案一律不准搬走。各部门不对原来上级负责，只对军管会负责。权力集中在军管会，无条件服从。此外，在入城之前，应连续广播我党的政策、办法（此条很重要）。要预备布告、信封、图章、通行证、警察袖章等，并

预做招牌，以便在进城后几个小时即能摆开办事。军管会机关应放在食宿交通方便的适当地点，充分利用电话与各方联络。事实证明，这些做法，既能防止乱，又能保证快。如果不按系统，不分上下，乱接一通，必然损失很大，影响很坏。

关于怎样才能迅速恢复秩序。要做到比较稳当而无大波动，有五个关键问题需要解决：要恢复电力供应；要迅速解决金融物价问题；旧警察必须收缴枪支，让其徒手服务；稳定人心，传布政策，主要靠报纸；工资问题需要妥善解决。

此外，陈云同志还提到：要迅速处理俘虏和疏散弹药；军管会内部做到减少扯后腿、抵消精力之事；关于重大事件、容易出乱子的问题，必须预先有充分精神准备；要保证接收得好，最重要的还必须入城部队有良好的纪律教育；接收一个大城市，除方法对头外，需要有充分准备和各方面能称职的干部。

陈云同志总结的七条接管经验得到了中央的赞同，《人民日报》据此经验发表了专门文章。后来，随着北平、天津的临近解放，中央军委指示：此次接管平津影响中外，你们务必办到如同沈阳、济南那样接收和管理成绩，不要落在沈阳、济南之后。毛主席也就城市接管工作发表指示，他说，城市接管工作主要是接收官僚资本，对民族工商业要好好保护，对接收工作要"原封原样，原封不动"，让他们开工，恢复生产，以后再慢慢来。毛主席关于"原封原样接收"的思想，吸收了陈云同志的做法。北平、天津以及随后解放的大城市的接管工作，基本上是根据沈阳的经验进行的。在上海接管之前，中共中央华东局、华东军区将接管数千名干部集中在江苏丹阳整训，特别组织学习了沈阳的接管经验。沈阳经验掀开了我党城市接管经验的新篇章，使我党接管方法、原则、政策得到丰富，对当时提高和统一接管大城市的认识起到了积极促进作用。

1949年1月7日，军管会各系统负责人召开会议又一次总结经验。会上，陈云同志谈到沈阳能够顺利接管具备了四个条件：沈阳没有经过战斗；人心已在变，兼有地下活动的配合；军队纪律是好的；军管会本身工作，大家都忠于职守，作风也雷厉风行。另外，陈云同志也讲了一条教训：不应立即将所有监狱中的犯人都予以释放。政治犯当然应立即释放，但盗窃、土匪等刑事犯罪分子不能释放。

沈阳的接管标志着党的地位和任务在东北发生了根本性的变化，已经由夺权转变为执政。如何才能执好政、掌好权，从而揭示执政规律，是我党面临的新情况。从这个意义上来说，陈云同志对接管经验的及时、认真总结，也是中国共产党找寻执政规律的最初探索。

五、艰苦奋斗是执政的优良作风

在沈阳接管的过程中，陈云同志始终保持共产党人艰苦奋斗的优良传统，树立了共产党人执政的良好作风。不仅得到了人民群众的衷心拥护和坚决支持，也成为巩固我党执政地位的重要保证。

延安时期，陈云同志就大力倡导艰苦奋斗的作风，反对铺张浪费。他曾提出一句名言："吃饭要照镜子。"1945年11月，我军进入东北一些城市时，陈云同志又指出："必须严重注意干部中由于进入城市而生长起来的享受腐化倾向。"艰苦奋斗是凝聚党心民心、激励人们奋发向上的精神源泉，我们党的性质和使命也决定了共产党人必须坚持和发扬艰苦奋斗的精神。

沈阳解放之初，各方面的条件都很差，陈云同志办公和居住地点都在大和宾馆。不久，沈钧儒、郭沫若、李济深等民主人士要来沈阳，陈云同志为了让他们住得更舒适些主动让出宾馆，将办公室搬到条件比较简陋的原国民党辽宁省政府办公，自己和家属及警卫员、秘书住在两幢背靠背的解放前交通银行职员的住宅中。11月份的沈阳，下雪过后已经露出丝丝寒意，而陈云同志新住处的铁床上只铺着一个草垫子，又冷又硬，铺盖还是从延安带来的一被一褥。警卫员从宾馆陈云同志的床上拆了一个沙发垫子运回住处，偷偷铺在了陈云同志的铁床上。陈云同志半夜开完会回到宾馆，发现沙发垫子少了一个，就询问道："沙发垫子哪儿去了？"警卫员吞吞吐吐报告说："我看您的住处没铺的，先借用一下，以后再拿回来。"陈云同志严厉地说："我下的命令，自己不执行，叫谁执行？"然后抬起右手向上指了指自己已经白了的头发，语重心长地对警卫员说："我20多年的党龄了，怎么能带这样的头呢？今后不要这样了，快拿回来吧。"当警卫员把垫子放回原处后，陈云同志露出了笑容，高兴地说："行了，咱们走吧。"

军管会进城不久，接收了原国民党东北"剿总"副总司令梁华盛的一辆美国制造的高级轿车，有关部门提出给陈云同志专用。陈云同志当即批示：我不用。并批转让部队用。

在陈云同志的领导下，沈阳逐渐从军事接管阶段过渡到恢复建设阶段。具有全局战略眼光的陈云同志又适时地提出东北最根本的中心任务是支援全国，要以发展国营工业，特别是机械工业为重点，加速壮大国营经济的领导力量。针对接管后工厂处于停工半停工的状况，他注重实际调查研究，掌握第一手材料，确定了沈阳兵工厂、有色金属冶炼厂、重型机械厂、铁路机车厂、铁路车辆厂、沈阳化工厂、橡胶厂、造纸厂为八大战略性工厂。为发挥各大国营企业在发展生产中的主导作用，陈云同志还经常深入基层，召开国营企业和工人代表座谈会，倾听工人的意见。陈云同志的不懈工作为沈阳的生产和建设指明了发展方向。

1949年5月，接管工作基本结束。虽然领导接管工作只有短短的几个月，但陈云同志在接管这一执政的最初实践中集中体现了中国共产党的执政能力。"无产阶级政党夺取政权不容易，执掌好政权尤其是长期执掌好政权更不容易。党的执政地位不是与生俱来的，也不是一劳永逸的"。陈云同志以其科学判断形势、善于解决关键问题、认真总结经验、全心全意为人民、保持艰苦奋斗作风的执政实践为我们树立了共产党人执政的光辉典范。陈云同志的伟大实践极大地丰富了党的执政经验，对今天我党带领中国人民全面建设小康社会、实现中华民族伟大复兴使命仍具有重要而现实的指导意义。

特殊使命，卓著功绩

——记陈云同志领导接管沈阳

徐 斌

一

当辽沈战役即将胜利的时刻，党中央把接管沈阳的准备工作提上议事日程。1948年10月15日锦州解放后，中央在给东北局的指示中明确提出了准备接收沈阳的任务。东北局遵照党中央的指示，在千里之外的哈尔滨紧急筹划接管沈阳的各项准备工作。10月27日，东北局决定成立沈阳特别市军事管制委员会，组成由陈云同志为主任，伍修权和陶铸同志为副主任，王首道、陈郁、张学思、朱其文、陈龙为委员的军管会，全权处理接管沈阳的工作。10月29日，陈云同志率领从东北各地抽调的4000名新老干部从哈尔滨出发，日夜兼程，乘火车经吉林市、梅河口，绕道四平市到达开原。在进驻沈阳途中，陈云同志召开了5次会议，讨论接管政策和办法，以确保各项接管工作顺利进行，使全体干部对成功接管充满信心。

10月31日，陈云同志在火车上召开第二次军管会议，再次宣布了接管沈阳的方针、方法、分工及注意事项，明确指出：沈阳是东北最大的城市和工业中心，沈阳的解放意味着东北全境即将解放，沈阳接管工作做得好，可以有力地支援全国解放战争，为今后接管关内各大城市提供经验。因此，接管好沈阳对建设东北和支援全国具有重要意义。陈云同志对接收的具体办法和布告宣传的具体内容作了规定：（1）电话要畅通，一切物资、文件不得外拿，不准许乱打枪，只准公安抓特务，不准杀人；（2）不准没收财物，采购统一于商业局；（3）保护好敌留粮库，设法在市内先借粮，奖励粮食进城；（4）各接收单位先发一批维持费。公教人员可按一定比价将金圆券兑换本票，但数量不能过多；（5）物价不要低于解放区，允许商人和农民进城购物；（6）先集中力量力争15天修通抚顺至清原铁路，

1周至10天修通本溪至安东间的铁路;(7)卫成工作要分五六个卫成分区,设分区司令部,白天不戒严,晚6点后宵禁;(8)要重新对干部进行一次入城教育。会议还拟定了全体市民必须遵守的规定和接收人员、部队自我约束的七项规定。会议编写好第一期《沈阳时报》和布告,进驻沈阳后公布发表。接管沈阳的准备工作万事俱备。

二

1948年11月2日黄昏,在沈阳解放的欢呼声中,陈云同志带领军管会主要干部和卫成部队从铁岭启程,乘17辆汽车开入沈阳,立即按预定部署开始了卓有成效的接管工作。

11月3日,中共中央东北局在大和旅馆(今辽宁宾馆)召开了成立沈阳特别市军事管制委员会大会。陈云同志在会上特别强调:沈阳是我们党接收的第一个大城市,一定要接管好,不能将我们打下来的城市变成死城市。要让国民党所有在职人员在规定的时间内向人民政府报到,一律上班,各机关开始办公,工厂开始生产,商业部门都要开始正常营业。从现在起,沈阳就是共产党领导的城市了,我们一定要比国民党管理得更好!

会后,军管会按照陈云同志提出的"各按系统,自上而下,原封不动,先接后分"的方针,开始了全面、完整的接管工作。军管会下辖经济处、财政处、后勤处、铁道处、政务处、市政府、公安局、办公室、卫成司令部9个部门,分别接收原国民党机构的各系统。军管会发出布告通知原国民党机关主管人员负责办理移交手续,要求旧职人员均按原职上班,避免混乱和大的波动。各接收部门对工厂、企业和房子等只有接收权,而无占有权和支配权,权力集中在军管会,待全部接收完毕后,再统一分配。

11月5日,全市基本完成清点移交和接收工作。10日左右,国民党政府官僚资产阶级所有的一切矿山、铁路、邮政、银行、医疗机构、商店和其他企业,统归国家所有。接收和没收的164个企业改为全民所有制国营企业,接收工作初步告捷。在接管工作中,由于陈云同志领导有方,指挥得当,方针正确,措施有力,接管工作进展顺利,快速稳妥,这座饱经创伤的历史名城很快得以复苏,运转自如。

三

沈阳是我党解放的第一个工业城市。初获解放的沈阳是一派残破、贫困、饥荒、失业，满目荒芜、百业凋零的景象。工厂倒闭，生产停顿，商业萎缩，资金短缺，物资匮乏，匪特、散兵、惯盗、流氓活动猖狂。一些角落枪声不断，社会秩序非常混乱。陈云同志和军管会清醒地认识到：在顺利完成接收工作后，保卫新生的人民政权，迅速进行社会改造，恢复和发展城市建设功能，就成为沈阳接管后面临的艰巨任务。陈云同志和军管会开始执政的第一天就把解决电力、交通、通讯作为城市运转的起点，并着力抓紧解决粮食供应、金融物价、俘虏弹药等有助于恢复社会秩序和稳定人心的关键问题。

关于恢复城市功能，解决粮食物价问题。军管会进驻沈阳的第二天，市内就恢复了供电，城区一片通明，自来水及时供应。电车开动了，电话、电报、通信开始使用。这样，就初步恢复了城市运转功能，稳定了社会秩序。接着，陈云同志对迅速解决粮食供应和金融物价问题作出具体指示：沈阳粮食价格应比铁岭、开原高一些，应根据成本加运费及合理利润制定价格。粮食的市价低，贸易局可以用适当价格收购农民运进来的粮食。加上国营贸易公司调运一部分以及接收敌人的存粮，就可保证沈阳市的粮食供应。同时他又指出："沈阳物价不宜低于老解放区，否则市场上的大量物资会隐藏起来，对我们不利。"由于采取措施吸引粮食入城，避免了外地商人来抢购物资及物价先落速涨等现象发生，使沈阳百万市民粮食供应充足，物价稳定。针对部分商人不明币值和物价行情，陈云同志指示立即公布沈阳周围地区物价表，让商人熟知，鼓励商业开市。要求群众将手中的金圆券和东北九省流通券，在限期内按规定的兑换比例、手续和地点兑换成我东北银行发行流通的东北币，妥善解决约15万公教职工的工资问题，工资标准折合粮数按月80~400斤。入城第四天，商店即开市营业，失业工人领到粮食和生活费，工人职员拿到当月工资，广大群众人心稳定。

关于处理散俘弹药问题。沈阳原是敌人的后方基地，经我军历次放出的归俘和战败回城的散兵有7万多人。军管会进城后，陈云同志提出对俘虏的处理方针：首先是对散俘收容好，做到有饭吃、有房住，其次是处理好往外分散。他具体提出了解决五六万俘虏吃饭的办法：由市长朱其文先召集商人摊集粮食解决，然后由卫戍司令部抽调得力干部在市党政军民及公安机关配合下，展开收容和妥善安置、遣散还乡工作。另外，沈阳原是国民党军需补给基地，仓库里储存了大量炮弹、炸药、雷管、枪械等物资。刚解放的沈阳，也正是敌机轰炸的首选目标，如不紧急疏散车站与铁西区所存的弹药，沈阳将有半城被毁的危险。军管会入城后发现了这一特殊问题，连夜组成运输三人团指挥抢运疏散，调来几百名技术干部和技工，与铁路职工一起奋不顾身积极奋战，将大量弹药搬运到数十里外的安全地区保管，保证了城市的安全。

关于严明纪律加强干部思想教育问题。为顺利接管沈阳，陈云同志非常重视接收班子和干部队伍的建设问题，他针对大城市面临着资产阶级思想侵蚀的危险，在紧张、繁忙的工作中抓紧对干部进行思想教育，及时敲警钟，增强免疫力。部队刚入城时，发生了一起某部战士截断了某外国驻沈阳领事馆电话线路的涉外事件。陈云同志得知后立即召集会议，严厉批评了这件事并严令各部队以此为戒，加强组织纪律性，在部队引起很大的反响。陈云同志还多次批示入城部队与机关工作人员，必须严格遵守《三大纪律八项注意》、东北局颁布的城市政策及一切入城纪律和规定。对入城后容易出乱子的重大问题，他进行了认真研究考虑，作了充分的精神准备及应对措施，要求接管部队坚持接收原则，秉公办理，全力制止争房子、争汽车、争工厂等纠纷。在接管过程中要"不偏不私，模范行动"，严格遵守群众纪律，不擅入民房，不拿群众一针一线，实行公买公卖。要保护好公共建筑物和企业资产，不得随意迁运、拆卸、动用，违者以破坏城市论处。要求驻城部队不许自由外出，不许无故鸣枪，严禁进出烟馆、妓院、影院和剧场。成立执法监督队，对违反者即予扣押严惩。我军严明的纪律，有力的措施，模范的行为，深受群众拥护，得到群众的支持和配合，使接管沈阳工作顺利、成功。

1948年11月28日，陈云同志写了《接收沈阳的经验》的报告，上报东北局并转报中共中央。报告从七个方面阐述了接管沈阳的经验，由中共中央转发给各中央局和各前委，供接收其他城市借鉴。

四

随着解放战争的深入发展，党中央明确指出，新解放的城市要将革命和建设一起进行，应以经济建设为中心，动员一切力量恢复和发展生产事业。陈云同志根据党的七届二中全会精神，提出要从指导思想上明确，依靠工人阶级，面向生产，是目前压倒一切的中心。要"以发展国营工业，特别是机械工业为重点，加速壮大国营经济的领导力量"。并强调指出：东北解放了，但全国尚未解放，因此东北最根本的中心任务是支援全国。

陈云同志针对接管后工厂处于停工半停工的状况，深入实际，调查研究，掌握第一手材料。他亲自视察了兵工、重型机械、冶炼、机车车辆、橡胶、化工、纺织和造纸等行业的工厂。确定沈阳兵工厂、有色金属冶炼厂、重型机械厂、铁路机车厂、铁路车辆厂、沈阳化工厂、橡胶厂、造纸厂为八大战略性工厂。陈云同志提出：应优先重视这些带有战略性工厂的恢复与发展。在工厂复工之前，首先要做好工人群众的工作，设立群众工作委员会，要采取多种形式宣传党的政策，举办形势教育短训班。其次要建立厂工会或临时接管委员会，组织工人代表参加接管工作，发动工人和技术人员及职员复工，为生产献计献策。陈云等还几次召开动员大会，晓之以理，动之以情，号召全市人民恢复生产，支援前线。

工厂企业迅速恢复生产后，工人们都忘我地劳动，增加生产。短短时间内，沈阳被服总厂缝制了32万套冬服，18万套夏服；沈阳兵工厂修复了大量枪支、坦克、装甲车，上千门大炮，这些军需物资及时运往前线。冶炼厂、机器厂、军工厂、橡胶厂、被服厂、纺织厂等厂矿复工后产量比过去成倍增加，有力地支援了前线。

为发挥各大国营企业在发展生产中的主导作用，陈云同志经常深入基层，召开各大国营企业和工人代表座谈会，倾听工人群众的意见。对工人提出的改善设备，解决原料、电力、增设机床等问题，陈云同志要求大家想办法，节约原料，创造代用品，尽主人翁责任，把生产搞上去。对于工资、生活福利等问题，陈云同志指出能办到的立刻就办，如每月工资分两次发，每个工厂设一个小图书馆，把在外地的工人家属接到沈阳来，等等。不能马上解决的困难，希望大家勇挑重担，忍受暂时困难，共同把生产搞上去，支援全国解放战争。

五

在接管沈阳的过程中，每天都要遇到许多新问题。陈云同志能发扬民主，集思广益，积极发挥军管会各成员的作用，使许多复杂的问题得以妥善解决。同时，陈云同志进入大城市工作后，始终保持生活简朴、谦虚谨慎的品格和作风。军管会入城不久，就从大和宾馆搬到原辽宁省政府旧址办公，陈云同志自己住在一幢解放前银行职员的住宅里。另外，军管会进城不几天，就接收了原东北"剿总"副总司令梁华盛的一辆美国制造的高级轿车，有关部门提出应给陈云同志专用。陈云同志当即批示：我不用。

并批转让部队用。当部队领导又批回让陈云用时，陈云最后批示：上送给毛主席用。陈云同志还对工作中的缺点和失误能主动承担责任，作自我批评。他的优良品质和作风深深地教育了干部和群众，使军管会的工作有条不紊地进行。沈阳军管会的工作到1949年5月基本上结束。

回顾接管沈阳这段不平凡的历史，陈云同志以他的优良作风和革命实践在沈阳人民心中树立起了一座丰碑，他那种廉洁奉公、谦虚谨慎、密切联系群众、艰苦奋斗、勇于探索、大胆实践、调动全体人民共同建设新沈阳的成功经验，对于今天沈阳的城市建设及经济建设仍有现实意义。

记陈云同志对沈阳造币厂的关怀

王纪元

我党领导的沈阳造币厂是1945年10月在新民县建立的。11月，沈阳被国民党侵占后，工厂奉命撤到通化。12月我被上级派到该厂当政委。这时工厂的人员、设备都已初具规模，并于1946年2月印出了第一张百元票面额的"东北银行地方流通券"。这在当时是一件了不起的大事，对支援战争、驱逐伪满币、发展解放区生产都起了重要的作用，曾多次受到上级领导机关的表扬和鼓励，其中最令人难忘的是陈云同志对造币厂的亲切关怀。

1947年秋，为配合我军的秋季攻势，造币厂接受了十分艰巨的生产任务，而当时厂里纸张却非常缺乏，各类纸张都剩得不多了，刚刚从长春接收来的纸也仅剩下一些伪满用于印传票的水纹纸，全厂上下都很着急。这时，听说陈云同志到了佳木斯，我马上去求见，急切地汇报了工厂的现况。陈云同志没有立即答复，他说明天我到厂去谈。第二天上午，陈云同志风尘仆仆地来到工厂，他没有先听厂领导汇报，而是直接来到生产车间，从制版、印刷、断裁到检查，每道工序都认真观察，详细询问，然后召开有关生产、材料部门的主管人员和技术人员共10余人参加的会议。会上，陈云同志拿着各种纸张的样品，与我们一起准确计算，然后把7种纸张"排队"，确定先用哪种，后用哪种，最后再用伪满的水纹纸，以保证不使生产中断。陈云同志讲完后，又亲切地逐个征求到会同志意见，最后作出了切实可行的工作安排，难题终于解决了。陈云同志这次到造币厂，不仅当面指导我们工厂很好地安排了生产，而且以他深入基层、实事求是、亲临一线对工作进行具体指导的作风，给我们上了生动的一课。在场的同志们都说，陈云同志这么平易近人，对工作指导得这么具体，确实是我们学习的榜样。会后，造币厂全体同志遵照陈云同志的指示，有条不紊地进行生产，圆满地完成了任务。

这件事虽已过去了40多年，但我却记忆犹新，并经常以此来鞭策自己，引为楷模，永志不忘。

陈云同志拯救了瓦房店轴承厂

王生福

1948年7月左右，当时的东北局副书记陈云同志来新华机械厂视察工作。新华机械厂是复县（今瓦房店市）唯一的一家大型机械厂，由于战争拉锯，当时轴承没人要。新华机械厂的厂长陈放，根据当时的战争形势，主张工厂生产机械、军工产品。但党支部书记崔家田同志坚持生产轴承。理由是全国马上要解放，要把眼光放远一点，要保住这个全国唯一的一家轴承厂。因此，必须坚持生产轴承。两种观点争论得比较激烈。恰在此时，陈云同志来该厂视察，得知这个情况后，指示该厂，眼光要放远点，一定要坚持生产轴承，保住这个全国唯一的轴承厂。陈云同志回去后，采取组织措施，免去陈放厂长职务，调来赵舒之同志任厂长，改厂名为瓦房店滚珠轴承厂，并于1949年9月生产了中国自己设计制造的第一套轴承，为新中国的诞生献了厚礼。

记鞍钢恢复和建设的两个重要历史关头

张同舟

鞍钢发展史上，解放初期是恢复生产和开始大规模建设最困难、最关键的时期。在这两个重要关头，陈云同志三次亲临鞍钢，高瞻远瞩地对鞍钢工作作了重要的具体的指示，对鞍钢的恢复和建设起了极大的推动作用。

尽快恢复鞍钢，支援解放全中国

1948年2月19日，鞍山解放。鞍山的钢铁工业生产开始在中国共产党的领导下，进入人民当家做主的时代。当时由于沈阳、营口、锦州尚在国民党军队占领下，局势有反复的可能，鞍钢的中心工作就是领导群众护厂、护矿。11月2日，辽沈战役结束，东北全境解放，政治形势发生了根本变化。12月26日，东北行政委员会批准成立鞍山钢铁公司。之后，便开始了全面的恢复生产工作。

中共中央时刻关注和重视鞍钢的恢复进程，殷切期望鞍钢恢复工作能够快一些，好一些，为全国解放战争和解放区的生产作出贡献。1949年5月初，中共中央政治局委员陈云同志首次到鞍钢视察。他在细致地了解鞍钢情况以后，意味深长地对鞍山市委和鞍钢领导者杨春茂等人说，鞍钢是全国最大的钢铁企业，在世界上这样大的钢铁企业也不多。你们承担的任务是艰巨的，工作岗位是光荣的，要尽快把鞍钢生产恢复起来，支援解放军解放全中国，支援即将在全国范围内开始的大规模的经济建设。

陈云同志这次视察，是党和国家领导人第一次视察鞍钢，明确地指出了鞍钢工作的重要性，提出了具体、明确的要求，使鞍钢职工深受鼓舞和教育，增强了光荣感、责任感、紧迫感。视察之后，大家情绪高涨，干劲倍增。

遵照陈云同志的指示，5月中旬，鞍钢开展了恢复生产立功竞赛和创新纪录运动，干部深入生产和工地第一线，和工人同甘共苦，群众积极性很高，修复进度大大加快。1号高炉6月份比5月份提高25%；9号焦炉6月份比5月份提高15%，提前18天出焦；轧机设备的修复都提前完成计划。截至6月末，全公司有2座矿山、1座高炉、2座平炉、6个轧钢厂、2个金属制品厂、耐火材料厂全部或局部投产，钢铁生产的各个环节都开动起来了。恢复生产初战告捷。

1949年7月9日，鞍钢举行隆重的开工典礼。中共中央和中央军委送来"为工业中国而斗争"的锦旗，东北行政委员会领导人林枫、李富春等同志参加大会并讲话。大会庄严宣布：新中国第一个大型钢铁企业正式开工！之后，鞍钢各个工序陆续投入生产，但恢复工作仍是中心工作。

新中国成立之初，陈云同志任中央人民政府政务院副总理、财政委员会主任兼重工业部部长，工作繁忙，日理万机。但他仍然心系鞍钢，帮助鞍钢解决工作中的困难。在全国第一次钢铁会议上，他号召全国的专家和技术人员到东北（主要指鞍钢）去，从事新的经济建设工作。在此之后，鞍钢火速派出代表团，到京、津、沪、华东、华北、华中等地招聘各类专业技术人员，较好地缓解了技术力量严重匮乏的困难。

1951年11月，陈云同志再次来到鞍钢视察。他鼓励鞍钢职工要抓紧生产和修复设备，多生产钢铁，为抗美援朝作贡献，为国家财政经济好转作贡献。鞍钢人没有辜负党中央和陈云同志的期望。1952年年末，完成了残存设备的修复任务，并在7至8月间动工新建"三大工程"，开始步入大规模建设时期。

把基本建设放在第一位

鞍钢恢复工作的顺利进行和全国国民经济恢复发展，预示着全国性的大规模建设高潮即将到来。中共中央在运筹国民经济大政方针之际，提出作为工业建设"重中之重"的鞍钢，应该及时转变工作重点，把以恢复工作为中心转变为以基本建设为中心。1952年3月上旬，陈云同志第三次到鞍钢视察，明确指出鞍钢要把基本建设放在第一位。

"我们要搞建设，五年计划，三年准备，今年是最后一年……今后你们如不把基本建设搞好，将来要犯路线的错误。建设任务成为中心任务了，其他任何工作都比不上基建重要。东北要比关内早，基建远远超过生产，将来在全国也会以基建为主。"这一重要指示不仅为鞍钢的进一步发展，也为全国大规模建设的展开指明了方向。当得知鞍钢生产任务很重，人员不足时，陈云同志讲了国内外政治经济形势，讲了全国经济建设的远景规划和发展速度，用辩证的、发展的观点教育鞍钢领导同志，要眼睛向内，自力更生解决，从生产岗位抽调合适的人员到基建岗位上去。他深谋远虑地说："实现五年计划，这关系到国家命运，关系到世界和平力量。把生产人员抽出来，生产是受点影响，但不能垮，不这样，基本建设就垮了。国营工业不发展，资本主义就发展，我们就没有办法建设社会主义了。""对生产人员考虑过要'割韭菜'，要割三刀，今年是第一刀。你们思想上要有准备，早点比迟点好，早割早提拔。"

陈云同志指示后，东北工业部发出了《关于加强鞍钢基本建设工作的决定》。鞍山市委召开十几次会议，研究如何贯彻陈云指示，如何加强鞍钢基建问题，提出"基建第一""以基建为中心"的口号，号召全市人民全力支持鞍钢基建。鞍钢公司在领导力量、人员调配、机构设置、物资供应等方面尽力满足基建的需要。鞍钢副总经理王玉清全面负责基建工作，副经理王勋负责设计、地质等技术工作，副经理王文负责设备、财务、材料工作。7月，本钢副经理赵北克被调到鞍钢任副经理，充实基建领导力量。从生产岗位抽调大批领导干部、技术人员、管理干部、技术工人，充实基建战线，对新招的工人、新分配的大中专学生，也优先满足基建之需。在机构设置和物资供应上，也按基建所需进行调整。到1952年年末，基建队伍已达5.5万人，生产和基建形成了两套机构，两支队伍，真正贯彻了把基建放在第一位的指示。

鞍钢加强基本建设的一系列做法，由东北工业部向中央作了汇报。中央认为有普遍指导意义，值得在全国推广。"鞍钢的经验更进一步证明，必须把基本建设提到工业建设的首要地位，大力充实基本建设的力量；必须从生产岗位抽调一批技术人员加强到基本建设方面来。这两个重要环节若予以忽视，就一定会犯错误，基本建设就会落空"。为配合全国大规模基建的需要，中共鞍山市委书记韩天石、中共鞍山市委副书记兼鞍钢副经理金铁群、鞍钢副总经理王玉清分别撰文《鞍山工人阶级的光荣任务》《鞍钢从生产部门抽调干部充实基本建设力量的经验》《鞍钢基本建设的初步经验》，于1952年年末至1953年年初在《人民日报》上发表，详细介绍了鞍钢的做法，为各地提供了可借鉴的经验。

从1952年下半年陆续开工的新建和扩建工程，进展非常顺利。1953年12月26日，"三大工程"举行生产开工典礼，国务院等单位送来了贺信和锦旗,《人民日报》以《我国工业建设的重大胜利》为题发表了社论。毛泽东同志给鞍钢职工复信,称"鞍山无缝钢管厂、鞍山大型轧钢厂和鞍山第七号炼铁炉的提前完成建设工程并开工生产,是1953年我国重工业发展中的巨大事件"。

  40年过去了,鞍钢已成为年产800多万吨的全国最大的钢铁企业。每当鞍钢人回顾光辉而曲折的发展历程时,总是难以忘却陈云同志在鞍钢恢复和建设的两个重要历史关头所作的一系列指示,总是难以忘却陈云同志在共和国钢铁工业奠基中所发挥的历史性作用。我们深切怀念毛泽东同志等老一辈革命家的光辉业绩,在党的基本路线和改革开放的方针指导下,彻底转变观念,加快企业内部机制转换,狠抓老企业的技术改进,在国际和国内市场竞争中立于不败之地,为社会主义建设作出更大贡献。

煤都人不会忘记

——陈云同志视察抚顺纪实

刘品荣

1958年，党在经济工作的指导方针上犯有"左"的错误，使我国国民经济的发展遭到严重的挫折，城乡人民生活发生很大困难。陈云同志较早地发现了"大跃进"和人民公社化运动带来的问题。1958年12月他提议，不要公布中共八届六中全会确定的1959年钢、煤、粮、棉四大指标。之后，他又指出四大指标是难以完成的。这些正确意见，当时没有受到重视和采纳。

1959年6月，身为中共中央副主席、国务院副总理的陈云同志在因病休养期间，来抚顺考察工业生产和人民群众生活等实际问题。陈云此次来抚顺视察不单单是为了指导抚顺的工作，同时也为全国的经济建设摸索经验，纠正"大跃进"以来"左"的偏颇。

陈云一踏上抚顺的土地，就急如星火地忙着视察抚顺的工厂、矿山，所到之处都留下了陈云同志闪光的足迹。

陈云同志在抚顺视察期间，处处体现了"不唯书""不唯上"的唯实精神。

陈云同志来到了全国最大的露天煤矿——抚顺西露天矿。"大跃进"以来，西露天矿为了多出煤，追求高产量，缺乏严谨的科学态度，造成采剥比例严重失调。生产处于一种无序的混乱状态，长期下去，将会给煤炭生产带来严重恶果。陈云同志了解到这一情况后，便严肃告诫有关领导，采剥比例失调问题一定要解决好，不然后果将不堪设想。一针见血地指出了煤炭生产中存在的弊病和今后的方向。然而在"大跃进"的年代里，不切实际的高指标、浮夸风，不但在中央得不到纠正，就是在基层，陈云的正确指示也不能得到很好的贯彻执行。1961年抚顺西露天矿大南帮的倒塌正说明陈云同志预言的正确。

他在调查研究过程中发现矿区存在着严重的交通堵塞状况,特别是地处西露天矿交通要道的大官屯附近的矸子山下,通道非常狭窄,上面的线路和下面的线路、公路与铁路纵横交错,出现了"天上地下乱打架"的现象。此处成了"三不管"地区,交通运输矛盾比较突出。陈云同志亲临现场实地考察,提出解决矛盾的一些具体建议,并责成市委有关部门尽快解决。

陈云同志在亲自调查研究的基础上,提出了抚顺矿务局总体改造的基本指导思想:以抚顺地下的煤炭资源为主,发展抚顺的配套重工业,即水、电、铝、硫酸铵、石油、水泥等各条生产线。概括为:合理利用地下资源,发展地面重工业,搞好综合利用。

陈云同志来到三〇一厂(现抚顺铝厂),还十分注意关心协调苏联专家在抚顺的援建工作。

第一个五年计划期间,苏联援建中国重点建设项目156个,仅抚顺市就占了8项。苏联专家在抚顺的工作,对抚顺经济建设的恢复发展起了积极的作用,作出了重大贡献,同时也存在着分工不细,管上水不管下水,工程不配套、不配合和严重扯皮现象,在一定程度上影响了工程进度。当陈云同志了解到这些情况后,立即找到苏联援助中国专家向负责人说明来意,苏方遂派人到三〇一厂了解情况,并批评了苏方专家。在陈云同志的积极努力下,抚顺其他几个厂家存在的类似问题都得到了解决,苏联专家与抚顺人民的关系得到了协调、友好发展。

陈云同志在对煤炭、石油、制铝等工业调查研究之后,对抚顺市委的工作作了部署,提出了指导性的意见:抚顺的城建工作要协调发展,防止单打一。

新中国成立之初,我党还缺乏城市建设管理方面的经验,缺乏可供参考的依据。因此,只好在实践中总结经验教训,不断改进完善自己的工作。

在国民经济恢复时期和第一个五年计划期间,抚顺市委的工作出现了"单打一"的现象。由于抚顺的煤炭生产在全国处于非常重要的位置,从而导致市委把主要精力放在抓煤炭生产上,出现了"市委成了矿务局"的局面,而忽略了全市城市建设、城市管理、人民生活等各项事业的均衡发展。具体体现在城建设施跟不上,人民生活得不到改善,等等。

对此现象,陈云同志严正指出:应组织社会主义的协调发展,防止单打一。陈云同志的这一指示,扭转了"单打一"的现象,使抚顺市委的工作步入了正轨。

这一点，在我们大力发展社会主义市场经济的今天，也有其指导意义。

陈云同志在抚顺视察期间，体现了他注重实践、亲自动手、踏实细致、多谋善断、联系群众、关心群众的领袖风范。

陈云同志来到抚顺，亲自跑工厂、下矿山。他不但亲自听取有关领导关于辽宁电厂厂址的选定及施工计划的汇报，而且亲自前往章党实地考察辽宁电厂厂址的周边环境；他还亲自到石油二厂察看该厂有关建厂、生产和计划落实情况；他在三〇一厂听取了铝厂领导的全面汇报，并同厂领导探讨了铝厂改造、新建铝厂所需投资经费等问题。

陈云同志在同三〇一厂厂长李波涛交谈中知道他的名字时风趣地说："你的名字很不错嘛，波涛汹涌，好有气魄！"

陈云同志询问："你们厂在改造、分期新建工程中共投资多少？"李波涛厂长答道："在原有基础上改造了一期工程，又新建扩建了二、三期工程，总共投资约2亿元。"

陈云同志又问："搞一个新的系列铝厂需投资多少？"

厂长回答："建一个新的系列铝厂需投资4000万元。"

从这场对话中可以看出，陈云同志对待工作是多么认真、细致。陈云同志在铝厂视察半连续铝锭铸造机操作时，李波涛厂长向陈云同志介绍生产过程。当时，陈云同志注意到黄欧东省长在大家的后面，便立即让黄欧东到前面来，一起听介绍。这种对干部、对下级的尊重和关怀的品格，使在场的人深感钦佩。

当陈云同志在三〇一厂视察时，得知在场的两名苏联专家想见见自己，便马上满足了这两位专家的要求。陈云同志同他们一一握手，并向他们对中国的援助表示谢意。这两位专家很高兴，事后逢人便说："我见到陈云同志了！"

陈云同志在视察抚顺的工矿区后，向市委提出了一系列建议并要求市委讨论，拿出具体的解决方案。

陈云同志离开了煤都抚顺，却把抚顺各界都调动起来了。在经过一个月的研讨、论证后，抚顺市委作出了具体规划，并组成了由陈安市长带队的汇报组专程赴京，向中央汇报。陈云同志责成薄一波同志负责接待，并调集专家组织人力研讨抚顺规划的可行性。中央有关各部如煤炭部、水利部、冶金部等抽调一批专家学者，听取了抚顺汇报组的四次汇报。经过论证，各部很快帮助拿出了详细的方案，并形成文件《抚顺"二五"规划概要》。

不久，中央又派以万里同志为首的工作组到抚顺，帮助指导抚顺"二五"规划的落实。陈云同志视察抚顺的时间虽短暂，但留给抚顺的精神财富却很多很多。

陈云同志关心有色金属工业发展的二三事

章伯垠

1995年4月10日，一代伟人、敬爱的陈云同志的心脏停止了跳动。噩耗传来，哀悼殊深！

新中国有色金属工业几十年来走过了光辉历程，从1949年产量1.3万吨，仅排在世界第25位，到1994年产量达到370万吨，迈入了世界生产大国行列，跃居世界第4位。这一辉煌成就，无不浸透了陈老的心血，陈老对有色金属工业的亲切关心和对我们的谆谆教导，至今历历在目。

一

陈云同志是中国社会主义经济建设的开创者和奠基人之一。他在长期领导新中国经济工作的过程中，一贯关注有色金属工业的发展，尤其是重视有色金属工业在国民经济中的重要作用，力求使有色金属产品能够立足国内。早在1948年年底及1949年年初，陈云同志在负责接管沈阳的工作暂告一段落时，就抽出时间视察工厂，在他第一批视察沈阳市八大战略性工厂中就有沈阳有色金属冶炼厂。这并不是偶然的，因为陈云同志非常重视支援前线的军事工业，深知生产子弹、炮弹、电缆电线等军工产品，都需要大量的铜、铝及其他有色金属。这些战略物资当时供应都很紧张。据当时在陈老身边任秘书的余建亭同志（原轻工业部副部长）回忆：陈云同志在视察沈冶时，对生产技术情况问得十分仔细，诸如：有哪几种产品，生产能力多大？原料矿山在哪里？精矿粉品位多高？年运输量多少？用电多少？生产成本多高？技术人员离开了没有，离开了的还能不能找回来？同时对各类人员的工资情况也问得很具体。当得知只要原料能运到工厂，不用很长时间准备就可以恢复生产时，陈云同志很高兴，叮嘱一定要做好准备工作。

1949年元月，陈云同志又来到抚顺铝厂视察。像在沈冶视察那样，陈云同志详细询问了工厂过去生产、经营和人员情况,当得知与之配套的铝土矿及氧化铝厂是在山东省张店时,表示要和山东联系,请他们尽快恢复生产,确保抚顺铝厂的原料来源。为了满足军工、巩固国防的需要,后来在苏联专家提交的初步设计基础上,1952年2月4日,陈云同志亲自起草审批了哈尔滨铝合金加工厂初步设计议定书,为我国有色金属工业贯彻"优先发展铝"的方针奠定了基础。

1949年三四月间,陈云同志到吉林小丰满水电站时,又专程从吉林市赶往被水淹没矿井的石咀子铜矿视察,了解矿山何时可以恢复生产供给沈冶炼铜原料,以及发展前景如何。因当时轻轨铁路没有轻轨车,只好坐在铁路敞篷车上用两匹马牵引着前进。陈云同志坐在车上饶有风趣地大声说:"嘿,这回坐上'马火车'了!"引得众人一阵哈哈大笑。

二

在实施"一五"计划的整个过程中,有色金属工业的发展始终得到陈云同志的关注。特别是1955年他和毛主席、周总理等老一辈革命家详细听取了有色金属矿山、冶炼厂情况的汇报,对有色金属工业的工作作了肯定和指示,极大地鼓舞了广大职工的生产积极性,使整个有色金属工业战线呈现出一派生机勃勃的景象。

1959年4月,当大家把目光都注视在钢铁工业上的时候,陈云同志又及时地提醒人们不要忽视有色金属工业。他在《给中央财经小组各同志的信》中写道:"对于工业中几个薄弱环节,如铜、铝、石油、木材、橡胶这几种物资,在生产和需要之间差距很大,不是短期可以解决的。……因此,必须在每年编制计划的时候,重视这几种物资的生产,加强这些薄弱环节,使需要和供应之间的缺口越来越小,逐步求得解决。"

三

由于"大跃进"和三年自然灾害的影响,1961年我国工农业生产出现了一次大的滑坡。14种常用有色金属的年产量由47.2万吨减至24万吨。为贯彻中央"调整、巩固、充实、提高"的八字方针,克服"大跃进"带来的消极后果,重新出任中央财经小组组长的陈云同志要求冶金工业部汇报有色金属工业的全面情况。我和段丁波同志(原冶金部黄金局副局长)在冶金工业部党组成员邱纯甫同志的直接领导下,根据有关司局提供的原始资料，负责执笔起草工作。我们历时两个多月终于撰写出近20万字的《关于有色金属工业汇报材料》。这个材料包含24个题目，比较全面地分析了有色金属工业的历史、现状和主要特点，提出了带有方针政策性的建议和措施。

在瑞雪纷飞、寒凝大地的1961年年底，陈云同志在北京饭店召集了汇报会，认真听取了邱纯甫同志代表冶金工业部党组所作的关于有色金属工业的详细汇报，冶金部参加汇报的还有吕东、高扬文等同志。陈云同志在听取汇报后，首先肯定了冶金工业部党组的汇报，并对如何加快有色金属工业发展等问题作了重要指示。指出：要恢复和加快有色金属工业的发展，必须从思想上认识加快发展有色金属工业的紧迫性和重要性，摆正有色金属工业在国民经济建设中的位置。陈云同志的指示切中要害，对有色金属工业的恢复和发展起到了促进作用。陈云同志在北京饭店听了汇报以后，他希望有色金属工业的汇报还要细一些。后来一段时间，就由纯甫同志到陈老家里，连续作了10多次关于发展有色金属工业的设想汇报。在每次汇报中，陈老都听得很认真，问得很仔细，十分重视设想的可靠性及所采取措施的正确性和可行性。

陈云同志作为无产阶级政治家、思想家，凡接触过陈老的人，给人印象最深的有两点：一是深入实际，调查研究。身为党中央副主席，陈云同志日里万机，他排除干扰，集中精力开小型调查会，听取汇报非常认真仔细，深入提出问题，寻根问底。二是实事求是，讲究科学态度。对汇报的每种有色金属都逐个询问来龙去脉，慎重决策，不压高指标，不搞浮夸风。

四

改革开放，为高速发展有色金属工业带来了明媚的春天。1983年4月，国务院下发了成立中国有色金属工业总公司的通知。当陈云同志听到有色金属工业由于管理体制改革，可以提前一年完成"六五"计划时，格外高兴。1984年11月17日陈老听了纯甫同志的汇报后，欣然挥笔，为中国有色金属工业总公司和中国有色金属报题名，充分表达了老一辈无产阶级革命家对发展中国有色金属工业的殷切期望和深切关怀。

往事依依，恍如昨日。陈云同志的音容笑貌时时浮现于眼前。陈云同志对有色金属工业发展的殷切期望更加激励和鞭策着我们。我们一定要化悲痛为力量，认真学习陈云同志的高贵品德和革命精神，抓住机遇，深化改革，为持续、稳定、高效地发展我国有色金属工业奋力拼搏！

蓝天碧水做证
——陈云同志关心本溪环保工作纪实

刘颖萍

大家不会忘记：10年前，国内外的各种新闻媒体相继报道一个震惊世界的消息——我国有一个卫星看不到的城市。这个城市就是辽宁省的本溪。此事引起党和国家领导人的高度重视，国务院环保委决定用7年的时间治理污染，至1996年8月验收合格。前不久，笔者有机会到本溪市环保局进行了专题采访。我由衷地为本溪市150多万同胞生存环境的改善而高兴，更深深地为老一辈无产阶级革命家陈云对人民的无限热爱、无比关切所感动。特拙此文，以飨读者。

我登上本溪的平顶山，俯瞰着她的全貌。周围青山环抱，清澈的太子河轻轻地经市区流过，蓝色的天空飘浮着几朵淡淡的白云，一片片林立的高楼与绿树相间，独具魅力的山城，实在令人难以想象，她在10年前竟然在卫星上消失。

一提起本溪污染及治理过程的话题，你立即会被市民的情绪所感染，他们纷纷向你述说着城市当时污染的情况，并告诉你最早关心本溪人民的党和国家领导人就是陈云同志。言语中充满了对老一辈革命家陈云的无限崇敬和怀念。尤其是环保工作者对此更是念念不忘，使你不能不受到教育和感染。

本溪市位于辽宁省东部山区，原本是个山川秀丽、风景独特的城市。市辖两个满族自治县和4个城区，总面积8420平方公里，人口155万。本溪又是我国重要的原材料生产基地，主要生产煤炭、钢材、水泥等。新中国成立40多年来，经济和城建发展很快，成为全国17个较大城市之一，对国家的经济建设作出了很大的贡献。但是，与国际上许多重工业城市相似，本溪市经济发展与环境保护的矛盾比较突出，由于过去在经济建设和发展中忽视了环境保护，造成大气污染十分严重。本溪市区43.2平方公里，自然环境又是群山环抱，工业区与生活区连在一起。每年排放的废气量和废水量均占全省的十分之一，燃煤量也占全省的十分之一。这些烟尘又散不出去，年复一年，恶性循环，致使污染情况日趋严重，到70年代末80年代初，本溪成为全国污染最严重的城市，甚至在卫星上也看不到她。据本溪人介绍，当时采煤废渣、炼铁废渣堆积如山，流经该市唯一的河流——太子河也呈黑褐色，鱼虾基本绝迹；晴天天空是灰蒙蒙的，阴天更是呼吸不畅；冬天人们上班时戴的雪白口罩，到单位时在鼻孔处留下了两个黑色的印迹。恶劣的环境严重地威胁着广大人民群众的生活和健康，当然也制约了经济的发展。本溪150万人民群众发出要求各级领导救救本溪的呼声，甚至提出，谁能领导治理好本溪的环境污染，就选谁当市长。可见，本溪环境污染已达到令人不能忍受的程度。

环境保护问题涉及两个文明建设，既关系到人民的生存和经济的繁荣，也是一个城市、一个国家文明程度的标志。因此，本溪的环境污染问题引起了党和国家的高度重视。1987年4月，全国人大环境与资源保护委员会主任委员曲格平等赴本溪考察环境污染情况；1988年1月，国务院环境保护委员会调查组到本溪调查；1988年7月全国各大新闻采访团到本溪了解情况。

国务院环境保护委员会调查组经过调查，感到本溪市环境污染情况严重，于1988年8月21日将调查组的报告、摄录的本溪环境污染纪实片及内参草样上刊发的新华社记者王言彬写的《卫星上看不见的城市》稿件一并送到陈云同志处。陈云同志当晚看了关于本溪环境污染情况的调查报告、录像片和文章。对人民群众一片赤诚的无产阶级革命家，看到150余万人民群众的生存环境如此恶劣，他心急如焚。第二天，陈云即在王言彬写的文章上作了批示："治理污染，保护环境，是我国一项大的国策，要当作一件非常重要的事情来抓。这件事，一是要经常宣传，大声疾呼，引起人们重视；二是要花点钱，增加投资比例；三是抓监督检查，做好落实。"批示送至赵紫阳、李鹏、姚一林等同志处，以后他们都有批示和圈阅。

本溪市政府接到批示后，利用各种新闻媒介全力宣传。山城人民欢欣鼓舞，奔走相告。老一辈革命家陈云同志对150万人民的深切关怀和爱护，多少人被感动得热泪盈眶，他们得到了安慰，也看到了希望。正如本溪市环保局的3位局长反复向我们强调的那样，陈云同志的批示有着不可替代的历史作用：首先，本溪是全国污染最严重的城市，150万人生活受到

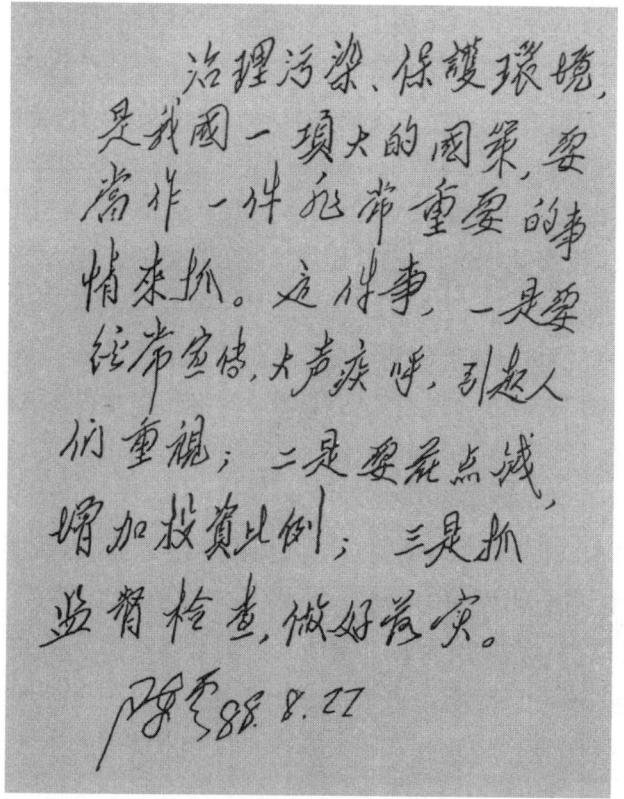

▲ 陈云同志对本溪环保工作的意见

威胁，最关心本溪人民疾苦、最早作出批示的党和国家领导人就是陈云同志，此后才有其他领导人的批示和决定。其次，三点批示切中要害，第一点是要进行宣传教育，强化人们的环保意识；第二点针对性很强，就是要国家给政策，解决了资金，才能使治理得以实现；第三点是进行法制管理。再次，陈云同志的批示既有现实意义，又有深远意义，为今后搞建设的同时抓好环保工作指明了方向。

批示很快得到贯彻落实。1988年12月29日，国务院环境保护委员会下发了《关于治理本溪市环境污染的决定》，决定用7年的时间治理污染。此后，本溪市委、市政府认真组织并亲自领导制定了治理污染规划。

1989年9月，国务委员、国务院环保委员会主任宋健同志亲自到本溪主持召开现场办公会，确定本溪市为全国唯一的污染治理试点城市，批准了《本溪市环境治理七年规划》，并在资金、政策等方面给予有力支持。李鹏总理破例从总理预备金中拿出7000万元支持本溪的环境治理。辽宁省政府拿出4000万元，本溪市政府自筹1.6亿元资金进行环保治理。从此，本溪市三任市长、本溪环保局三任局长，把治理环保当成重要大事，组织实施《本溪市环境治理七年规划》。本溪人民在市委、市政府的领导下，本着谁污染谁治理的原则，经过7年艰苦不懈的努力，使规划变成了现实。本溪市共完成投资4.8亿元，完成重点治理工程项目44项。其中：大气治理24项，废水治理13项，废渣治理52项，噪声及其他治理2项。1996年8月，经国家环境保护委员会验收，大气和水体环境质量实现了国家国环委

《决定》的要求。大气质量达到三级标准，水体质量达到地面五类水标准，市区环境质量得到显著改善。

在治理环境污染的同时，本溪市委、市政府把保护环境当作一件非常重要的事情来抓，全面认真地贯彻落实陈云同志的指示。本溪市司法局与环保局联合协作，利用多种形式进行全民环境普法教育。如：创办了本溪环境报；创办本溪市环保实验小学，从小培养孩子们的环保意识；1990年环保局组织全市1.8万名副科级以上干部参加《环保法》考试；举办厂长、矿长学习班，学习《环保法》；团市委组织大学生考察环保工作；举办"爱我家园环城长跑"活动；在列车上开展环保知识问答活动等。

10年来，通过宣传教育和切身经历，本溪人民提高了环保意识。在市委、市政府的领导下，一个拥有面积为225.9平方公里环城公园，市区人均绿化面积为5.5平方米的本溪市，已掀去面纱，以美丽的容貌重新出现在卫星上。更重要的是本溪人民在全面贯彻落实陈云指示的实践中，在坚持以经济建设为中心的同时，探索出一条依靠科技进步，促进经济与环境协调发展的道路。

在充满生机和希望的本溪生活的150万人民，用再现的蓝天碧水告慰牵挂和热爱他们的陈云同志。陈云同志以他的革命实践在山城人民心中树立了一座丰碑，这丰碑永在。

百年诞辰日　缅怀奠基人
——陈云同志视察抚顺铝厂

周新哲

往事依稀，犹如昨日，55年的岁月瞬间过去了。尽管时间的隧道每时每刻都在消磨着珍贵的印记，但从只言片语的文字记载和老一辈们点点滴滴的回忆中，我们依然能够感受到一股力量，那种对中国铝工业深情关怀和寄予厚望的力量，这力量激励着抚顺铝厂走过了55年，创造了一个又一个奇迹。

抚顺铝厂的前身是1936年在日本关东军的策动下，由满洲铁道株式会社与伪满政府合资成立的"满洲轻金属株式会社抚顺制造所"。1937年动工，1938年投产，到1941年形成1万吨/年生产能力，到1945年8月间，共生产铝近4.6万吨，全部用在了日本侵略亚洲的军事上。

1945年，日本投降后，苏联军队开进抚顺铝厂，将工厂的设备拆除运往苏联。据后来联合国调查组的报告证实：抚顺铝厂66.3%的设备被运走。

1948年，国民党政府接收了抚顺铝厂，工厂再次遭到"接收大员"的洗劫。此时的抚顺铝厂几乎变成了废墟。可是这一切并不能毁灭我国的铝工业，因为它有自身存在的条件、立足的价值，也就是说有极其强大的生命力，抚顺铝厂必然要复兴，而且要进一步发展、壮大。

1948年11月，东北全境解放，万众欢欣鼓舞，人民当家做了主人，工厂回到了人民的手中。然而微薄的工业基本处于瘫痪状态，工厂已经是满目疮痍。

党中央开始着手准备新中国成立后如何进行经济建设工作。东北是全国工业的重要基地，辽宁是重中之重。哪些工厂需要先恢复生产？哪些工厂能恢复？如何恢复生产？怎样发动群众？等等，千头万绪，需要做大量深入细致的调查研究工作。

1949年元月的东北，千里冰封，万里雪飘。

当时任东北局副书记兼沈阳市特别军事管制委员会主任的陈云同志冒着严寒来到抚顺铝厂。他深入厂房，同工人群众、技术人员、领导干部广泛进行交谈，详细、认真地了解抚顺铝厂在日伪时期的生产、经营情况。当陈云同志得知与抚顺铝厂恢复生产配套的铝土矿及氧化铝厂在山东省张店时，立即表示要与华东局联系，请他们尽快恢复生产，以确保抚顺铝厂的原料来源。陈云同志说："共产党领导革命二十几年了，现在革命力量这样强大，全国胜利就要到来，是依靠什么法宝呢？没有别的，就是依靠大家出主意。三个臭皮匠，凑个诸葛亮。"

"要告诉全体工友，大家要挑起担子，不光是积极做工，还要真正尽主人翁的责任。"

据资料记载，陈云同志是第一位到抚顺铝厂视察的党和国家的领导人。

1949年12月，重工业部在北京召开了新中国成立后的第一次全国有色金属工业会议。会上，党和国家的领导人对发展铝工业给予了特殊关怀，确定了建设抚顺电解铝厂、山东张店氧化铝厂、吉林碳素厂的发展中国铝工业的战略思路，也就是后来形成的"四环套"铝厂。即在"满洲轻金属株式会社抚顺制造所"的废墟上恢复扩建抚顺铝厂，在山东张店建氧化铝厂，在吉林新建碳素厂，在黑龙江原日军731细菌部队的旧址附近新建轻金属加工厂。其中，抚顺铝厂的铝、镁电解扩建项目成为我国第一个五年计划156项重点工程中的两项。

根据国家发展计划，抚顺铝厂的技术人员和工人群众从1950年6月开始收集原始资料，1952年8月主要工程开工，全部基本建设过程的实际施工时间只有两年多一点。在当时的条件下，以这么快的速度建设这么大的工厂，党和国家领导人的亲切关怀是巨大的动力。同时，也显示了"抚铝"人的智慧和力量，是新中国社会主义的优越制度激发了他们的劳动热情和忘我工作的精神。

1958年，党在经济工作的指导方针上犯有"左"的错误，使我国国民经济的发展遇到了严重挫折，城乡人民生活出现很大困难，陈云同志较早地发现了"大跃进"和人民公社运动带来的问题。12月，陈云同志提议，不要公布中共八届六中全会确定的1959年钢、煤、粮、棉四大指标。之后，他又指出四大指标是难以完成的。1959年5月，陈云同志"关于钢铁指标问题给毛泽东同志的信"中，提出把钢铁超过900万吨的产量作为奋斗和争取的目标。这些正确意见当时没有受到重视和采纳。

6月，身为中共中央副主席、国务院副总理的陈云同志在因病休养期间来到辽宁，由时任省长黄欧东同志陪同下，再一次来到抚顺铝厂视察。

10年的建设，抚顺铝厂已经发生了翻天覆地的变化。

当一个从废墟中站立起来的新"抚铝"、一个凝聚了陈云同志无限关怀的新"抚铝"呈现在面前时，他露出了满意的笑容。只见新"抚铝"烟囱高耸入云，厂房整齐排列，施工现场红旗招展，工作车间机声隆隆，一派欣欣向荣的繁忙景象。

陈云同志乘车直接来到刚刚建成的第五、第六厂房，等候在那里的抚顺铝厂时任厂长李波涛、总工程师韦涵光等同志迎上前去，陈云同志与他们亲切地握手、问好。陈云同志问李波涛厂长："你叫什么名字？"李波涛厂长回答后，陈云同志风趣地说："这名字不错嘛，波涛汹涌，好有气魄！"

在听取厂领导汇报生产建设情况时，陈云同志不时发问，而且问得很细。当听到第三系列设计安装的是60KA铝电解槽时，陈云同志问："这个系列的电解槽都有多少？是哪里设计的？建筑面积是多少？"李波涛厂长答道："这个系列共有电解槽164台，配置在建筑面积7560平方米的两个厂房内，是沈阳铝镁设计院以苏联设计的铝的系列为模式进行设计的。"

陈云同志问："你们厂在改造、新建工程中共投资多少？"

李波涛厂长回答："在原有基础上改造了一期工程，又新建、扩建了二、三期，总共投资约2亿元。"

陈云同志又问："搞一个新的系列铝厂需投资多少？"

李波涛厂长回答："建一个新的系列铝厂须投资4000多万元。"

陈云同志认真、细致的提问，体现了他注重实践、认真调查研究和踏实细致、联系群众的领袖风范。

在电解厂房视察时，有两位正在现场工作的苏联专家听说有中央领导同志来到车间，通过翻译提出能否见到陈云同志。陈云同志听说后欣然同意，并热情地和苏联专家一一握手、问好，向他们对中国的援助表示谢意。这两位专家非常高兴，事后逢人便说："我见到陈云了。"

在视察半连续铝锭铸造机操作时，时任总工程师韦涵光向陈云同志介绍了生产过程。当时，陈云同志注意到省长黄欧东在大家的后边，便立即让黄欧东同志到前面，意思是请大家一起听介绍。这种对干部、对下级的尊重和关怀的品格，使在场的人们深感钦佩。

陈云同志在"抚铝"视察期间，处处体现了"不唯书，不唯上"的唯实精神。

第一个五年计划期间，苏联援建中国的156项重点建设工程，是新中国社会主义建设的命脉。陈云同志十分注意关心协调苏联专家的援建工作，当他了解到苏联专家在援建抚顺铝厂过程中存在着"分工不细，管上水不管下水，工程不配套，不配合和严重扯皮"的现象，在一定程度上影响了工程进度时，他立即找到苏联援建中国专家的负责人说明问题。苏方遂派人到抚顺铝厂了解情况，并对存在问题的专家提出了批评，及时改正了错误。在陈云同志的积极努力下，其他几个工厂存在的类似问题也得到了解决。苏联专家与工人群众的关系得到了协调友好的发展。

陈云同志是我党老一辈无产阶级革命家，也是经济专家。他不但知识渊博，而且平易近人，和蔼可亲，给抚顺铝厂的干部和工人留下了深刻的印象。他虽然只到过抚顺铝厂两次，但留给抚顺铝厂的精神财富却很多，很多……

伴随着新中国前进的步伐，在党和国家领导人的关注下，从废墟中崛起的抚顺铝厂冲破艰难险阻，成为中国有色金属工业的中坚，成为中国第一铝厂。同时，也为中国铝工业的建设和发展输送了大批的技术人才和生产骨干。55年来，抚顺铝厂完成利税35亿元，相当于国家投入的16倍。抚顺铝厂研制和生产的新型材料和高纯金属材料，曾广泛应用于我国的航天工业、国防军事工业和科研尖端领域，为我国人造卫星、运载火箭、洲际导弹和神州飞船的发射成功作出了重大贡献，多次受到党中央、国务院和中央军委的通令嘉奖。

陈云同志在辽宁

高峰 王效伯

在纪念伟大的无产阶级政治家、革命家，杰出的马克思主义者，中国特色社会主义建设的开创者和奠基人之一，党和国家久经考验的卓越领导人陈云同志诞辰100周年之际，我们深情地回顾陈云同志在辽宁解放、建设和发展的各个历史时期对这片热土给予的极大支持和关心，追忆他老人家留下的光辉足迹，回想他老人家的亲切话语，重温他老人家的谆谆教诲，心中充满了无限的缅怀和敬仰之情。

运筹帷幄　坚持东北

东北解放战争时期，陈云同志作为中共中央东北局的重要领导成员，一直战斗在白山黑水之间，他在政治和军事上卓越的领导和指挥才能在东北战场上得到了充分的体现。

抗日战争胜利后，鉴于东北在战略上的重要性，中共中央决定组建了以彭真为书记，陈云、伍修权、程子华、林枫为委员的中共中央东北局，先后调集了10万军队和2万干部进入东北。陈云于9月17日晚到达沈阳后，即开始了领导接收和建立东北根据地的伟大斗争。

到达沈阳之初，陈云同志就以一个政治家和军事家的战略眼光，对东北的形势作出了正确的分析和判断，指出：满洲的斗争是长期的武装斗争与非武装斗争。如果我们拥有东北这块土地和资源，再加上华北的人力，全中国人民就会早日抬起头来。要迅速有力地打破国民党的内应势力，解除他们的武装。要迅速扩兵，开展工人运动，招收大批学生，争取中间立场的上层分子，孤立顽固的国民党。他协助彭真同志，确定了组织部队接管城市，控制交通线，迎接派来东北的大批干部和部队，粉碎国民党抢占东北的战略方针。按照中央的要求和东北局的部署，从9月下旬到10月上旬，他夜以继日地与从关内来东北局报到的干部谈话，分配他们奔赴东北各省和主要城市，建立党的领导机关，掌握政权，发动和宣传群众，建立和扩大人民武装。为我党我军迅速占领和控制东北奠定了基础。

到北满任职后，根据形势的发展变化，陈云与张闻天等同志一起，多次就我党我军在东北的基本方针向东北局和中央提出建议，应有计划迅速地将其他武装力量及干部分散到广大乡村、中小城市及铁路支线的战略地区。这些建议，得到了毛泽东同志的充分肯定，并与后来毛泽东同志代中央起草的《建立巩固的东北根据地》的战略思想相吻合。此后，他还十分英明地预见，国民党必定调兵来东北，调兵的唯一目的就是打仗。他们要来接收东北，就会有战争。我党的任务是发动群众，开展农民运动，剿灭土匪，肃清国民党特务，建立根据地。实践表明，陈云的意见高瞻远瞩，完全符合东北当时的实际情况，为党中央确定在东北的正确战略方针起到了重要作用。

国民党军队向东北解放区发动大举进攻后，为全面落实中央关于建立东北根据地的指示，解决干部中的思想问题，统一东北党内的认识，东北局于1946年7月3日至11日召开扩大会议，会议通过了委托陈云起草的《东北的形势和任务的决议》（简称"七七决议"）。决议指出，必须认识东北斗争的尖锐性和长期性，克服和平和战争问题上的混乱思想。全党必须下最大决心，努力准备一切条件，粉碎蒋军进攻，以战争的胜利去取得和平。决议进一步明确党在东北工作的重心，把创建根据地放到工作的第一位。创建根据地的主要内容是发动群众。我军的作战原则不在于城市和要地一时的得失，而是力求消灭敌人，保卫根据地。决议号召东北全党干部走出城市，到农村去，造成干部下乡的热潮。决议的通过，标志着东北全党的工作方针和战略重心从根本上转向了建立东北根据地的正确轨道，从而为解放战争在东北的胜利奠定了重要的思想基础。

1946年10月中旬，国民党制定了"南攻北守，先南后北"的战略方针，企图吃掉南满我军，解除后顾之忧，转而全力进攻北满，独占整个东北。从这时起，南满进入了解放战争时期最艰苦的岁月。在这种情况下，陈云自告奋勇前往南满工作，兼任了中共辽东分局（亦称南满分局）书记和辽东军区政委。

12月11日至14日，辽东军区在七道江召开了军事会议。会议一开始就在是否坚持南满根据地的问题上发生了严重分歧。只有少数人同意坚持南满，认为南满战略地位重要，坚决不能丢。多数人持反对意见，认为长白山区地形狭窄，不利于大兵团作战，对坚持南满没有信心。会议连续开了几天，各抒己见、相持不下。就在此时，突然发生了敌情，盘踞在安东和通化的敌人正准备向临江进犯，情况万分紧急。但由于会议对去留问题未达成统一，因而影响了具体作战方针的最终确定。于是军区党委将会议情况报告给陈云，并请他参加会议，作最后决定。

12月13日晚，陈云顶着漫天风雪来到七道江前线指挥所，同与会的同志亲切交谈，了解情况直到深夜。第二天，陈云在七道江会议上就坚持南满斗争的战略意义作了重要讲话。他形象地说："东北的敌人好比一头牛，牛头、牛身子冲着北满，牛尾巴在南满，如果我们松开这条牛尾巴，那就不得了，这条牛就要横冲直撞，南满保不住，北满也危险。如果我们抓住牛尾巴，那就不得了，敌人就进退两难，因此抓住牛尾巴是个关键。"陈云循循善诱，全面分析了"留下"和"撤走"的利害得失，说明了坚持南满的重要性和可能性，他语重心长地说："我来南满就是为了和大家一起坚持南满斗争，你们让我来拍板，拍板就是坚持南满，我们不走了，都留在南满，一个人也不走，留下来打，要在长白山上打红旗，摇旗呐喊！"陈云有理有据的分析和果断干脆的决定，统一了人们的认识，得到了大家的拥护和赞成。会议一致通过了巩固长白山，坚持敌后三大块（即辽南一分区、辽宁二分区、安东三分区）总的战略指导思想，以及正面与敌后两大战场密切配合，内线作战和外线作战相结合，运动战与游击战相结合的军事指导方针。这就顺利解决了要不要坚持南满这一重大问题。

历史证明，陈云七道江会议的讲话，是关键时刻决定性的一次拍板，也是决胜全局的一步好棋。在此基础上，北满我军三下江南作战，陈云同萧劲光指挥南满部队胜利地进行了四保临江战役，从而彻底粉碎了敌人"南攻北守，先南后北"的作战计划，扭转了南满的危局，站稳了脚跟，使我军由被动变为主动，由防御转入进攻，加速了东北解放的进程。

接管沈阳　积累经验

沈阳，是东北最大的城市，也是东北军事、政治、经济的中心。随着东北解放战争的胜利，接管好这座大城市便成为我们党实现战略转移的首要任务。党中央经过慎重考虑，决定由陈云同志来完成这项艰巨的使命。陈云同志肩负着党的重托，通过卓有成效的工作，在较短时间内全面完整、成功地完成了对沈阳的接管，为全国积累了城市接管经验，并带领全市人民积极进行社会改造，恢复发展城市经济建设，使沈阳这座创伤累累的历史名城很快地焕发青春，也为沈阳以后开展大规模的经济建设奠定了良好的基础。

当辽沈战役即将胜利的时刻，根据中央指示，东北局于10月27日决定组成以陈云为主任，伍修权、陶铸为副主任的沈阳特别市军事管制委员会，全权处理接管沈阳的工作。10月29日，陈云率领从东北各地抽调的4000名新老干部从哈尔滨出发，途经吉林市、梅河口，绕道四平市到达开原。在进驻沈阳途中，陈云召开了5次会议，讨论接管政策和方法，以确保各项接管工作顺利进行，使全体干部对成功接管充满信心。

11月2日，沈阳获得解放。军管会从铁岭乘汽车进入沈阳，立即按预定部署开始接管工作。11月3日，东北局在大和旅馆（今辽宁宾馆）召开成立沈阳市特别军事管制委员会大会。陈云同志在会上特别强调：沈阳是我们党接收的第一座大城市，一定要接管好，不能将我们打下来的城市变成死城市。要让国民党所有在职人员在规定的时间内向人民政府报到，一律上班，各机关开始办公，工厂开始生产，商业部门都要开始正常营业。从现在起，沈阳就是共产党领导的城市了，我们一定要比国民党管理得更好！

此后，按照陈云同志提出的"各按系统，自上而下，原封不动，先接后分"的方针，军管会开始了全

▲ 我军接管沈阳广播电台

面、完整的接管工作。军管会下辖的9个部门,分别接收了原国民党机构的各个部门。军管会发出布告通知原国民党机关主管人员负责办理移交手续,要求旧职人员均按原职上班,避免混乱和大的波动。各接收部门对工厂、企业和房子等只有接收权,而无占有权和支配权,权力集中在军管会,待全部接收完毕后,再统一分配。在接管工作的实施中,由于陈云同志领导有方,指挥得当,方针正确,措施有力,接管工作进展顺利,社会秩序良好。入城的第二天,市内就恢复了供电、供水,电话、电报、通信开始使用;工厂、学校、机关和企事业单位的房屋、设备器材、仓库物资等一般没有遭到破坏。到11月5日,全市基本完成清点移交和接收工作。10日左右,国民党政府官僚资产阶级所有的一切矿山、铁路、邮政、银行、医疗机构、商店和其他企业,统归国家所有。接收和没收的164个企业改为全民所有制国营企业,接收工作初步告捷。

陈云同志十分重视总结经验。11月28日,他写了《接收沈阳的经验》的报告,电告东北局并转告中央。报告总结了接收沈阳的经验,由中共中央转发给各中央局和各前委,供接收其他城市借鉴。主要是接收工作采取了出发前即确定的"各按系统,自上而下,原封不动,先接后分"的接收方针:各按系统,是指军管会除市委外,按下辖经济、财政、后勤、铁道、政务等5个处,以及市政府、公安局、办公室、卫戍司令部等单位,进行接收;自上而下,是指入城后即发布告通知原有机关主管人负责办理移交手续;原封不动,是指旧职员均按原职上班,工厂企业等只派去军代表,政府部门只撤换头子,对职员、工人一律发给生活维持费,有些高级职员则不发;接收步骤,第一步是资产档案,第二步才能整理人员,先接后分,是指各部门只有接收权,无占有权和支配权,资产档案一律不准搬走。各部门不对原来上级负责,只对军管会负责。此外,在接收部队入城之前,电台连续广播我党的政策、办法,起到了安民告示的作用。事实证明,这些做法,既防了乱,又保证了快。为了迅速恢复秩序,入城后首先要恢复电力生产与供应;迅速解决了市场及金融物价等涉及民生的问题;警察不佩带枪支,徒手服务;迅速出版报纸,稳定人心,宣传党和政府的政策。为保证接收顺利进行,入城部队严格执行纪律,做到秋毫无犯,赢得了群众的信任。同时,要准备出在各方面能称职的干部。陈云同志总结的接管经验得到了中央的赞同,周恩来同志亲自批示转发,成为后来我党接管其他城市的基本准则。

随着解放战争的深入发展，党中央明确指出，新解放的城市要将革命和建设一起进行，应以经济建设为中心，动员一切力量恢复和发展生产事业。陈云同志根据党的七届二中全会精神，提出要从指导思想上明确，依靠工人阶级，面向生产，是目前压倒一切的中心。要"以发展国营工业，特别是机械工业为重点，加速壮大国营经济的领导力量"。并强调指出，东北最根本的中心任务是支援全国解放战争。陈云同志针对接管后工厂处于停工半停工的状况，深入实际，调查研究，确定了八大战略性工厂。他指出，应优先重视这些带有战略性工厂的恢复与发展。在工厂复工之前，首先要做好工人群众的工作，设立群众工作委员会，要采取多种形式宣传党的政策，举办形势教育短训班。其次要建立厂工会或临时接管委员会，组织工人代表参加接管工作，发动工人和技术人员及职员复工，为生产献计献策。陈云等还几次召开动员大会，晓之以理，动之以情，号召全市人民恢复生产，支援前线。为发挥各大国营企业在发展生产中的主导作用，陈云同志经常深入基层，召开各大国营企业和工人代表座谈会，倾听工人群众的意见。对工人提出的关于生产的问题，陈云同志要求大家想办法，节约原料，创造代用品，尽主人翁责任，把生产搞上去。对于工资、生活福利等问题，陈云同志指出能办到的立刻就办，不能马上解决的困难，希望大家勇挑重担，忍受暂时困难，共同把生产搞上去，支援全国解放战争。在陈云同志和军管会的积极努力下，工厂企业迅速恢复生产，工人们忘我地劳动，有力地支援了前线，为全国解放战争提供了有力保障。

亲切关怀　殷切期望

陈云同志十分重视辽宁的建设和发展，无论是在东北工作期间还是新中国成立后，他始终心系辽宁，多次到辽宁的工矿企业视察，并作出一系列重要指示，有力地推动了辽宁工业基地的建设。

还是在新中国成立前，他就曾于1949年1月到4月先后分三次到抚顺、鞍山、大连、新金（今普兰店）、瓦房店、本溪、安东（今丹东）等地进行实地考察，指导工作。在沈阳工作期间，他先后视察了兵工厂、重型机械厂、铁路机车厂、车辆厂、化工厂、橡胶厂、纺织厂、造纸厂、啤酒厂等工厂企业。他深入了解当地政治经济概况、工业发展前景和市场供应、交通运输、职工工资、人民生活等多方面的情况。在鞍山视察恢复工作时指出，鞍钢是我国最大的联合企业，在世界上也不多。你们承担的任务很艰巨,也很光荣。要尽快把鞍钢恢复起来,支援解放军解放全中国,支援即将在全国范围内开始的大规模经济建设。针对辽宁工业基地恢复生产问题,他指出,要在现有设备的基础上加以补充,包括要求苏联退还在进入东北后搬走的大机器。他建议尽快聘请苏联专家来帮助复工。他还在东北局的会议上说,工业投资的重点是恢复重工业,特别是鞍山、本溪钢厂,抚顺、本溪、阜新的煤矿。

新中国成立之初,陈云同志日理万机,工作十分繁忙,但仍然非常关注辽宁的发展,仅20世纪50年代,他就5次到辽宁视察。其间,他最为关心的是鞍钢的恢复和发展。在1949年12月召开的全国第一次钢铁会议上,他号召全国的专家和技术人员到东北(主要指鞍钢)去,从事新的经济建设工作。在此之后,鞍钢火速派出代表团,到京、津、沪、华东、华北、华中等地招聘各类专业技术人员,较好地缓解了技术力量严重匮乏的困难。1951年11月,陈云同志首次来到辽宁视察就来到了鞍钢。他鼓励鞍钢职工要抓紧生产和修复设备,多生产钢铁,为抗美援朝作贡献,为国家财政经济好转作贡献。随着全国国民经济恢复发展,全国性的大规模建设高潮即将到来。中共中央在运筹国民经济大政方针之际,提出作为工业建设"重中之重"的鞍钢,应该及时转变工作重点,把以恢复工作为中心转变为以基本建设为中心。1952年3月上旬,陈云同志再次来到鞍钢视察,明确指出鞍钢要把基本建设放在第一位。他说:"我们要搞建设,五年计划,三年准备,今年是最后一年……今后你们如不把基本建设搞好,将来要犯路线的错误。建设任务成为中心任务了,其他任何工作都比不上基建重要。东北要比关内早,基建远远超过生产,将来在全国也会以基建为主。"当得知鞍钢生产任务很重,人员不足时,陈云同志讲了国内外政治经济形势,讲了全国经济建设的远景规划和发展速度,用辩证的、发展的观点教育鞍钢领导同志,要眼睛向内,自力更生解决,从生产岗位抽调合适的人员到基建岗位上去。他深谋远虑地指出:"实现五年计划,这关系到国家命运,关系到世界和平力量。把生产人员抽出来,生产是受点影响,但不能垮,不这样,基本建设就垮了。国营工业不发展,资本主义就发展,我们就没有办法建设社会主义了。""对生产人员考虑过要'割韭菜',要割三刀,今年是第一刀。你们思想上要有准备,早点比迟点好,早割早提拔……"陈云同志的重要指示不仅为鞍钢的进一步发展,也为辽宁老工业基地的建设指明了方向。陈云同志指示后,当时的东北工业部发出了《关于加强鞍钢基本建设工作的决定》。鞍山市委召开十几次会议，研究如何贯彻陈云指示，如何加强鞍钢基建问题，提出"基建第一""以基建为中心"的口号，号召全市人民全力支持鞍钢基建。经过卓有成效的工作，鞍钢形成了生产和基建两套机构，两支队伍，为以后的大规模发展奠定了坚实的基础。

1957年8月7日，时任国务院副总理的陈云和李先念来到辽宁视察。8月8日主持召开辽宁、吉林、黑龙江三省经济管理体制改进工作座谈会。会上，陈云同志就在若干工作中划分中央和地方管理权限的问题发表了具有重大和深远意义的讲话。他指出，体制问题是很重要的问题，是中央和地方分权的问题，分权问题是在许多地方分权。这次会议要解决工业、财政、商业的问题。现在工业行政管理有两个问题，一是中央集中的太多，地方的权限太小，限制了地方的积极性；二是国家集中的太多，厂矿的权限太小，限制了厂矿干部和职工的积极性。因此要在物质分配、利润分成、人事管理上适宜地扩大地方管理工业的权限；要减少指令性的指标，在财务和人事管理上适当地扩大企业管理的权限。商业机构设置由地方按照中央规定的原则根据具体情况自己定，企业利润实行中央和地方统一按比例分成，商品定价由中央和地方分别管理。地方财政收入按一定比例上交国家后划归地方，一些特殊性的支出由中央拨款，地方可用自己的收入搞一部分基本建设。陈云同志还认真听取了与会者对《关于在若干工作中划分中央和地方管理权限的意见（草案）》的意见，对辽宁省委提出的一些问题给出了具体的解决办法。

8月9日，陈云同志出席了中共辽宁省、市、地委书记和省直机关党员负责干部大会。他指出：粮食问题是最重要的问题，物价稳定，头一条就是靠粮价稳定。粮价动摇，物价就要动摇，整个五年计划统统都要动摇。我们是大国，粮食不能依赖进口。要从根本上解决粮食问题还需要很多年，在此之前，保证粮食不出问题的办法只有一个，即以丰补歉。在粮食工作中要反对不顾国家、集体的个人主义和本位主义。农业问题对我们压力很大，搞不好就要拖经济建设的后腿。解决这个问题，一靠增加化学肥料和化学纤维；二靠兴修水利，抓好治涝和灌溉；三靠搞好计划生育。我国的基本建设取得了很大成绩，苏联帮助设计了156项，我们自己搞了800多项，不是社会主义制度是办不到的。我们在基建方面还是比较勤俭节约的，但现在看来，有许多方面还可以再省一点、慢一点，把轻重缓急分得再清楚一点。这些缺点不能埋怨苏联的设计，而要承认我们自己没有经验，我是第一个要负责的。国家很穷，钱都是老百姓的，我们应好好总结教训，在基建方面认真节省。陈云同志的重要讲话为辽宁如何处理工业与农业、积累与消费的关系指明了方向，成为辽宁工业基地发展过程中长期坚持的重要准则。

1959年6月，时任中共中央副主席、国务院副总理的陈云同志在因病休养期间，来抚顺考察工业生产和人民群众生活等实际问题。在抚顺西露天矿视察时，陈云了解到由于受浮夸风的影响，西露天矿出现了采剥比例失调的情况，严重地影响了西露天矿采煤任务的完成。陈云立即严肃地告诫有关领导，采剥比例失调问题一定要解决好，不然后果将不堪设想。一针见血地指出了煤炭生产的弊病和今后的方向。在调查中，陈云发现矿区存在着严重的交通堵塞状况，遂亲临现场实地考察，提出了解决矛盾、缓解矛盾的一些具体建议，并责成市委有关部门尽快解决。在调查研究的基础上，陈云同志还就抚顺矿务局总体改造提出了设想：以抚顺地下煤炭资源为主，发展抚顺配套工业，实现资源的综合利用。在抚顺铝厂视察时，他听取了铝厂领导的全面汇报，并同厂领导探讨了铝厂改造、新建铝厂所需投资经费等问题，还协调解决了苏联专家在铝厂援建中出现的问题。陈云同志在视察抚顺铝厂等工厂矿区后，对抚顺市委的工作提出了指导性意见，并再三叮嘱抚顺市的领导同志，城市建设要协调发展，防止单打一。陈云同志的重要指示，为促进经济建设与城市建设、城市管理、人民生活等各项事业的均衡发展指明了方向。

本溪市是我国重要的原材料生产基地，为国家的经济发展和辽宁老工业基地建设作出了很大贡献。但是，与国际上许多重工业城市相似，本溪市经济发展与环境保护的矛盾比较突出，由于忽视了环境保护，造成大气污染十分严重，到20世纪80年代初，本溪成为全国污染最严重的城市。本溪的环境污染问题引起党和国家的高度重视。1988年1月，国务院环境保护委员会调查组到本溪实地考察；1988年7月全国各大新闻采访团到本溪了解情况。国务院环境保护委员会调查组经过调查，于1988年8月21日将调查报告、摄录的本溪环境污染纪实片及内参草样上刊发的新华社记者王言彬写的《卫星上看不见的城市》一并送到陈云同志处。陈云同志当晚看了关于本溪环境污染的调查报告、录像片和文章。对人民群众一片赤诚的无产阶级革命家陈云同志心急如焚，第二天，即在王言彬同志的文章上作了批示："治理污染，保护环境，是我国一项大的国策，要当作一件非常重要的事情来抓。这件事,一是要经常宣传,大声疾呼,引起人民重视;二是要花点钱,增加投资比例;三是抓监督检查,做好落实。"从而为本溪市治理环境污染指明了方向。本溪市委、市政府全面认真贯彻陈云同志的指示,将治理环境污染和保护环境紧密结合起来,经过7年艰苦努力,市区环境得到显著改善,并在此基础上逐步探索出一条依靠科技进步,促进经济与环境协调发展的新路。

今天,我们重新回顾陈云同志在东北解放战争和接管沈阳中所作的历史性贡献,尤其是对辽宁工业基地的亲切关怀和巨大支持,给予了我们许多新的启迪,辽宁人民一定不辜负陈云同志的期望,要更加坚定决心和信心,为振兴辽宁老工业基地和构建和谐辽宁作出新的贡献。

回忆陈云同志教诲

王宏伟

1945年9月，抗日战争刚刚结束，国民党背信弃义又挑起了内战。在我党同国民党之间迅速展开的这场殊死斗争中，争取东北战场上的胜利，建立巩固的东北根据地居于特别突出的地位。

1945年9月15日，中共中央决定成立以彭真为书记，陈云、程子华、伍修权、林枫为委员的中共中央东北局。东北局成立后，按照党中央的统一部署，向北满、西满地区派出了大批干部和军队。

这一年的11月16日，陈云同志受东北局的委派来到哈尔滨，任北满分局书记兼北满军区政委，主持北满分局的工作。北满分局在陈云同志的正确领导下，根据地一天天巩固、壮大起来。北满分局的建立对于全东北解放以至后来的全国解放都起了十分重要的作用。

1945年11月上旬，我随中央东北干部团到达沈阳后，便被派回哈尔滨工作。11月16日，松江省委和松江军区成立，我被任命为军区作战科长。当时松江军区下辖哈东、哈南、哈西、哈北4个军分区，后来又辖牡丹江军分区。在哈尔滨，由于受环境限制，一段时间里我们都与陈云同志挤住在花园街20号（对外称为"李兆麟公馆"）。在撤出哈尔滨的行军路上，以及住在宾县时，我们朝夕跟随着陈云同志，这样我直接受到的教诲很多。时过40余年，萦绕在脑际的往事，仍历历在目。

中央东北干部团在日本没有宣布投降时就开始组织筹建了。任务是进军东北，创建东北根据地。全团分为4个大队，有上千名干部。当时凡是被分配到东北的同志都非常激动，上上下下只有一个心愿，就是早到东北一天，人民就早解放一天，胜利就早到一天。但也有少数同志以为一到东北，艰苦的岁月就将结束了，条件也会得到改善，没有做艰苦工作的思想准备。

陈云同志针对当时干部思想上存在的这些问题，耐心地向大家进行教育。要求干部丢掉幻想，扫清侥幸取胜的心理；要求干部一切从实际出发，脚踏实地、扎扎实实地从零做起；要求把胜利扎根到艰苦的工作基础之上。陈云同志在去宾县的行军途中，反复地向干部们阐述这些观点。号召同志们不要放下背包，要继续勒紧鞋带，深入实际，扎根群众艰苦创业。他还告诫同志要调查研究，克服初到东北不熟悉地理民情的困难。要求同志们把建立巩固的东北根据地的思想，变成干部和战士的行动。

在动荡、复杂的政治形势下，我们首要任务是发展武装力量。在着手组建松江军区时，只有司令员聂鹤亭、政委张秀山、副司令员兼参谋长李寿轩和我。那时候，司令部只有几位首长和少数参谋人员，无一兵一卒，进驻宾县后才有了特务团。实际上这个团只有不到一个营的兵力，是由哈尔滨三棵树地区胡铁桥、李子正同志在铁路员工中发展组建成的，担任军区的警卫。这支队伍开始时由铁路老工人张永棣同志率领，到宾县后松江军区任命张永棣同志为副营长，队伍整编后又任命张永棣同志为特务团副团长。那时候在军区附近还有一个老七团。老七团是由关内带来的架子，几经发展逐渐扩充起来。这个团有几个连随军区行动。当时国民党为了争夺东北，唆使一部分反革命分子，采取"先当八路，后当中央军"、"明当八路，暗当中央军"的反革命策略和"挖底政策"，乘我们扩军之机，接受我们的改编委任，混入我军内部，利用合法身份取得武器。一旦得势就掉转枪口，攻我机关，杀我干部，成为政治土匪。陈云同志针对当时存在的这个问题，提出了要把形势引向有利于我方，强调干部不论过去是哪一级的干部，都要面对实际，手里够一个班就建立一个班，够一个团就建立一个团。不要搞招降纳叛，使队伍鱼龙混杂。要力求实效不图虚名。他特别强调要狠抓连队，扎根连队。后来松江省委根据北满分局的指示，决定停止发展军队，整顿组织，纯洁内部，并将各军区的老干部集中使用，提出搞"拳头"的口号。还确定了"建军、剿匪与发动群众"三位一体的工作方针。这个时期，北满分局在陈云同志的领导下，建军和剿匪斗争在各地都取得了很大胜利，巩固了政权，扭转了过去土匪猖獗的局面。

那时的战斗岁月是异常艰苦的。记得一天傍晚，张秀山政委叫我随他去首长处接受任务，我跟他进了一间不过10平方米的住室。室内陈设简陋，一张军人铁床上面几乎没有铺盖，一张小写字台，上面亮着一盏瓦数不大的台灯。我们的脚步声惊动了首长，他转过脸看我们，我立即从他那亲切的面孔上和炯炯有神的目光中，认出他就是陈云同志。

陈云同志示意我们坐下。秀山政委将我介绍给他后便先走了。陈云同志并未立即向我布置工作，而是和蔼而又随便地问起哈尔滨的情况，使我拘束的情绪缓和了下来，我仅就所知的情况向他作了详细汇报。之后，他怕我听不懂南方话，就一字一句地反复对我说："在马家沟士课街拐角的二层楼下，有个小卫生诊所，你到那找陈述同志，他会告诉你要办的事，情况如发生变化，你可直接找我。"我立正复述了任务，行了军礼，离开了陈云同志。

在南岗马家沟，我很快与陈述同志接上了头。他向我交代的任务是去沙曼屯伪军学校动员学生参军、拉运被他们保存下来的医疗器械，向导由市委派，内线也已做好准备。市委派来的向导叫赵玉珂（即赵纯）。在陈述等同志工作的基础上，我们的任务完成得很顺利。一经公开我的身份，稍加动员，几十位学生全部报名参加了民主联军。经学生们保护起来的医疗器械可装十几马车，其中较珍贵的有几十台显微镜和一些手术用具，余下是些不便拉运的笨重家具和易碎器皿。学生们主张毁掉这些不便拉运的东西，叫我表态。当时我赞同学生们的主张，认为这比留给国民党好，但又转念一想，任务是陈云同志亲自下达的，我必须经过请示才能决定。

傍晚，我向陈云同志作了汇报，他先没表态，而是问我意见如何，我说出了我的想法，以为自己的想法会得到陈云同志的赞同。谁知陈云同志却问了我一句："你不打算回来了呀?!"我很惊愕，一时无言以对。陈云同志看我发窘，微笑着解释：我们暂时撤离不是退却，而是很快还要回来的，一时难以运走的东西原封不动，再保护几天，又有什么不好？他还说：这财产是人民的，绝不能轻易毁掉。

1945年11月23日，李寿轩副司令员按分局决定，带两名参谋先去宾县安排进驻事宜。当夜，混进县保安队窃居大队长职务的匪徒于会堂叛变，阴谋里应外合，捉李抢枪。陈云同志得到消息后，亲自派军区一个排的机动兵力向宾县增援，很快平息了匪徒的叛乱。

进入宾县城内，北满分局住地设在北上坎的天主教堂院里。那时分局机关尚无事务管理员，军区也未设管理科，兼任参谋长的李寿轩同志，遇事就吩咐我们几个参谋去办。因天主教堂离军区驻地医院较近，便于警戒，所以参谋长叫我去定这座院落，这座天主教堂由一位东北籍姓郭的神甫主事，我去套乡亲唠家常还很融洽，一转入正题，他以圣堂不可侵犯为托词百般拒绝，我不得已用半强制办法使他同意了。当晚，我回去向寿轩同志作了如实汇报。翌日，寿轩同志向我转达了陈云同志的指示：一定要注意遵守统战政策，尊重教徒的宗教、信仰，不可强人所难。宾县当时并不安定，军区机关等仍须用火力控制，经反复研究，分局只有在天主教堂住适合。我第二次拜访郭神甫，从目前形势到人生信仰，以及共产党八路军对待宗教的政策，做了两次长谈。终于，这位神甫笑逐颜开，表示了他对我们的理解和欢迎。在宾县那个时期邹问轩、刘成栋、李立三、李天佑和钟赤兵同志先后都住过这里，据有的同志回忆，蔡畅大姐也曾在这住过。

1946年初春，聂鹤亭司令员叫我去查找一下前东北军将领王以哲姐姐的住址，我了解到确切地址后，秀山政委和鹤亭司令员一起前去拜访。事后，聂司令员说，这是陈云同志让这样做的。到了1947年，我在抗大时的同学席文山说，聂司令员看望王大姐一事已在旧东北军部分官兵中传开，不少人都认为共产党够朋友、靠得住。

陈云同志在北满分局工作期间，按照毛主席和中央路线办事，在解放全东北，建立巩固的东北根据地的斗争中起到了不可低估的作用。但以我所处的工作岗位和水平很难写得全面。在跟随陈云同志工作期间，受到首长的教诲很多，对我的帮助是颇大的，我永生难忘。

第四部分

光辉足迹

1945年

9月14日 陈云出席由刘少奇主持召开的中共中央政治局会议。会议在听取了曾克林关于东北情况的汇报后,于当晚讨论了答复马利诺夫斯基口头通知的问题;研究了全国军事部署的战略,并于次日凌晨决定:成立以彭真为书记,以陈云、程子华、林枫、伍修权为委员的中共中央东北局,立即赶赴东北开展工作,力争在东北建立根据地,原来准备南下的10万部队两万干部,转而挺进东北。为工作方便,刘少奇、朱德于14、15日分别签发证明书,证明陈云为中共中央东北局委员、国民革命军第十八集团军少将政治委员。

9月15日 陈云同彭真、伍修权、叶季壮、段子俊等乘苏军飞机赴东北。下午,在山海关降落,下榻当地八路军驻地。

9月17日 陈云同彭真一行乘火车赴沈阳。次日晨,在皇姑屯站换乘汽车进城,下榻原张作霖大帅府。在会见八路军冀热辽军区先期到达沈阳的干部时说:你们搞得好,执行中央命令坚决,先机占了东北,这对中国革命有很重要的作用,中央向你们慰问。

9月19日 陈云同彭真主持中共中央东北局扩大会议。会议传达了中央关于力争东北的决心和战略方针;确定东北局的任务是组织部队接管城市,控制交通线,迎接派来东北的大批干部和部队,粉碎国民党抢占东北的计划;当前任务是收缴敌伪武器,剿匪,镇压汉奸和敌特,恢复生产,扩大人民武装。

9月20日、21日 陈云同彭真听取周保中、冯仲云关于东北抗日联军14年的斗争与随苏联红军进驻东北57个城市的情况汇报,高度评价抗联的业绩,指示他们要利用有苏军身份的便利条件,控制铁路沿线,迎接党中央派往东北的大批干部的到来。

9月23日 陈云同彭真就渤海发现美国军舰,以及八路军山东军区派往东北的部队渡海需注意的问题等致电中共中央书记处。

9月30日 陈云同彭真致电罗荣桓、黎玉，要求山东军区吴克华部立即向庄河开动，同时注意在行动中隐蔽目标，避免张扬，尽量不使美方发现。

同日 陈云同彭真就东北物资情况致电任弼时、李富春，报告：此间苏军方面对银行、工厂、仓库一律派兵监守。一切被其监守之处，不准我搬用。自入东北到目前止，我用各种非正规争取方法，只得到一万余支枪。在沈阳及其以南各铁路、城市，我仅属客军性质，市政方面有责任而无权力。

同日 陈云同彭真致电中共中央转罗荣桓、黎玉、萧华，告以近几天来友方对我限制更严，我之部队机关均将移至沈市以外二三十公里处。并闻美军将于本日在天津、青岛登陆。基于以上情况，由山东来此的部队，在出发前、行动中及到达目的地后，都应特别注意隐蔽目标，避免张扬。

9月下旬 陈云同彭真致电中共中央，报告已与此间苏军两主要负责人分头作正式接洽。总的估计，政权可以继续接收。在苏占领区域除八路军名义外，武装可以放手发展，群众可以放手发动，零星的物资援助可以得到，大批的尚难预定。现在军队已发展到46000人，但是底子不过2000人，干部又甚少，部队十分不巩固，更谈不上战斗力。因此，我们除请中央促令原定或已启程的干部和部队迅速赶来外，建议中央除山东部队外，再从晋察冀等距满洲最近的地区，迅速抽3万至4万老部队，以最快速度赶来，以制先机。现在千钧一发，机不可失。取得东北，则华北、华中即有依靠，我党地位将为之一变。

9月下旬至10月上旬 陈云与从关内来中共中央东北局报到的干部谈话，分配他们奔赴东北各省和主要城市，建立党的领导机关，掌握政权，发动群众，组织武装。

10月1日 陈云同彭真致电中共中央转萧华、邹大鹏，指示他们即去庄河动员船只，协助山东部队迅速北运。

同日 陈云同彭真致电刘少奇，说：因我在沈阳无权用火车运输布、棉或成衣，冀东部队棉衣尚未全部解决，我们意见除由原部队尽量携带棉衣外，请冀晋、冀中两区代做。现部队正由沈阳撤出，并全力搜集棉花、布匹运走，以补给新到的冀东部队。

10月7日 陈云在中共中央东北局第一次工作会议上发言，指出：满洲的斗争是长期的武装斗争与非武装斗争。如果我们拥有东北这块土地和资源，再加上华北的人力，全中国人民就会早日抬起头来，亚洲也会"闹乱子"。因此，帝国主义是不会叫我们平安占领东北的，蒋介石的军队和美国人是一定要来的。苏联会支持我们，但要在不影响其和平政策的前提之下。我们也不希望苏联放弃其和平政策来援助我们。我们的斗争利于持久，不能轻易进行没有把握的决战。要利用苏军尚在东北的有利条件，迅速有力地打破国民党的内应势力，解除他们的武装。要迅速扩兵，开展工人运动，招收大批学生，充分利用中苏友好协会开展党的工作，争取中间立场的上层分子，孤立顽固的国民党。

同日 陈云同彭真、程子华、萧劲光致电万毅、王一伦。指出：吉林省的磐石、桦甸、郭化三县，有工人自动组织的武装约3000人，现已派代表到沈阳与我们联系；军委决定由你们派干部15名赶来沈阳赴该地去收编。因吉林以南散兵散枪甚多，东北局已在考虑整个部署问题，你部准备待命，在冀东部队接替山海关任务后，全部开赴吉林、通化地区。

10月8日 陈云同彭真致电中共中央，报告东北军事部署情况。24日，收到毛泽东复电。

10月9日 陈云同彭真电告中央军委：冀东已动员大批大帆船，即将南开接运渤海部队，该分区司令部将移乐亭帮助海运，已电山东派干部联络。山海关有一架美机降落，万毅部后梯队渡海时，也有美机跟踪低空侦察。另询延安炮兵学校现在何地？抗大总校是否已动身？

10月12日 陈云同彭真听取韩光关于大连形势的汇报，决定派他担任中共大连市委书记，指示他要与苏方搞好关系，充分认识对我有利的方面，放手开展工作，恢复发展工业生产，安定人民生活，努力支援前线。要照顾苏联的外交关系，不使苏联在应付美、蒋方面发生额外的困难。

10月14日 陈云同彭真、程子华电告李运昌等：吕正操、沙克部队到达锦州后，即帮助其搭车至沈阳车站待命，干部可到沈阳市三经路博物馆找我们。

10月15日 为加强中共在北满的工作，陈云由沈阳抵达长春，下榻周保中住所。在此后的一个月时间里，除代表东北局与驻长春的苏军最高当局进行接洽外，主要精力用于建立吉林党的领导机构，扩大党所掌握的武装，分配东北局派到北满的干部，指挥将武器弹药军事装备运送到长春城外。

10月23日 陈云致电彭真、程子华，提议为便于发展吉林、合江的工作，组建中共吉合临时区党委、吉合国民军、吉合行政委员会，由周保中任区党委书记兼国民军司令。

10月27日 陈云致信彭真、程子华、伍修权，谈到达长春后的情况及建议，说已与驻长春的苏联红军领导人见了面，转达了关于请苏军在撤退之前拒绝蒋军登陆等十二点要求；目前最感缺少的是干部，如果大部队不能来吉林，必须来一批干部才能支持。"我在沈阳觉得沈阳人少了，现在拿长春来比，沈阳还是'土豪'，务请抽一些。"

10月28日 陈云参加中共吉合临时区党委第一次会议，就日伪时期中共党员自首的处理政策、对抗联干部的估计、本地与外地干部的团结等问题发言。

10月底 陈云由长春返回沈阳。

11月2日 中共中央致电东北局，指示成立中共北满分局，陈云任书记，任务为控制北满各地，组织军队，建立政权，发动民众，镇压反动派，巩固东北的后方。中央并决定陈云兼北满军区政治委员。

11月3日 下午，陈云同彭真乘飞机赴长春。

同日 夜，与由关内来的干部袁任远、张启龙谈吉林工作。

11月4日 陈云参加中共吉合临时区党委会议，讨论吉林工作。

11月6日、9日 陈云两次电告中共中央东北局，苏联红军将于11月20日撤出东北各大城市，苏方允许国民党于此前5天派空军部队到长春。

11月11日 陈云返回沈阳。

11月14日 陈云致电中共滨江地区工委书记王友等，告其国民党的空运部队将在苏联红军撤退之前降落哈尔滨，要求他们立即集结部队，进行夜战、巷战、近战、对空射击的演习，并破坏机场，等等。

11月16日 陈云由沈阳飞抵哈尔滨。到后即召集张秀山、钟子云、李兆麟、聂鹤亭等开会。宣布成立中共北满分局。会议决定撤销中共滨江地区工作委员会，成立松江省工作委员会、哈尔滨市委及东北人民自治军松江军区，并任命了领导人。

11月17日 陈云电告林彪、彭真，驻哈尔滨苏军奉其上级命令，要求我军于11月22日全部退出哈市。

11月20日 陈云参加中共松江省工作委员会和哈尔滨市委联席会议。会议研究并部署了部队、机关、学校撤离哈尔滨市的有关工作。此次撤退，运出了大批机器设备、枪支弹药和布匹棉花，为建立松江根据地、补充关内来的部队提供了物资条件。

11月21日 陈云同由大连到哈尔滨的刘亚楼谈话。刘告：（一）目前苏联在同蒋介石谈判中提出，中共在东北应有一定地位，遭蒋拒绝。苏已让步，并同蒋达成了新的协定，只向国民党政府移交东北。（二）美国军舰在大连海面示威，苏军空运到大连一个师，并把撤回苏的部队重新派往东北。（三）苏方已下令，不准其人员与我方接触。当日，陈云将上述情况电告中央。

同日 晚，陈云同钟子云就可否不退出哈尔滨市问题前往驻哈苏军司令部，与苏军卫戍司令卡扎科夫中将进行交涉。

11月22日 陈云同张秀山致电林彪、彭真，说苏军虽要我撤到城外，但仍要求我领导机关、地方干部、警察留在市内工作，并要我方副市长即日就职；另，据闻苏军延至明年春天可撤。以上情况说明，环境并未变坏。"我们方针仍将主力部队及军事干部分散各县，放手发动群众，组织群众武装，肃清反动土匪，建立政权；在市内是争取群众，孤立国民党，以造成将来重入哈市的条件。"

同日 陈云随中共中央北满分局、松江省委、松江军区机关撤至哈尔滨以东宾县境内的蜚克图，数日后移住宾县县城。

11月23日 中共中央东北局由沈阳迁往本溪。

11月24日 陈云致电彭真、程子华，指出：根据中央16日电，万毅部暂难北上。为便于吉林、合江工作的发展，拟组吉合临时区党委统一领导，军队拟组吉合国民军，政权设吉合行政委员会；由周保中作区党委书记兼司令员，于克任政治委员及行政委员会主任。吉林籍干部刘居英、陆平、李常青能来最好，并派一部分有建军经验的干部前来。

11月27日 陈云致电彭真、程子华、伍修权，指出：抗日联军干部一般无根据地及正规部队建设经验，望派大批军政干部来长春，否则长春根据地建设任务难以完成。另请考虑派有老基础的一至二个营的部队，由老八路率领达长春、吉林等地区，不然此间万余新兵难巩固，长春秩序难维持。

11月28日 陈云赴哈尔滨市同由沈阳刚刚到达的高岗、张闻天会合，开会研究东北局势及对策。当日电告东北局及彭真、林枫、高岗、张闻天已到哈尔滨，望将到沈干部大量送北满。

11月29日 陈云主持起草同高岗、张闻天致中共中央东北局并转中共中央电。电报分析了苏联对满洲政策的两个方面：即一方面要执行中苏协定，把三大城市及铁路干线交给国民党；另一方面要援助我党在满洲的发展。指出我独占满洲的可能性是没有的，我在满洲的基本方针应是在集中必要的武装力量打击锦州、沈阳前线的国民党部队的同时，有计划地迅速地将其他武装力量及干部分散到广大乡村、中小城市及铁路支线的战略地区，扫荡反动武装和土匪，肃清汉奸力量，放手发动群众，扩大部队，改造政权，建立广大的巩固根据地。我党要在满洲占有优势，还须经过与国民党进行艰苦斗争的过程。要防止干部把一切希望寄托在苏联援助上、因进入城市而产生享受腐化倾向和把老解放区经验机械用到新地区。电报还希望东北局能在3个月内从南满抽调4个大团进入北满。由于电文较长，电报分当日和次日两次发出。12月10日，刘少奇为中共中央起草致东北局电，表示完全同意该电的估计和意见。

同日 中共中央复电东北局，同意陈云兼任东北人民自治军北满军区政治委员。

11月30日 陈云致电中共中央东北局，报告有关国民党反动派在北满活动的情况，并建议在北满成立东北银行的分行，发行地方钞票。

11月 陈云致电彭真、程子华，指出：吉林、黑龙江两省已组成武装二万人以上，现缺乏有经验的军政干部。另在哈尔滨长春西北以王爷庙为中心的蒙汉地区，有内蒙古人民革命党员300余人，大多数是中学以上内蒙古青年，王爷庙政权由该党领导，现有武装200人，尚有内蒙古军3000人，因缺粮分散回家，随时可恢复。内蒙古人民革命党已来信要求与我联系，欢迎我军去。

12月1日 陈云主持召开中共中央北满分局扩大会，作关于形势与任务的报告。指出：苏联为避免与美国在东北问题上发生直接冲突，决定执行中苏协定，将东北大城市交给国民党。因此，我军独占东北的形势发生根本性的变化。这给我们提出了新的任务，就是要创造根据地，以准备应付与国民党的斗争。北满在战略布置上要建立以牡丹江为中心的牡丹江根据地，以佳木斯为中心的合江根据地，以宾县为中心的滨江根据地，以齐齐哈尔为中心的龙江根据地，以洮南为中心的洮南根据地。工作的重心要放到乡村，每个干部必须立即坚决放弃留恋城市生活的思想，到农村去，到群众中去，发动、组织群众，建立强大武装，肃清反动武装。现在已过去三个月，再没有时间给我们犹豫。东北的工作可以决定中国革命的时间，我们要全心全意为党为全国人民工作。

同日 陈云致电周保中、张启龙、伍晋南，指出：高岗、张闻天已到哈尔滨，成立北满分局，管理松江、合江、黑龙江、嫩江、兴安五省工作。依苏联方面通知，于22日转移宾县。苏方为保和平，要我们退出哈尔滨，交国民党。苏联增兵为拒美入满洲。我们不作占领哈城想法，主动退出，建立根据地。现正布置北满5个根据地，以与国民党长期斗争。在哈尔滨要防"左"，免增与苏方外交困难。取得苏方援助，搜集物资，准备公开与秘密工作。

12月5日 陈云同高岗复电彭真，指出："来电所称在歼灭及阻断北宁路之敌同时，以三万兵力攻沈，一万威胁长春。如此分兵，能否全胜？请考虑后果及影响如何。""你们转来中央关于改变独占满洲与建立根据地的战略指示，与你们来电是不同的。我们意见再分别请示中央。"

同日 陈云由哈尔滨市返回宾县。

12月6日 陈云同高岗、李兆麟、张秀山致电中共中央东北局并报中央，请示有关北满分局组成人选问题。中共中央于1946年1月6日复电，同意由陈云、高岗、张闻天、李兆麟、张秀山5人组成北满分局，陈云任书记。

同日 陈云同高岗致电中共中央东北局，建议根据中央关于改变独占东北为创造根据地的指示及东北的实际情况，立即作全满部署，争取时间配备骨干部队到各战略地区，并派遣5个老的主力团到北满；指出如果不派或迟派主力团到北满，则北满根据地的创造会推迟，新部队难于速成劲旅。

12月7日 陈云致电中共中央东北局转林彪、李富春、吕正操，指出：新成立的旅、团、营、连不应再分散扩大，必须集中求得巩固，否则，来一个跑两个。对部队中的土匪、流氓、兵痞必须清洗，他们多一个不如少一个好，否则，有腹背受敌之危。三十旅、二十五旅及各县武装，应实行有效办法以增强战斗力和将来扩大部队。关于党、政、军、民在北镇计划，自12月起至明年3月止创造医巫闾山根据地和解决四个月的吃、烧问题，等等。

12月8日 陈云同高岗致电张闻天，指出：中共中央战略指示与我们意见一致，东北局对此方针尚有犹豫；你尚未走，请依照中共中央战略指示及分局补充电，帮助牡丹江布置工作。

12月11日 陈云同高岗致电长春的周保中、张启龙，指出：张秀山、温玉成率松江部队2000人12日从宾县出发，你们立即抽调主力部队，由南面外攻，以收夹击敌人之效，并将指挥员姓名、兵力、出动时间告我们。另告，中共中央北满分局电台小，不能和中共中央直接通讯，对工作影响极大，望设法在苏未退前，找一大功率电台送至哈尔滨中苏文化协会李兆麟处。

12月12日 陈云致电中共中央东北局转中共中央，再次建议以抗日联军将领周保中、李兆麟、李延禄等和东北籍八路军将领吕正操、万毅、张学思以及冀热辽抗日根据地领导人李运昌的名义发表宣言；同时，在东满、北满组成几支以抗联干部为首、并标明其前身是抗联的军队，以利在政治上加强同国民党的斗争。

12月14日 陈云同高岗致电周保中、张启龙，指出：在苏军未撤，蒋军未到之前，当务之急是扫清北满的国民党土匪，镇压叛变的新部队，以造成开展工作的有利条件。

同日 陈云同高岗致电哈尔滨市的李天佑、王钧，说：拟派出一连兵，大车七十辆，15日出发到韩家洼子接运皮子、粮食；请转告刘向三负责，速将物品运至韩家洼子，然后押运至宾县。

同日 陈云同高岗电告张秀山、温玉成：已派千余人部队不日出发，进剿五常、榆林的国民党及胡匪，命你部配合，不要轻敌，不宜过早行动；部队每日进程望报。

12月15日 陈云同高岗致电彭真、罗荣桓、林枫，说：刘转连、晏福生所部已经过吉林、舒兰直达宾县。乘三五九旅北上之便，请抽调大批干部回来；同时请送100W、50W电台各一架，以及几个报务员，译电员随三五九旅同来，以便我们开展工作。

12月16日 陈云同高岗致电长春的周保中、张启龙，指出：北满兵力部署及方针请转告辰兄。北满我军新老兵2.8万人；嫩江、合江、黑龙江三省新部队，枪支平均不到半数，北满四省轻重机枪不过200挺；如无老兵带领，新兵无战斗力；90%的部队都500或1000地分散于各县，除老兵外，尚未组成机动部队。国民党与胡匪在战略要点组成军队，已发现的约有1.5万人；北满一半县城在国民党、胡匪、原伪军手中，武装抗我接收；国民党目前企图控制要点，四处袭我新兵，准备配合进入大城市的蒋军里应外合夹击我军。我之方针是：（一）在苏军未退、蒋军未到前，将新老兵组成机动部队,并迅速接应三五九旅北上,协同扫荡国、匪及占领县城,在明年2月底前基本上拔去后方反动钉子,造成我与蒋军斗争之有利局面。(二)建立地方基干武装,发动群众,创造包含二三等城市、次要铁路与广大乡村的根据地。(三)如再北来几旅主力,可在北满建立10万军队。

12月21日 陈云同高岗致电彭真,建议:除以重点确保热辽边外,将主力部队更分散些,例如放到东辽、间岛、牡丹江、合江、松花江两岸、北安、绥化与嫩江之间、南辽西地区,抢先剿清土匪,发动人民创造根据地,造成可战可和的局面。

12月22日 陈云同高岗致电彭真、罗荣桓,请他们转告三五九旅刘转连、晏福生,火速赶到舒兰或榆树,协同当地部队消灭国民党土匪,然后立即向宾县开进。

12月24日 陈云同高岗致电萧劲光、伍修权,询问三五九旅何日经何地出发,乘车还是步行;并告松花江沿岸国匪,到处攻占县城;除宾县外,周围县城在他们手中。12月27日,又致电萧劲光、刘转连、晏福生,询问三五九旅出发时间、地点、方式,预计何时赶到宾县。

12月26日 陈云起草致林彪、彭真、罗荣桓电,指出:应乘敌在沿北宁线缓慢推进之际,争取时间,在西满、东满、南满创造根据地,并建议在医巫闾山以东山区及平原组织有力部队,作为东、西、南满之间的桥梁、辽热边的屏障及对北宁路之敌的威胁;派部队进入医巫闾山,抢先争取那里民间为防土匪而成立的联户会性质的组织,以防他们被敌人所利用。

同日 陈云同高岗致电中共北满各省工作委员会、各部队,指出:东北人民向来惧怕和仇恨特务,我部队不要再用特务员称谓,也不要用特务连、特务团番号,可改称警卫连、警卫团,免致人民误会。

12月27日 陈云同高岗致电萧劲光、伍修权并转总后勤部卫生部,反映北满军区因医生护理人员缺乏,以致各军区卫生部多未建立。

12月28日 陈云同高岗致电张闻天,嘱巩固部队,严防叛变;率干部住在苏军司令部附近指导工作,提高警惕性。另告北满直至今日,仍只有以两个半老连为基础的一个团,尚无任何主力到达;只要有部队到达,立即派往你处。

12月30日 陈云同高岗致电中共中央东北局并转中共中央,指出:如我在东北的方针确已由独占东北转为创造根据地,则辽热边需有重兵,不应抽兵太多。东南满兵力过多,应速抽1万~1.5万老部队到东满。北满、西北满老部队少,新部队不断哗变,国、匪众多,农运暂难展开。因此,主力部队能否多来早来,对能否造成大块根据地、巩固新部队具有决定作用。

同日 陈云同高岗致电周保中、张启龙、伍晋南转刘转连、晏福生并报中共中央东北局,指出:北满五省地区宽,老部队只有两个半老连为基础的十八团,这是你们知道的,哗变与土匪比你处严重,三五九旅不能留吉林,必须立即开宾县方面。

同日 陈云同高岗致电中共中央东北局,请他们命令吉林区党委不要留住三五九旅,以免丧失时机;命令三五九旅电台直接与北满分局联系。

12月 陈云起草同高岗致彭真、林彪、罗荣桓、吕正操、林枫电,报告北满匪情、我情、民情,指出:估计美蒋全力北来,苏联不能额外助我,依靠东北现有主力已无独占东北可能。应下决心放弃独占东北打算,立即执行中央创造根据地的指示,除将适当数量的主力用作以迟阻蒋顽北进为目的的进攻作战外,将必须数量的主力及干部分散东、西、北满,带领新部队肃清土匪,创造根据地。如再犹豫将既不能独占东北,又无可依靠的根据地,使东北与全国革命处于极不利的地位。

1946年

1月1日 陈云同高岗致电周保中、张启龙,请他们向刘转连、晏福生转达命令:立即率所部经五常向宾县赶进,不得以任何借口推迟,贻误大事。

1月3日 陈云致电林枫,指出:北满有上万日本人未解除武装,尚需做争取工作;也有一些日本的工业和仓库,在技术上对我有用。故请派些日本工农学校的干部,来北满工作。

同日 陈云致电周保中、张平化、伍修权,请他们转令田松部队迅速出发,找王奎先支队接受新任务。50W电台如未发出,请设法交三五九旅带来；如交田松，请他转王奎先送交宾县。

1月4日 陈云同高岗致电中共北满各省工作委员会。询问目前各地在发动群众方面有何情况、成绩、经验，群众最迫切的要求是什么，最能发动群众的口号是什么，伪满时代的开拓地、满拓地有多少，如何确定其产权和如何处理为适当，可否作为敌产分给贫苦农民，实现耕者有其田？目前部队中有哪些严重问题，在巩固部队方面有何经验？电报指出：上述各点均为当务之急，要求随时电告。

同日 陈云同高岗致电彭真、罗荣桓，说苏方要求我们派人到铁道上工作，他们可以给名义。

1月6日 陈云同高岗致电中共北满各省工作委员会，介绍开展农民运动的做法，即党的县委必须在实质上成为农运委员会。在我军到达尤其是剿清了土匪的地区，要立即开展农民运动；集中党政军各方面的农运干部于一个主要的村子开始工作，全力推动，取得经验后普及到其他村、县；通过在农民中访问，找出当地普遍的迫切的要求，并在此基础上找出和串联一批积极分子，召集秘密会议或组织秘密农会酝酿斗争；斗争口号可依环境需要与可能而定，但斗争结果要做到减租、减息和彻底解决开拓地、满拓地问题；农会只准农民参加，不准非农民的上层分子参加，在农民未彻底觉悟前，不宜过分强调形式上的民主选举，否则，群众常被"能办事"的观念束缚，使旧政权人员当选；在斗争中积极吸收坚决勇敢的分子入党，但要保证党员质量，不要大量发展；由农会组织自卫队，将当地警察和地主的武装转到农民手中。

同日 陈云同高岗致电刘转连、晏福生，令其部队兼程北进，后续部队勿再停留，每日电告中央行程，指出："你们早到一天，对北满形势及部队本身发展关系极大。"

同日 陈云同高岗致电周保中、张平化、伍修权，说三五九旅先头部队已在吉林附近，正向宾县前进，该旅全部步行，目前有两个困难：一是五分之四的人无棉鞋，二是由吉林至宾县无菜金。务请你们帮助。

同日 陈云同高岗致电彭真、罗荣桓、萧劲光，说北满经济干部异常缺乏，请速派一批经济干部来。

1月8日 陈云同高岗致电中共中央东北局转杨国夫，确定将杨师放在西北满，并以其为基础，吸收三肇、嫩江、黑龙江地区两万余人的新部队，编为一个纵队；要求该师自法库出发，迅速兼程北进，直达郑家屯，争取车运白城子、大贲；指出其"早到一天，对巩固新部队、创造根据地均有极大作用"。

1月9日 陈云起草给杨国夫、刘其人、罗华生、刘兴元并中共中央东北局的电报，指出：坚决执行东北局7日指示。七师应不顾寒冷和疲劳，各取直道向指定地点前进。七师应去宾县，二师除四团已去吉林外，其主力仍由罗、刘取捷径去吉林。七师除在沿途收买和向当地群众募捐旧鞋袜外，要兼程到达目的地再补充。各师重伤病及脚痛实难跟上者可后走，派专人组织收容，暂安置海龙。否则，拖住主力，迟延行程，失掉先机，影响大局。

1月13日 陈云同高岗分别致电刘转连、晏福生和杨国夫，指出：全国停战令虽已公布，但东北斗争仍极复杂艰难，望兼程向指定地点前进，否则，北满将无我们地位。

1月14日 中共中央批准东北人民自治军改称"东北民主联军"，林彪任总司令，彭真任第一政治委员，罗荣桓任第二政治委员，吕正操、李运昌、周保中任副总司令，萧劲光任副总司令兼第一参谋长，伍修权任第二参谋长，程子华任副政治委员，陈正人任总政治部主任。同时，对东北各部队、各军区组织机构进行了调整，组成东满、西满、南满、北满四个军区，由周保中和林枫、吕正操和李富春、程世才和萧华、高岗和陈云分任各军区司令员和政治委员。

同日 陈云同高岗致电刘连生、晏福生，说苏军已定本月28日撤完，北满顽匪猖獗。国共虽在全国停战，但国民党继续向东北进兵。北满整个形势十分严重，望加快行军速度。

1月15日 陈云同高岗致电张闻天，指出："据中央十三日电，国党仍拒绝与我谈判东北问题，不承认我在东北之任何地位，并对东北我军仍未放弃武力解决方针。因此，国民党军队进入东北后，向我们进攻是不可避免的。我们必须布置一切，在顽军向我们进攻时，坚决击破其进攻。"

1月17日 陈云起草同高岗给中共嫩江省工委、黑龙江省工委等并报东北局转中共中央的电报，指出：开拓地、满拓地是日伪以极低价格从农民和地主手中强占为国有土地，然后交给日韩移民或租给中国农民耕种，各县数量不一，但总数颇多。现在，农民希望分给他们，地主希望原主赎回，国民党东北经济委员会则宣布作为敌产一律收归政府管理。我们的对策是，原则上分给无地或少地的农民；如有富农的土地曾被强占，则其也应分得一份；如有地主的土地曾被全部强占，且现无一亩，则其也应分得一份；租种的韩国农民可与中国农民同样分地。分地时要由当地农民讨论，以求公平合理，这只是分配敌产，并非内战时的土地革命，地主的现有土地一律不动，只进行减租减息。

1月18日 陈云同高岗致电林彪、彭真、罗荣桓，要求杨师仍按原决定来北满，以其一部肃清三肇土匪，一部北上肃清北安及齐齐哈尔土匪。

1月19日 陈云同高岗致电刘转连、晏福生，指示他们在先头部队占领方正后，等后续两个主力营跟上再计划进攻通河。

同日 陈云致电张闻天、李大章，说田松支队在苇河战役二三天后即可去牡丹江，估计24日可到你处。苏军有缓撤征象。开拓地、满拓地要大胆试分，错了再改。

同日 陈云同高岗致电北满各省及军区，询问以下情况：剿匪以来战斗次数及地点、敌我伤亡数目。我方缴获武器及俘虏人数，占领县城数目。现存顽匪数目、主力番号及情形，顽匪姓名及简历，占领哪些县城、部队成分。在战斗中已锻炼出多少部队，可编几个团，每团多少人等。进一步的剿匪计划。各省政府中我们的人员是否退出及姓名。请将以上问题详细电告，以便主力到达后统一计划，配合各原有力量彻底肃清顽匪，建立根据地。另请将敌我情形通告当地友人。

1月21日 陈云同高岗致电刘转连等，说聂鹤亭率部3000人猛攻木兰未克，仍在转攻中。我们（中共中央北满分局——编写者注）部分搬到枷板站。电询他们现在何处，何日能克延寿赶到方正。

1月24日 陈云起草同高岗联名给中共中央东北局转中共中央并告周保中的电报，建议东北局将日本昭和十五年十月关东军宪兵司令部出版的《满洲共产主义运动概史》中有关抗联的部分及蒋介石在抗战中有关东北抗日义勇军的言论汇编成册，在关内外散发，以打破国民党关于抗联尚不合法的说法，争取社会同情。同意东北局起草的抗联将领的通电。

1月25日 陈云同高岗致电张闻天，说现各地苏军都在剿匪，你们应该设法请红军进剿主要的顽匪，剿散后我将进一步肃清。

1月26日 陈云在中共中央北满分局和松江省委机关召开的"一五一十"座谈会上就东北形势与任务发言，指出：经过对苏军进入东北五个月来的观察，苏在东北的基本政策是和平政策，即一方面避免与美国直接冲突，要执行中苏协定，将东北大城市交给国民党政府；另一方面防止东北变成反苏基地，在外交允许的条件下，维护我党利益，促成国共双方攻占东北局面。但国民党不会只满足于接受三大城市，他们要霸占全东北，要用武力消灭我们，并要依靠日伪时期的特务、警察和土匪做他们的内应。因此，东北现时进行的是阶级斗争，不能再搬用八年抗战时的经验。当前北满的任务是发动群众，开展农民运动，剿灭土匪，肃清国民党特务，巩固新部队，建立根据地，准备与国民党进行长期斗争。

1月27日 陈云同高岗致电王鹤寿、范式人，指出：因东北许多韩农迁来已久，故经营开拓地、满拓地的韩农同样有所有权较好，租一部分给日本移民也可以。土地问题很复杂，我们无经验，你们先试办，错了可以再改。

1月28日 陈云撰写在中共松江省工作委员会和松江军区直属队干部大会上的讲话提纲，指出：国民党必定调兵到东北来，调兵来的唯一目的就是打仗。他们要接收东北，我们不肯让，就会有战争。对国民党的力量不要估计太低。不经过战争，不要设想满洲有和平。满洲党的任务不是独占东北，而是建立巩固的根据地。建立完整的根据地要三四年，但最近几个月是重要时机。剿灭土匪，占领中小城市，这在军事上是可能的，在政治上是合法的。群众能否被迅速广泛地发动起来，这是我们在东北成败的关键。

同日 陈云致电中共中央东北局及彭真，报告聂张与十八团一部22日克木兰。三五九旅先头7个营23日攻占延寿，我方可能不战而进方正；高岗已赴前方统一指挥，进攻北满顽匪所占清河城。三五九旅25日电告部队进程，迟进原因查明再报。田松支队18日离五常城，沿长春路向牡丹江行进。杨师与我台尚未直接联络，具体行程不清。

1月29日 陈云复信高岗，说已电告张闻天，部队不能坐着整训，而要积极地在有胜利把握的剿匪中整训。提议用第七师主力控制洮南，以稳靠山；再以两个团北上至嫩江、黑龙江之间。洮南虽非北满分局所管，但何时有兵北上西满很难预料。

1月30日 陈云同高岗、张闻天联名致电中共中央东北局并转中共中央，汇报我军在北满分布情况，再次重申1945年11月29、30日电报的主张，提出在北满迅速建立根据地的最大困难在于老部队缺少，部队数量虽大，但其战斗力且可告靠性也会成为问题。最近宾州、北安被国匪攻克，某些新部队叛变，应该引起严重警惕，在国民党进入北满后，这种情况将更为严重。这是在迅速建立根据地方面有决定意义的重大问题,望东北局帮助解决并请转报中央。2月6日,中共中央东北局复电。

2月1日 陈云同高岗致电杨国夫等,下达关于第七师任务的命令。指示他们迅速以两团主力伸入北安、齐齐哈尔、哈尔滨四条铁路之间地区,协助黑龙江、嫩江两省创造根据地;准备在西满无主力到达的情况下,以一部主力进入白城、洮南地区;后续部队须迅速北赶,万勿迟缓。

2月2日 陈云同高岗致电王鹤寿、范式人,说:杨师前卫进入肇源,我们已派两个团进入拜泉、明水地区,并将指定干部负责参加省工委常委,该两个团在你范围内活动,受省委领导。杨师及整个军事部署只限你们两人知道。

2月3日 陈云为中共中央北满分局起草致东北局并报中共中央电,请求将刚由苏联回国路过宾县的李立三、杨至诚、钟赤兵、袁牧之留在北满工作,尤其希望李立三留下做城市及办报工作。

同日 陈云复电彭真,说他与李兆麟及北满各省的一位负责人准备去中共中央东北局,进行与国民党方面谈判的工作。

2月5日 陈云为中共中央北满分局起草致北满各省工作委员会及高岗、杨师并东北局转中共中央电,指出:因我军剿匪大捷,土匪已发生很大动摇。在目前形势下,对土匪必须继续采取坚决消灭的政策,并扩大对他们的政治攻势,对想保存实力而同我接洽投诚的土匪,表面上不要拒绝,应巧妙利用机会,兵不血刃地收复被他们占领的城镇,解除他们的武装。对想用化整为零方法保存实力、等待苏军撤退国军北来的土匪,宜发动群众清剿。

同日 陈云致电高岗,说李天佑率干部百余人于27日自海龙出发来北满。望告九旅后卫部队负责掩护他们到方正。山东解放区县级干部300人已到拉林,不日即到宾县,休息一二日即赴你处。以上两批干部由你分配使用。

同日 陈云致电高岗,说中共中央东北局无新消息,我估计于15日前后离宾县。同日,致电王鹤寿、范式人,告中共中央北满分局现住宾县,即将移至通河。

2月10日 陈云同高岗致电刘锡五,说西满李富春将到嫩江,请他对嫩江工作给予帮助与指示。

2月12日 陈云致信李兆麟,说刘转连患眼疾急待诊治,望询问友方是否有此类专科医生，如无此种医生，刘去哈尔滨将采取何种方法医治，是否有安全保障？望告。

2月13日 陈云在中共中央北满分局召开的南来干部会议上讲话，指出：全国性的内战虽然被制止，但和平民主的道路还是曲折的漫长的，满洲的内战危机并没有过去。当前，我们与全国全满洲人民的任务是制止满洲的内战。人民能否迅速广泛地发动起来，是能否实现"和平民主的东北"的关键。

同日 陈云同李天佑致电中共中央东北局及高岗。电报指出：美蒋与苏联关于东北经济问题的谈判尚无结果，中央估计在此期间，蒋在东北将利用现有军队在军事上继续进攻南满、西满，甚至有回辽原、通辽、洮南进攻之可能，我们估计在此种情况下，北满土匪将继续蠢动。目前杨师应协同黑、嫩两省的地方武装，彻底肃清两省的残匪并发动群众。杨师在嫩江的十九旅仍直接归该师指挥。黑、嫩两省应尽一切力量帮助解决杨师的夏衣和其他供给问题。杨师驻防的地区待东北局决定行动与改编后再答复。3月16日，东北局复电北满分局。

2月15日 陈云致电高岗，说：主力北来，须准备打大仗。如打大仗要依靠三五九旅。现在给三五九旅较大地区补充物资，同时减少零散剿匪的任务，以便其休整，这对全局及将来打大仗是很需要的。

2月16日 陈云致电李兆麟，说中共中央来电指示，国民党内民主派与主战派激烈分化，我方应对国民党暂停宣传战，以免被主战派利用。

2月18日 陈云参加中共松江省工作委员会召开的经济问题座谈会，就物价高涨原因及其对策发言，指出：一方面中国物资不断外流，另一方面许多地方都在印发纸币，这是物价高涨的根本原因，这两个问题不解决，物价还要高涨，用政治斗争的办法是没有用的。为了应付各项开支，可行的办法是对外流的粮食收税和自己发行纸币。纸币发出后只能用于收集物资，不准做其他开销，这样才能保持住信用。

同日 陈云致电张闻天，说我们已与驻哈尔滨的省市政府商定：设立抗日联军驻哈办事处（正在筹备中）。省市政府与中苏友协共同召开庆祝协商会议成功。我们的外交活动仅限于北满哈市。

2月19日 陈云致电中共中央东北局及彭真，报告自1月20日以来，已攻占木兰、延寿、方正、通河、凤山、肇州、肇源、安达、九城，松江省与合江、黑龙江已打通。还提出：鉴于分局工作较忙，如周恩来到东北之事定不下来，他与李兆麟是否暂不去东北局。

同日　陈云同高岗致电杨师、三五九旅，说我们拟办一机要训练班，请负责物色15名政治绝对可靠并具有高小文化程度的青年党员，于3月15日前送分局。

2月21日　陈云起草给王鹤寿、范式人的电报，指出：黑龙江省剿匪已获大胜，必须争取时间，发动农民，经过土地斗争，达到武装农民的目的，以创造根据地的真实基础。

2月22日　陈云致电彭真、吕正操，告我于19日抵辽中附近；次日先由辽阳到鞍山，后又随军区指挥中心移回辽阳；待军区近日会议后，即返抚顺。南满战役经过沙岭辽中战斗后，敌人威风已开始受挫，目前正待查明敌情继续布置战斗。沙岭战役，敌我双方伤亡都很大，目前部队急需补充和休整。军区意见先补充西满新兵，否则会影响战斗情绪。

2月25日　陈云致电中共中央东北局，指出：美蒋将全力北来，东北我军现有主力已无独占东北可能。应下决心放弃独占东北的打算，立即执行中央关于创造根据地的指示，除将适当数量的主力用作迟阻蒋顽北进的作战外，需将必须数量的主力及干部分散到东、西、北满，带领新部队，肃清反动势力，创造根据地。"如再犹豫，将既不能独占东北，又无依靠的根据地。"

2月26日　陈云致信高岗：现在问题的关键在于东北有无谈判的可能性。如果谈判不进行，为谈判的南行可推迟。估计谈判将推迟，国民党要搞反苏反共的运动，这是预先可以想象的逆流。但这毕竟是小势，不能根本改变中国的大势。如果这股逆流发展到推翻政治协商会决议的地步，那么，国民党反动派在政治上将更加孤立。

2月27日　为准备与国民党谈判，陈云与高岗联名致电中共中央东北局，报告北满情况。

同日　陈云同高岗致电彭真，汇报到2月中旬止，北满两个多月剿匪的成果：共消灭和击溃土匪3万余人，收复22个县，缴获大批武器。

同日　陈云同李天佑致电中共北满各省委，说中共北满分局29日移宾县，一部分后勤人员和机关仍留通河。

2月28日　中共中央北满分局致东北局及彭真并报中共中央电，说北满分局提议高岗赴南满汇报北满情况并赴延安出席中共七届二中全会，留陈云主持北满工作。

2月 陈云致电彭真、林彪、罗荣桓、吕正操、林枫,报告北满情况。

3月1日至5日 陈云主持中共北满各省工作委员会书记座谈会。会议讨论了和战大局及对各方面的政治态度、继续剿匪的步骤、群众工作、财经工作和干部思想情况等问题。在发言中强调指出:我们的方针是和平的方针,但我们的工作要准备和,也要准备战。

3月4日 陈云同高岗致电李天佑、钟赤兵,说:目前脱离生产的部队应不扩或少扩,要用力在发动群众与组织不脱离生产的人民自卫队。干部已下乡,暂时不能抽出,将来很大部分会使用于合江。

3月5日 陈云同高岗致电李延禄、钟赤兵等,指示:合江银行流通券在通河暂停使用。

3月6日至8日 中共中央东北局召开有部分东北局委员和党政军主要领导干部参加的抚顺会议。会议着重讨论了东北形势、和战问题、城市与农村工作问题、是否应准备长期作战以及作战指导方针问题。会前,陈云起草了北满分局致东北局电,指出:东北局是否已经下决心放弃大道,占领两厢?如果确已下了决心,就应当迅速把一部分主力部队分散到农村进行剿匪和土改。

3月8日或9日 陈云率中共中央北满分局由宾县移至通河。

3月11日 陈云致电王鹤寿、范式人,说:为顺利展开黑河工作并在我控制下,同意三旅去黑河。

3月12日 陈云致电中共中央东北局并中共中央,报告李兆麟于本月9日在哈尔滨被国民党特务暗杀的经过及苏军已将国民党委派的市公安局长等涉嫌人员逮捕的消息。次日,通报北满中共各省工作委员会,说正在争取在哈尔滨召开各界追悼李兆麟烈士大会。

3月13日 陈云在中共中央北满分局于通河召开的干部座谈会上讲话,讲了五个问题:对和战大局的估计、肃清土匪问题、群众工作问题、财政经济问题、党内问题。

同日 陈云就李兆麟被刺杀一事致电中共中央北满分局各省工委。电报指出:李兆麟被害是国民党特务在目前反苏反共高潮下,企图破坏政协决议及全国和平民主的阴谋行动。要教育全军,对国民党阴谋估计不足、公开的负责干部日常警卫疏忽是不对的。要在群众中说明李兆麟是东北抗战英雄,坚持东北抗战十四年;光复后,又积极维持地方治安,主张国共合作与东北实行民主和平,为北满人民所爱戴,国特分子有意忍心暗害,以此争取广大社会人士同情及反对国特分子反民主、反人民的罪行。经酝酿后，在哈尔滨可争取广大中间阶层参加。与苏方商量，各省派一部队（徒手的）来哈参加追悼会。在追悼会上，人民政府要提出惩凶抚恤、取消特务组织、保障人民生命安全、实行民主、承认共产党合法、实行政协决议、和平解决东北的要求。哈市追悼会后，各省县也应召开同样追悼会，以便扩大宣传。建议由周保中领导，用抗联将领联名通电，除要求惩凶抚恤、取消特务组织等项外，并联系和平解决东北问题及承认抗联。这封电报收入了《陈云文集》，题为《为李兆麟被刺杀事给北满分局各省工委的电报》。

3月14日　陈云致电王鹤寿。电报指出：为准备长期战争，顺利粉碎敌人的进攻，补充主力部队的伤亡，中共中央东北局来电，决定北满抽调5000新兵。现决定，松江军区以两个小团为基础，每团扩充1000人；牡丹江、合江、北安各以一小团为基础扩大到1000人，并在4月15日以前准备好，随时调离各军区并赴前方。

同日　陈云致电杨国夫、徐斌洲。电报指出：美蒋与苏联关于东北经济问题谈判毫无结果，估计此间蒋介石将利用其在东北现有军事力量进攻南满、西满，甚至有向辽源、通辽、洮南进攻的可能，北满土匪也会相继蠢动。因此，我们对杨师今后行动与合编办法正在请示东北局。目前杨师应协同黑嫩两省地方武装彻底肃清两省残匪，发动群众。杨师驻防之地待东北局决定行动与改编问题后再答复。黑嫩两省应尽一切力量帮助解决杨师的夏衣和其他供给问题。

3月17日　陈云致电中共中央东北局，建议：从黑龙江省现有部队中抽出5000多人到七师，使七师扩充成2万人以上、由3个旅组成的纵队。为便于军事上的统一领导并使主力部队不断得到物资、人员的补充，由杨国夫兼黑龙江省军区司令员，原司令员叶长庚为副司令员。松江军区哈北分区部队与三五九旅合编为一旅，该旅兼哈北分区并直接归北满军区管辖，原分区司令谭友林为副旅长，政委李建平为副政委，副政委蔡炳臣为政治部主任。

同日　陈云致电中共中央北满分局各省工作委员会。电报指示：李兆麟同志追悼会定本月24日在哈尔滨召开，望通知各县，在可能范围内派代表携带挽联等物，于24日前赶到哈市水道街中苏友好协会报到参加。部队是否参加尚未决定，在未接通知前勿派部队前往。

3月18日 陈云致电刘转连、晏福生,说:牡丹江正集中力量与合江打通,无法策应五常方面的剿匪,只能起阻击作用。

3月20日 陈云起草给中共北满各省工作委员会、省军区和七师、三五九旅的电报,指出:为了争取我在东北的优势,以利与国民党的谈判,应就近与当地苏军商量。请他们从一些县撤退,让我军进入。在所有新占县城,除大汉奸之外,不要多杀一人。

同日 陈云同李天佑致电中共中央北满分局各省工委、三五九旅并报东北局。电报指出:(一)根据东北局指示,东北停战谈判有迅速签字可能,苏军亦撤退北满,顽军在和战未定之际,将拼命抢占地盘,我应针锋相对,寸土必争,在苏军撤退后,占领哈尔滨与齐齐哈尔。(二)杨国夫部应立即集结,执行东北局南下参战命令。(三)嫩江主力要准备配合西满占领齐齐哈尔。(四)三五九旅及松江主力担任占领哈尔滨的任务。(五)杨师转移执行新任务后,黑龙江部队应控制各县,不使土匪有蠢动的机会。(六)合江部队仍应积极消灭仙洞之匪,占领县城,于苏军撤退后根据情形巩固佳木斯、依兰防务。(七)牡丹江部队应配合合江部队彻底剿匪,并在苏军撤退后巩固牡丹江防务。

3月22日 陈云致电张闻天,请其考虑答复:合江与牡丹江打通后,这两区在军事上统一为一个单位,还是照现在分开好。五常等地土匪如不消灭,后患甚大,请考虑牡丹江可否抽兵协剿或阻击窜入牡境之敌,等等。

同日 陈云起草同李天佑联名给方强、柳润生、张闻天的电报。电报指出:根据方、柳报告,盘踞仙洞地区之股匪有三四千人,炮三四十门,并有日兵几百。同意方、柳意见,此股土匪如不消灭,必成顽军之战略钳制队,后患无穷。因此,我军必须消灭此匪。方、柳部所有可用部队,都应集中使用于这一战役。请洛甫再在牡丹江抽调二三千人参加此役。总之,我们必须决心以合江、牡丹江现有兵力,坚决消灭此匪。如洛甫能交涉到苏军协剿此匪最好,否则,亦必须自力更生消灭此匪。这封电报收入了《陈云文集》,题为《坚决消灭盘踞仙洞地区之股匪》。

同日 陈云致电彭真、高岗,说抗大分给北满的60名筹办学校的干部及近百名事务人员已到通河。问东北局总校用何种名义开办及招生,北满是否为分校;用军政大学名义是否适当,招生是否容易,请告各地经验。

3月25日 陈云起草同李天佑联名给中共北满各省工作委员会及七师、三五九旅,并抄松江、报东北局的电报,指出:根据东北局指示,东北停战谈判有迅速签字的可能，苏军也有从北满撤退的说法。顽军欲乘此战和未定之际，拼命抢占地盘。我应与之针锋相对，寸土必争，力争在苏军撤退后占领哈尔滨与齐齐哈尔。七师要立即集结执行东北局关于南下参战的命令，三五九旅及松江军区主力担任占领哈尔滨的任务。

3月27日 陈云同李天佑致电杨国夫等，指出：天气突暖，松花江似有融化，三五天后即无法越过。开江后，一个月内冰块漂浮，船只不能行驶。因此，你师必须迅速出动，急行过江南下。

3月28日 陈云起草同李天佑联名给七师、三五九旅、北满各省军区，并报中共中央东北局的电报，指出：国共双方东北停战小组已签字，内容尚不详。黑龙江省的苏军已于20日撤完，其他省的苏军也将很快撤退。国民党必用一切力量抢占地盘，我全军要奋起反击，不惜局部一时损失，力争全局长久的胜利。为此，七师及独一旅要立即抢渡松花江，执行中共中央东北局和北满分局交给的任务，若因延至冰化，不能南渡，将牵动全局，造成不可补救的大错；嫩江刘王部要迅速准备好，适时进占齐齐哈尔市；黑龙江、合江、牡丹江的部队要站稳已占县城，抢占未占县城；各省军区除用一定兵力控制重要城市外，须有相当机动兵力打击重起顽匪；进城后，对国民党接收人员一概不准杀害。

同日 陈云同李天佑致电杨国夫、刘其人、龙书金、徐斌洲并报中共中央东北局，指出：你师如果不能即时渡江南下参战，将影响东北最后决战全局，全军必须奋起克服一切困难，不惜局部损失，以争取全局的胜利。电中告：北满分局29日移到宾县，一部分人员和机关仍留通河。

同日 陈云起草给刘锡五、王明贵、朱光的电报，指出：苏军未撤出齐齐哈尔市前，你们无法进攻齐市。目前必须与苏军交涉请其早撤，以便我进占齐市。进齐市时，对国民党人员一个不杀，必须像延安招待国党联络参谋及其人员一样。如果在此点发生弊病，你们须负全部政治责任。

3月底 陈云到三五九旅在宾县的驻地，听取旅负责人刘转连等关于剿匪情况的汇报，并指出：东北局决定将三五九旅和杨国夫师迅速从南满调到北满，是为了争取在苏军撤离前不让匪患蔓延，粉碎国民党军队的进攻阴谋，加快北满根据地的建设，这是正确的决定，重要的措施。抗战胜利后，全国人民都希望和谈，但蒋介石并没有真正的和平诚意，一面在停战协议上签字，一面在关内进攻解放区，向东北调兵遣将。因此，决不能存和平幻想。东北这场斗争是不可避免的，当前，要抓住有利时机，搞好东北根据地的建设。只有广泛地组织群众，动员群众，深入土改，才能有充足的兵源和物资供应。东北是工业比较集中和发达的地区，夺取了东北，就可能利用东北的工业支援全国的解放战争。苏军撤出哈尔滨后，我们要做打后占领和小打或不打占领的两手准备。部队应该做打的准备，但争取不打。部队进城后，没有直接接管企业的任务，要对部队进行纪律和政策教育。

4月1日 北满军区哈尔滨前线野战司令部成立，陈云兼任政治委员。

同日 陈云同李天佑致电杨国夫，说接中共中央东北局3月29日24时电，杨师留一个团在黑嫩两省剿匪，其余迅速南下参战。杨师所留剿匪的一个团，由嫩江军区规定任务；王明贵、刘锡五指挥进占齐齐哈尔。

4月2日 陈云同张闻天致王友电，说：谢雨琴等将于4日下午1时召开和平促进会，拟分别向责任者请愿。这是否是顽方看到市外大兵云集授意搞的？请你们把这个会转变为请求制止中央军继续出关北上、避免内战并欢迎东北人民自卫军接防哈市的大会。

4月3日 陈云致电彭真，报告北满作战、剿匪及苏军撤退之情况。

4月4日 陈云起草给中共中央东北局并中共中央的电报，指出：虽然东北和局将要到来，但由于：（一）苏军撤退已成事实，国民党外交顾虑已少；（二）我党尚未与东北人民结合，东北反顽战争尚非人民战争，单从武力上对比，东北目前还是敌强我弱；（三）国民党视东北为生命线，其政策有可能是迅速与我停战，也有可能是继续向我进攻，并由关内增兵。因此，我兵力须使用于必要时间和地点的决定环节上，干部的思想需有再打的准备。

同日 陈云致电中共中央东北局并高岗，报告有关苏军撤退，我部队换便衣向哈尔滨前进，通河、木兰、方正一带农民普遍发动，合江省的土匪被清剿等情况。

同日 陈云同李天佑致电张闻天、高岗，表示同意洛甫关于将合江、牡丹江、东安三个单位在军事上合并为一个大军区的意见，提议党的组织也同样合并，请洛甫任书记，方强任军区司令员，最高领导机关设在佳木斯。

4月5日 陈云起草同钟赤兵联名发布的吉黑军区政治部训令，指出：在我军进入哈尔滨市后，要安定秩序，对锄奸保卫工作规定：（一）军队不得直接逮捕犯人（军事犯在外）。非逮捕不可时，必须经团级以上首长批准。逮捕后，迅速报告上级保卫机关处理。犯人物品钱财，不得自行没收和毁坏。（二）除保卫机关外，不得审讯犯人，审讯中严禁采用肉刑。（三）罪大恶极之汉奸判决死刑时，须经军区保卫委员会批准。（四）对国民党接收人员，只能监视软禁，不应杀害、污辱、虐待。无积极反动行为的国民党员不得逮捕。一般伪满官吏，无积极破坏行为不得捕杀。

4月6日 陈云起草同钟赤兵联名签发给北满各省军区、各兵团政治部的《入城纪律细则》，指出：为在进占哈尔滨市之前严整部队纪律，除加强三大纪律八项注意的教育外，特拟入城纪律细则，要求各部立即在部队中进行教育。

4月9日 陈云同李天佑联名致电刘转连、晏福生，说：苏军在哈尔滨何时撤离至今未有确悉，估计20日前后撤离。我们必须随时准备，否则苏方提前撤退我们无法应付。

4月10日 陈云同高岗致电中共中央东北局并转林彪，说：据嫩江王明贵、朱光9日电告，齐齐哈尔市苏军在走前拟交1万伪满军俘虏给我们，如我们不收必被国方利用。但北满多系新部队，无法接收1万伪满俘虏，请你们考虑可否接收及接收办法。

同日 陈云同高岗致电张闻天，指出：牡丹江及合江地区的首要任务仍然是争取时间，消灭残匪部队，必要的整训是需要的，但残匪不肃清，不仅难于整训，且后患无穷。我们对牡丹江匪情、群众运动了解不够，请扼要电告，最好派一位知道全省工作的同志来宾县报告。

同日 陈云同高岗致电方强等，指出：你们的任务是争取时间用大力肃清残匪，迅速收缴降匪武装。八团仍留合江归你们指挥补充，但仍属九旅建制。子弹可以发给一部分，炮弹很少，你们要在合、牡两省收集弹药武器。电台及电器材料可利用商人关系去购买。

4月11日 陈云起草同高岗联名给王友的电报，指出：国民党必然会利用日本人与我争夺哈尔滨，这一力量不容忽视，要设法通过各方面关系，争取他们保持中立。可向日本资本家说明，只有保持中立，将来才可能在满洲保存其财产和生命，并通过他们影响日本军人和特务。

同日 陈云同高岗电告王友：据黑龙江省来电，孙吴东北方35里的山中有许多山洞，隐藏有日寇，数目不详，带有枪炮，储有可供3年用的食物。苏军从黑龙江撤退时曾进剿过一次，望转告苏军，请他们在此次撤退前再进剿一次。

同日　陈云同高岗致电王鹤寿、范式人、叶长庚,命令从北安抽调有战斗力的成建制的1200人,于当月25日运至呼兰集结待命,准备参加争夺哈尔滨市的战斗。

4月13日　陈云起草同高岗联名给中共中央北满分局各省工委、各师旅和哈北军分区的电报,指出:经全体指战员无数次清剿,土匪大部已被消灭。所剩少数顽匪仍盘踞在我力量尚未到达之处,或分散潜伏。估计在苏军撤退,国民党军北进,我主力集结争夺哈、齐之际,他们必然乘机再图复起,破坏与滋扰我后方。因此,继续坚决消灭所有成股顽匪,彻底肃清散匪,是建立北满巩固根据地的一个重要关键。

同日　陈云同林彪、周保中联名致电彭真、吕正操,报告长春顽匪情况。

同日　陈云同高岗致电彭真并中共中央,报告哈尔滨市内外敌我双方兵力情况,指出:如果苏方不允许国民党军在其撤退前空运部队,我夺取哈市有把握。

4月14日　陈云同高岗、李天佑联名致电中共北满分局各省委、各部队,指出:北满部队在不断剿匪中,弹药消耗甚巨。目前东北战势尚在发展,且须加紧剿匪,弹药供给需量巨大,来源除现存部队数目外,尚未开始制造。各部队军政首长,要充分估计到这一情况,加紧练兵,力争弹无虚发;并要注意搜集弹药、弹壳等原料,吸收兵工技术工人,开始在后方制作弹药。另请将现存弹药数目电告。

4月15日　陈云致电李富春,说:佳木斯的苏军已撤,大煤矿及工厂、铁路、交通事业极缺干部,如我进入哈尔滨、齐齐哈尔后,更需城市工作干部,盼西满能抽调一批较有能力的干部来北满。

同日　陈云同高岗致电李富春,说:佳木斯友军已撤,大煤矿及工厂、铁路急缺干部管理。如我能进哈尔滨、齐齐哈尔市,将更缺城市工作干部。盼西满能抽调一批较有能力的干部来北满。

4月17日　陈云同高岗致电中共中央东北局,说:北满仓库原存手榴弹35000颗,除已发给各剿匪部队外,最近已全部发给杨师及攻哈尔滨的部队。南线部队需用六五子弹及驳壳子弹时请电复。

4月18日　陈云同高岗致电中共中央东北局及彭真,告:哈尔滨市各界名流二百人,及重要群众团体四十余人,向全国呼吁和平,要求国民党中央军停止北上,并向政府提出五条要求。

4月19日 陈云同高岗致电中共中央东北局并转告中共中央，报告：哈市四个重心据点，我便衣均已占领，排以上干部都已着便衣，进市看过地形。

4月20日 陈云为中共中央北满分局起草给东北局并转中央电，报告北满根据地建设的进展状况，指出：必须将北满建设成为全东北的大后方和最巩固的根据地。

4月21日 陈云同高岗、李天佑致电彭真、吕正操、萧劲光，指出：北满事实上已成为整个东北的大后方，但北满后勤部门只有几个干部，供给、交通运输、工业、卫生等各项工作无法开展。建议将东北局后勤机关全部移往北满，与北满后勤机关合并；如不能，则派大批干部来。

4月27日 陈云同北满军区领导人主持召开哈尔滨前线各部队负责人会议，指出：部队进入哈尔滨后，头脑要清醒。市内尚有武装的反革命，如先遣军、地下军、挺进军、警察、侦缉队，要通过巧妙的方法，全部或大部分解除他们的武装。重点是注意暗的，对公开的警察，可暂时发给少量的枪支，最后目的是缴枪，建立人民武装。

同日 陈云致电中共中央东北局，汇报北满分局对杨国夫师武器装备等方面的补充情况。

4月28日 驻哈尔滨的苏军撤完，北满军区哈尔滨前线部队在哈市七十万市民的热烈欢迎下，顺利进驻哈市。傍晚，陈云率中共中央北满分局和北满军区机关迁入市内。

同日 陈云同高岗致电中共中央东北局并中共中央，告：苏军已于28日下午6时全部撤离哈尔滨。我军下午3时开始向市内前进，21时全市已为我军占领。北满分局及吉黑军区今日下午移住哈市。

4月30日 陈云同高岗致电中共中央东北局。汇报和请示如下：（一）哈尔滨原警察及护路队共2100人，所有枪支已由各公安分局负责集中，将全部缴我。（二）在我军主力集结哈市近郊期间，从吉林方面窜来顽匪在五常周围活动，约有千余人。我进占哈市后，除警察外，其他反动武装约四五千人，于28日前或化装逃出市外，或秘密隐于市内。现已发现在哈西一带有一千余顽匪。因此，我攻哈部队，除集中相当主力控制市内并迅速清剿隐藏的反动武装外，还须组织必要的机动部队清剿哈市周围的顽匪。（三）合江、勃利以东及密山东安地区还有千余顽匪，九旅一个主力团仍在该地剿匪。因此，九旅要在两个星期后，才能集中7000主力南下参战，可否请电告。(四)北满准备收容五千伤兵,地点是否可设在阿城、拉林、宾县等地;另盼转告贺诚高法派一些医务干部前来。

5月2日 陈云同高岗致电中共中央及东北局,报告进占哈尔滨后的情况,说市内水源、电业、工厂、交通设施均未破坏,火车电车场均开出,广播电台已开始播放节目,警察在缴械后暂用于维持交通秩序。表面上一切似尚平静,但问题极为复杂。国民党特务、顽匪早已有计划地潜伏市内或逃往市外;日本人在市内有10万,埋藏军火甚多,且地道中尚有未解除武装的日军;工商业资本家等上层分子的大部分害怕反奸清算。群众反映我军比苏军及国民党军都好。我在哈市目前主要工作是肃清各种反动武装,放手发动工人和城市贫民、郊区农民,进行反奸清算斗争并进一步武装他们。

5月6日 陈云同高岗致电李富春、黄克诚,指出:肇东一县政府原封不动地收编土匪队伍,很危险,将来一定叛变。在军事剿匪胜利后,要采取政治的办法瓦解土匪,但目的必须是消灭其武装,对投降土匪的方针应是缴枪留命。请考虑制止那个县的做法。

同日 陈云同高岗致电彭真、李天佑,说:北满干部奇缺,卫生部只有一个部长、一个科员,黑龙江万余武装只有十几个老干部,有的县只有一个老干部。现伊通大部伤兵来此,后方机关又多集中于此地,无法应付。

5月10日 中共中央北满分局致电东北局并转中共中央,报告民运工作团从三月初至四月中旬在木兰、通河、方正三县发动群众工作的情况和成果,指出其基本经验是:(一)在一定时间内集中使用干部,以利于在短时间内培养出本地新干部("老蝗虫"培养出"新蝗虫");(二)开展清算斗争,从经济上削弱、从政治上打垮旧的政治势力;(三)清算出来的钱财物品不要归公,应迅速全部分给群众,使群众得到实惠,使反动派无从造谣;(四)手无寸土的季候零工占农户的40%~50%,是农村的基本群众,对他们增加工资尚非实惠,关键是分得开拓地、满拓地;(五)先开展斗争,后成立农会,改造政权,发展党员,重点在武装农民,成立自卫队。

5月14日 陈云主持中共中央北满分局会议。会议研究确定了中共北满各省工作委员会书记联席会的议题、会期及开会的方法。

5月14日至23日 中共中央北满分局召开各省工作委员会书记联席会。会议着重讨论了军事、剿匪、群众、财经、后勤工作和土地政策。陈云在发言和插话中指出：北满已成为东北我军的总后方，现在的任务是"一切为了前线"。要在大城市中争取中间人士，使群众明白，目前的战争不只是共产党与国民党之间的事，而且是光明与黑暗之争，关系到东北人民切身利益。北满的土匪大部分已消灭，剩下的是顽匪、惯匪，要把剿灭他们看成是和前线一样重要的作战任务。东北总的领导路线应当是下乡，建立根据地，现在这一问题还未彻底解决。土地问题是中国革命的根本问题，清算运动容易发动群众，使农民在政治上翻身，但它不能完全解决土地问题，农民还不能在经济上翻身。富农和经营地主中完全自种和基本自种的占多数，不分这些人的地，很难解决土地问题。地主被分地后，要使他们有吃有穿。要使工商业继续营业，对其侵吞剥削要合理清算，对其资本主义式的剥削不予清算。今后，农村换地照，城市换房照都要抽税，作为财政来源。省里停止发行钞票，北满建立东北银行北满总分行，统一发行。各省为分行，分行行长由北满分局委派。贸易公司由银行控制。对旧的官僚机关要打烂，对能争取的旧政权人员要留下办训练班，发给工资。要恢复正规中学，要协助印制教材。

5月25日 陈云出席中共中央东北局会议。会议研究东北民主联军主力部队撤至松花江以北后的形势，以及北满分局与东北局合并的有关问题。陈云指出：四平的战斗证明我兵力不足，单靠军事力量要战胜敌人是不可能的。敌人还会增兵，还要打，至于会不会打到松花江以北，有两种可能，我们要做好它打过来的准备。东北局和北满分局合并后，要加强群众工作，还有军工、钱粮这一大套工作。有了这些，才能应付将来的战争，才能使北满真正成为全满洲的大后方。26日，中共中央根据东北局建议，批准将北满分局与东北局合并。

同日 陈云同高岗致电中共中央，报告剿匪情况。

5月28日、30日 陈云出席中共中央东北局会议。在讨论当前形势问题时指出：国民党已正式声明要哈尔滨和齐齐哈尔，对此，美国明不帮助，暗会帮助。外部援助使形势发生变化的可能性很大，但我们不要把希望寄托在这上面。即使停战，我们还是要加紧扩兵。目前，干部的情绪并非悲观失望，而是不明了上面的方针。领导要向干部作解释工作。我在沈阳时就说过，要搞东北的西边和东边，中间这一块一下子是搞不到手的。原因是水涨船高，我们来1万人，国民党可以来3万人。苏联由于战争损失大，需要休整，不可能直接帮助我们，他们从中间这些大城市撤出后，国民党会很快派兵来填空子。因此，要在两边的广大地区建立根据地。现在，我们在军事上还没有做到真正的人民战争，很多群众还在观望。我们要与人民相结合，使人民与我军一同作战。

6月7日 陈云出席中共中央东北局会议。在讨论东北停战后的形势与对策时指出：15天的停战对干部情绪有影响，必须向干部说清楚，这不是永久和平，还会有战争，要有这个精神准备，向着既定目标前进。东北的斗争是中国革命胜败的关键。只要我们在东北的这道墙是厚的、坚固的，中国革命就会立于必胜之地，国民党则会立于必败之地。这也叫打通国际路线，而且，这里不同于张家口和绥远，交通便利。蒋介石的目的是要消灭我们，起码不使我们成为他的危害。达不到这个目的，他是不会停止对我作战的。但他在东北作战也有困难：（一）他现在只有二十七个师，虽然还要增兵，美国也会帮他运，但不一定能从关内抽出四十个师。（二）凡是经过减租减息和剿匪的地区，群众对我的态度已经发生变化。（三）苏联不会同意他独吞北满。因此，只要群众工作和国际条件搞得好，加上我们以往的经验，斗争几年，一定可以建立几块根据地。时间长了更多的群众会反对他，国民党中的杂牌也会起变化。我们在东北的斗争是有前途的。

6月16日 中共中央就东北局负责人分工问题向东北局发出指示电。电报指出：目前东北形势严重，为了统一领导，决定以林彪为东北局书记，东北民主联军总司令兼政治委员，以彭真、罗荣桓、高岗、陈云为东北局副书记兼东北民主联军副政治委员，并以林彪、彭真、罗荣桓、高岗、陈云组成东北局常委会。

6月22日 陈云同高岗、谭政、林枫开会，研究中共中央东北局与北满分局合并后干部的安排问题。议定动员大批干部下乡，组织工作团，发动群众，进行土地斗争，巩固根据地。25日，东北局作出《关于组织工作团，动员干部下乡发动群众，创造根据地的决定》，并且选择合江和牡丹江为北满最基本的战略根据地，组成7个千人以上的工作团深入这两个省发动群众。

6月26日 中共中央东北局致电中共中央，提出关于东北局领导成员内部分工的建议，其中建议陈云分管财政经济和后勤工作。中共中央于27日复电表示同意。

7月1日 陈云出席哈尔滨纪念中国共产党成立25周年干部大会，并就目前形势与任务问题作报告，指出：东北斗争的形势是严重的，能否取胜的关键在于发动群众。发动群众单靠地方同志还不够，军队应负更大责任。只要痛下决心，抽调大批干部下乡，一定可以把群众发动起来。

7月3日 上午，陈云出席中共中央东北局常委会议。会议讨论了委托陈云为东北局起草的《关于形势和任务的决议》稿，决定根据讨论意见修改后，提交东北局扩大会议通过。

同日 在《东北日报》上发表题为《发扬马斌式的工作》的社论。

7月3日至11日 陈云出席中共中央东北局扩大会议。会议根据中共中央对东北工作的指示精神，分析了国内外和东北的形势，总结了一年来创建根据地和阻击国民党进攻的经验教训，统一了对敌我力量对比、和与战、城市与乡村以及作战方针等问题的认识。7日，通过了陈云起草的《关于形势和任务的决议》（又称"七七决议"）。11日，中共中央在作部分修改后批准这个决议。此决议收入了《陈云文选》，题为《东北的形势和任务》。

7月11日 陈云出席中共中央东北局会议。在讨论财经问题时发言指出：要取消粮食出境的各种买路钱，此项杂税收入不多，名誉很坏。到处禁粮出境是不了解实际情况。东北只有出口粮食，才能换回其他生产和生活的物品。要设法打通对外贸易。会议还讨论了对东北局扩大会议精神的传达贯彻问题，决定在扩大会议之后由东北局领导成员分赴各地传达，陈云去西满和黑龙江省。

7月13日 陈云在齐齐哈尔向中共中央西满分局干部会议作关于东北局"七七决议"精神的传达报告。这个报告的要点收入了《陈云文选》，题为《发动农民是建立东北根据地的关键》。

7月17日 陈云同林彪、彭真、罗荣桓、高岗、吕正操致电萧华及东北民主联军南满军区各首长及中央军委。电报指出：我合江军区四支队两个团配合三五九旅在宾县附近剿匪获重大战果，该股匪1400余名全部被歼；现合江五支队正配合三五九旅续剿勃利地区土匪。合江四支队在此次剿匪战斗中，英勇果敢，不惜疲劳，积极行动，歼匪获重大成果，特令奖励。望各剿匪部队学习四支队穷追堵击，迅速歼匪。

7月25日 陈云在北安向中共黑龙江省工作委员会干部会议作关于东北局"七七决议"精神的传达报告。报告指出：我们在东北老百姓中的影响还小，还未做到打人民战争。要改变这个形势，关键要发动群众，建立广大的农村根据地，积极发展主力部队。领导机关要用99%的精力搞战争，1%的精力去谈判。

7月26日 陈云在中共黑龙江省工作委员会召开的县委书记以上干部会上，就讨论东北局"七七决议"情况作总结，说：过去半年多时间，我们在东北开辟了新战场，取得了极大成绩。但也有错误，对这个错误尚无结论，也不忙作结论。

同日 东北铁路管理总局成立，陈云兼任总局党委书记、总局长。

8月8日 下午3时，在哈尔滨铁道俱乐部举行的追悼四八烈士暨关向应、罗炳辉大会上，陈云同彭真等代表中共中央东北局主祭。

8月10日、11日、12日 陈云出席中共中央东北局会议。会议讨论了财经、干部、军队政治和遣返日侨工作中的问题，确定设立东北财经办事处，陈云任主任，萧劲光、吕正操任副主任，叶季壮任秘书长。

8月20日、21日 陈云出席中共中央东北局会议。会议讨论了土地改革、加强机要和内蒙古工作。

8月24日 陈云为东北财经办事处起草给中共中央西满分局及合江省委的电报。电报指出：据长春确息，国民党银行原定伪满票250元换美元1元，现改为300元换1元。估计只要国党印钞能力增加，迟早必停用伪满票。为避免人民大损失，要争取先机挤走伪满票，对策如下：西满分局规定其所属各省（辽吉、兴安、嫩江、松江）自8月27日起贬价八折，并继续贬价。合江、牡丹江所有公营企业、税收机关一律停用伪满票。省府暂时不出停用布告，以免惊动国党和混乱市面，各县可出停用伪满票的布告，但必事先经工作团告诉农民抛出。东满通化地区继续执行禁用命令。为便于我后方伪满票流入哈尔滨市，以便哈市商人去长春买货，或使被遣送日人带去伪满票起见，伪满票在哈市既不停用也不贬价。这封电报收入了《陈云文集》，题为《争取先机挤走伪满票》。

8月28日 陈云出席中共中央东北局会议。会议讨论了办好党内刊物《群众》、派遣农村工作队和加强党的建设等工作。

8月30日 陈云同林彪致电萧劲光、萧华、周保中、陈正人、张启龙，就从南满与吉林接收的弹药中拨一部分给华北部队的有关问题作指示。

8月31日 同林彪、彭真、高岗致电东北民主联军各兵团首长。电报指出：东北战争有提前爆发的可能，我各部应即准备作战，歼灭进攻之敌。9月4日再次联名致电各兵团首长并报中央，提出应付敌人进攻的十项作战原则，强调采取运动战消灭敌人有生力量为根本方针。

9月1日 陈云同林彪、彭真、高岗致电萧华及东北民主联军南满军区各首长并报中共中央。电报指出：据报承德有失守可能，新六军未去热河，已在鞍山方向发现该部。据此，东北战争有提前爆发的可能，我各部应准备作战，你们应选择机动位置，将部队集中地域进行大整训，以便随时出动作战。

9月2日 陈云致电正在朝鲜平壤的萧劲光、朱理治，就东北解放区与北朝鲜双边贸易与经济合作问题发出指示。电报要求他们出席与朝鲜政府的会谈，东北局不再另派人去。在会谈中要提出换入的东西主要是布匹、棉花、鞋子、毯子，还有铁路、煤矿、发电厂所需的火车车头、零件、机器、桥梁材料、油料，以及食盐、火柴，具体数字根据我方能运出的粮食及对方能提供的物资拟定；要相机提议与朝鲜合办纺织厂、鞋厂、火柴厂等；要提出我方在朝鲜设立商店，并一切遵守当地政府法令；要强调保持朝鲜对大连、安东的海陆交通运输线。

9月3日 陈云同林彪致电萧华转萧劲光并报中共中央，指示南满军区要迅速派人接收苏军缴获的弹药并组织运往山东解放区。

9月5日 陈云出席中共中央东北局会议。会议讨论中苏关系等问题。

9月6日至15日 陈云出席中共中央东北局召开的东北各省党政负责人座谈会。会议讨论了当前形势、部队兵源、群众工作、根据地建设等问题。9日，在讨论形势问题时发言指出：在领导干部中讲敌强我弱，不会使人垂头丧气，如果不讲，将来再发生失败，反而会更成问题。我们只有讲真理，才会使大家相信真理，为真理而奋斗。但是在下级干部中以不讲为好，因为现在的主要问题并不是盲动。在和战问题上，北满分局在1月13日到3月27日这段时间里也有过动摇，认为和的可能性大，把希望放在了苏联的支援上。

9月7日 东北政联行政委员会召开第三次委员会议，决定设立财政委员会，聘任陈云、吕正操、叶季壮等为委员，陈云为主任委员。

9月16日 陈云同林彪、彭真、高岗致电邓华、陶铸、吴信泉、冯志湘并告李富春、黄克诚，指出：你区党政军整个工作应完全转入战时状态，并准备长期在战争状态中斗争下去。应一面作战，一面建军和做群众工作。

9月17日 陈云出席中共中央东北局常委会议。在讨论财经问题时指出：各省发行的地方钞票有2亿元，准备用煤把它们都收上来。办法是地方要把煤都交给大公。现在的问题是财经干部较少,财经办事处只有"头",没有"脚"。

9月18日 陈云出席中共中央东北局会议。在讨论苏联打算在东北合作办林业公司问题时指出:苏联的目的是要插上一脚,我的意见以不搞为好。如果他们一定要搞,可采取两种办法:一种是公司中的投资我们占多数,他们占少数;一种是公司由我们办,他们只负责投资。

9月中旬至10月中旬 陈云赴牡丹江、合江省,落实统一货币、筹措部队后勤物资等事项,并布置对外贸易工作。

9月24日 陈云由牡丹江致电中共中央东北局并吕正操、叶季壮,谈用东北银行发行的东北票兑换牡丹江省分行发行的地方钞票的有关事宜。

同日 陈云同林彪、彭真、高岗致电程世才、罗舜初、唐凯等辽东军区所属部队首长。电报指出:目前我东北从全局上要竭力推迟敌人进攻,以便我方在群众工作方面奠定必要的基础,以应付以后敌人大举进攻与长期斗争。因此,目前凡非敌主要进攻方向的部队和不能直接参加粉碎敌主攻方向作战的部队,要向敌交通线及后方举行局部性进攻,以达到牵制敌人兵力,推迟敌人进攻的目的。你们作战要以能打胜仗为原则,依照自己战斗力大小,选择必胜的目标,求得多打胜仗,以提高我军士气,降低敌人士气。你们攻击开始的时间自定,要在完全可能保持秘密的条件下,以较充分的准备为妥,不必仓促。

9月25日 陈云致电林枫并叶季壮,嘱其尽力协助从大连来哈尔滨购买肉类、蔬菜的一位苏军后勤副部长,完成采购任务。另告徐林已至牡丹江,带回大连、安东最后一批物资,主要有2万匹布、1万双胶鞋,还有其他杂物,现正设法运往哈尔滨。萧劲光与大连约定1万吨粮食去换布,请叶季壮催西满去购粮。10月1日,又致电叶季壮,告:徐林所运货物均抵佳木斯。萧劲光已去图们,我因急赴合江会议不能等萧。今日王企之随去佳木斯取款。

同日 陈云同林彪、彭真、高岗致电程世才、罗舜初等并报中共中央。电报指出:接停战小组电,国民党于9月24日按6月7日停战令继续生效。目前整个情况不甚明朗,你们暂勿向敌人攻击,等候情况明朗后再定是否攻击,目前可继续作攻击的准备。

9月28日 陈云致电林枫及吕正操、叶季壮。电报指出:现在牡丹江钞票合当地市价东北票八角钱,我们拟以东北行政委员会名义布置,以东北票八折收兑，可否盼覆。

9月29日 陈云同林彪、彭真、高岗致电周保中、陈正人、张启龙并告萧华、莫文骅并报中共中央。电报指出：西丰海龙线敌兵力较薄弱，已令程世才、罗舜初纵队开始攻击，逐一收复据点，望你们在桦甸与吉林以南的部队力求配合。

10月3日 陈云由佳木斯致电林彪、彭真、高岗并叶季壮，说："我昨日到佳。我后悔来迟。此间早将6万匹大布送去东安，但事前既未找得仓库，又不知闷子车是漏水的。此间连日大雨，布匹必遭雨湿无疑。损失大小尚难估计，如全部受湿则枉费心血，主力军明年服装有付东流之险。想念及此，坐卧不安。查此次搬运失误原因，在于不知家务之难与自大妄为。"并说已派人专程去东安查看这批布的情况，相机处理；此间未搬运的布，在未找到仓库、获得安全条件之前，宁遭敌机轰炸也不再移动。

10月5日 陈云同林彪、彭真、高岗致电程世才、罗舜初转三纵全体战士并报中共中央及各兵团。电中说：为惩戒顽方违反停战协定向我蚕食的行为，为破坏敌人进攻哈尔滨的企图，为回答顽方进攻张家口的行动，你们冒雨进攻西丰，完全歼灭守敌与援军共5个营，重新解放了西丰附近的煤矿，这一胜利是对顽军破坏停战协定背信进攻的有力的惩戒。望你们发扬艰苦与勇敢的精神，为保卫东北解放区、粉碎敌人进攻而斗争。

10月9日 陈云同林彪、彭真、高岗致电程世才、罗舜初、解方、萧剑飞、江燮并告中共中央。电报指出：十二师已调至西丰，敌无进攻安东可能。萧、江应勇敢地将四纵主力及炮兵的一部，调进清原线归程、罗指挥，合力收复清原，并歼灭敌人的增援部队。在抚顺以南和本溪以东的我军作战部队，应立即向原源前进，归程、罗指挥。程、罗部应准备以少数部队迷惑西丰、梅河口之敌，主力准备进行围攻原源的战斗及准备打敌抢援，然后准备在吉奉线打敌运动中的部队和立足未稳的部队。

同日 东北政委会第九次会议通过东北财委会主任委员陈云辞职照准，遗缺由王首道继任。

10月14日 陈云出席中共中央东北局会议。会议听取萧劲光关于南满情况的汇报。汇报中提出，希望东北局派一位领导同志去南满主持工作。

10月15日 陈云出席中共中央东北局会议。在讨论财经问题时发言指出：现在解决9万匹布，也打通对外贸易，今后应集中力量收购粮食和组织运粮，重点在运。各地都禁止粮食出境，这是不对的。例如勃利对粮食出口征40%的税，结果佳木斯、富锦的粮食都出不去。东北的状况是只产粮食，有了余粮必然要卖，我们的对策应该是让它流动。用阻挡的办法，主观上是为国为民，实际上是"祸国殃民"。有人认为允许粮食出口，粮价会提高，人民要吃亏。实际情况是，粮价提高了，农民得利，生产也就跟着发展。农民手中有了钱可以买布，商业也就会繁荣。现在对外贸易中，2000斤粮食换1匹布。我们用收购的粮食拿出去换布，再从换回的布中拿出一部分到农村卖给农民。次年1月7日，东北局在《关于今后八项工作任务的决议》中指出："运粮工作是全部财经工作的中心。"

10月18日 陈云同林彪、彭真、高岗致电萧华、程世才、罗舜初，指出：如我们不集中兵力向敌进行各个击破的作战，而采取分兵把口、单纯防御的方针，则不仅不能对付敌有计划的大进攻，且不能打击敌人蚕食政策，我兵源区及战场将日益缩小，前途非常危险。因此，你们现阶段在东南满的战略方针，应是避免作大的防御与进攻战，但要奋勇集结兵力，采取主动进攻敌四个营以下的目标，打在运动中的敌人或驻止之敌。如不坚决实行这一方针，则你们的地区有全部失去的可能；如果实行这一方针，且又能坚持巩固与发动群众，随时间的长久，你们会日益强大。要善于选择攻击目标，打运动中或驻止中较薄弱的敌人，不要打兵力大而工事强的敌人。对于运动中的敌人要采取先歼灭其一部的办法，同时可收复敌人的一些据点，以提高军民信心。

10月19日 陈云同林彪、彭真、高岗致电中共中央军委。电报指出：敌人集结四师兵力，已于最近先后进占西丰、清原、柳河、金川、兴京。我程世才、罗舜初纵队，现处于被动地位。萧华已率一部与程罗会合，准备反击敌人。热河方面，据程李电报，处境十分困难。大小城市几乎陷尽，财物被敌抢走。蒋介石最近发表八条和平攻势，似有将军事主要作战转至关外，以防备我依重东北根据地的建立、军队装备的加强、与苏方的国际联系，展开进攻。东北斗争的成败与发展，对全国将来形势的扭转关系甚大。目前最主要的是：调大批地方工作干部至东北，开展群众工作；调大批军队中连营排干部，带动地方武装；调一部分人学习飞机、坦克、大炮。盼中央统一令各区抽调人经大连送来。根据地的大小与巩固程度，地方武装多少与巩固程度，掌握近代武器的数量与熟练程度，都与关内调来的干部数量和质量成正比。我们在东北的斗争方针，第一步求站住脚，巩固现有地区；然后扩展现有地区；渐渐在军事上转到能与敌方平衡的地位，进而转向优势，形成对全国的影响。我们具体工作中最主要的是发动乡村群众，其次要注意在政治基础上巩固军事，同时要采取飞机、大炮、坦克方面的干部准备。在作战方针上，目前阶段不采取大打的防御战和驻止进攻战；要集中兵力，打中小规模的运动战，着重歼灭敌人有生力量，保持中小城市，扩大乡村，造成敌人过度分散的不利处境。如敌人想集中力量，则广大地区将落在我军控制之下。只要关内战事能牵制住敌人，使其不能调兵出关，东北之敌所面对的矛盾就无法克服，我们就必然能胜利。目前我们的作战行动，暂时只限于防御性、局部性、中小规模的次要进攻，主要目的在于掩护根据地的创建，打击敌人的蚕食政策。只要安东、通化、哈尔滨不过早失守，再过三四个月根据地建设可能就有初步规模，使我们不至于形成失掉城市、又失掉乡村的情形。目前东北根据地仍不巩固。由于干部数量不足，群众未真正发动，干部站不住脚，敌来即垮。中央有何指示盼告。10月22日，中共中央复电东北局。

同日 陈云同林彪、彭真、高岗致电萧华、程世才、罗舜初并告各兵团并报中共中央。电报指出：辽东军区十师、十一师的两次战斗虽然胜利，但仍未打好，没有全部歼敌。你们仍未实行集中优势兵力，采取包围、迂回和控制足够兵力，打敌增援的作战方法。如不实行此办法，最多只能打成击溃战，而不可能打成好的歼灭战。南满三、四纵今后要很好研究毛主席的战略学，要彻底反对分兵把守的挨打方针和分散兵力打击溃战的方针。

10月25日 陈云同林彪、彭真、高岗、吕正操、萧劲光致电各纵队首长转师、团两级首长，再次强调要集中兵力各个歼灭敌人，打敌单独的小股，或敌一路中之一部；在战役上要集中优势兵力，在战术上要实行一点两面战术。

10月28日 陈云出席中共中央东北局会议。会议讨论了加强南满根据地领导力量的问题，决定派陈云、萧劲光去南满。陈云发言指出：南满是东北的一个重要方面，现在需要加一些人去帮助南满的同志工作。但我在军事上完全是外行，群众工作过去也未搞过。因此，去后作用不一定会很大。力求不增加他们的麻烦，并多做一些事情。

10月31日 为加强对南满根据地的统一领导，粉碎国民党军的进攻，以减轻北满根据地的压力，形成东北民主联军对敌的有利态势，中共中央东北局决定，成立中共中央南满分局（亦称辽东分局），由陈云兼任分局书记和辽东军区政治委员，萧劲光任分局副书记、辽东军区司令员，萧华任分局副书记、辽东军区副司令员兼副政治委员。程世才任辽东军区副司令员，江华任辽东军区副政治委员等。11月4日、12日，中央先后批复对陈云、萧劲光的任命。

同日 陈云同林彪、彭真、高岗致电中共中央并告萧华、江华、程世才、罗舜初。电报指出：（一）目前敌人利用松花江阻我北满部队，而集中主力进攻南满与西满。现正在部署攻洮南。但长春以北敌兵力较空虚，我军拟以5个师的兵力，令火车运输从哈尔滨经齐齐哈尔绕至松花江以南再步行，向敌发动攻势，以各个击破的方法歼灭敌人，破坏敌人攻洮南的行动及策应南满和破坏敌人进攻哈尔滨的计划。（二）因敌人已深入西满南满，而关内尚未增加出关增援的条件，此时我们突然出现在松花江以南进攻，敌必无力将我驱逐；而约一个月后，如敌调兵向我进攻时，松花江已结冰，我运动甚为自由。故目前出去，不致被敌打回，一个月后，敌有力打我时，已无后路顾虑。中央如有指示盼告。11月1日，中共中央军委复电：你们作战计划甚好，望坚决执行。

11月3日 陈云同萧劲光等离哈尔滨，乘火车前往南满。出发时，林彪去车站送行。

11月5日或6日 在赴南满途中路过佳木斯，陈云听取张闻天关于合江省土改工作情况的汇报。张在汇报中反映了一些工作队干部住地主家，对群众运动采取包办代替、强迫命令，及农会干部不纯，以致地主威风没有打掉，土地没有真正分到农民手里等问题。

11月7日 在路过桦林时，陈云致信高岗，提出土改运动存在"半生不熟"的问题。信中指出：所谓"半生不熟"，是指积极分子的成分不好或不很好，群众未真正发动起来，结果地主虽被打击了，但仍有潜势力，在心理上仍旧统治着群众。造成这种状况的原因是由于一味求快，在群众中酝酿不成熟。估计"半生不熟"的地区在全东北一定很多，改进这种地区的状况已成为群众运动中最重要的工作之一。11月21日，中共中央东北局发出"关于解决土改运动中'半生不熟'的问题的指示"，要求各地党委和工作团切实检查土改情况，把"夹生饭"变成"熟饭"。

11月9日 在路过东京城时，陈云致信高岗，再谈土改中要充分发动群众问题。信中说：在东京城找何伟谈了四五个小时，他谈的内容与张闻天谈的差不多，也是关于土改运动中"半生不熟"的问题。还说到，7日晚，所乘火车在斗沟子险些被另一火车撞翻，经过调查，有可能是反革命分子破坏。

11月10日 在路过图们时，陈云接连致电东北财经办事处：一是收购的公粮除用于对外贸易的，要分散保存；二是从1947年1月起，北满每月要发运2500吨粮食给北朝鲜。

11月13日 陈云同萧劲光联名给中共中央东北局的电报，请示有关图们办事处的性质与任务等问题。

11月15日 陈云抵达平壤。在平壤期间，会见金日成，希望朝方对中共人员过境给予方便，并向东北民主联军提供缴获日本关东军的武器。

11月22日 在路过平壤时，陈云致信王首道、叶季壮并朱勉天，指示有关用5000吨小麦、2000吨猪肉与苏军管理下的大连之间交换食盐、火车零件等物资及通过北朝鲜运输问题，并指出：火车零件种类多，必须派专家去大连具体谈，去前要与朱理治、韩光联络好。朝鲜方面要1000吨小麦，已答应12月份交货，换何物资和比价问题由朱理治与对方具体商量。过图们时，所以提出每月发运2500吨粮食给朝鲜，是因为听说他们粮食困难，到这里才知道情况并非如此，故这批粮食改作为朱理治机动使用的资本。北朝鲜已有自己的经济计划，建设环境、规模与工作条件都比我们好，工业已由军需转为民用，物价涨得也慢，工作朝气很足。我虽在此停留五六天，但观察确觉有相当根据。

11月23日 陈云离平壤，继续向南满进发。26日抵达中朝边境朝方铁路终点站满浦。

11月27日 晚，陈云同萧劲光抵达位于中朝边界的辽东军区总部和中共辽宁省委所在地临江。到后，即同萧华长谈，并找军区和省委的领导干部谈话，调查了解情况。

11月28日 陈云同萧劲光致电中共中央东北局并报中共中央，告已于27日到达辽东军区。

12月2日 陈云在辽东军区直属队祝贺朱德总司令六十大寿干部大会上讲话。

12月4日 陈云主持召开中共南满地区党政军负责人会议，宣布中共中央南满分局成立及分局领导成员分工，传达中共中央及东北局对南满工作的指示，并在讲话中肯定南满各省委和辽东军区过去一年的工作成绩，指出存在的问题和困难，要求大家无论先到后到，也无论有没有带部队来，都要团结一致，坚持南满的对敌斗争。

12月13日 陈云起草同江华致中共中央东北局并中共中央电报，报告辽东敌后敌我双方情况及拟议中的对策。

同日 陈云同萧劲光、江华联名致电林彪并中共中央东北局，汇报辽南地区反清剿情况。电报中指出：辽南反清剿工作取得成效，主要是县委敢于除奸镇压坏分子；能在与各区取得联络中把握领导权，利于增强干部团结，推动新的积极分子产生；能在了解全县情况中及时稳定与团结中小地主，不致使镇压变成混乱，造成恐慌，利于全县经验交流。在反清剿中，地方干部遭到空前未有的痛苦与残害。各地的经验是，凡是能坚持对敌斗争，敢于下手镇压坏分子，善于掌握武装斗争的干部，才能坚持工作，才能维持领导系统；凡在下层有群众基础的，就能隐蔽坚持斗争。

同日 晚，陈云由临江赶赴七道江，参加辽东军区师以上干部会议。此次会议是在萧劲光主持下于11日召开的。会上，在主力部队是留在南满坚持斗争，还是撤到北满、保存力量、日后反攻的问题上，发生了两种意见的争论，请陈云赴会作决断。陈云到后，连夜与参加会议的部队领导干部分头谈话，了解情况，听取意见。

12月14日 陈云主持辽东军区师以上干部会议。在听取萧劲光关于会议前一段情况的简要介绍后，提出几个问题，请与会同志充分发表意见。晚，在会上作重要讲话，说：我们不走了，一个纵队也不走，都留在南满，当孙悟空，大闹天宫，在长白山上打红旗。东北的敌人好比是一头野牛，牛头牛身子是朝着北满去的，在南满留了一条牛尾巴。如果我们松开了牛尾巴，那就不得了，这条牛就要横冲直撞，南满保不住，北满也危险。如果抓住了牛尾巴，那就了不得，敌人就进退两难。因此，坚持南满，抓住牛尾巴，使南北满形成掎角之势，是东北全局的关键。坚持南满可能损失四分之三的部队，但这比撤离南满，北满也可能保不住，部队照样受损失合算。而且，敌人兵力也不够，坚持南满是完全可能的。会议通过"巩固长白山区，坚持敌后三大块"的战略指导思想，制定了正面战场与敌后战场、内线作战与外线作战、运动战与游击战相结合的作战指导原则，并决定由四纵迅速挺进敌后，三纵担任内线任务；地方和军区要在兵员补充、冬衣装备上全力保证四纵。这次会议在东北解放战争史上被称为七道江会议，它统一了辽东部队领导干部的思想，为坚持南满，粉碎敌人"南攻北守，先南后北"的战略部署奠定了基础。

12月15日 陈云由七道江返回临江，召集在后方的领导同志，就坚持南满、派主力深入敌后和一切保证主力部队的需要等问题，又讨论了一天，再次明确全党全军坚持南满的决心。

12月16日 陈云起草同萧劲光、萧华联名致林彪、中共中央东北局并中共中央电报。这封电报作为《坚持南满根据地的斗争》一文的第一部分，收入了《陈云文选》。

同日 撰写在中共中央南满分局召开的县、营级干部会议上的讲话提纲，分析坚持南满的必要性、重要性、可能性、艰巨性和长期性，提出"全党全军坚持南满""南满吃苦，为了北满""地方工作要服从主力部队的需要""反对退却逃跑，准备打烂家务"等号召；指出：只要依靠当地群众，政策对头，将运动战与游击战相结合，主力在敌后一定可以站住。这个提纲收入了《陈云文集》题为《全党全军坚持南满》。

12月20日 陈云致信林彪、彭真、高岗。信中指出：在敌后坚持与建立游击根据地或小块、大块根据地，只要具备三个条件就有把握。这封信作为《坚持南满根据地的斗争》一文的第二部分，收入了《陈云文选》。

12月24日 陈云起草同萧劲光、萧华联名致林彪、彭真、高岗并中共中央军委电。电报指出：现敌主力靠拢，正向内圈压缩，我已无好仗可打，且有可能被迫转移，于我不利。不如将主力一部伸入敌后，虽有困难，但可使敌难以前后兼顾。且敌后我现有地方武装，对敌既无还手之力，亦难招架，需主力撑腰。故四纵（缺四个营）已于十八日到敌后创造根据地，先头部队已收复八里甸子（桓仁县西）。现主力正向平顶山前进，十二师正向辽南岫岩一带前进。陈云起草的电报作为《坚持南满根据地的斗争》一文的第三部分，收入了《陈云文选》。

12月28日 陈云致信高岗，说：要坚持敌后，必须事先对过去的土匪、伪警特务、恶霸地主做必要的处置；民兵区、县中队必须集中，编入主力；本地干部要随主力行动；派到敌后的干部要有遇到各种困难的思想准备；要有主力伸入敌后。信中建议东北局开办一个干部学校，以训练、保存一批干部；并再次指出：我们自己以各种办法挽回南满目前局势是基本的，但外部的帮助也是重要的；还说这里无报纸和收音机，请每月派交通来时带报纸，并要带参考消息来。

同日 陈云同萧劲光、萧华、罗舜初、吴克华联名给林彪、彭真、高岗并中共中央复电，同意在作战根据地不成熟、机动地区受限制、敌紧迫压缩的情况下，事实上不得不拼掉几个棋子，以改变敌我力量的对比。北满出兵南满,是对南满的有力援助。在此严寒酷冷气候下,宜充分注意部队装备,特别是鞋袜手套。电报还报告了南满敌军事活动情况及我方应对的军事部署。这封电报收入了《陈云文集》,题为《各个击破敌人,争取南满的坚持》。

1947年

1月2日 陈云起草给林彪的电报。电报中说:四纵深入敌后,给东北国民党军造成新的困难,使其迅速击破南满、大兵北压的企图受阻。为援助南满,陷敌于更难境地的最有效办法,莫过于东、西、北满配合行动。目前,敌难以增兵关外,正是各满配合行动的时机。今后,由于敌我情况的变化,机会和效果均将减少。各满配合行动后,可能会遭到北满若干地方失陷及敌迅速增兵东北的后果,但较之被敌各个击破仍然有利。这封电报收入了《陈云文集》,题为《东西北满配合行动,以援助南满》。

1月8日 陈云致电东北财政委员会,说:在南满敌后作战中最困难的是鞋子问题,要接受这一教训,准备部队两年的用鞋。

1月16日 陈云致电林彪并彭真、高岗,表示同意他们1946年12月17日及26日两封电报的意见。这封电报作为《坚持南满根据地的斗争》一文的第四部分,收入了《陈云文选》。

1月22日 陈云同萧劲光、萧华致电林彪及东北局并中央军委、中共中央,报告:国民党一九五师五八四团,19日企图向蚊子沟增援其二师,其中一个营(五个连)进到小黄沟,被我七师全部歼灭,毙伤敌150余人。18日,在追截国民党二师的战斗中,我四纵队俘敌百余。以上两次战斗,我方伤亡不到百人,唯夜间行军战斗冻伤有400余人。国民党一九五师及二师企图巩固通化、封锁通辑线的计划第一次被我打破。

1月28日至2月7日 陈云主持召开中共中央南满分局第一次扩大会议。会议讨论了目前形势、敌后情况及机关精简、兵员补充、财政和粮食等问题。会议开始时就国际、国内、东北及南满形势讲话。在讲话中指出：南满根据地从去年10月以后失掉14个县城，但是打了胜仗，保住了主力，坚持了敌后。敌人对临江的第一次进攻计划失败了，现在正布置第二次进攻。我们的任务是再接再厉，粉碎敌人的进攻。中央军委给东北的总任务是每月消灭敌人主力一个师，南满最好能两个月消灭敌人主力一个师。因此，每个战役都必须精心组织，做到"百发百中"。现在虽有困难，但这个困难是发展中的困难，是暂时的、局部的。还要看到，南满内有群众、长白山，外有大连、鸭绿江，坚持南满完全有条件。敌人对我们要"各个击破"，做到"后顾无忧"。我们则要"协同动作"，"坚持敌后"。

1月29日 陈云在中共中央南满分局第一次扩大会议上发言。在发言中指出：我们的方针是三、四纵队留在南满坚持，以求站稳脚跟。杜聿明的兵力不足，所以他的计划是先南后北。如果我们不能忍耐，南满的钉子被他拔去，他就可以大军北压，那对于东北总的战局将发生大的影响。南满作战总的说是牵制战，牺牲是一定会有的。但局部牺牲是为了保住整体，使战略地位不致丢弃。否则，我们退入长白山，整个南满变成敌后，部队作战的损失要比现在的损失更多。能看到这一点就叫有远见，不明白这一点就不会下决心。因此，省委、纵队的领导直到师团营连干部，都要明白这点。解决打仗问题，要靠前方同志鼓足勇气。解决部队吃穿问题，要靠后方同志挺起胸膛来承担。解决兵员补充问题，一靠抓俘虏；二靠机关精简，分局和省委可以合并；三靠伤兵出院；四靠地方动员，从大连往这边运。

2月6日 陈云同萧劲光、萧华联名致电林彪、高岗、彭真并报中央军委，报告：在高城子与我激战一日的国民党一九五师，昨晚向通化突围，经我追击和截击大部分已被消灭。初步战果统计，毙伤敌人700余名，俘敌1500余名。2月9日，又与萧劲光、萧华致电中共中央，报告：我三纵七、九两师，乘胜围攻通化北三源浦国民党二○七师第三团，自7日16时开始，至8日8时结束战斗，敌全部被歼。

2月7日 陈云在中共中央南满分局第一次扩大会议结束时作总结讲话。讲话分析了国际、国内、东北和南满的形势，再次明确南满党和军队的任务是"保卫扩大长白山，坚持敌后三大块"。最后，专门谈了思想方法问题，指出：在延安时，以为过去犯错误是因为经验少，毛主席说不是，是因为方法不对。后来，把毛主席从井冈山时期以来的著作，直到《论持久战》找来，研究他处理问题的方法，认识到，行动上所以犯错误，原因在于对客观实际缺少全面的正确认识。因此，要少犯错误，就要避免片面认识。做到这一点的方法是交换、比较、反复。交换，就是收集与自己意见相反的意见，其中正确的可以补充自己意见的不足，不正确的可以在反驳中使正确的意见更加系统。比较，就是用一种意见同另一种意见相比，这样能对事物看得更清楚，更容易作决定。反复，就是作了决定后，再看看有没有反对的意见，并在实践中反复认识，发现缺点，再弥补。而要采用这个方法，就不能充好汉，爱面子，就要论事不论"脸"，站在无产阶级的立场，抱着共产党员的原则态度。讲话中关于思想方法的部分收入了《陈云文选》，题为《怎样才能少犯错误？》。

同日 陈云致电东北财政经济委员会，提出北满给南满的一万吨粮食中要包括500吨小麦磨成的面粉，以便照顾万余名伤员。

2月8日 陈云起草给高岗的电报，对林彪、彭真、高岗1月18日关于北满难补兵员给南满的来电提出意见。这封电报作为《坚持南满根据地的斗争》一文的第五部分，收入了《陈云文选》。

2月11日 陈云起草同萧华复中共中央军委并致东北局、林彪电。电报指出：为达分散敌人目的，将部分主力部队分散在敌后，对全局有利。现敌人准备第三次进攻长白山，我们将利用松花江开冻前积极歼敌，求得改善南满形势，以应付松花江开冻后，北满欲援不能，敌集中大力单独对付南满时的困难。南满目前最大困难是兵员，正自己努力解决，并向北满求援。这封电报作为《坚持南满根据地的斗争》一文的第六部分，收入了《陈云文选》。

2月13日 陈云就新华社于2月11日播发抨击沈阳出口2万吨大豆消息一事，起草给陆定一的电报。电报指出：我以为以不反对大豆出境为好。大豆是东北主要农产品，年可输出200万吨，"八一五"后无法出口，致使豆价低于成本价，到处以大豆作燃料储备，豆熟后农民也不收割，这于农民不利。而且，东北解放区的大豆出口量远超过蒋区的出口量。这封电报收入了《陈云文集》，题为《不反对大豆出境为好》。

2月15日 陈云主持召开中共中央南满分局会议。会议讨论粮食供应问题，并作出决定。决定指出：粮食是目前坚持辽东根据地的物资基础，长白地区正处在粮食极端困难之际，如不能保证供应，则我有失败之危险。因此，各级党政军首长必须亲自动手，加强粮食管理。要按实际人数领粮，凡多报多领者应受到处分。要根据预算审查核发粮票，无粮票不支付粮食。一切机关部队不得经营粮食贸易，节约粮也须按价卖给公家。凡贪污公粮皆应处分，贪污500斤以上者枪毙之。缴获敌人军粮搬回根据地者，一半交公，一半奖励该部队（由公家收买之）。决定还规定了每人每天粮食定量标准，即前方部队2斤2两，后方部队2斤，后方机关1斤9两。尽量保证伤病员多吃细粮。为了解决吃菜困难，前方每人每天增加2两豆子。

2月17日至23日 陈云主持召开中共中央南满分局敌后工作会议，并在21日就坚持敌后的可能性，巩固部队的方针、方法，以及在敌后的军事、政权、锄奸、农民与土地、财政与粮食、对地主与地主武装的政策等问题发表讲话。

3月5日 陈云起草给东北财政办事处的电报。电报建议停印停发辽东票，辽东财务由东北财委统筹统支。辽东每月可印东北票10万元，皆交东北银行总行。未发出的辽东票以一比一的比价兑换成东北票。已发出的是否收回，视战局及印刷能力而定。一年之后，以辽东现有经济力量支付军费将不可能，东北财委要早筹善策。这封电报收入了《陈云文集》，题为《早筹金融善策》。

3月7日 陈云起草同萧劲光、萧华联名给林彪的复电。这封电报作为《坚持南满根据地的斗争》一文的第七部分，收入了《陈云文选》。

3月8日 陈云就办各类干部学校一事，起草给中共中央东北局并林枫、谭政电。电报中说：东北必须有军事与党务的学校，吸收这批干部，平时教育保存，有适当工作时调用。这封电报收入了《陈云文集》，题为《东北须有教育、保存干部的学校》。

3月9日 陈云起草同萧劲光、萧华、莫文骅联名给中共中央东北局和中共中央的电报。电报中说：由于中央和东北局对滇军的正确估计，以及制定了对滇军工作的正确方针，辽东在滇军工作中取得一些成绩，最近在通沟战斗、柳河战斗中我军取胜，俘获千余滇军。为进一步开展滇军工作，争取战时放下武器及武装起义，以便给蒋介石军事上、政治上大的打击，要特别注意俘虏政策。要认识战争的锁钥是消灭敌军，而瓦解敌军更是重要工作之一。不要以为这只是政治机关及政治人员的事，而应是全党全军的事业。每个同志特别是干部党员更应加强政策观点。在战场上对滇军要加紧政治喊话，组织谈判，严格执行俘虏政策，特别要禁止搜腰包、拿大衣等。对放下武器的官兵，精神上、物质上应特别优待，并有计划地利用俘虏进行打入敌营工作。地方敌工组要经过群众用个别口头鼓动滇军的反蒋情绪，使他们同情我军。滇军非清一色，要注意提高警惕性。政治争取的目的是为了达到军事上歼灭的任务，要使政治争取与军事压力双管齐下，战胜敌人。这封电报收入了《陈云文集》，题为《严格执行俘虏政策》。

3月22日 陈云致信新华社辽东分社同志，答复有关送审的两篇新闻稿件的处理意见，提出以都不发为好，指出：关于就消灭敌二十二师1500人而编写的辽东军区《发言人谈话》，如在今年1、2月时，值得这样写，也值得在报上登，而现在，消灭这些敌人不能算多。可以考虑在这个战役阶段结束时作一个总的谈话发表，那样效果要好些。关于为瓦解敌军而草拟的《告蒋军士兵书》，也不宜在报上发表。因为，对若干蒋军的政治攻势很需要做，但在南满可以进行政治攻势并可能收效的只有滇军，而这尽可在前线写信、散发宣传品。在报上发表，并不能使滇军看到，相反，只能引起国民党对滇军更加注意。

3月31日 陈云起草同萧劲光、萧华、程世才联名给林彪、彭真、高岗的复电。电报指出：目前南满敌情严重，但敌主力不多，渐次粉碎敌进攻是可能的。我们下定决心，打几个恶仗、硬仗、较冒险仗（仍是运动仗），以争取较完整的长白山。建议北满暂时不必加兵南来，可加强在长春西北与敌作战的力量，以牵制敌人；并派一主力师到东满，以保持南满和东满的交通。这封电报作为《坚持南满根据地的斗争》一文的第八部分，收入了《陈云文选》。

同日 陈云为中共中央南满分局起草"关于全党动员起来粉碎敌人第四次进攻的通令"。这个《通令》作为《坚持南满根据地的斗争》一文的第九部分，收入了《陈云文选》。

同日 陈云起草同萧劲光、萧华、程世才、罗舜初、吴克华、莫文骅、唐凯联名给辽东各兵团首长并报林彪、彭真、高岗的电报。电报指出：今天，粉碎敌人进攻的条件比上次更有利，只要歼灭一两个师，南满形势即可发生基本变化。目前摆在我们面前的问题就是如何提高战斗意志，发扬打硬仗、打大仗、打恶仗的坚强决心，以一定的牺牲换取胜利。同时，每个指挥员要随时注意配合、协同与联系，反对莽闯、乱撞的战斗作风，提高从战术上爱兵的观点。为加强和统一前方部队的作战，已决定由曾、韩组织前方临时指挥部。这封电报作为《坚持南满根据地的斗争》一文的第十部分，收入了《陈云文选》。

3月底 陈云主持中共中央南满分局和辽东军区直属机关干部会议。会议着重分析当前军事形势和任务，并在充分讨论的基础上，重申坚持南满的方针，决定无论付出多大的代价，也要坚决打下去，打胜这一仗。陈云在讲话中指出：要准备打大仗、恶仗、硬仗，只要有利于全局，南满的牺牲就是有价值的。他反复问大家，今后如果牺牲大，后悔不后悔。当大家一一表示"不后悔"后，诙谐地一拍桌子说："我们学上海交易所的规矩，拍板成交了。"

4月2日 陈云致信高岗，表示北满能给南满输送新兵，增加了争夺长白山最有力的条件，即派三个补充团的架子去接新兵。

4月7日 陈云起草给林彪的电报。电报说：北满的三次出击，对南满粉碎敌人进攻起了重大作用。东北民主联军总部应在适当时机召集各战场有关人员讨论一次协同动作问题，并全盘核算我东北各战略区在军事、人力、物力上协同及调剂的可能程度。这封电报收入了《陈云文集》，题为《今后南北战场的配合程度应更加密切》。

4月9日 陈云同萧劲光、萧华致电东北民主联军总部和中共中央东北局，表示拥护总部和东北局8日提出的北满主力南来的夏季攻势方针。电报说：这不仅可以根本改变南满及东北的形势，而且在关内大打，津浦、平汉两路未通，敌人在全国兵力不足，不能一次大量增兵东北的条件下，有可能通过渐次消灭东北顽军机动兵力而改变全国战局。

4月10日至22日 陈云主持中共中央南满分局第二次扩大会议。会议讨论南满分局成立之前辽东党内的意见分歧及其他历史问题，并作出相应结论。陈云在会议开始时说：过去，辽东党内对工作的不同意见是确实存在的，而且或多或少影响了工作。前一段由于对情况不很了解，加上军情紧急，没有讨论。现在要乘战争空隙讨论清楚。22日，在会议结束时讲话，对辽东党在安东、通化失守前后的几个历史问题进行了分析，提出结论性意见。这部分讲话收入了《陈云文选》，题为《健全党内生活》。

4月30日 陈云致电中共中央东北局，赞扬由北满送到南满的第一批新兵表现好，说他们经过十天森林湿地的行军，吃苦耐劳，情绪很高。沿途只跑了三人，原因还在带队干部的工作有缺点。这反映北满地方工作大有进步。南满同志，尤其是部队同志，看到从北满来了新兵，勇气更增。

5月1日 陈云主持中共中央南满分局会议。会议着重讨论关于辽南区党委在坚持敌后斗争问题上的方针，决定派萧华前往辽南，解决一部分同志的认识问题，说服他们继续在安奉路以西坚持斗争。陈云指出：要向他们讲述对敌我力量变化的认识过程，说明敌人的失败是必然的，是势所必致，理所必然，而我们的认识往往落后于形势的发展。

5月3日　陈云在临江党政军干部会议上作报告。报告分三个问题：敌我力量变化、坚持党的民主集中制和搞好军政军民团结。在讲到坚持党的民主集中制问题时，重申了4月22日讲话中提出的要以严肃的原则性对付党内无原则纠纷，个人必须服从组织，要健全党内生活，增强党的战斗力等要求。

5月8日　陈云复信高岗，指出：东北战局敌我力量已发生很大变化，东北我军已由守转攻，今后的重点应是打攻坚战，以吸引更多的蒋军机动兵力到关外来加以歼灭。信中建议在适当时候开一次会，讨论"七七决议"后一年来的形势、战争任务及建党等问题。

5月23日　陈云致电东北财经办事处，通报辽东已决定在全部地区通行东北流通券，辽东票与其比价为一比一。辽宁省实行半个月来物价无波动。为了掌握今后的市场及物价，希望他们将北满物价每半个月通报一次。

5月29日　陈云就收复区粮食后运问题复电高岗，指出：因无铁路，民间大车有限，动用会妨碍耕作和战勤，故拟将大部分粮食榨成油或做成细粮，一部分支持本币，购买物资，一部分在不太扰民的原则下运回后方。

5月下旬　中共中央东北局对党政领导机构成员进行了调整，东北局常委由林彪、罗荣桓、高岗、陈云、李富春、张闻天、林枫组成，林彪为书记，罗荣桓、高岗、陈云为副书记。另外，东北行政委员会建立党委，陈云兼任书记。

6月1日　电告东北财经办事处：安东市粮荒极为严重，现200斤高粱换1匹布。建华公司是否尚有存粮，可否运一些粮食作贸易去买布。

6月6日　陈云在中共中央南满分局和中共辽宁省委于临江召开的直属机关千人干部大会上，作关于目前形势与任务的报告。《辽东日报》和《东北日报》分别于9日和20日刊登了这个报告的主要内容。这次大会之后，400多名区以上干部组成了5个工作团，分赴新收复区发动群众，进行土改。

同日　陈云就收复区土改问题为中共中央南满分局起草给辽东各省委、各工作团的指示信。信中共讲了12个问题，主要内容与同日在千人干部大会上的报告一样。东北局于7月29日向各分局转发了这封信。

6月8日 起草中共中央给东北局财经委员会的电报。电报指出：（一）金融变动临江今日开始，其办法：宣传辽东本位市场计价，合记单位、税收征交皆以辽东票市额计算，即将物价由二折成一。凡过去以流通券记账契约债务，皆改成辽东票单位（即二折一）。因物价及形势需要，宣布本币与流通券汇兑率一比一，市场行使亦一比一。（二）此办法意义在于持辽东票的仍一顶一，持流通券的昨天一天增五角，今天则一元当一元。有辽东票不亏，有流通券则便宜。（三）实施步骤：政府出布告，分别召开公营商店及商户会议作解释，并通知部队机关执行。物价由贸易公司挂牌，拿出物资支持（一般将市场物价二折一）。（四）临江贸易公司可挂牌与出售。（五）前方可根据此精神进行，并以部分敌伪物资支持，定期将物价变动报告我们。王首道、叶季壮、李六如请告北满物价。这封电报收入了《陈云文集》，题为《金融变动的应对办法》。

同日 电告东北财经办事处：我处所存颜料大宗是硫化青，没有军用绿色。

6月上旬 陈云率中共中央南满分局机关由临江移驻通化。

6月 陈云在东北民主联军辽东军区师以上军政干部会议上，听取第三纵队领导关于部队开展诉苦教育问题的汇报，并同萧劲光、萧华等予以肯定。三纵早在2月即发现和推广了该纵某部三连通过启发战士诉苦，提高阶级觉悟，从而增强部队战斗力的经验。这一经验经辽东军区首长肯定后，在军区各部队得到迅速推广。

7月1日 陈云在中共中央南满分局和辽宁省委直属机关纪念"七一"大会上，就东北形势与任务、少数干部闹情绪、闹地位、搞本位主义问题发表讲话，指出：地位不是争来的，贡献与地位应是相称的，过低必升，过高必降；本位主义是个人主义的放大，是对全局的盲目。全局在，可以挽救局部；而全局垮，则局部不能挽回。

7月4日 致电东北财经办事处。电报指出：除已交给我们的15000纱锭外，辽南安东收复后，我们又掌握25000纱锭。请告你们现有多少纺花，第二次对外贸易可换入多少纺花，以便决定是否有必要再搬一二万纱锭到北满。另告，我们9日开会，准备全部家务与你们统筹统支。

7月7日 致电东北财经办事处，说：6000匹布已运去。冬季6.5万套大衣、12万双棉鞋都须按期完成。现差6万双鞋的经费，我们即派人送去500桶硫化青、2万盘纸，目前用款请财办暂垫为盼。

同日 致电东北财经办事处,告:旅大金融变动,筹款紧,财办是否尚存苏票。如能于本月内送到一万万元,对我经济亦为有利。

7月9日 陈云在中共中央南满分局召开的随军工作团干部会议上,就东北战局与关内来的干部的状况等问题发表讲话。

7月17日至28日 陈云主持中共中央南满分局第三次扩大会议。会议主要讨论了军事形势、群众工作与土地改革、财经问题。陈云在会议开始时就军事形势问题作报告,在谈到"七七决定"的作用时指出:"七七决定"前,对客观环境的认识模糊不清,在战争还是和平、东北群众是否真正拥护我们、敌我力量谁占优势、干部思想是有问题还是没问题、对地主阶级是先讲斗争还是先讲照顾等一系列问题上,认识不一致。"七七决定"正确回答了这些问题,使党内有了统一的认识,然后才可能有统一的行动。21日,陈云在会上就土改问题作报告,指出:东北与关内不同,自耕农少而佃农多,好地多集中在佃农手中,贫农租的地80%来自地主,20%来自佃富农;骡马除地主的以外,更是全部或绝大部分在佃富农手中。不分一点富农的土地和牲口,贫雇农翻不过身来。在谈到对工商业的政策时指出:有的地主将财产卖掉,转移到商业上,这种财产要分;另一种人是商业起家的,又买了土地,则只分其土地;还有一种是靠土地起家,后来经营工商业,看情况而定,该分就分。我们在农村中的"破坏"是进步,是建设,而在城市则不然。如何繁荣商业,发展工商业,值得考虑和研究。28日,陈云同志在会上作结论性发言,重申了对当前辽东军事形势的估计及辽东全党的任务,强调土改的中心要放在使占人口60%~70%的贫雇农彻底翻身上,并要团结中农,彻底消灭封建地主阶级。在谈到财经问题时指出:今后在主要财源方面,各省与辽东办事处,辽东与全东北都要做到统筹统支。财经办事处的工作是细密的组织工作,各部队要把好的财经工作干部送到财办来。

7月23日 陈云致电东北财经办事处,指出:对顽伪钞票要采取兑付政策,以便扩大我之货币市场。为照顾人民,当我军到达一地时,可限期兑付。比值大小要视敌我管辖区的物价而定,如顽区物价高于我区物价,应贬低其钞票的比值。辽东在新收复区的大部分地区已明令停止行使顽钞、伪钞,对稳定我货币起了相当作用。

7月28日 致电东北财经办事处。电报指出:25日要求我们拨辽东票30万万给杨克诚办不到。因为我们每月印刷发行量只有5万万(只有50万票，未发行百元票），仅够辽东开支。以后辽东票如何印刷发行，请考虑方针，辽东票无百元版。

8月11日至9月下旬 东北行政委员会在哈尔滨召开东北财经会议，号召东北各级党政军机关加强对财经工作的领导，由分散转向统一，使财经工作能赶上战争形势发展的需要。会议决定将原东北行政委员会的财经委员会扩大为东北财经委员会，陈云任书记，李富春、张闻天、叶季壮任副书记。

8月17日 陈云就不宜规定野战军自给任务问题分别致电高岗、李富春和东北财经办事处，指出：一纵队两次来电要辽东办事处退还去年四平保卫战之前他们在辽东地区的投资，并说每月缺他们经费5800万元。建议今后对野战军的一切经费照数全发，不要要求他们自给。这样，一可让他们安心作战，二可不使他们借口自给而乱抓钱物。

8月28日至9月3日 陈云出席中共辽宁省委在梅河口召开的收复区群众工作会议，并就土改中应注意的几个问题讲话，指出：情况变了，方法也应有所改变。今年6月提出的"求透不求快"的方针已不适合实际，应改为"又快又透"。防止"煮夹生饭"的关键在于发动群众，要信任群众，让群众自己动手，犯点小错不要紧。对斗争对象不要勉强集中在几个最大的恶霸地主身上，因为群众更恨的是那些直接压迫他们的较小的地主、恶霸。强调防止流氓混入群众运动掌握领导权是对的，但不要因此束手束脚，成为精神负担，要依靠群众运动来发现和处理流氓。"两面光"与"狗腿子"有区别，前者是群众中的落后分子，后者是地主的忠实帮凶，对前者的方针应是积极引导争取。在群众斗争中打人已成为一种风气，值得注意，并应提高到政策原则高度来认识，农民打地主是封建压迫的结果，但如不适当防止，打死人的事情会更多，会影响对地主阶级的策略，丧失中间分子的同情，脱离落后群众。今后还要叫地主过日子，判了罪的可以在适当时机释放，不是统统杀掉或永远关起来。讲话最后强调全党全军要提高运用党报和通讯社的自觉性。这个讲话分别刊登在9月11日的《辽东日报》和《东北日报》上。

8月 陈云出席辽东军区召开的师以上干部会议。会议全面总结了四保临江、夏季攻势的作战经验教训，研究讨论了政治形势与部队任务。陈云在会上作了报告，指出：我军在全国5个战场中的3个战场转入了反攻，敌强我弱的形势正在改变。我们面前尽管还有困难曲折，但斗争前途是光明的。国民党搞所谓全国总动员只能加深其危机，美国的援助也不能从根本上挽救其危机。武器不起决定作用，起决定作用的是民心向背。时机到了，我们要有打大仗的精神准备，要敢于胜利。这次会议是解放战争期间南满规模最大的一次军事会议，对南满部队建设起了重要作用。

9月9日 陈云将在8月28日召开的中共辽宁省委群众工作会议上讲话的主要内容电告辽南区党委、安东省委并报东北局。

9月17日 陈云主持中共中央南满分局会议。会议讨论了南满部队领导干部的分工、党的组织发展、铁路运输、粮食供应和部队后勤工作。

9月24日 陈云主持中共中央南满分局会议。会议着重讨论了形势问题。陈云指出：从全国各战场看，有决定意义而且处境最困难的是刘伯承和陈赓，我们应用一切方法使他们站住脚，在军事上多消灭敌人，积极吸引关内的敌人。这是关系到中国革命胜利的时间是缩短还是延长的大问题，如果刘陈的担子很重而我们不管，则将悔之不及。如果我们今天害怕死人，将会影响今后千百万的人头问题。当会议讨论到要批驳所谓"地富是劳动起家"的谬论时，陈云指出：报社要组织座谈，发表文章，要用劳动价值论的观点说明地富不是"劳动起家"。

10月2日 陈云主持中共中央南满分局会议。会议听取并讨论了吕东关于东北财经会议精神的传达报告。陈云指出：必须使每个同志清楚地认识到，全部经济工作的目的是为了战争的胜利。军队与地方、前方与后方、财经与后勤之间的矛盾，均应统一到这一点上来。集中的效果一定比分散好，对此，报纸要宣传，后勤部门要开会，要在干部中进行教育。在金融政策上。要放手大胆地发行，否则要犯路线错误。问题在于，票子发出后要能及时掌握住物资。有了物资就能左右物价。明后年，群众和机关都要搞大生产。全东北要争取做到物价相对稳定。做到这一条，我们就不仅在政治上军事上取得了胜利，而且在经济上也取得了胜利。

10月12日 致电东北财经办事处。电报指出：中共中央南满分局完全同意东北财经会议的方针、政策和计划。另告：安东纺纱年底可达1.2万锭，明年可逐渐达到2.5万锭；造纸、胶鞋和煤矿的生产任务均可完成且有超过的可能；但金矿生产因技术和电源问题，难以完成。铁路正在全力修复。目前因增加新兵3万人，俘虏1万人，所以被服需要量超过原计划，尚无着落，等等。

10月13日 陈云致电东北财经办事处，指出：南满的大型工厂矿山及对外贸易已全部收归国有，但南满所养部队数目较大，且财经基础薄弱，又无从加入对外贸易，即使将大工矿全部归还地方，所需开支仍要靠大公补助。故建议一部分税收暂归地方，待地方生产有了基础，税收整顿也就绪了，再收归大公。

同日 陈云致电东北财经办事处，指出：两个月来，南满发行货币80万元，加上北满拨来的56万元在内，全部流通量现为120万元，物价大体说来是稳中上升。又指出："对于发行问题，我是属于稳健派。"为了对一些收益较大的铁路矿山投资，货币势在必发。

10月18日 陈云在柳河、通辑工作团干部会上作题为《群众运动的基本问题》的报告，指出：贫雇农问题是土地改革的根本问题，他们的翻身是土改的主要内容。这里中农的多数是佃农，他们只能是贫雇农的同盟者。对贫雇农越是发动充分，团结中农就越容易。在土改初期，不应强调贫雇农和中农共同领导，把他们相提并论。发动贫雇农，采取组织以重点村为核心的贫雇农大会的方法，比挨户拜访个别找人好；先让群众动起来，然后从中发现培养积极分子，比先找积极分子再发动群众好；几个区或全县同时发动，比一村一村发动好；让群众七手八脚干，比让群众整整齐齐听号令好。贫雇农越是普遍行动起来，"煮夹生饭"的危险就越小，流氓坏蛋就越是容易暴露洗刷。我们往往觉得群众诉苦还诉得不够，但群众说，再诉下去，汉奸恶霸就跑光了。这个讲话的摘要分别刊登在10月24日的《辽东日报》和11月1日的《东北日报》上。

10月23日 陈云致电东北财经办事处，指出：财政计划建立在税收上而不靠发行过日子是完全必要而且可靠的办法，但如果不印大量筹码在手头备用，把每月开支款项的筹码来源主要寄托在货币回笼上，恐难办到。

11月5日 陈云主持召开中共中央南满分局会议。会议讨论了贯彻《中国土地法大纲》的问题。陈云认为，安东和辽南的牲口40%~50%集中于中农手中，不动中农，贫雇农翻不了身。从人口比例上看，地富加上被触动的中农总共不超过30%。因此，在辽东地区分中农的一部分牲口，危险性不大。而且，在土改中，中农是有失也有得的。

11月12日 陈云对通辑工作团作报告，指出：过去土改工作中有错误有弯路，99%要由我负责。现在对情况认识比从前清楚了一些。东北地广人稀，大佃富、中佃富多，他们虽然也受地主剥削，但好地掌握在他们手中，并在农村中掌权。他们不赞成土改，也不赞成减租。因此，必须找贫雇农当土改运动的主力。一开始就要把贫雇农的威风摆得十足，要以满足贫雇农的要求，保持他们的锐气作为主要任务。不要怕"过界"，真的搞错了可以纠正。不要人为地划分阶段，群众比我们聪明，如分浮很麻烦，但群众自己动手就变简单了；再如划成分，填表很细致，实际上贫雇农大会上评得更细。总之，客观事实的发展在先，我们的认识在后。

11月25日 中共中央和中央军委致电各中央局、军区、野战军：取消东北民主联军及其总司令称号，改称东北人民解放军及司令员。

11月27日至12月6日 中共辽宁省委召开群众工作会议。会议总结了前一段土改工作，研究了贯彻全国土地会议精神的问题。陈云在会议开始时作了报告，阐述了党的依靠贫雇农、团结中农的阶级路线。

12月5日 陈云致电中共中央，报告秋冬以来，感冒次数增加，身体虚弱，在延安时无此病状，为防严冬后连续感冒，以应付明年春夏战局开展后的忙碌工作，拟休养一个时期。地点可在通化、临江、哈尔滨三处选择。

12月7日 致信王鹤寿、范式人、赵德尊。信中说：4个半月提起精神搞农运。因我是外行，自觉吃力，但也确有所得。最近辽东各县到分局汇报，我作了个报告，谈了4个半月所得，讲了5个问题：辽东农村的生产关系；土改中的做法；中农与贫雇农的关系；我们的靠山是什么；巩固工作的内容是什么。从农村的生产关系和阶级关系看，现在群众自己走的运动道路是对的。土改运动的主力和领导是贫雇农，他们一发动起来，有一股威风，没有这股威风就坐不稳天下。我们要多行动，少"酝酿"，群众觉悟是在实际行动中提高的。我搞农运的办法是，不根据决议条文，不被抗战时的经验束缚，只根据当时活的情况。活的情况不是山水土木，而是各阶级的态度。贫雇农对中农要有团结有斗争。贫雇农越硬，中农行动得越快；贫雇农不独霸政权，中农必当权，凡中农当权，地主不倒；故中农当道实际上仍是地主富农当道。现在党内不是不了解团结中农的必要，而是在贫雇农领导权问题上不明确。贫雇农大会是党依靠的第一权力机关，一切工作都应当而且都必须变成群众自己的运动。现在远非照顾地主的时候，只有到东北国民党退进关时，地主才有暂时死心的可能。

12月下旬 陈云由通化经辑安过鸭绿江取道朝鲜返北满。路过平壤时，陈云同金日成进行了会晤，指出：没有朝鲜的支持，就不可能有南满的胜利。

1948年

1月5日 陈云抵达哈尔滨，在车站受到中共中央东北局领导人林彪等的迎接。此后3个月，在家休养和半休息、半工作。

2月底至3月初 中共中央东北局在哈尔滨召开东北职工工作会议，总结职工工作经验。陈云到会并讲话，阐明接收敌伪企业后如何正确处理工人与把头、职员之间矛盾的问题，指出：前一段，某些企业过分相信旧职员，重视工人不够，既不能启发工人的积极性，又难于教育改造旧职员，阻碍生产力的提高和企业的改造，犯了右的错误。另一方面，有的企业又只重视工人，轻视职员，不加区别地乱打击职员，加剧员工对立，结果也妨碍生产，危害企业，犯了"左"的错误。我们应当全心全意依靠工人阶级管理城市和企业，坚决废除把头制度，不能让把头担任生产领导。这次会议纠正了职工运动中右的和"左"的倾向，对指导东北职工运动的健康发展起了积极作用。

3月10日至31日 中共中央东北局召开省委书记联席会议。会议着重总结检查了各地的土地改革工作，确定1948年的任务是解放全东北，支援全国的解放战争。29日，陈云到会，就辽东地区土改问题发言，指出："辽东土改打击面宽了，南满分局有责任，主要责任在我。"原因在于：（一）对东北农村商品生产比关内发达的状况、对解决贫雇农牲口的问题存在片面认识，没有把资本主义意义上的富农与封建主义意义上的富农加以区别。（二）在农民经济翻身是第一位的、必须团结中农、保护地主兼营的工商业等问题上认识不透。（三）对群众运动中容易出现的偏差，事前预防不够，事后纠正不及时。30日，陈云在出席东北局例会时又指出：辽东土改中"左"的东西很多。但对群众的积极性要保护好，否则，弯子转急了，泄了劲，损失会很大。辽东地区将是夏季攻势的战场，土改工作必须加快。只要吸取了教训，加快，不一定非出偏差不可。把整个农民阶级发动起来，比我们去找积极分子好得多。

3月24日 陈云出席中共中央东北局例会。在讨论城市工作时指出，有两点要在干部思想上搞清楚：（一）现在城市的作用与过去不同了。过去，敌人是战略进攻，现在是战略防御。因此，过去城市在我们手中作用不大。而现在，由于战争形势的改变，我们占领的地区越来越大，城市的作用也大得多了。（二）城市工作主要是抓生产。过去，刚进城市就发动群众，搞清算斗争。后来，又在工厂、商店发动工人、店员闹分红。应当明确，这些做法都不对，而且都不是治本的办法。治本的办法只有生产。要抓发电厂、电车公司、自来水公司、煤炭公司的生产经营，降低价格；要想办法使那些没有多少活干的企业转业，生产对支前、对人民有用的东西。即使不能赚多少钱，起码可以安排城市劳动力。

4月2日 陈云同林彪、罗荣桓、高岗、李富春致电中共中央，对一个时期以来，没有按照中央要求定期向毛泽东主席和中央作各方面工作及政策情况的报告，进行检讨并说明情况。

4月16日 陈云就辽东地区经济概况和土改工作中的错误向中共中央写出报告。这个报告有关土改工作部分收入了《陈云文选》，题为《辽东土地改革工作中的教训》。

5月14日 周恩来复电中共中央东北局，就东北局12日请示党内主持全总工作人选问题答复说：关于全总执委人选问题，我们拟以陈云担任主席，李立三、朱学范担任副主席，刘宁一担任秘书长或副主席。陈云主要工作目前应主持东北的建设，在将来则是全国的工业建设，同时担任全总主席，可使新民主国家的工业与工运更好地结合起来。全总实际工作可由立三、宁一两同志与朱学范合作。

5月19日 陈云出席中共中央东北局例会。会议根据南北满之间随着军事胜利已经畅通的实际情况，决定撤销南满分局；辽东地区的辽宁、安东两省和辽南行署区由东北局直接领导。

5月31日 陈云出席中共中央东北局常委会议。会议决定成立东北财经委员会，并由陈云负责财经委的工作。

6月4日 为适应东北形势的需要，就东北党政军机构的设置及分工问题，中共中央决定：（一）同意在东北局常委会领导下，设立党、政、军三种分工组织，即东北局办公厅、政府党委会、军委会分会。（二）东北局以林彪、罗荣桓、高岗、陈云、李富春、张闻天、林枫为常委，林彪为书记，罗、高、陈为副书记，高兼秘书长；军委会分会以林彪为主席，罗荣桓为副主席。（三）林枫、张学思、高崇民仍为东北政委会正副主席；政委会下设财经委员会，以陈云为主任，李富春为副主任，陈云兼政府党委会书记。（四）热河分局以黄克诚为书记。

6月7日 陈云出席中共中央东北局常委会议。在讨论加强政府工作问题时指出：目前，东北根据地已连成大片，具有相当规模，而且还在向前发展。因此，东北的一个重要任务是组织好财政经济工作，以适应全国战争的需要。过去在财经工作中一些带军事性质的东西已经过时，与现在的形势很不相称。现在，公粮、税收、林业、铁路运输等，都与农民、市民有极为密切的关系，稍微动一动，就会触及人民的利益。这些方面都是由政府负责的，应当把财经工作放到政府中去，这对当前形势及加强政府工作都有好处。会议还根据陈云提议，决定在第六次全国解放区职工代表大会上准备重建的全国总工会中，陈云只做名义上的主席，日常工作由李立三主持。

6月9日 出席中共中央东北局常委会议。在讨论王稼祥起草的《城市工作大纲》时指出：这个大纲很有用处。城市工作内容主要是经济，其他问题均属于经济附属问题。"第一，经济中有贸易、铁路、公私的，集中起来是公家对私人工商业态度：我以为是保护（清算犯了这条）。第二，转业，转至战争、农民需要。第三，分工，要公私分工，大小分工；如何合理使用，否则是大浪费。经济不发展，其他不会发展。总的应摆在此点，最大精力放在此点。"

6月10日 陈云开始正式主持东北解放区财政经济工作。

6月11日 陈云出席中共中央东北局常委会议。在讨论林业问题时指出：东北的粮食由于国内需要量增大，出口将会减少。可以用来弥补粮食出口不足的只有煤炭、木材和盐这三项。因此，东北的林业很重要。计划先出口250万立方米，然后想办法再加100万立方米。林业干部要集中使用。

6月14日 陈云出席中共中央东北局常委会议。在讨论对外贸易问题时指出：我们目前能出口的基本上是粮食，不仅要出口余粮，而且要勒紧肚子，尽可能多出一些。要用粮食换回军需、民用和工业用的物资，其中军需占大头。要批判片面的群众观点，如果不多出口粮食，反而会从群众中取得更多。价格，从小处看，我们吃亏；但从整体看，我们赚大钱，因为这是大买卖。有的同志只看到局部，认为不合算，结果丢了大头。这种同志只能当总务处长，管不了国计民生。目前，对外贸易中收集、保管、运输的各个环节上问题都不少，损耗太大。要注意研究这方面的业务，购置必要的设备，并成立专门的机构。

6月16日 陈云参加中共东北铁路局党委会议并发言，在讲到民主集中制问题时指出：领导人愈民主（不等于一切小事都讨论），就愈能集中。有不同意见或不同意见之间的争论是正常状态，但少数要服从多数；即便是党委书记，也要服从多数（在与上级联系方便时可以再请示上级）。允许个人保留意见，但必须无条件执行决议，无论工作还是对外言论，都要与决议保持一致性。

同日 陈云出席中共中央东北局例会。在会议讨论东北日报社工作时指出：报纸是个很重要的武器，影响广泛，作用迅速。用得好，可以打死敌人；但用得不好，走了火，也可以打倒自己。报纸办得好坏，主要责任在于领导。领导不会利用报纸，是手工业式的领导。各部门应经常把报社的人找去谈谈，使报社熟悉政治"行情"。被报纸批评了的，固然需要改进，没有被批评的，也不见得没有错误。报纸没有反映哪一方面工作，说明哪方面工作可能有毛病。在会议讨论工资问题时又指出：现在铁路和工厂的工人工资太低，不足以维护最低生活，还不如农村中的雇农。照目前办法长期搞下去是不行的，剥削了工人，有利于消费者，结果是工业的总崩溃。搞经济总要合乎经济原则，用强迫的办法既违反经济原则，又违反政治原则。

6月18日 陈云就关于发展羊草生产、保证军需供应的命令草案中的问题，起草致信叶季壮等，指出：对关于羊草生产的命令又改了一下，强调它不得成为农民的负担，必须按经济规律办。羊草的价钱应按路途远近而定，并由粮食局挂牌，命令上不宜定死。只要有利，农民必来；牌价太低，农民必不来。定价太高或太低，都由粮食局负责，这样的原则较好。现在纯粹动员性质的事情太多了，农民是讨厌我们的。

6月25日 陈云出席中共中央东北局例会。在讨论干部学习问题时指出：为了不使经验成为流水，就应有工作计划和经验总结。每个业务部门都应设立计划机构。在会议讨论第六次全国解放区职工代表大会筹备工作时提出："我是政府负责人，又作工会主席，要考虑这样是否会成为右派反对我们的口实"，并建议由其他同志作候选人。

6月28日 陈云出席中共中央东北局常委会议。在讨论城市居民实行配给制和组织消费合作社问题时指出：现在的主要问题是物价。对此，过去有两种意见：一种主张要稳，一种主张不能稳。今年，物价中带头的是粮食，要尽可能多地把粮食控制在手里。首先，要集中力量把布和盐抓起来，有了这些东西就可以向农民换取粮食。向农民收买粮食要按经济原则办事，农民只要不吃亏，就愿意把粮食卖给我们。要开放粮食贸易，对25公斤以上的粮食也应准许流通，但要做到不准其流到敌占区，并且只准几家公司做粮食生意，违者照官价收买。只要有实物为后盾，多发票子就没有关系。只要给公营和我们需要的私营工厂、企业的职工以基本生活保证，物价涨不涨关系也不大。现在公营的价格，如电价、火车运价都太低，等于我们从农民手中换来的东西统统不加区别地给了消费者。工业价格应当逐渐达到成本加上利润，否则，会使工业崩溃。

6月30日 起草同李富春联名签发的东北行政委员会财政经济委员会的通知。通知指出：（一）东北贸易管理局图们口岸办事处兼东北行政委员会驻图们办事处，并任命刘裕孚同志为处长、孔祝三同志为副处长。（二）办事处的任务是：配合吉林省党、政、军负责沿江国境管理事项，沿江对外贸易及货物输出入口办理及统一管理等事项，代表政府办理当地对友邦外交事项。（三）对人员因公、休养或退伍出境赴朝鲜或通过朝鲜赴别处者作出六条必须遵照的规定：1. 无论党、政、军人员，必须遵照系统请得东北局组织部、东北行政委员会外事处或东北军区政治部之正式介绍，否则，不准出境。单纯为国家对外贸易需出境执行职务者，经由东北贸易管理总局之正式介绍即可。2. 出境人员除一般必需的行李外，所携带的物品必须有以上各该机关之证明；武器、弹药，无朝鲜方面手续者，绝对禁止携带。3. 出境人员的食宿、旅费，除以上规定的介绍机关明确证明供给作正式报销外，办事处不负责任；在规定范围内，可予兑换定量之鲜币。4. 出境人员必须穿着便衣，绝对禁止穿军装、戴军帽。5. 过境人员不准在朝鲜境内私自购买东西。6. 关于沿江朝鲜人出入国境事项，由东北政委会外事处另行规定。（四）沿江对外贸易统由办事处办理，除特殊器材办事处不能或不易采购且经财委会或贸总批准者、始准派员出境直接采购外，任何机关部队不得直接对外贸易。（五）办事处关于对外贸易及输出入口工作统受东北贸易管理总局直接领导。关于非贸易性之外交事项，受东北政委会外事处领导。这个通知收入了《陈云文集》，题为《关于图们口岸办事之决定》。

7月5日 陈云出席中共中央东北局常委会议。在讨论企业组织与工人运动方针问题时指出：对旧的生产制度应当批判地接受。对于工厂来说，最重要的问题是要寻找原材料的来路与产成品的销路。现在，我们还没有学会做"老板"。

7月9日 陈云出席中共中央东北局常委会议。在讨论城市工作时指出：目前，哈尔滨失业的人中大多数是饭馆厨师、木匠、瓦匠、鞋匠等个体手工业者，这些人要在眼下复业是不可能的。而农村、林区、煤矿需要大量劳力去开荒、伐木、挖煤。因此，应当用各种办法，把他们从城市"挤"到农村、林区和煤矿。

7月13日 中共中央致电东北局，批准由陈云、李富春、林枫、王首道等7人组成东北行政委员会党委会，陈云为书记。

7月15日 陈云出席中共中央东北局例会。在讨论国际共运问题时指出：苏联同志在许多重要问题上给我们提出正确的建议，如让我们到农村去发动群众，要以土地问题作为发动农民群众的口号，不能触犯中农和商人利益，等等；而且在实际斗争中对我们进行了帮助，给我们许多物资。但是，对苏贸易应是商业性的而不应是一种政治关系。对苏联同志说话也要十分注意，不能到他们那里去反映党内的争论，否则就是违反纪律。

7月17日 东北行政委员会召开第四十五次常务会议，决定设立财政经济委员会，陈云任主任，李富春任副主任。

同日 陈云出席中共中央东北局常委会议。在讨论粮食问题时提出：粮食是东北最主要的财源，各省的粮食局应当由省政府主席兼任。

7月23日 陈云出席中共中央东北局常委会议。在讨论全国职工第六次代表大会要解决的问题时指出，当前，工厂中有四个主要问题：（一）工人生活困难。（二）只有政治厂长而无技术厂长，从工人中提拔起来的厂长掌握不了生产经营的全局，我们在技术上还是漆黑一团。（三）缺少原材料。（四）需要制定办厂的规划。其中第二个问题最突出，也是最有意义的。因为，今后收复的大城市都会遇到这个问题。把它解决好，不仅是为了现在，也是为了将来。

7月24日 为中共中央东北局起草给中共中央的电报。电报对所拟公营企业战时工薪标准草案作出说明：由于今年3月所定工资标准太低（最高275斤，中等193斤，最低100斤）；3月物价波动，大部工人配给实物的种类不够，一部分工人未配实物，故实际工资更降低，五六月间凡无配给或配给不足的工厂中工人均不安，有不少技术工人转向私厂做工。现新拟订每分值为两斤半粮，工人最高工资为375斤，中等工资为275斤，最低

（学徒）100斤，并在每个工厂逐渐做到设供给商店或合作社，供给以及家属粮、布、油、盐、煤五种实物，以后力求增多实物配给。上述标准目前仅是生活所必需，是一种战时生活标准，比旧民国和伪满时均低。工人对工资的态度，总的说是谅解我们战时财政困难。现新定工资标准，中等工人约可养活连本人在内三口大人（或两大两小），最高工人工资约可养活四口半大人。但我们规定工资的条件绝不是看工人家属人口的多少，唯一的条件只能是技术高低、生产多少。在大城市，尤其是铁路、市政的工人工资历来较高，这既不同于过去农村根据地的公营企业中从部队转业的工人，也不同于乡村小城市作坊中的工人。此标准拟在八一全国工代大会前公布，请中央审查批示。8月9日，中央复电东北局：东北公营企业工资标准草案及说明均阅悉。你们过去工资标准定得太低，此次重加改订，仍未能摆脱过去某些观念上的束缚。望你们将关于中国职工运动当前任务的决议仔细研究，并结合东北实际情况，再修正这一草案。为指导东北局拟订公营企业工资标准，中央提出三项原则：（一）最低工资应保证维持连本人在内的两个人生活。（二）实行交叉累进的等级工资制。（三）规定一般工资的最高限额。中央指示东北局："将工资标准修改后，可提出东北工代会上讨论，然后再加修改并电中央一阅。"根据中央指示，东北局对东北公营企业战时工薪标准作出新的修正。9月8日，陈云与李富春就东北解放区公营企业新的工薪标准执行问题，向各级政府负责人发出指示信。信中指出：新的工薪标准的基本精神是为调动职工的生产积极性和提高他们的技术。因此，取消了过去以中等工薪作为评定工薪的办法，着重了交叉累进等级工薪制，以克服平均主义。新标准将普通职工的最低工薪由40分提高到60分，管理人员和技术人员的最高工薪提高到300分。在执行中，要严防将所有职工工薪均增加20分或都向300分看齐的平均主义做法。要照顾到战争期间财政负担重的特点，不要机械规定某一企业某一等级的工薪占总工薪百分比的做法。信中还指出：工薪问题是一个极其复杂而又重要的问题，我们虽然有一些经验，但还缺少应有的研究和总结。要注意收集和总结经验，以便今后进一步修订。这封电报作为《关于公营企业战时工薪标准的问题》一文的第一部分，收入了《陈云文集》。

7月26日 陈云出席中共中央东北局常委会议。在讨论职工工资问题时指出：新的工薪标准把工人的最高工资提高到375斤粮，最低为275斤粮，学徒为100斤粮。之所以这样定，是因为：工人有家属；我们所处的环境已不是小城镇，而是近代化大城市；东北的雇农月薪也有250斤粮。新的工薪标准中，工程师为750斤；管理人员为250斤到750斤；普通职员为250斤~375斤。

7月30日 陈云出席中共中央东北局例会。在讨论第六次全国解放区职工代表大会决议案问题时指出：在发展工商业中确实存在右的倾向。比如，牡丹江市委和市政府只接待资本家，不接待工人；哈尔滨最近发生资本家打工人和打击工人中毛泽东青年团员的事件。我们要反对这种倾向，但要反得恰当。

同日 陈云同李富春就冀热辽边区货币发行问题致电黄克诚、高自立并中共中央。了解关于冀热辽边区货币计划是否落实；如果明年东北主力前往该区作战，发行计划是否需要变动；届时东北票与长城票比价如何定等问题。

7月31日 第六次全国解放区职工代表大会预备会议在哈尔滨召开。会议决定将大会更名为全国第六次劳动大会，并决定将大会产生的最高执行组织恢复原名称——中华全国总工会。会议还选举产生了由陈云等34人组成的大会主席团。

8月1日 陈云为中共中央东北局起草的《关于公营企业中职员问题的决定》正式下发。《决定》分析了工人与职员和下级职员与中高级职员的不同社会地位、政治态度及相互之间的关系；批评过去两年在接收东北一部分日寇、国民党政府企业的工作中，处理工人与职员关系问题上犯过的右的和"左"的错误。指出：过去，工人与职员的矛盾，实质上是日寇、官僚资本家与工人的矛盾。在日寇、国民党政府企业被接收而变为人民企业时，这种矛盾根源已不存在。因此，解决这个矛盾的方法不应是"流血斗争"，而应是团结改造职员，是细致而长期的教育。工人是企业中基本的生产力量，职员也是企业中必不可少的一部分。除了要撤换、法办专门压迫工人的特务、把头、部门主持人外，对一切技术人员，包括思想上还不同意共产主义的在内，只要忠于职务，都要给以工作，并在生活上给以必要的可能的照顾。他们的专门技能或业务管理知识，无论目前或将来，对经济建设和人民企业都是需要的，共产党员必须用心向他们学习这些知识和技能。7月9日，东北局曾将陈云起草的决定草案发往中央。中央于次日复电东北局，称"此决定甚好"，并作几处修改。8月7日，《人民日报》刊登了这个《决定》。这个《决定》收入了《陈云文选》，题为《正确处理新接收企业中的职员问题》。

8月1日至22日 陈云出席全国第六次劳动大会。大会决定恢复中国工人阶级统一的全国组织——中华全国总工会，并选举陈云等53人为第六届执行委员会委员。

3日和4日，陈云在大会上作题为《当前中国职工运动的总任务》的报告。报告指出：打倒蒋介石，建立新中国，是工人阶级和全国人民的根本利益所在，也是当前职工运动的总任务。职工运动在国民党统治区的任务是聚集力量，扩大队伍，准备迎接解放军；联合民族资本家，共同反对帝国主义和官僚资本；保护一切公私营企业及其机器、物资；加强职工内部的团结；等等。在解放区，职工的任务则是提高自己的觉悟，有组织地自觉地积极参加新民主主义建设工作，特别是发展工业生产，以保证战争胜利，满足人民需要。解放区工会工作的任务是，在发展生产、繁荣经济、公私兼顾、劳资两利的总方针下，团结、教育职工，使其在国营、公营和合作经营的企业中发挥管理能力；在私营企业中起监督作用；在个体劳动中促进技术改良和生产合作。报告还指出：在解放区发展工业生产，首先，要加强计划性。要使一切国营、公营企业，都经过调查研究和全盘筹划，在统一领导、统一计划下进行生产。哪些今天需要搞，哪些放到将来搞，现在就要打主意。军火工业、重工业、轻工业各搞多少，要有适当比例。原料、机器、技术力量也要有所调剂，克服各抓一把的现象。工业、农业、交通运输、金融、贸易都需要互相配合。没有计划就会造成浪费，经济就搞不好。按计划办事就可以提高生产，也可以为将来搞全国计划打下基础。其次，要改善国营、公营企业的经营管理工作，贯彻企业化原则和实行民主管理，达到原料足、成本低、质量好、产量多、销路广的目的。工厂不是机关、部队，一定要有经济核算，考核成本。我们的同志会当政治家、军事家，还不是企业家，干革命是内行，办工厂是外行，这就需要向一切内行学习。第三，要重视和培养技术干部和管理干部，开办职工学校、训练班、工业大学或专门学校。原有的工程师、职员，只要不是反革命，愿意留在工厂的，一律欢迎。这个报告收入了《陈云文选》。

8月12日 陈云就拟由他兼任中华全国总工会主席一事致电中共中央，提出：因他在东北有行政职务，今后全总申请加入世界工联组织时，英美工会有可能以此为借口加以反对；另外，苏联和捷克的工会主席在分别出任最高苏维埃主席和副国务总理后，都不再担任工会主席。故请中央在全总选举领导人之前，对由他兼任全总主席问题再考虑一次。如认为仍照原示不改为好，则完全服从。

同日 陈云同李富春致电何长工，说安东省要求调军工部的两名教员去通化解决炼铁炉问题，他们考虑为早日恢复炼铁，同意调用，望批准并通知。

8月16日 陈云出席中共中央东北局例会。在讨论工业问题时指出：现在要加强"司令机关"与计划经济。总的"司令机关"在财经委员会，要聘请专家做顾问。要统一调度、集中合理使用机器和技术人员。搞工业的同志还要注意工人问题，要给厂长配备劳工秘书，反对只追求利润，不顾工人利益的偏向。东北私营工业在工业中所占比重较关内要小，且多是小生产，有些要加以发展，有些则非垮不可，不如让它早垮。今天最重要的是要把公营工业搞好。

同日 陈云同李富春致电中共中央，询问明年关内需用汽车的数量，是否需要订货。指出：在可能的情况下，增加汽车运输，以减少民伕动员，对于增加兵源、减少开支、促进生产都有很大好处。

8月17日 东北人民解放军根据中共中央军委指示进行整编，建立中国人民解放军东北野战军和东北军区。陈云兼任东北军区副政治委员。

8月18日 陈云出席中共中央东北局例会。在讨论建立必要的工作制度问题时指出：会客、采访、开会都要有制度。开会不要拖泥带水，几句话就行了。否则，茶一盅又一盅，烟一支又一支，在会议室一坐就是一天，是要亡国的。在讨论城市工作时指出：东北，特别是哈尔滨市，与上海不同。这里公营企业比较集中，大的工业均在我们手中。私人资本是不可少的，但对它们不要估计过高。有些私营工业只能给公营工业加工，前途不大，今后趋势是走向合作，勉强扶也扶不起来。还有些私人企业，如果让其发展，不仅对我不利，而且还有妨碍。如私人粮栈，徒然增加囤积，过分强调它的发展，一方面公家要给它腾出地盘，另一方面会妨碍农业。私人资本有前途并需要发展的，应当是对于农民、军事、出口有利和我们一时顾不过来的那部分。

8月19日 陈云同李富春致电董必武，报告代华北印制纸币的生产与运输情况，并提出为保证明年印制任务，需要在关内收集线麻造纸，由大连运抵安东。

8月20日 陈云出席中共中央东北局例会。在讨论铁路运输问题时指出：以前除军运之外的一切运输都要交付运费。现在铁路局应规定，军运也要交钱，前方紧急调动者可以先记账。东北铁路局是企业中规章制度最完整的，应当在管理上起领头作用，现在还没有起到这个作用。在工业中，企业管理是最重要的，要注意这个问题。

8月25日 陈云出席中共中央东北局例会。在讨论财政开支问题时指出：目前在财政开支中，军费占60%~70%，经济、文化建设只占10%。我认为要把经济、文化投资摆在重要位置，如对水利投资要再狠一点，要看得长远，打大算盘。投资的次序：首先，应为国营经济；其次，应为合作经济；再次，应为私营经济。对于全年收支平衡而每月收支不平衡的问题，我正在研究。在讨论物价问题时又指出：现在的问题是，各种物资我们都掌握了，唯独粮食没掌握。而粮食恰恰是领导物价的。要适当控制粮价，减少不合理的涨价，主要办法就是掌握粮食。今年除向农民征收200万吨粮食以外，还要再用盐和布收购40万吨，作为"垫脚粮"。有了粮食就能适当控制粮价，还可集中精力发展农业副产品和应付中央的紧急需要或预防灾荒。

8月26日 陈云致电李富春、朱其文并报中共中央。电报指出：去港船只此间已准备大豆2000吨，猪鬃4套、原皮1万张、骨胶30吨、皮胶2吨，杂货5吨，胶合板5000张（10立方米），何时装船？何时运到？请朱其文即告。

同日 陈云同李富春签发东北财政经济委员会办公厅通知，要求东北行政委员会下属交通部、工业部、军工部、商业部、财政部、军需部、后勤部及哈尔滨和松江市政府，将1948年计划与补充计划，各种设备、生产及重要统计和最近工作情况总结，务于本月31日前各整一份，送交邵式平。

8月27日 陈云出席中共中央东北局常委会议。在讨论城市工作时指出：对城市工作的成绩与缺点要适当估计，因为过去根本没有城市工作的经验。对私人资本要加以分析，其中有的今后仍有地盘，有的则不会再有地盘。私营商业将会比较快地被合作社经济所代替。但在生产领域，私营经济还不能完全被公营经济所代替。在小城市，商业要服从生产，城市要服从农村。

8月 陈云就1948年上半年东北解放区财政经济情况向中共中央作书面报告。这个报告在收入《陈云文选》时题为《把财经工作提到重要位置上来》。

9月1日 陈云就制订东北解放区1949年工业生产计划和1949年、1950年经济发展计划的问题，同李富春致信各省、市、县的负责人，向他们调查国营、公营、公私合营及私营企业的生产情况，并附调查提纲。

9月2日 陈云召集东北财经部门的30余名负责人开座谈会，讨论物价问题，指出：东北物价过去是布价带头；对苏贸易打通后，粮食有了出路，变成粮价带头，而且是缺粮区的粮价带头。过去物价所以暴涨，原因是禁止粮食自由买卖。7月10日，粮食流通开禁后，流量多了，各省要救济粮的电报不见了，价格上涨的速度也慢了，有的地区价格还低于7月10日以前。因此，稳定粮价的根本办法是开放粮禁，如能早一点意识到这个问题，粮价不至于由每斤190元涨到1400元。今后，粮食要在严防囤积居奇的条件下，继续大开放。政府要用官价再多买进一些粮食。手中有了粮，就可朝城市全面实行粮食配给方向前进。市场粮价抬头，我们可以抛出粮食；粮价便宜，再往回收购。

9月3日 陈云出席中共中央东北局例会。在讨论物价问题时指出：物价上涨的因素中有合理的和不合理的区别。因为货币发行增加了3倍，物价自然应当上涨。但物价上涨9倍，就超出合理的范围。如果3月份就放开粮禁，采取舒畅粮源的办法，物价不至于涨这么高。

同日 陈云同李富春复电朱德，报告：造铅笔的机器已在哈尔滨定做，每小时可生产铅笔1200支，11月中旬完工，届时将雇一名技师随机器一同去。此前，朱德于8月初致电中共中央东北局，提出请东北为中央和中央军委直属机关制造生产铅笔的机器。

9月6日 陈云出席中共中央东北局常委会。在讨论物价问题时，再次指出：物价上涨有合理与不合理之分。货币发行增加、物资供不应求、调整公营价格，这些都会促使物价上涨。但粮价增长的幅度大大超过货币发行增加的幅度，说明物价上涨中有不合理的成分。现在要全力以赴，再收购40万吨粮食。有了粮食，就可以防止不合理的物价上涨。目前，在城市全面实行粮食配给制有困难，但要争取在工人和公教人员中向配给制发展。

9月8日 陈云就东北解放区公营企业新的工薪标准执行问题，向东北各省市发出指示信。信中指出：新的工薪标准的基本精神是为了调动职工的生产积极性和提高他们的技术。因此，取消了过去以中等工薪作为评定工薪的办法，着重了交叉累进等级工薪制，以克服平均主义。新标准将普通职工的最低工薪由40分提高到60分，管理人员和技术人员的最高工薪提高到300分。在执行中，要严防将所有职工工薪均增加20分或都向300分看齐的平均主义做法。要照顾到战争期间财政负担重的特点，不要机械规定某一企业某一等级的工薪占总工薪百分比的做法。信中还指出：工薪问题是一个极其复杂而又重要的问题，我们虽然有了一些经验，但还缺少应有的研究和总结。要注意收集和总结经验，以便今后进一步修订。

9月9日 陈云主持召开东北财经委员会例会，会议主要讨论煤矿生产、投资、运输、安全保护等问题。

9月12日 陈云主持召开东北财经委员会会议。会议研究了陈云提出的财经委员会机构设置、人员配备的方案，决定以产业为单位组织机构，并设立计划委员会。

9月27日 陈云出席中共中央东北局常委会议。在讨论为东北局高干会准备的财经工作报告的有关问题时指出：东北解放区脱离生产的人不包括热河地区是140万（其中军队和公安部队有108万人，地方有32万人），占人口比重是3.7%，高于关内大部分解放区。现在裁军不行，出路只能是中央提出的三条，即增加生产，军队向前，后方节约。其中发展生产是基本的。东北与关内有所不同：第一，农产品丰富，每人平均拥有粮食达到600斤小米；第二，与苏联有贸易往来；第三，有相当规模的工业基础；第四，军火经费占财政开支比重小。因此，东北财经负担虽大，但可不伤元气。问题在于，东北物价虽然涨幅减小，但仍比关内高一倍。财政收支要平衡，物价要稳定，投资要增加，这三个东西搞在一起有矛盾。明年，每月现金支出安排2200亿元，其中工业投资占四分之一。解决的办法是：（一）对公家人增加实物供给，减少货币支出。（二）组织工业和商业回笼。（三）增加税收。（四）发行公债。钞票还是要增发，现在发比将来被迫发有利。只要准备足够的物资，如布和盐，增加货币发行就不会出问题。

9月28日 陈云同李富春就新收复区敌我货币比值及对策问题致电李运昌、高自立，并报中共中央财政经济部，提出：由于东北敌占区物资缺乏，敌币贬值速度超过关内，故对伪九省流通券不采取兑换办法，并立即禁止敌币流通，目的在于促其向敌占区流动。政府对暗中使用者不必认真干涉，对因禁用敌币而大受损失的贫苦群众，采取其他办法帮助之，但税收及公营事业卖货收费，绝不收敌币。如冀东能用金元券到关内敌占区购买物资，可考虑在关外新收复区兑换一部分金元券，送往冀东作为外汇。

10月7日，中央复电表示原则同意上述办法，同时指出，对人民手中的金元券应限期禁用，并贬价挂牌收兑。

9月29日 陈云出席中共中央东北局常委会议。在讨论为东北局高干会准备的农业报告的有关问题时指出：农民发展生产的结果一定会出现竞争，产生阶级分化，原动力是资本主义。现在，允许他们发财是不可怕的。相反，有利于增产粮食，对革命有好处。解决这个问题是将来的事情。现在的问题是如何使农民安下心来，敢于"冒尖"，敢于发财。解决这个问题也许还需要一两年时间，因为农民是看实际的。我们许多干部对新民主主义经济与社会主义经济的区别弄不清楚，把整个新民主主义阶段看得太简单。在农村干部中，农业社会主义的思想还相当普遍。在讨论东北经济成分的问题时又指出：供销合作社、消费合作社搞起来后，应当承认私人商业还有它一定的地盘，仍是一种力量。私人商业有它逐渐缩小的一面，也有它需要继续存在的一面。

10月1日 陈云出席中共中央东北局常委会议。在讨论为东北局高干会准备的建党草案报告的有关问题时指出：同意在加强思想领导方面，提出反对经验主义；在加强组织领导方面，强调遵守纪律。经验主义有两种：一种是只从过去的经验出发，不从现在的实际出发；另一种是从片面的实际出发。基层干部由于经验少，容易把经验搬来搬去，犯前一种错误；高级干部则往往容易犯后一种错误。现在战争虽然仍在进行，但我们的后方越来越大，各方面的建设都需要干部。如果仅靠老干部，不提拔新干部参加各级业务领导，不使用非党人员到各级机关做业务工作，就没有出路。

10月4日 陈云出席中共中央东北局常委会议。在讨论为东北局高干会准备的财经工作报告的有关问题时指出：东北解放区省营工业现有工厂1409个，工人3.2万人。其中：加工业占27%；以供给公家为主，对外出售商品为辅的占33%；以对外出售商品为主，供给公家为辅的占40%。省营工业生产能力只相当于国营工业的10%~15%，也比私营工业略小一些。它的主要任务应当是保证供给，解决公家的菜金、办公和杂项费用，减少财政开支；同时，生产民需，主要是农民所需要的各种产品，起到帮助国营工业，指导私营工业的作用。今后的发展方向应当是生产那些国营暂时难以生产的和市场、外贸需要的东西，对市场已经饱和的东西，要提高质量。可以由国营为首，搞若干种专业生产委员会，协作生产。要看到省营和市营、县营工业向国营过渡的长期性，但要服从总的发展方针和政策。今后，地方的公营工业归企业部管理，工业部中也应设专门的部门管理这方面工作。

10月6日至19日 陈云出席中共中央东北局高干会。会议讨论了东北1949年度的工农业生产计划；研究了紧缩后方机关，充实前线主力的措施；总结了各地整党、建党、建政的经验，布置了相关工作。8日和11日，陈云作财经工作报告，共讲三个问题，即财政经营情况、国营经济与工业计划、省营工业情况。

10月9日 陈云参加哈尔滨机关干部、群众团体代表公祭朱瑞大会。

10月10日 陈云出席中华全国总工会第六届执行委员会第一次全体会议。会议通过了陈云在全国第六次劳动大会所作的《当前中国职工运动的总任务》的报告；选举陈云为中华全国总工会主席，李立三、朱学范、刘宁一为副主席。

10月16日 陈云同李富春、叶季壮联名致电董必武，告：钞纸已拨3000吨，运至大连；其余3000吨11月底可拨完运走。

10月18日、11月8日 陈云同李富春两次致电中共中央并华东财经办事处，提出因东北造纸需硫黄甚多，请向华东订购2000吨，分批经大连运抵安东。

10月24日 陈云出席陶赖昭松花江大桥修复及通车典礼并发表演说。这座大桥是在苏联工程技术人员的帮助下修复的，它的修复对于沟通松花江以北地区与吉林的铁路运输具有重要意义。

10月26日 陈云参加中共中央东北局领导人召集的紧急会议。会议分析了辽西会战的形势和沈阳国民党守军撤退的可能性，研究了接管沈阳的方针和办法，确定按照陈云提出的方针进行接管，即先稳下来，一切旧机构、财产、人员、档案原封不动，待弄清情况后，在军事管制委员会统一指挥下，按系统对口接收。会议还决定，各部门要派得力干部参加接管工作，参加接管的干部要立即集中。

10月27日 陈云出席中共中央东北局例会。在讨论准备接收沈阳的问题时指出：沈阳周围地区灾荒严重，要使那一带在收复后的混乱时间尽可能缩短，关键问题是修好铁路，以便调运粮食。东北局应当提出一个任务，即在11月底之前修好沈阳以北以东的铁路，先集中力量，修好四平至沈阳段。

同日 下午，陈云出席中共中央东北局常委会。会议决定委派陈云作为东北局全权代表，负责接管沈阳的工作，并组成以陈云为主任，伍修权、陶铸为副主任的沈阳军事管制委员会。

10月28日 陈云主持沈阳军管会第一次会议。就军管会组织机构、接收方法和要注意的问题、要准备的工作等讲话，指出：接收原则是自上而下，按照系统，统一接收，一切财产、物资、人员、文件均原封不动，先接收，后分配，军管会要准备好布告，约法八章。接管人员要兢兢业业，把接管工作当作是"进京赶考"。要注意外交问题，沈阳有美、英、法领事馆和他们的新闻记者。我们反对资本主义，但不是要把他们一脚踢开，对他们要采取慎重而适当的政策。同时，要提高警觉，没有军管会批准，任何人不能对外国人发表谈话。不能随意打人、抓人、杀人、没收财物和封门。停止敌币流通后，可压低比价收兑一部分金元券，并对工厂职工、公教人员和城市贫民发放生活维持费、救济费。中间派报纸可继续出版。旧警察在缴枪后要继续上岗维持秩序。会议统计，各部门抽调参加接管沈阳工作的新老干部共约4000人。

10月29日 陈云率沈阳军管会及参加接管沈阳的部分干部离开哈尔滨，乘火车南下。31日，到达开原后在火车上主持军管会第二次会议并讲话，指出：军管会成员住地要力求集中，保证电话线路畅通；一切被接收单位只对军管会负责；要保护好粮仓，通过提高粮价促使外地粮食进城；城内晚上实行宵禁，白天不必戒严；要调入三个师和高炮部队，防止敌机轰炸；要在参加接管的干部和部队中传达入城守则，进行入城的再教育。讲话强调：沈阳是东北最大的城市和工业中心，把沈阳的接管工作做好，使城市不受破坏，迅速恢复生产，可以有力支援全国的解放战争，并可为接管关内即将解放的各大城市提供经验。接好管好沈阳，对建设东北，支援全国，都具有重要意义。

10月31日 陈云同李富春、叶季壮联名致电中共中央并中央财政经济部，说：自吕克白（时任中共中央财政经济部研究员）来东北后，此间未与各解放区直接交换物资。今华东提出要求与东北直接交换物资，并派人来商谈，与其直接交换。如何办请指示。董必武（时任华北人民政府主席）在此电上批示：望询华东，报告其交换内容，商经批准才能采办。要有一年计划，双方签订合同，经中央批准。

11月1日 陈云致电中共中央，请示有关对沈阳汇丰银行是否令其关闭和对英、美、法驻沈阳领事馆是否派兵保护的问题。提出：对汇丰银行可考虑暂不停止其营业，待了解情况后再作最后决定。对英、美、法领事馆如派兵保护，对方可能认为是监视他们；如不派兵，则恐国民党特务前往捣乱，从中挑拨。

同日 中共中央复电东北局并告林彪、罗荣桓、谭政，同意陈云提出的暂不停止汇丰银行营业，令其报告营业方针和状况的意见。指出：对英、美、法乃至苏联领事馆在军管期间均有派兵保护的责任，军管会撤销后，仍应由公安局派出人民警察在领事馆门前站岗。电报还要求通知各领事馆，不得设立无线电台，如有电台，应向军管会和市政府报告，由市政府封存，并代为保管，在其外交人员回国出境时交还。

11月2日 凌晨，陈云率沈阳军管会抵达沈阳郊区榆林堡村。上午，主持沈阳军管会第五次会议。会议研究了沈阳城内电力、自来水供应和五六万俘虏的吃饭问题，决定先向商贩暂借粮食，每天筹集15万斤，供给俘虏。下午3时，沈阳城内进行抵抗的国民党军的最后一个团缴械投降。至此，沈阳宣告解放。3时半，陈云同军管会负责同志分乘3辆吉普车先行进入市区。

11月3日 陈云同伍修权、陶铸致电中共中央东北局并林彪、罗荣桓、刘亚楼，报告沈阳解放后第一天市面及接管工作情况和面临的紧迫问题。

同日 沈阳军事管制委员会和沈阳卫戍司令部分别发出公告、规定、布告。

11月4日 陈云同伍修权、陶铸致电中共中央东北局并林彪、罗荣桓、刘亚楼，报告昨日沈阳情况，指出：群众当前最关心的问题是物价和金元券的处理办法。已决定明日向15万公教人员、工厂职工每人预支工薪东北币10万元，待由哈尔滨送来的东北币全部到达后，再用适当办法部分兑换市民手中的金元券。3天来，我们感触最深的是：（一）人心向我，许多机关、工厂的公务人员有条不紊地保存物资、文件，等待接收。（二）从哈尔滨和北满前来参加接管工作的敌伪时期的旧职员，忠勇努力。（三）我党在沈阳的地下工作者（包括一切情报关系者），在敌军将溃败时，挺身而出，号召各机关保护资财，等待接收，起了不小的作用。

同日 陈云同伍修权、陶铸致电中共中央东北局并林彪、罗荣桓、刘亚楼，报告昨日外事情况：法国领事来市政府，要求保护；美国总领事送来公函两封，一致卫戍区司令，一致朱市长；英国领事馆人员未撤离沈阳，但也未与我接洽。决定对三国领馆派兵保护。

11月6日　陈云同伍修权、陶铸致电中共中央东北局，电告：4日，朱市长向英、美、法、苏四国领事馆送去就职通知。5日，朱市长接见英、美、法三国领事及苏联商务代表，告派兵保护各国领馆的决定，英、美领事表示感谢。经公安局调查，美国领事馆中确有电台，现仍在发报。英国领事馆中也有电台。请示有关处理办法，并建议东北局务必派熟悉外交事务的人前来协助工作，以免出乱子。

11月8日　陈云同李富春、叶季壮、曹菊如致电中共中央财政经济部，报告10月东北物价情况，并对以后物价报告种类的变化作了说明。电中说：粮食北满以高粱米为主，南满以苞米为主，小米在东北不占主要地位；土布东北交易量少，棉花在北满不占主要地位，主要代表为十六支纱及解放布，故以后报告物价情况，增加高粱米和十六支纱，土布改为解放布。

11月9日　陈云同伍修权、陶铸两次致电中共中央东北局并报中共中央，汇报朱其文回访英、美、法三国领事的情况及问题。

11月10日　收到周恩来为中共中央起草的致东北局转陈云电。电报指出：英、美、法驻沈阳领事馆的电台原则上必须由军管会封存代管。英、美、法等国政府未承认我们政府，我们即应采取不承认他们为领事而只承认他们为普通侨民的方针。凡外事上的问题，如果没有中央已定方针可循的，一概不要忙于答复，以便向中央请示，并留回旋余地。

11月11日　陈云起草同伍修权、陶铸致中共中央东北局并报中央电，报告接管沈阳最初几天的情况与问题。中央收到这个电报后，于当天转发各中央局、各前委。

11月12日　陈云同李富春、叶季壮致电中共中央并转钱之光。电报指出：同意东北去港物资由钱之光负责处理。保尔大华船租及一切费用，去时由东北支付，回港时归李一氓支付。此事已与李商定。

11月15日　陈云同伍修权、陶铸签署沈阳特别市军事管制委员会第四号布告，要求中外机关、各界人民与各国侨民，凡设有无线电台者，限自布告之日起36小时内，将全部电台、收发报话机交出，由本会保存。隐匿不报者，一经查出，除没收机件外，当事人员将依法受到惩处。

11月17日　陈云同伍修权、陶铸致电中共中央东北局并报中共中央，汇报并请示：（一）英、法领事馆回函，只说侨民中无电台，未说明领事馆有无电台，我们拟续函追问领事馆有无电台。（二）限美国领事馆36小时交出电台时限已过，东北局16日已回电同意将电台取出。因中央尚无指示我们未去取。请即指示如何处理。

同日 陈云同李富春、叶季壮致电中共中央并报中央财政经济部，汇报并请示：（一）因华东提出急需军工、工业等器材，曾在我们与北朝鲜交换的合同中，加订电气铅、特殊工具钢、炮身钢、无烟火药、甘油炸药、雷管、导火线等项物资。同月6日接中央批示电后，当即告诉华东代表停止交换，但又深恐贻误军工生产，现拟将此项输入物资统交中央处理。是否拨交华东，请中央决定。（二）按东北现有纺织能力计算，年需棉花约3万吨，预计对外贸易可输入纺织1.5万~1.7万吨，尚缺少一半左右，可否请中央拨交棉花一部分，以供今年生产所需。据华东来人谈：他们现在就可拨付6000吨棉花，供我们急需并交换东北物资。是否能调此数给我们，请中央复示。

同日 陈云同李富春、叶季壮、曹菊如致电中共中央财政经济部，报告哈尔滨、安东15日的高粱、小麦、苞米、小米、豆油、粒盐、纱布、棉花的物价情况。

11月18日 下午，伍修权召见前美国驻沈阳总领事，请其交出领事馆电台，遭美总领事拒绝。随后，林彪、罗荣桓、陈云联名将此情况电告中共中央，并请示下一步行动。

11月19日 收到周恩来为中共中央起草的致林彪、罗荣桓、陈云并告东北局电。电报指出：我之对策应立于主动。首先，向旧美国驻沈阳的领事馆声明，我解放区政府与美政府并无外交关系，旧美国领事馆根据从国民党政府取得的一切权利，我们不能承认。我人民政府对现沈阳之旧美国领事馆人员只当外侨看待，保护其居住安全，并非外交往来。如旧领馆人员有任何不遵守军管会法令的行为，军管会有权实行人身及室内检查。因此，军管会有权命令旧领馆人员停止电台联络，交出电台，由我保管封存，待将来双方建立外交关系或旧领馆人员自沈阳回国时发还。现旧领馆人员既拒绝接受此命令，我军管会即应派公安机关进入室内自行接收，并由双方点数封存。如旧领馆人员仍拒绝，我们即施全馆检查，如拒绝签字，我们令其签一文书，证明其拒绝签字。

11月20日 沈阳军管会根据中共中央指示，令卫戍司令部派人进入前美国领事馆，将电台取走。

11月22日 陈云同李富春、叶季壮致电中共中央并报中央财政经济部，询问与请示：东北年需电解铜2000吨左右，不易购到，钱之光处能否设法订购一部分，来源与市场情况如何？1月底前估计能收购多少？价格与付款手续如何解决？请复示。

11月23日 陈云出席中共中央东北局扩大会议。会议总结了东北三年解放战争获得胜利的基本经验，分析了东北全境解放后的新形势，提出了全力建设新东北和支援全国解放战争的任务，通过了《关于全东北解放后的形势与任务的决议》。陈云在会上发言，指出：东北局主要领导在分散之前交换一下意见是必要的。东北解放的原因：一是由于中央领导的正确，二是由于有国际援助，三是由于关内各战略区的配合，四是由于前后方的共同努力。今后总的任务就是支援全国的解放战争，这种提法对军队对地方都有好处。地方的具体任务是进行经济建设，要把工业摆在第一位。同时，补充兵源，制造炮弹，这些事情还是要搞，需要多少就搞多少。此前，东北野战军和东北局的领导机关分别由辽沈战役前线指挥所和哈尔滨迁入沈阳。

同日 收到周恩来为中共中央起草的致东北局、林彪、罗荣桓、陈云、伍修权、陶铸并李富春电。电报指出沈阳军管会接收旧美国领事馆电台的通知和进行经过甚妥，并指示东北局依照中央19日电的原则，编写一新闻稿，速电中央审阅，以备发表。电报还指出：不承认国民党与美、英、法这些国家的外交关系，使我外交立于主动，并不等于我们永远不与这些国家发生外交关系，也不等于对待这些国家毫无区别。

11月25日 中共中央东北局将草拟的以沈阳军管会陈云、伍修权名义给前美国驻沈阳总领事的通知稿，通过新华社转送中央审阅。通知稿中说：我人民民主政府与人民解放军愿与一切外国包括美国在内，建立真正平等的友好关系，并保护一切外国在华侨民包括美国侨民的正当利益。但是，必须保持中国领土主权的完整不受任何侵犯。

11月26日 陈云同伍修权、陶铸签发沈阳特别市军事管制委员会《关于接收单位报销生活维持费的通令》。《通令》指出：凡各接收机关所领注册维持费，限两日由军管会接收机关携带实发花名册，统一到军管会财政处报销。

11月27日 陈云同李富春致电中共中央财政经济部，指出：接冀热察来电，晋察冀边币与长城券比值在北岳已明令规定为一比一，该区部队到路南执行任务时，亦按一比一使用。北岳区一匹布不到二十万，该区则近七十万，按一比一之比值是否恰当，请复示定。

11月28日 陈云致电中共中央东北局并转中共中央，简报接管沈阳近一个月来的主要经验。12月15日，中央复电陈云并告东北局：接收沈阳的经验简报甚好，已转发各中央局、各前委阅读；简报关于各战略区还要准备专门班子办理接收大城市工作的提议甚对，已告华北、华东、中原、西北各区；东北局要将接收沈阳、长春的人员组成两个班子，为明年南下接收大城市用；目前如可能，从沈阳的接收人员中抽调二三十个干部准备参加接收天津工作。这个简报收入了《陈云文选》，题为《接收沈阳的经验》。

同日 在中共中央东北局、辽北省委、沈阳军管会干部大会上，陈云作题为《关于东北、沈阳情况与任务及沈阳当前工作重心》的报告。报告指出：全东北解放后，中心任务是支援全国解放战争。因此，今后要把工业放在首位，尤其突出重工业和军事工业。农业仍很重要，特别要抓紧粮食生产。学校要正规化，大力培养技术人员，每年至少要培养出几百名专家。进了大城市，要懂得节制约束自己，防止骄傲、松劲情绪和享乐腐化思想。搞工业、机械化需要社会化生产和各部门间的密切配合，比搞农业、合作化复杂得多。因此，要有全局观点，反对本位主义、小摊摊主义。当前工作重心要放在国营大企业。企业的行政领导要依靠地方党委，做好党群工作。原料、机器、劳动力三者之中，有决定意义的是活的人。厂长要把55%的精力用于做人的工作，对工人和技术人员都要进行思想教育。今后，企业的党群工作要归市委管，市委的主要精力要从农村移到城市。

同日 陈云同李富春、叶季壮、曹菊如致电中共中央财政经济部，询问：华北所需钞纸前定数2万令，是否增加及增加多少？是否东北代印钞票及代印多少？请即复示，以便筹划制造或向外定购，并准备印刷条件。

同日 陈云同李富春致电中共中央，报告：（一）华东办事处在大连与苏方贸易商谈的外贸进口物资，因苏方尚未同意，现仍由李一氓协助商谈，待谈妥后，即签订合同。（二）前次报告拟解缴中央的物资，是由东北与朝鲜交换物资中，按华东需要抽拨的，现已告平壤催促有关方面交大连接收并负责转运。（三）关于明年入关火车回运花生油一事，要待弄清装汽油的油槽能否装运花生油及运输力量后，再报告。

11月30日 陈云同李富春、叶季壮、曹菊如致电中共中央财政经济部，报告哈尔滨市 11 月高粱、小麦、苞米、小米、豆油、粒盐、十六支纱、棉花、解放布的物价情况。电报中说：与 10 月相比，物价普遍下跌，市面银根甚紧；现拟大批购粮，以调剂银根。

12月2日 陈云同李富春、叶季壮致电中共中央财政经济部，询问华北是否已实行印花税，如有印花税条件或草案，请经新华社电台发来，以作参考。

同日 陈云同伍修权、陶铸签发沈阳特别市军事管制委员会《关于房产调整通知》。《通知》指出：为迅速合理分配沈阳房屋，希望各机关、部队等，于 12 月 3~5 日内，将本单位占房数量、位置、面积及单位人数等情况，按规定填写后，交军事管制委员会办公室房屋调整科。工厂与学校房屋只报职工人员宿舍。

同日 陈云同伍修权、陶铸签发沈阳特别市军事管制委员会《保护公私房产之决定》。《决定》规定：（一）凡市民私自占用公有房产，必须自即日起向市府声明备案登记。今后市民不准私自占用公有房产，或任意破坏与搬运公物，违者重罚。（二）任何机关部队团体不得借故强迫居民搬家。居民占用房屋系公产，而机关、部队、团体有特别需要时，须事先经市政府批准，并需给予迁移费，否则以违法论处。（三）机关部队团体或居民对其已使用的公私房产，均须负责修理保护，不得任意破坏，否则以破坏建设惩处。（四）今后各机关、部队、团体如需租用私有房产，应以双方自愿为原则，公平合理协议租金，正式订立契约，并应至市府备案方为有效，违反者查实后议处。

12月3日 陈云就进入沈阳市以来外交工作方面的失误，向中央作出检讨。

同日 陈云同李富春、叶季壮、曹菊如致电中共中央财政经济部，报告东北票发行及库存黄金的情况。

12月7日 陈云同李富春、叶季壮、曹菊如致电中共中央财政经济部，报告与问询：（一）华东 2000 吨钞票纸的合同，尚未签字；东北代印的 200 元券 4000 令纸，将来是否由华东 2000 吨钞票纸内拨付，还是由我们另行订购？盼复。东北钱纸明年计划全部自造，苏联纸已无存。（二）请告 200 元券面积大小，用何图案（可否采用北平建筑物）。（三）200 元券制版要一个月，印刷至两个月，开印取决于钞纸何时到。请告除 4000 令纸以外，是否要多印，以便筹划印刷厂的规模。

12月16日 陈云出席中共中央东北局常委会议。在讨论关于允许粮食自由流通的问题时指出：早在9月间，东北局就酝酿增发货币，收购粮食，但那时对此意见不完全一致。到了十月份高干会时，东北局作出了增发货币的决定，报告中央也得到了同意，但至今仍然没有落实。我离开哈尔滨时不放心的就是这个问题。要给东北财经委员会发个电报，就说现在不迅速地大量地发出票子收购粮食，是非常错误的。

12月17日 收到中共中央致陈云、李富春电。电报要求东北为人民银行加印新币500亿元。

12月18日 陈云出席中共中央东北局例会。在会议讨论沈阳治安问题时说，治安中有三个问题：（一）要把公安赶快搞起来；（二）抓特务，狠狠打击敌人；（三）做治安工作必须加强群众工作，在工厂，工人的工作要抓住工厂代表大会。

同日 陈云同伍修权、陶铸在《东北日报》上发布沈阳特别市军事管制委员会《关于征集汽油桶的通令》。因前线军需紧迫，《通令》要求，沈阳部队及公营工厂所存汽油桶，于此令发布之日起，限10天内必须全部无代价地交东北财政经济委员会。

12月21日 陈云出席中共中央东北局例会。会议决定在高岗去中央开会期间，由陈云主持东北局工作。

12月22日 陈云同李富春、叶季壮致函吕东、余光生，指出：据财政经济委员会的《食盐统销决议》，拟请铁道部今后除财经供给与商业部公营商店运输外，其他各机关团体及私人一律不予起零担或整车运输手续。

12月25日 陈云为人民解放军东北军区沈阳市特别军事管制委员会起草关于保护公私房产的布告。布告规定：凡市民私自占有公有房产，必须向市政府声明备案登记；任何机关、部队、团体不得借故强迫居民搬家；机关、部队、团体或居民对其已使用之公私房产，均需负责修理保护；今后各机关、部队、团体如需租用私有房产，应以双方自愿为原则，公平合理协议租金，正式订立契约。

12月26日 陈云致电中共中央并林彪、刘亚楼，指出：空桶已令沈阳方面再送野战军后勤部一万个。现我手已无空桶，请令各纵队爱护并合理使用。另请中央考虑，可否嘱平津及军管会，在解放平津后，大量收集油桶，避免分散，集中控制，以便应急并在军管会下专设一个处负责收集，估计平津西北可收集三十万只空桶。

12月28日 陈云同李富春、叶季壮致电中共中央。电报指出：东北明年输出输入计划，已交高岗同志带上，盼审阅。现据苏方反映，所拟输出输入的品种数量大，可能采取交换方式贸易；但个别品种价钱尚待商议。约明年1月初旬商谈后，即可签订合同。中央对交换计划有何指示，请即告。

同日 陈云同叶季壮致电中共中央并转钱之光，说送大连的大豆等3000吨已开始起运，于明年1月5日前全部运至大连。

同日 陈云主持中共中央东北局例会。会议主要议定事项：（一）关于婚姻条例细则。决定《革命军人婚姻条例》修改后报中央批示。《干部婚姻条例草案》交政治部讨论并发总前委及中央批示。（二）关于惩治反革命罪犯条例草案。决定在内容上，要对处理反革命分子与一般破坏革命利益者有所区别，修改后发中央批示。会议还讨论了沈阳市郊土地问题给中央的请示意见，新区土改政策复安东电，哈尔滨特别市人民政府关于年关发双薪问题电，新年宣传大纲及组织工作，等等，共13项议题。

12月30日 陈云同李富春、曹菊如、叶季壮就与苏联易货贸易问题致电中共中央并中央财政经济部，指出：根据数年来对外输出物资的经验，凡拟向苏输出的出口货，要先将其品名、质量、产地、产量、运输条件、价格等详告，并尽可能送来货样，以便有系统、有准备地对外提出。华北前拟输出的棉籽油，苏方已决定要，对石棉、云母等未答复。还有什么物资可输出，需要换什么物资，均请电告。

12月31日 陈云主持中共中央东北局例会。在讨论职工工资问题时指出：现在货币不稳，物资缺乏，工薪支付的办法是个很大问题。我们许多做行政工作的同志对生产要依靠工人的观点还不明确，对于依靠多数还是依靠少数、政治斗争与物质基础之间的关系等等认识不清，因此，对工薪问题的重要性认识不足。厂长无疑应当抓住计划，掌握原材料，但是更要把50%以上的精力用于关心工人的生活，而且应有一名副厂长专门做这个工作。不这样，工薪工作是搞不好的。在会议讨论职员留用问题时指出：我们进沈阳后，绝大多数职员在看我们是否要他们做事。我认为这里的改造工作不需要经过北满那样的斗争，而应当更注重提高职员的觉悟，采取更加缓和的教育办法。对中下级职员和工程师一概不动，有些管理人员需要动，也要分清性质，先提出名单经企业报市委审查批准后再动。对于工人动职员的要求要进行分析，其中也有不正确的成分。

1949年

1月1日 陈云同李富春、张闻天、叶季壮致电中共中央转香港钱之光，询问香港市场上黄金、银圆，以及东北拟出口的猪鬃、马尾、大豆、豆油和拟进口的胶皮料、烤胶、印度纺花、电解铜锡、安全灯（煤矿用）、铜网毛布（造纸用）、美制汽车零件等商品价格。

同日 陈云同李富春、张闻天、叶季壮致电中共中央并中央财政经济部，报告并请示：（一）苏方近日又催询，华北及华东1949年输出全部货物之数量、品种、质量、标准、产地及输出地点等；并称彼船不能去天津、烟台交货，希望在满洲里、营口交货等。以上问题请速给请示。（二）据吕克白称，华北有大量花椒、核桃，及一些皮毛、猪鬃可出口。可出多少？集中地点在何处？盼告。

1月4日 陈云致电中共中央并告罗荣桓、高岗、林彪、刘亚楼，指出：我占平津后，关外与华北铁路不久即通。平汉与津浦路逐段修复后，通车线路还将随之延长。关内外其他财经工作彼此尚可暂时保持一定程度的独立性，但铁路管理与调度均需统一，以免由于调度不统一而产生贻误军运和浪费运输能力的现象。故建议在占领平津前，对此要预先准备相应措施。

1月5日 陈云主持沈阳工人代表座谈会。并在会上发表讲话。这个讲话曾发表于当时的《东北日报》和《人民日报》，收入《陈云文选》时题为《在沈阳工人代表大会上的讲话》。

1月6日 陈云同林枫致电罗荣桓、高岗并报中共中央，报告：莫洛托夫来电表示，苏联政府已同意满足我们聘请专家的要求，并要我们提出所需专家的数量。现已拟就聘请338人的清单，即工业212人，军事工业64人，财政及工业大学38人，航空机械修理14人。另据苏方告，他们已同意再派来铁路工作的人员200名。刘少奇在收到此电后批示：第一批聘用此数，以后根据情况再聘。1月14日，周恩来为中共中央起草致陈云、林枫电：同意聘请328名苏联专家，但须先商定一套待遇制度和合作办法，以便共同遵守。

同日 陈云同李富春、张闻天、叶季壮致电中共中央，指出：东北代华北印制新币每月4000令纸，印制能力没有问题，问题是东北的进口纸存货不足，自造纸因无漂白粉亦未及时解决，故打算用未漂白的米色纸，印10元券。因购纸造纸均要有一定时间，难以随要随到，故需及早明确在完成1.6万令纸的印制任务后，还是否要继续印制；并告以全年印制计划，免得临时通知，措手不及。电报还询问了有关钞票票面尺寸、颜色、号码、经理图章及是否需要裁成小张等技术问题。

同日 陈云同李富春、张闻天、叶季壮就要东北筹集400万银元一事复电中共中央，指出：东北现有银元不足100万元，沈阳造币厂可于下半月正式开工，至2月底可筹60万~100万元，故400万元的任务在4月底可完成。

1月6日—8日 中共中央在西柏坡举行政治局会议并通过《目前形势和党在一九四九年的任务》的决议。决议指出：1949年和1950年是中国革命在全国范围内胜利的两年，提出召开没有反动派参加的政治协商会议，以宣告中华人民共和国成立，组织中央人民政府，通过共同纲领。

1月7日 陈云召集沈阳军管会各系统负责人开会，最后一次总结接管沈阳的经验。指出：沈阳之所以接管顺利，恢复迅速，是由于：（一）城里没有经过大的战斗；（二）当时人心已大定，并有我党地下活动的配合；（三）军队入城后的纪律是好的；（四）军管会的同志忠于职守，工作雷厉风行。接管工作的主要教训是，将监狱中的犯人不加区别地都释放了。政治犯当然应立即释放，但盗窃、抢劫等刑事犯罪分子不能释放。当时沈阳城内发生的盗窃案件，有一半左右是这些释放出来的犯人干的。

1月10日 陈云复电高岗，指出：要使鞍山、本溪等工业基地恢复生产，需要在现有设备的基础上加以补充，包括要求苏联退还在进入东北后搬走的大机器。如果要达到"八一五"前的规模，还需要订购更多的机器。如果要制造汽车、坦克、飞机，则需要新建各种内燃机、发电机和大型母机的制造厂。建立这些工业要花费很多资金和时间，但将来必须建立。仅恢复已有的生产能力，就需要投资2.4亿美元，可请中央考虑从减轻东北军费负担中找出路。这点投资是值得的，因为，这些工厂的残留设备及厂房的价值数倍于此数。另外，中国一向缺少五金方面的专家，据说翁文灏曾将全国三分之二的钢铁专家集中在鞍山，但他们仅在国外实习过，并无实际经验。留在鞍山的日本技师技术上既不精，政治上也不忠。因此，需要尽快聘请苏联专家前来。否则，不仅鞍山、本溪难于全面复工，而且究竟需要从国外订购制作哪些设备都开不出清单。

同日 陈云同李富春、张闻天、叶季壮致电中共冀东区委并报中央，指出：据报，山海关附近小米价格每斤涨至六千元，猪肉每斤涨至四五万元。如确实，建议抛售小米，使该地区粮价暂时稳在每斤4500元（长城票），以免影响唐山、塘沽、北平、天津一带新解放区和东北地区的粮价。如冀东抛售有困难，可准由热河运粮去售，既调整粮价，又收回长城票。

1月11日 陈云主持中共中央东北局例会。在讨论招待和欢迎来东北的32位民主人士的问题时指出：这是一件大事，一定要招待好。首先要对他们有个正确的认识，要与他们合作。他们准备参加新政协会对我们是有利的，现在又表示赞成新华社新年献词，这就需要我们去积极工作。要推动他们的座谈会，并开好欢迎会。会议决定：欢迎会由林枫致辞，李富春讲话，讲稿要事先准备；增加招待民主人士的干部；发给民主人士一人一份参考消息。

1月15日 陈云同李富春、张闻天、叶季壮致电中共中央并中央财政经济部，指出：原来准备以东北票收回长城票。现中央电示，东北票暂不入关，关内的东北票将用人民币逐渐收回。如果再以东北票收回长城票，然后以人民币收入东北票，多此一番转折，人力、物力均受损失。故建议用人民币直接收回长城票，由东北以物资抵还中央。在热河和辽西流通的长城票，则仍由冀东用东北票迅速收回。

1月16日 陈云主持中共中央东北局常委会议。在讨论东北妇女代表大会筹备工作时指出：城市妇女工作的重心应放在女工、女教员、女职员和工人家属中，而不应放在贫民中；口号应是"努力生产，努力工作，支援全国解放战争"；组织形式最好是各界妇女代表会；福利事业要在女工、女职员多的地方，协同厂方和工会一起办；要给女工和工人家属开办夜校识字班，提高她们的文化和政治觉悟。

同日 陈云同李富春、伍修权等致电林彪、罗荣桓、刘亚楼并报中共中央转高岗，汇报东北留守部队情况。另告，目前可调动的部队有3个师，究竟抽哪个师赴平津，请决定。现后方已无干部可建立军部及直属队。

1月18日 陈云主持中共中央东北局例会。在讨论企业中党的工作问题时指出：党委不应代替行政工作，否则也就取消了党的工作。在政府中，各部、局现在的党委要转为部务会议、局务会议，行政工作问题由部务、局务会议解决，在部务、局务会议中另外组建党组。在工厂中，现在的党委要转为管理委员会，另外重新组建一个党委；党支部要公开活动，设立办公室；凡以工会形式出面更有利者，均应由工会去办，工厂要解决工会的办公用房和经费问题。有些同志搞惯了一元化，一进工厂就要求一元化，当厂长的各种权力一把抓。要提倡分工合作，反对独霸一切。要特别提醒做行政工作的同志，注意发挥党组织和工会的作用。

1月19日 陈云同李富春、张闻天、叶季壮就回收关内东北票、长城票和代华北印制人民币的有关问题致电中共中央财政经济部，指出：（一）按照12月下旬关内物价与1月19日沈阳物价比较，人民币与东北票比价以布为标准是一比六百以下，以粮为标准是一比五百，与规定比价相差一半。故建议用人民币迅速收回关内的东北票和长城票。这两种货币收回后，关内外货币停止兑换，物资交流由两地贸易机关统一办理，直接结算，不经过货币媒介。（二）代华北印制的十元券已开始用自造米色纸印制，每月可印3000令纸。如苏联纸不能及时运到，拟用自造漂白纸印制100元券。因造纸缺麻，除香港分局前日购拨的500吨棉麻，建议再拨一批。

1月20日 陈云主持中共中央东北局常委会议。会议决定由陈云代表东北局前往平津商谈有关人民解放军第四野战军入关部队的后勤供应问题。

1月23日 陈云同李富春致电中共中央，说民革参加政协已确定6人，即李济深、李德全、朱蕴山、陈劭先、梅龚彬、朱学范，并拟向筹委会增加3人，即何香凝、柳亚子、张文，已电香港；由此阻止杨虎参加新政协似无问题，但左、中、右各占三分之一似可不提。1月25日，中央复电说：民革决定参加政协的六代表人选甚妥，如将来筹委会通过增加三人，何、柳、张三人甚好。

1月24日 陈云同李富春、张闻天、叶季壮签署东北财政经济委员会致中共洮安县政府函。信函指出：铁道部所属用粮，由我们发给，铁道部统一支配，不必另行批准购粮。民间购粮可自由采购，不必经过批准手续。电业局购粮可批准，但应由省先行审核。

1月25日 陈云主持中共中央东北局例会。在讨论发展农村合作社问题时指出：合作社需要办，但要看到，第一，农民除了交售公粮外，剩下的粮食不多，私商可能控制的粮食有限；第二，农民每人每年约需相当于400斤粮食的布，相当于200斤粮食的盐，还需要牲口、车马套等生产资料，对这些物资，我们一时还很难全部供应；第三，现在还不可能派出一批懂业务、会管理的干部去从事合作社工作。因此，应当经过合作社有步骤地吸收农民的农产品和副产品，但在现有条件下，还不能做到全部吸收。目前，首先，应办好几百个合作社，不要在也不可能在所有地方都搞。其次，在公家的商业机关中可以增加合作社的成分。另外，要在制定价格时处理好国家与农民、城市与农村、工业与农业的关系。决定农民生活的，除了合作社问题外，还有价格政策。

同日 陈云同李富春、张闻天、叶季壮致电中共中央财政经济部，指出：猪鬃是东北与海外贸易中换取外汇最好的商品之一，价昂易销，香港、上海客商争购。由于我们缺货，为防止各地抢购，已明令禁止猪鬃以及马尾、皮毛自由出口，统一由商业部外销。但关内仍准自由买卖。因此建议广为收集，并责成各地公司商店大量收购运来。我们保证经过出口，换回你们所需物资。

1月27日 陈云主持由沈阳军管会召开的关于处理旧职员问题的会议并讲话，指出：职员问题是在接收敌伪官僚资本的企业中碰到的一个突出问题；重申党在职员问题上的一贯方针和政策；强调除少数管理人员外，多数职员与共产党和人民政府不处于对立状态，我们的政策不应造成与多数职员的对立。

1月29日 陈云致电董必武、林彪、罗荣桓、聂荣臻、黄克诚，说拟率三四位有关干部2月1日离沈阳到天津，停一天，预计三日可到总前委。

1月31日 陈云出席中共中央东北局例会。会议听取并讨论了高岗对中央政治局会议精神的传达报告。陈云在发言中指出：党的方针是将革命进行到底，但东北地区仍有一些不甚觉悟的阶层要求"和平"。因此，我们要进行将革命进行到底的宣传。还指出：东北局决议要发至县级，使大家了解东北解放战争的历史过程。我在南满的土改问题上有错误，作了自我批评。但是，在坚持南满的问题上，我是正确的。错就是错，对就是对。只有实事求是，才能改正错误，教育干部。

2月1日 陈云乘火车由沈阳前往北平。

同日 陈云同李富春、张闻天、叶季壮签署东北行政委员会交通部关于船旗图案设计问题的意见，指出：所报船旗设计图案，暂准使用；但需将"交通部航政总局"改为"东北交通部航政总局"。

同日 陈云同李富春、张闻天、叶季壮致电中共中央财政经济部。电报中说，东北银行现能开工的胶版机有：对开的十四台，全开的十一台，全开自动的四台，共二十九台；除自动机因工人难找只开一班外，其余均可开两班。每日可印四色票190令纸，或五色票150令纸。此外未安装好的还有全开机5台，并开机3台。现十元券已印好万余亿元，已电佳木斯速送百元券模版，制版到后即在沈阳开工。

2月2日 陈云致李克农电。电报指出：潘汉年来电悉，我们欢迎上海中央玻璃厂徐梅坤、王幸生、孙家邦来东北工作。请速介绍来沈阳，找工业部接洽。20日，又致电中共中央，提出：1月27日李克农转来潘汉年电报，说上海徐海坤等三人想到东北来为解放区的玻璃工业服务。考虑到上海、南京不久即要解放，徐等还是暂在上海维持中央玻璃厂为好。是否如此答复潘汉年，请中央决定。

2月4日 陈云到达北平，下榻北京饭店。在北平期间，与林彪、罗荣桓、聂荣臻及专程赶来的董必武、薄一波等共同商议东北解放区对东北野战军的后勤供应问题、铁路运输问题和东北币与人民币的比价问题。

2月5日 陈云同林彪、罗荣桓、聂荣臻、薄一波、董必武致电中共中央，报告当日商得东北、华北两区供应四野入关部队的分工情况：（一）从2月份起，发给入关部队的经费改用人民币，每月6亿元；如因物价上涨需增加时，亦可增加。（二）入关部队2月、3月份的经费支出由东北负担，以玉米1.2亿斤偿付。（三）入关部队2月、3月份的粮食，由东北供给95万人，其余部分由华北供给；华北以布50万匹偿付东北。

同日 陈云同董必武、薄一波致电中共中央，说现在东北、华北均无力向华东拨款，并请通知康生速来北平商酌。

同日 陈云同林彪、罗荣桓致电中共中央军委并转高岗，告昨日董老转恩来同志口信，征求我们对吕正操愿留军委铁道部工作的意见。我们认为，东北可以抽出若干铁路干部到军委铁道部，但吕正操是否调出，则待他回东北后，与高岗及东北局，根据今后东北与全国铁路情况斟酌答复为好。

2月初 陈云同奉周恩来之命来北平征求意见的薛暮桥谈人民币发行方针问题。谈话中指出：货币发行方针应当首先保证解放战争的需要，其次才是稳定物价。三大战役胜利后，战争将向全国展开，军费开支浩大，物价应按每月上涨20%计算，甚至有可能达到30%。周恩来同意陈云的意见，22日签发中共中央致董必武、薄一波电，指示他们：根据目前开支和3月至6月开支的发展趋势，原计划所印人民币"尚不够用"，故应于3月至6月每月增加2000令纸印200元、500元券，9、10两月加印1000元券，以"供给南下部队及各地投资恢复工业生产"。

2月6日 毛泽东在为中共中央起草的致林彪、罗荣桓、聂荣臻的电报中提出：请罗荣桓日内动身来中央一叙，如陈云会议已毕，"则请陈偕罗同来一叙"。

2月7日 陈云同李富春、张闻天、叶季壮致函吕正操、余光生，指出：据林务管理局报告，安东省林务局二道沟三公里森林铁道器材，被吉林铁路局扣留并已运走一部分。请查此事是否属实？此项器材乃当前木材运输中最感重要和缺乏者，而吉林路局竟不经同意擅自扣留其企业资材并运走是错误的。你们必须严予查究处理，立即严令吉林局将原物全部运回原地，交与安东省林务局，并将处理情形报告我们。

2月8日 陈云同李富春、张闻天、叶季壮致函东北行政委员会工业部并转东北林务总局局长杨作材等。函件指出：据报林务局管辖若干单位均发生重大贪污舞弊及浪费铺张现象，对此类事件我们尚未见到你们的报告。对惩治贪污犯罪问题，政府早已明令公布，且财经委亦有处理规定，你们必须认真执行，即指派人查究。贪污为数巨大者必须送政府法办，并须以此广泛教育干部。望将重大贪污案件查明及处理意见书面详告我们。

2月9日 陈云同罗荣桓等一起从北平乘汽车抵达西柏坡。在西柏坡期间，向毛泽东、周恩来、刘少奇、朱德汇报了东北的情况和东北局的工作，并参加了中央书记处的一次会议。在同周恩来谈话时说：四野进关后，估计华北应付北平、天津两大城市的粮食一时有困难，东北已准备了20万吨粮食进关支援，随要随运。周恩来通知陈云：经与毛泽东商定，准备调他回中央主持财经工作。11日，陈云离开西柏坡，乘车先回北平。

2月10日 同李富春、张闻天、叶季壮致函叶剑英。函件指出：查国民党时东北铁路各部门各种重要卷籍、图表等于民国三十七年经国民党运往北平。现为发展东北铁路事业，以期支援全国战争，拟将这些有关铁路卷籍、图表运回沈阳。今派沈阳铁路军事管理局等五人前来启运，特函请予协助并运来沈阳以资运用。

2月11日 陈云同李富春、张闻天、叶季壮签署东北财委关于皮革与羊毛继续统购意见函,指出:不久前接东北商业部秘字二号称,过去军用皮革与羊毛实行统购,主要是就保证部队军需而言。现部队军需似已减少,如果仍行统购,军用既不大批采购,私人又不准运销,会影响群众副业生产。本会对上述意见进行研讨,认为皮革需用还很大,羊毛可作外汇用(将来作用会较大),故暂仍不必改变统一收购办法。

2月14日 陈云同李富春、张闻天、叶季壮致函沈阳铁路军事管理局刘居英(时任沈阳铁路局局长)。函件指出:不久前接你局关于所运沙发来源呈报,看后,我们再三考虑,这批沙发来源值得再次调查,合理处置,特派本会陈克前往了解具体情况。次日,同李富春、张闻天、叶季壮再次致函刘居英,指示:沈阳解放后,有不少机关的物资由于缺乏严格管理,被不肖之徒偷窃,个别机关私自将公产出卖的现象也不少。故决定此批沙发、地毯不予承运出口,全部暂留车站保管。另请该批货主到财经委面谈物品处理办法。今后类似物件,除少数非卖品给予承运外,其他买卖性类似物品一律不予承运出口。

2月15日 陈云同李富春、张闻天、叶季壮致函天津军事管制委员会主任黄克诚。函件指出:查沈阳地区去年未解放前,原沈阳、中长两铁路局一部分员工,因受生活压迫,自愿停薪留资逃避平津,其中尤以医务人员为最多,并将路局一部分药材运送天津保管。现沈阳路局已全部恢复通车,为适应职工需要,协助本年劳保工作,必须吸收优良医务人员,充实医疗设备,为此特派安东分医院院长孙鸿章等三人,赴平津办理三项事务:(一)招选路局停薪留资医务人员及招收新进者。(二)取回路局运平津保存的药材。(三)在平津采购医疗器材,请予协助。

2月18日 陈云由北平回到沈阳。途中在天津停留两日,同黄克诚、黄敬会见,了解接收天津的情况;并参观了一个纺织厂。

2月19日 陈云出席中共中央东北局常委会议。在讨论关于东北党内历史问题的结论时指出:有一部分同志对历史结论持保留态度,就是说对结论还有怀疑,这种情况是允许的,应当允许在认识上有差别。还指出:东北经济工作比重大,把经济工作交给一两个人管的办法不适当。东北局应当从现在起就有意识地把经济工作作为自己工作的重心。经济计划不可能一下子订得很细。今年钢产量大约7万吨至10万吨,木材产量300万至350万立方米,先把这些数字定下来。现在的问题是,首先,要拿出必要的工业投资,每月不能少于3000亿至3500亿元;其次,要拿出铁路运输的具体计划；再次，要拼命搞东北没有的原材料，如硫黄、铜圈等。

同日 陈云同李富春、张闻天、叶季壮致电中共中央财政经济部并林彪、罗荣桓，报告有关人民币与东北币兑换的工作情况及建议：（一）我们准备日内派人前往山海关布置设立人民银行与东北银行联合兑换所工作，并定于3月1日开始兑换人民币与东北币。请人民银行亦派人携人民币到山海关来。（二）人民币与东北币兑换比值，拟照关内关外两地物价及黑市兑换率，暂定为一比六百，以后再调整。（三）建议由人民银行天津分行和东北银行辽西分行就近直接领导山海关联合兑换所，并办理关内关外两地来往账目、汇票等。对汇差的清偿办法，如果是东北银行欠人民银行，拟由东北以粮食或其他物资运抵天津出售归还。（四）建议由东北银行负责东北各地与山海关的汇兑业务，由人民银行负责华北各地与山海关的汇兑业务。建议在北平、天津、唐山三大城市停止东北币流通，以减少由于比值变动对人民币信用和天津物价造成影响。凡持东北币者，可按照一千比一的比值兑换人民币。同时，禁止人民币出关和东北币入关。

2月21日 陈云出席中共中央东北局常委会议，汇报平津及西柏坡之行的情况：（一）同中央、华北有关方面负责人董必武、杨尚昆、聂荣臻、薄一波等商谈了东北支援华北和华东粮食、布匹的问题，已答应给华东15万至20万匹布。建议再准备15万吨粮食，以便在华北紧急需要时支持他们。（二）在西柏坡参加了一次中央的会，毛主席在会上说：我军南下时，像辽西之战、淮海之战那样规模的大战役不会有了，但像天津之战那样的作战还会有，像北平那样的解决方式也会有。占领武汉后，我军可能分兵，一路继续往南，一路往西，兼占云贵，而且是先占城市，后占乡村。（三）刘少奇在和他的谈话中提出：要办供销合作社、消费合作社、生产合作社，但不要办得太快，要选择重点，准备用5至10年时间。（四）林彪、罗荣桓在和他的谈话中要求东北局抽出大批地方干部，随四野南下。

2月22日 陈云同李富春、张闻天、叶季壮致电林彪、罗荣桓转董必武、薄一波，说：10元券已送去三批计5.2亿余元，100元券本月内至少可送去20亿元，10元券如运输及时，月内尚可再送一批。最近可能由苏方运来400吨纸，其中有200吨是冀东定的，请告此纸留东北还是送平津或直接运冀东。

2月23日 陈云同叶季壮致电中共中央财政经济部，汇报各类纸2月产量等情况。

2月24日 陈云同伍修权致电中央军委总参谋部,说给华北制造的200副抽管天线现正在赶制中,完毕即送去。

2月25日 陈云同李富春、张闻天、叶季壮致函王首道、陈郁、吕东及徐林,告:政委会已公布烟草专卖,故决定将沈阳、营口两烟厂交给财政部专卖局。

2月27日 陈云同叶季壮致电中共中央并中央财政经济部,建议天津和沈阳两市的新华社分社在每天晚上9点,交换一次两市的行情,有关材料由两市的银行提供。

同日 陈云致电中共中央财政经济部,提出:(一)华北与东北之间的货物流通,一般应相互承认税票,不再征税。但对东北已实行专卖的烟、酒品和禁止入口的美制奢侈品,则相互禁止输出入。(二)华北拟收集出口的植物油,如用中国篓子装运,不能作长途铁路运输;如用油槽车运,需事先经蒸汽洗刷,再以火碱水洗后擦干,涂上准备装运的食用油,不知华北铁路局有无此种设备。(三)苏方对华北能出口皮毛、猪鬃颇感兴趣,其驻东北商务代表愿亲往天津了解实际情况。

同日 陈云同高岗、伍修权致电林彪、罗荣桓、刘亚楼并报中共中央,说中央驻地所需防空木材,将按来电规格赶制,由250个车皮陆续装运入关。

同日 陈云同高岗致电李富春,说中苏边界设灯塔问题,苏方有关人员告,此事去年一、二月曾提过。当时高岗在热河,陈云在养病,故我们均不知道谈判经过。去年你是否已答复?中央是否已批准?请就近报中央批示。

3月1日 陈云就在山海关设立货币兑换所问题致信林枫、张学思、高崇民,请他们核准以东北行政委员会名义起草的布告,以便当晚派人前往山海关布置工作。

3月2日 陈云致电周恩来、董必武,报告有关东北为中国人民银行代印人民币的情况:2月份已送去十元券7.4亿元、百元券19亿元,正在装运的尚有百元券19亿元,合计45.4亿元。三四月份如钞票纸制造不发生障碍,每月可送十元券9.6亿元、百元券40亿元;如苏联造的钞票纸运到后,每月还可多送百元券40亿元。

3月3日 陈云同叶季壮致电华北财政经济委员会,指出:最近,天津、唐山军管会派人来东北采购工业器材,要求我们代买和转账。不知他们用款是否合乎华北的预算，你们是否认为可以转账。申报建议，今后华北各单位来东北采购并要求转账的，统一由华北财委介绍。

3月5日 陈云同李富春、张闻天、叶季壮致函王首道、陈郁、邵式平、吕东，说：1949年度出口木材计4.1万立方米，包括对苏联的1万立方米，对朝鲜的2万立方米，对大连的1万立方米，其他1000立方米木材准予拨给你们。另中央来电需防空木材300立方米，请按数分别制成方材及板材，此事已电告林务管理局，要他们按数支付，特函通知，望尽早制成起运。随函件附木材规格表。

3月7日 陈云同高岗致电中共中央，请示有关苏联方面提出的由他们负责在黑龙江两岸设立通航灯塔，其所有权属于他们的问题。22日，周恩来为中共中央起草复高岗、陈云电，表示同意苏方派出技术人员在黑龙江我岸指导修建灯塔，一切经费由我们负担，所有权也属于我们。

3月9日 陈云同叶季壮致电中共中央军委，报告有关汽油的外购问题，电报指出：今年四野和东北后方共需用汽油6万~7万吨，而去年存油加上今年外购的只有4.7万吨，故正计划增加外购数量。目前，进口油价降低了30%，每吨价格合2600斤大豆钱。如果华北买不到或进口价格太贵，可由东北多订购。

3月12日 陈云同李富春、张闻天、叶季壮签署东北行政委员会致东北野战军军需部、东北行政委员会林务管理局函，指出：军需部呈制革工厂报告，过去血料全部仰仗舶来品，目前来源断绝，故本厂曾于去年自备柞树皮抽取血料，成绩尚佳。以树皮抽血料的比例为7%，今年至少需柞树皮1000万斤。据此情本会认为，制革血料为军需主要用品之一，理应设法解决，但需在保证不破坏林场及木材原则下进行，其具体办法由你们研究与统一规定，军需部协商解决。

3月14日 周恩来将为中共中央书记处起草的关于经济及后勤工作的决定草案送毛泽东审阅。决定草案说：中央应即成立财政经济委员会，首先与华北财政经济委员会合并，并吸收东北、华东、西北、华中各区财经负责人为委员。

同日 陈云同李富春、张闻天、叶季壮签发东北行政委员会致林枫、张学思、高崇民函。函件指出：据交通部邮电局呈称，为解决东北与华北通邮问题，本年二月已派人前往关内协商相关事宜，了解到华北解放区已正式通知各邮局收接蒋管区邮件。由此建议我东北解放区也可与蒋管区通邮等等。本会认为，按实际情况，现确有办理东北与蒋管区通邮的必要。拟先开办平信、挂号、新闻纸类，至于小包邮件，还须有所准备。

同日 陈云同李富春、张闻天、叶季壮签发东北行政委员会致古大存、陈先舟函。函件指出：交通部及所属各局经常费开支不敷等问题，仍应由东北邮电管理总局与财政部审核解决，并将第一季度临时预算随文附回。

同日 陈云同李富春、张闻天、叶季壮签发东北行政委员会批复关于江运船旗图案函。函件指出：据交通部呈江运船旗图案一事，本会已在3月1日秘交航字第一号明示，图案可暂时使用，字样"交通部航政总局"改为"东北交通部航政总局"。

3月16日 陈云同李富春、张闻天、叶季壮签发东北行政委员会致古大存、陈先舟函。函件指出：关于将原辖的八个管区四个特别市直属局合并为四个管理局的重要城市设立为中心局，兹经东北行政委员会批复准予试行。

3月17日 陈云同叶季壮致电中共中央财政经济部并李富春，提出：苏联票子纸已到260吨，照友方通知，200吨是东北的，其余是华东订货。是否拨些给华东请电示。

3月18日 陈云同李富春、张闻天、叶季壮签署东北财政经济委员会〔秘工〕第一号通令。通令要求东北各工业部、局、公司所属厂矿，将其所生产的一切产品统一交由国家调度推销。

3月19日 陈云同李富春、张闻天、叶季壮签署东北财政经济委员会通知：今后东北各部门如出关赴华北各大私营工厂（如：启新、永利、久大、北洋、恒源、华新等）采购大批物品时，必须经过华北贸易总局统一办理。

3月23日 陈云致函高岗，告以东北书店与苏联贸易公司订了一个图书购货合同，苏方要求东兴公司出面。现已商量一个草案请阅正。其中第十六条仲裁权属莫斯科全苏贸易部对外贸易仲裁委员会，这条看起来似很不平等。但据说苏联与英国及一切国家订合同都是这样，过去三年东兴合同也是如此。目前合同都不公开，先订下等全国对外贸易时再说。

3月24日 陈云在叶林给陈云、叶季壮的信上批示："同意。"信中反映了东北铁路局与松江省对玉泉、平山两个石矿采矿权与经营权的争执，并建议矿山应归国有，在国家不能直接经营时，可委托松江省代营，由铁路局向松江省订货。28日，陈云、李富春、张闻天、叶季壮签署东北财经委员会就此事写给林枫、张学思、高崇民的公函，请他们以东北行政委员会名义指令松江省和东北铁路局照上述意见执行。

同日 陈云同李富春、张闻天、叶季壮签发东北财政经济委员会致王兴让、易秀湘并告朱其文、焦若愚等函。函件指出：据铁道部报告，沈阳铁西工业区北兴街三段原铁路技工养成所（现由沈阳市商业局百货公司作为第二仓库之用）存有机器十余台，东北光复时已被破坏，零件不全，现铁路车辆工厂需要该项机器加以修理成立配件厂，请即查明该项机器拨交铁路工厂接收为盼。

同日 陈云同李富春、张闻天、叶季壮致林枫、张学思、高崇民函。函件指出：为进一步管理猪鬃、马尾，防止投机走私，东北财政经济委员会特拟订《猪鬃马尾管理办法（草案）》，请审核批示。随函附《猪鬃马尾管理办法（草案）》两份。

3月25日 陈云同李富春、张闻天、叶季壮签发东北财政经济委员会致东北人民政府铁道部函。函件指出：据军运条例第二十六条，荣誉军人乘火车时持荣誉证或各省荣誉机关证明文件，可购买半价票。

同日 陈云同李富春、张闻天、叶季壮签发东北财政经济委员会致王首道、陈郁、吕东函。函件告：关于重工业部企业管理局对所属公私合营的肇新窑业公司等三厂提出的处理办法，即：重新清理股权；查点现有财产，重新作价，确定股本现值；增加资本；改组人事；规定利润分配办法；等等意见，我们同意，即可照办。

3月26日 陈云出席中共中央东北局扩大会议。会议传达并讨论了中共中央七届二中全会精神。

3月28日 同李富春、张闻天、叶季壮签发东北财政经济委员会致古大存、陈先舟函。函件告：航政总局所请将"辽东航务总局"改为"安东航政局"，并在哈尔滨设置"哈尔滨航政局"，在葫芦岛设置"东北航政总局葫芦岛办事处"一节，本会业已照准。

同日 陈云就东北铁路与松江采石权及经营权的争论问题，同李富春、张闻天、叶季壮签发东北财政经济委员会致林枫、张学思、高崇民函。函件阐明对此争论事宜的意见：（一）玉泉、平山两地石矿的矿权归国有，在国家不能直接经营时，可委托松江省代营或代管，铁路可向省定货。松江省工业厅要就地抽30%税金，于法无据。（二）同样矿权也不属于铁路。铁路如需石头，可向省政府定货，政府要首先满足铁路需要，价钱要定得公平合理。至于铁路已向承包人订立的3万立方米的采石合同，仍应有效，至合同任务完成为止。（三）松江省应按定货人（铁路）要求标准（即不得低于现承包人交货的标准），并在双方同意交货期间内交货。如你们同意上述解决原则，请东北行政委员会指令松江省及铁路遵行。

同日 陈云同李富春、张闻天、叶季壮致电中共中央财政经济部，提请批准：乘东北银根紧迫、货币收支计划不必仰赖发行数目时，发行一部分十万元券，对货币进行整理。电中说，这样做决不会影响物价，且物价尚在下跌。

3月29日 陈云致电刘宁一并请林彪、罗荣桓、刘亚楼转中共中央，说：26日关于苏联全国工人代表大会邀请他前往出席的来电收悉，但一因他在将东北财经委员会工作交代完后即赴中央，二因他自全国总工会成立后一直在政府做财经工作，未做工会工作，所以，他不能去，以别人去为宜。

3月30日 陈云同李富春、张闻天、叶季壮致函余光生，指出：为了保证鞍山本溪钢铁工业用煤，工业部要求在5月底以前将通至北票煤矿的路线修复通车。请迅速拟定修复该路的期限为盼。

同日 陈云同李富春、张闻天、叶季壮致电中央军委铁道部及中国人民银行，指出：按滕部长来信，拨付修路纵队东北币500亿元，已由东北总行按汇兑协议先行拨付。

本季度 陈云在沈阳视察了兵工厂、重型机械厂、有色金属冶炼厂、铁路机车厂、车辆厂、化工厂、橡胶厂、纺织厂、造纸厂、啤酒厂等工厂。先后分三次赴鞍山、抚顺、本溪、大连、瓦房店、普兰店、安东（今丹东）、四平、磐石等地，视察工厂、矿山、发电站、商场、科研单位，了解当地政治经济概况、工业发展前景和市场供应、交通运输、职工工资等人民生活情况。

4月1日 陈云同高岗、伍修权向林彪、罗荣桓、刘亚楼并中央军委报告：今晨7时15分，在兴城发现敌舰两艘，向安东港前进，8时到葫芦岛港外10余里处，向港口发一炮后，转向东边（渔民区方向）；另一艘停在原地未动。部队已进入阵地，准备坚决抵抗。夜24时又转张闻天同日19时电，告：敌舰仍是两艘，一为永顺号，一为长治号；两舰整个下午在渔民区海外落舰，17时30分，长治南移到港口外，永顺仍在原地未动，也没有发炮。

同日 陈云同李富春、张闻天、叶季壮签发东北财政经济委员会致东北电车厂负责同志函。函件指出：本会人员因工作需要，在市内往返颇为频繁，拟请贵厂发给40张定期免费乘电车证或按半价售予。

同日 陈云同李富春、张闻天、叶季壮签发东北财政经济委员会致王首道、陈郁、吕东函。函件指出：工业部所属各单位不得自运物资与大连公私企业单位直接进行交换，更不得各自在大连市场采购资材及随便向外订货。向大连购买原料，应先经重工业部审查批准后，统一由你们驻大连办事处采购。但向大连输出物资，无论交换或出售都不许可。须依照原决定，所有物资（除留工业自用外）一律交本会，禁止自行处理。如大连需要你处的物资交换，需有接谈机关介绍信，经贸易机关进行交换等。函件还指示，驻大连办事处由你部刘景阳同志按规定原则，向李一氓请示办理。

同日 陈云同李富春、张闻天、叶季壮签发东北财政经济委员会致欧阳钦、韩光、李一氓函。函件指出：今介绍重工业部刘景阳去你处商谈东北重工业部驻大连办事处成立事宜；此次他携带黄金500两，并负责接收你们允拨给的硫黄25吨，请予指示和帮办手续。

同日 陈云同李富春、张闻天、叶季壮签发东北财政经济委员会致王首道、陈郁、吕东函。函件指出：前送来的关于"恢复安东省营光石棉厂"的报告中，提议由"国家投资200亿元，现金实物各半"一事我们同意，请转饬安东省照办。其中实物部分另造详细材料预算送来核发。其他如原材料费、电费、工资费等等，可由省方与你部用订货办法解决。

4月2日 陈云同李富春、张闻天、叶季壮签发东北财政经济委员会致林枫、张学思、高崇民函。函件指出：据重工业部呈称，化学、冶金、电气工业急待解决耐酸、耐火、绝缘材料。请将以下四矿拨给该部企业管理局管理：（一）马前冲黏土矿，现由抚顺县政府接管。（二）海城县石矿，现由辽宁省政府接管。（三）辽阳县铧子沟水京黏土矿，现由鞍山钢铁公司接管。（四）海城南硅石矿，伪满时由日本私人经营，现接管机关尚未查明，估计无业主。随函附工业部原呈和四矿有关材料请核示。

同日 陈云同李富春、张闻天、叶季壮签署东北财政经济委员会致王首道、陈郁、吕东函。函件告，希将中央财经部所需下列各种材料于3日内汇交本会转呈：1948年重要工业产量，电力、纺织详细完整材料，煤炭消费情况，鞍山、本溪炼钢厂和抚顺、本溪煤矿材料，沈阳、长春工业情况。

4月3日　陈云同高岗致电中共中央军委铁道部及滕代远并报中央军委，说：3月29日电悉，东北铁路局建议已看过，如能实行，则能解决军运又能维持东北运输计划。我们讨论运输问题后有以下意见：如果平津路局已经尽量发挥效能，但仍无法解决南下军运，东北应暂时减缩运输量，可此举非不得已时不宜采用。因现在平津路局尚未尽量发挥效能；把现有力量可以解决的问题，由东北铁路负担，是很不合算的。据计算，平津管理局车辆周转率为5.67天，而东北各管理局车辆周转率均为两天半左右，没有超过3天的。只要平津把车辆周转率调至4.56，即可省出1275车；如还能缩短，则可节省更多。东北铁路局应尽可能支持前面的路局，但希望平津等路局亦能充分发挥力量及提高效能。

4月4日　陈云同李富春、张闻天、叶季壮签发东北财政经济委员会转呈林枫、张学思、高崇民函。函件指出：为确保鞍山、本溪、抚顺等地矿山工厂的生产设备不被破坏，顺利完成恢复工作，我们拟同意工业部所请，由政委会通令各省各部门机关，禁止自由到上述三地采购器材，并由鞍山、本溪、抚顺三市政府，会同当地企业管理机关成立五金材料处，统一办理购买器材事宜。此议是否有当请审核颁行。

同日　陈云同李富春、张闻天、叶季壮签发东北财政经济委员会致欧阳钦、韩光、李一氓函。函件指出：铁道部1949年度在大连铁道工厂订购的铁路器材，及其作交换此批器材用的出口器材，请分别准予出口和入口；其出入口税亦请按记账转账手续办理，取得铁道部正式手续后，向财政经济委员会总会计局转账。

4月6日　陈云同李富春、张闻天、叶季壮就供给制改工薪制的有关问题复函嫩江省财经委员会，函件指出：（一）同意所提工薪总平均分，轻工业为110分，重工业为125分。但学徒应包括在内，公教人员也应根据上述原则适当提高平均分。（二）工资政策应根据《关于中国职工运动当前任务的决议》，采取交叉累进的等级制度，评议时对管理人员、技术人员依其职责、学习、经验，对工匠依其技术，对熟练工人依其熟练程度。此外，还要根据有关部门颁发的各种工薪文件。北满和南满、大城市和小城市，由于物价不同，工资分值当然有所不同，但分数不应有差别。（三）评薪不能由厂方或工会单方面决定，而应由各方面组成的工薪审核委员会最后通过决定。

4月7日　陈云同李富春、张闻天、叶季壮签发东北财政经济委员会致东北行政委员会铁道部函。函件指出：据航政总局呈，安东航务局反映，伪满时安东港务操纵于满铁国际运输会社，光复后虽由安东航务局接收，但所属运输公司的码头仓库，仍为安东铁路管理局作为出租仓库占用，以至影响到运输。现要求上级机关与铁道部，将安东铁路局所管辖码头仓库全部或一部分交安东航务局接管。据呈中所述情况与要求，本会提出三点意见：（一）目前水运完全归属航政局办理，如该项码头仓库对铁路局并无特殊必要的用途，应尽可能全部或一部分交给航务局，以便水上运输。（二）移交的具体步骤由铁道部和交通部派员协商办理。（三）移交完毕后，由交通部负责仓库，铁道部呈报本会备案。

同日 陈云同李富春、张闻天、叶季壮签发东北财政经济委员会致吕正操、余光生函。函件指示：（一）北票至义县间铁路已决定修复，工业部煤矿局将该县情况作了调查。兹将工业部送来的"铁路状况调查表"一张及有关桥梁与路线调查图四张一并送上，请即审核研究，着手准备。（二）因北票煤矿所生产的煤为本溪炼焦、炼钢所必需，本溪炼焦炉于6月开炉，工业部要求尽早完成，希望你们将准备情形及何时动工与完工的计划告诉我们。

4月10日 陈云被中国新民主主义青年团第一届全国代表预备会推选为大会主席团成员。

4月11日 陈云同李富春、张闻天、叶季壮签发东北财政经济委员会致林枫、张学思、高崇民函。函件指出：交通部五号呈称，为完成发展农业大生产及发展工业运动，拟将接收的伪满国际公司改称东北运输公司，从事经营与组织事宜。据情本会审核认为可行，报请批准。

4月12日 陈云同李富春、张闻天、叶季壮签发东北财政经济委员会致东北行政委员会所属各省（市）函。函件指出：3月19日，本会颁布的《限期清查国营企业财产令》，只限于国营企业范围内实行。省（市）范围的财产可参照该项命令所规定的办法，自行清理，并将清查结果报告本会备案。同日（指3月19日）颁布的《机关及公管企业积金管理办法》，其中二至九条从本会指定的东北一级财经部门实行，待取得经验后，再在各地实行。但第十条规定的各单位所存现款，超过规定部分，应存放东北银行，不得存放私人银行或钱庄；各单位需用的物资，必须首先向公营商店购买，只有公营商店不能供应时，方准在市场自由购买两项规定，则适用于东北人民政府和各省、市、县的一切机关、学校、部队及财经部门，均须一律遵照执行。至于各单位自己保存现款的最高数目，可暂由各地按不同情况自行规定。以上各点望督嘱有关部门执行。

4月13日 陈云同李富春、张闻天、叶季壮签发东北财政经济委员会对外订货通知。通知说：1949年对外订货单，正式答复有关工业器材部分已有附表；今年订货分配只能在附表所列数量范围之内予以分配。此外是否还能增加，现尚无把握。各单位可根据目前实际情况，提出今年生产中迫切需要对外解决的最低限度订货计划单，其中应包括品名、数量、尺寸、形状、用途，以及计划的根据，于一周内交到本会。

同日 陈云同李富春、张闻天、叶季壮签署颁发东北财政经济委员会关于进口机器的通知。通知指出：经东北局决定，为建立东北机械制造工业，1949年国外进口机器（各种母机）应集中使用，以建立机械制造厂。为此作下列规定：由工业部提出300台至350台机械制造厂所必需的各种机器名称、数量、性能、尺寸等计划的订货单，经审核后交由商业部向外订货。今后进口机器（各种母机）主要供给工业部建立机器制造厂用。过去军工部所订的一般机器不再拨给。

4月13日至20日 陈云出席中共中央东北局高干会。会议讨论了辽东党内的历史问题，并作出相应的结论。陈云在发言中再次就辽东土改中的错误作了检讨，承担了责任。同时，详细阐述了坚持南满斗争的决策产生的全部过程，反驳了个别同志不符合事实的言论，说：我要离开东北了，走前要把个人的"账"弄清，并请组织作出鉴定。在临别赠言中指出：东北本地干部要注意克服地方观点，只有在党内生活不健全的情况下才需要照顾本地干部。

4月16日 陈云同李富春、张闻天、叶季壮签署东北财政经济委员会就香港新亚号轮船到营口港的有关问题给陈郁、古大存的公函。公函指出：这是香港客商对与东北贸易作出的试探性航行。据商业部材料反映，客商对因入港手续繁杂、在港停泊时间过长等导致开支增大问题有所顾虑。因此，航政局应当把对港口的管理作为带有政策性的重要业务问题加以研究，这不仅与航政管理工作有关，而且与发展贸易和经济建设有关。希望航政局把新亚号轮船来我港所办手续的经过，及其存在的问题、客商的反应，作一详细报告，以供我们研究时参考。

同日 陈云同李富春、张闻天、叶季壮签发东北财政经济委员会致林枫、张学思、高崇民函。公函指出：东北交通部称，公路总局据东北财政经济委员会规定，1949年建设公路工程的粮、款严禁移作他用，各省公路局的经常性费用、路面费，以及旧欠等均应由各省政府负责自行筹备，不得动用该项粮款，并应将修建桥梁开支情形及工程进度，按规定格式于5月25日报送公路总局。对此，交通部谨请本会通令各省遵照办理，我会拟于本月向各省通令。

4月20日 陈云同李富春、张闻天、叶季壮签发东北财政经济委员会致林枫、张学思、高崇民函。函件指出：据工业部称，现在林区积雪已化，荒草枯枝，特别干燥，最易发生山火。近日又据林业局呈称，由于狩猎入山致发生山火数起，林木损失巨大。现亟应采取措施禁止在春秋两季入山狩猎，拟请通令各省转市县政府严格实行。本会认为此请应照准，现附工业部令稿，请核示，尽早公布。

4月22日 陈云出席中共中央东北局例会。在对东北财政经济委员会提出的1949年经济计划草案作说明时指出：这个计划有较大可靠性，有这个计划比没有好。财政计划收支相等，都是1000万吨粮食。由于东北要负担四野7个月的经费，支出中军费占了很大部分。国民经济投资占42%，其中工业投资为26%。工业投资的重点是恢复重工业，特别是鞍山、本溪的钢厂，抚顺、本溪、阜新的煤矿，小丰满的水坝，所有的水电厂，有色金属和机械工业。在物价方面，争取把上涨幅度控制在60%~70%，不超100%。要设三道防线：第一，财政开支不靠印发票子；第二，准备足够的物资；第三，收营业税和卖公债。过去物价暴涨的原因，一是货币多于物资，二是对物资的求大于供。而现在货币收支一般可以平衡，粮食有盈余，布有900万匹，还从苏联进口了大批布，盐有65万吨，刀把子拿在了自己手里。今后倒是可能出现银根收紧、物价下降的情况。在这个情况下工作，我们还没有经验。那时，有可能粮食和其他农产品先跌价，造成农民吃亏。到时候，一定要钞票出笼，到吉林、黑龙江买粮，以维持粮价。我们不反对商人发正财，只是反对他们发横财。国营经济目前一靠投资，二靠铁路。东北现有车皮为1.2万辆至1.4万辆，每天平均装车3000辆，周转率为4.5天。要照顾"铁路第一"的原则，使火车快装快卸。要不惜花钱，把铁路修好，减少徐行。东北要成立总会计局，作为政府的总账房。工业部的产品均由商业部购销，商业部的收入均归总会计局，使现金集中在政府手中。将来，经济管理机构很可能是计划委员会、总会计局和统计局。明后年的努力方向是为工业投资寻找来源。办法是以猛烈方式刺激农副产品的生产。如能出口3万吨猪肉，等于增加20多万吨粮食；生产3亿个鸡蛋，等于增加10万吨粮食。对棉农不收公粮，粮棉比价定在一比十五至十七，以使棉农愿意扩大棉田。刺激农业表面上不赚钱，实际上经过税收还是赚钱。无产阶级领导农民的办法基本上靠征收公粮和制定价格政策。

4月25日 陈云同李富春、张闻天、叶季壮签发东北财政经济委员会致古大存、陈先舟并呈林枫、张学思、高崇民函。函件指出：《东北解放区港口船舶出入暂行管理办法》草案，对今后推进航政管理工作是有益的，但在正常航政各种条件尚在发生重大变化的情况下，着手此事尚缺乏经验，估计所拟管理办法草案若现在公布会发生一些问题，以致政府不得不再重新修正颁布。

4月 陈云同李富春、张闻天、叶季壮签发东北财政经济委员会致吕正操、余光生函。函件指出：据东北银行报告，银行运票子1.4亿元，由佳木斯至沈阳，运费是13亿多元，再由沈阳至北平运费又是13亿多元，总共要花运费26亿多元，数字大得可观，且票子又是人民银行的。请铁道部将现行规定金银及国家银行钞票运价计算方法和运价政策，并负责收集苏联及伪满对于国家银行运钞的价格政策详细报告我们。

4月下旬至5月初 陈云赴鞍山，视察钢厂恢复工作的进展情况。在同工厂领导干部谈话时说：鞍钢是我国最大的联合企业，在世界上也不多。你们承担的任务很艰巨，也很光荣。要尽快把鞍钢恢复起来，支援解放军解放全中国，支援即将在全国范围内开始的大规模经济建设。

5月3日 陈云致电中共中央：恩来4月30日电收悉。由于正向东北局报告今年东北经济计划，东北局今日起讨论，故5月10日前可到北平。此前，周恩来曾于4月10日、30日为中共中央起草致东北局电，询：陈云同志及其所带干部应来中央工作，何日动身，望告。

5月3日、4日 陈云出席中共中央东北局例会。会议讨论了1949年东北经济计划草案。陈云在发言中指出：用9种物价计算物价指数的办法还在试验之中，要在不完全合理的办法中找寻比较合理的办法。现在生活费指数与物价指数不相符合，在战争时期尤其如此。还指出：国民经济的各个部门都要抓住自己的要害问题。铁路的要害是日装车辆和车辆周转率；工业部门的要害是产量、质量、成本的定额；商业部门的要害是对农副产品与工业原料的收购，以及对产品的推销；银行的要害是对资金的集中。我们订的计划应当是经过努力，克服困难后能够实现的。资本主义在制订计划时是保守的，因为旧技术人员的特点是不求有功，但求无过。苏联订出计划后，下面一般不讲困难，只讲如何完成。这一点，我们要学习。

同日 陈云同李富春、张闻天、叶季壮签署东北财经委员会关于1949年对外订货的通知。通知指出：苏方已正式答复有关工业器材部分的订单，各单位可在附表所列数量范围之内提出所需品种、形状、尺寸，以便通知苏方来货。附表以外的，各单位可根据实际情况，提出今年生产中迫切需要外方解决的最低限度的订货计划，交财经委员会。

5月6日 陈云同李富春、张闻天、叶季壮签发东北财政经济委员会致王兴让、易秀湘函。函件指出：由安东外汇换回一批物资（现存安东仓库）及香港最近运到营口及大连的一批物资（分别存在营口及大连仓库）；其中一批是工业器材，请全部拨给工业部，并作价向会计局转账。

同日 陈云同李富春、张闻天、叶季壮签发东北财政经济委员会致曹菊如、王企之函。函件指出：兹批准工业部携带黄金1000两到大连应用，请发给该项黄金出口手续。

5月7日 陈云电告中共中央：9日一定离沈阳赴北平。9日，东北行政委员会于第五十七次常委会议免去陈云的东北财政经济委员会主任职务，并于11日发出通知。14日，《东北日报》刊登此消息。

5月9日 陈云离沈阳赴北平。次日晨抵北平清华园车站。

5月11日至6月2日 同朱德、刘少奇等出席中央军委在北平香山召开的财政经济工作会议。会议讨论了关于中央财经委员会的机构设置，以及上海、天津、唐山等地的生产、金融、税收和对外贸易等问题。

6月8日 为中共中央起草致华东局、上海市委、南京市委并告华中局、西北局、华北局、东北局电。电报指出：上海流通的主要通货不是金圆券而是银元，此种情况是在平津解放及我军渡江后金圆券迅速崩溃、南京政府垮台之下造成的。

7月10日 陈云同周恩来致信李富春，说：这次民主青年出国代表团除自带美金作停留东欧期间生活费外，拟请苏联由东北贸易款项内，拨交150万卢布作为苏境内费用。我们已直接与苏联方面电商，请其允准，请你也通知苏方贸易代表。出国代表团共116人。可能在20日前后出发，准备在哈市停留三数日办理护照，并计划请求苏方将150万卢布中的一部分立即汇往边境之阿多波儿城备用。

同日 陈云为中共中央财政经济部起草给华东财政经济委员会并华

中、东北、西北财政经济委员会的电报。电中就7月3日华中财委向华东财委提议，于上海召集一次华北、华东、华中的金融贸易会议一事，征询华东财委意见；并告中财部赞成华中局提议，如华东财委同意这一集会，中财部可派陈云并会同华北财委及军委铁道部人员出席。沪汉两地是全国经济要地，又是大军南进的经济基地，全国应以可能的力量支援沪汉，东北、西北亦可派人出席，以便各解放区彼此了解情况。地点以上海为宜；各区参加人员不宜多，只由各该区主要负责人率领三四个熟悉金融、贸易、财政三方面的人员到会即可。即令许多情况尚未熟悉，因而会议不作什么重大的决定，但各解放区彼此了解情况，以便知道相互支援力量的可能与大小也是有益的。这封电报作为《关于召开上海财经会议的两封电报》一文的第一部分，收入了《陈云文集》。

7月15日 陈云为中共中央起草致华东局并华中、东北、西北财政经济委员会的电报。电报通知：7月25日在上海召开各区金融贸易会议，并研究秋征、税收及财政开支问题。请携带目前财政收支材料（包括城市税收、粮食收入、缴获收入、开支人数、科目、赤字）、秋征估算、货币发行与市场状况（银元与人民币占领市场的比例）、物价状况、公营贸易投资数及掌握实物数量等材料，并带货物税办法、出入口管理办法及税则等。陈云带领华北财委及中央铁道部同志出席。

7月16日 起草给李富春、叶季壮的电报。电报指出：邓小平由沪回平谈，上海煤粮两荒，情况严重，因学校多，又接收旧人员15万，开支甚大，工厂原料缺乏，运输费昂贵，开工困难，提出对厂校和人员进行疏散，向各解放区求援。请研究可否挤出带壳粮15万至20万斤支援上海和迁一部分工厂学校到东北？

7月27日 由中共中央财政经济委员会召集的华东、华北、华中、东北、西北五大区财经领导干部会议在上海开幕（即上海财经会议）。陈云主持了这次会议，并作重要讲话和总结。这是新中国成立前夕一次重要的财经会议。

8月25日 陈云拜访商务印书馆董事长张元济，说：我在东北工作时，曾到商务印书馆沈阳、长春分馆，看到各方面都很好，请放心。他还向张元济介绍了中国共产党在新民主主义时期的经济政策。张元济深受感动，后来改变了不再从政的想法，应聘为华东军政委员会委员。

8月下旬 陈云在中共中央东北局给中央请示于大连成立中苏合营轮船

公司信函上批示：这对我们很有利。要同有关人员研究一下对外关系。27日，批示同意东北财经委员会关于在大连成立中苏合营轮船公司的请示报告。

9月20日　陈云同薄一波致电中共中央，说：除东北外，人民币5月底发行数为1337亿元，至8月底为4587亿元，绝大多数用于新解放区。以1948年底为基期，发行增加二十六倍，由于地区扩大，物价指数低于发行指数。但上海财经会议决定的8~12月增加发行9433亿元人民币的计划，估计至年底会突破，达1.2万亿元。

9月23日　陈云同薄一波致电东北财政经济委员会，介绍浙江省府俞坚平陪同杭州市工商访问团20人，前往东北各主要城市访问，并参观大连工业展览，请接洽并予以介绍。

9月30日　陈云同薄一波致电中共中央，报告：东北贸运因营口水浅，仓库不够用。可否与苏方交涉，使用大连港。大连为不冻良港，若能充分利用，则对中苏物资交流及交通的便利好处甚多，否则只有改建天津港。东北方面的意见是：请中央与苏方交涉，今后东北出口经大连港输出，出入船只可用中立国或经苏方批准的英国船。此意请中央示复，以便转告东北。

10月6日　陈云同薄一波收到中共中央同意建立中国人民保险公司的复电。在中国人民银行各区行所在地设立各地区公司。东北银行所属东北保险公司，可划归中国人民保险公司领导，改为东北区公司。中国人民保险公司可于10月上旬正式成立。

10月29日　陈云起草同薄一波联名给中共中央的电报，报告中财委三个多月的工作情况及今后三个月的工作计划。于年底或明年初召开东北、西北、华北、华东、华中、两广财委主任会议，概算1950年度公粮、税收及各项开支。

11月8日　陈云出席欢迎赴东北考察团归来的会议，在讲话中指出：对于人力物力要有一个全局的调整。

11月22日　陈云以重工业部部长名义致信东北财委计划处，送去准备在全国钢铁会议及有色金属会议上使用的一份参考资料，希望他们给予应有的补充和修正，以使这份资料更加完善。

11月24日　陈云同薄一波、马寅初致函东北财委，通报华北对外贸易管理局缩小对外贸易中的易货范围，实行结汇办法的情况，指出：此前结汇出口只占不到30%，造成大量外汇不能掌握在国家手中，进口反被私商所控制。现结汇出口占70%~85%，大部分停止了易货制，对克服进口中的无政府状态十分有利。

11月25日 陈云收到中共中央东北局致陈云并报中央电。电报说：苏联电业专家提出小丰满水电站堰堤有危险，最好能请苏联政府派堰堤专家前来检查并指导修筑工作。12月22日，刘少奇致电在苏联的毛泽东，告已致电斯大林，请苏联专家修理小丰满水电站，并请毛泽东会见斯大林时就此问题再商讨和决定。

12月25日 陈云在全国钢铁会议上作总结讲话，指出：现在国家财政困难，下决心在东北建设钢铁工业，这是国家大事，各地区要克服本位打算，动员专家去东北。东北方面对各地送去的人要妥善安排。技术人员是实现国家工业化不可缺少的力量，是我们的"国宝"，对他们要采取信任态度，在物质上也应有必要的保证。技术人员要正确对待物质待遇和地位问题，高高兴兴地去东北从事新的经济建设工作。这个讲话收入了《陈云文选》，题为《技术人员是实现国家工业化不可缺少的力量》。

12月31日 陈云签署中财委给各部的通知。通知要求所属各部、署、行及关内所属企业今后不得在东北采购木材，而在其上解木材中统一分配，以避免私商图利滥伐森林。

12月 陈云同薄一波、马寅初致函东北财委，指出：华北各区在东北购妥粮食1000多万斤，望转告东北铁路局于年前拨给车皮运回。

1950年

1月2日 陈云同薄一波复电李富春，对他所拟东北与全国货币统一后的财经方案（草案）表示基本同意，并指出：同意东北派财政、工业、贸易与银行负责人来京商谈具体实施办法，至于货币统一何时实行为宜，应视准备工作情况而定。

1月11日 陈云同薄一波致电邓子恢、东北财委并曾山，说上海粮价由4日至9日上涨23%强，现存粮仅八九千万斤，要求华中、东北短期内运粮济沪以应急。

5月3日 中共中央东北局就请苏联专家去辽宁桓仁勘察可否建水电站一事致电陈云、薄一波并报中共中央。电报说：日本投降前，伪满拟在桓仁建立新的水力发电站，并已开始堤堰工程的设计和施工。估计到东北将来电力的急需，本年小丰满水电站将完成混凝土工程，其大型施工机械可开始移至他处，请中财委向苏联专家负责人交涉，苏联设计小组在完成小丰满工作后，再去桓仁勘察一下，以便决定可否将来在该地新建水电站。5月5日，刘少奇也将此电批示陈云、薄一波办理。

9月初 周恩来同陈云、李富春、聂荣臻磋商迁移与朝鲜毗邻的东北南满地区工业设备问题。认为大搬（鞍山、抚顺、本溪等）不可能；小搬可根据实际可能，分为现在就搬、布置好了再搬、等到非搬不可时再搬三类；搬的方向是北满或关内。

11月11日 陈云同薄一波致电中共上海、天津、广州、福州、汉口、旅大市委并告各中央局，指出：为加强进出口贸易工作的领导与管理，决定各口岸的对外贸易管理局直接受中央贸易部领导，其党的工作仍由当地党委领导。

1951年

1月18日 晚，陈云主持汇报会，听取重工业部副部长刘鼎和汽车工业筹备组负责人孟少农关于汽车制造厂筹备工作的情况汇报。1950年12月，苏联政府按照毛泽东、周恩来与斯大林商定的帮助中国建设一个汽车制造厂的协议，建议在北京附近建设一个年产3万辆吉斯一五〇型四吨载重汽车的工厂。由于在北京附近选的几处厂址都不能解决汽车厂需要的电力、钢铁、木材、运输等问题，陈云在汇报会上决定：建设目标同意苏方意见；厂址在东北的四平至长春之间选择；建设开始期定为1953年。事后，经过几次论证，厂址定在长春。

4月7日 陈云致电李富春,同意何长工所提长春汽车制造厂虽然需至1953年正式建厂,但汽车工业筹备组为建该厂集中的30多个技术人员以不分散为好的意见。

4月27日 陈云将中共中央东北局4月17日报送中央的《东北区土产会议报告》批送财政部、铁道部研究答复。5月9日复电东北局,同意4月17日关于土产会议的报告及4月21日关于税收问题的报告,说有关税务及铁路运输问题已交财政部、铁道部研究答复。

6月11日 陈云同薄一波、李富春致电高岗、林枫,提出:因朝鲜战争,财政赤字增加10万亿元,决定主要从加强经济核算与增加生产中解决。为此,需要增加国营工业交通利润的上缴任务,关内各区议定上缴任务3万亿元,建议东北区的国营工矿业增加上缴任务5000亿元。

6月27日 陈云起草同李富春联名复习仲勋、贾拓夫、平达成等电,指出:中央认为石油工业为目前国家重工业建设的重点之一,故对西北石油必须采取积极的大力开发的方针。现在上海、大连、锦西有3座炼油厂,合计生产能力近50万吨,但缺少原油。

7月28日 陈云就波兰政府要求中国供给葫芦岛制锌工厂技术材料一事致信周恩来并中共中央,表示可以原则同意供给波兰材料,说葫芦岛这个厂是苏联和各人民民主国家中唯一使用美国技术制锌的厂,其技术材料对波兰有参考价值。8月4日,周恩来以中共中央名义复信陈云,同意陈云所提意见,要外交部与贸易部按外交手续与波兰大使洽谈,并签订技术合同。

夏 陈云致信东北人民政府教育部负责同志,请他们推荐一名水平较高、责任心强的俄文教师来京,教马寅初学习俄文。

1952年

2月9日 陈云起草同李富春联名给毛泽东并中共中央的报告,汇报和请示有关苏联帮助我国改建或新建工厂的设计情况。14日,中央批复同意这个报告，并授权中财委党组为审核批准这些初步设计的负责机关。

同日 起草同薄一波、李富春联名给毛泽东并中共中央的报告，汇报有关中财委党组审查抚顺制铝厂初步设计议定书的情况。

2月15日 陈云同薄一波、李富春致电毛泽东并中共中央，报告中财委党组审查吉林电极工厂初步设计议定书情况。3月20日，中央转发了这个报告。

同日 出席政务院第一百二十四次政务会议，在讨论政务院《关于一九五二年农业生产的决定》时指出：目前东北市场粮食有两种收购价，商人的比国营公司的高，农民把粮食囤在手里等高价，这等于增加了4亿个商人。为解决这个问题，准备在东北试行国家统一征购粮食的政策，不许商人收购。在这个问题上不能采取自由主义的态度。

2月20日 陈云致电东北工业部负责人，指出：在与苏联商谈援助项目过程中，苏方再三建议我们要派被援助项目的厂长和工程师作为总订货人常驻苏联，与他们指定的总交货人密切联系。建设一个工厂，从勘察、设计、施工、安装、试运转到开始生产，需要几年时间，如果参加了整个设计工作，也就学会了今后如何设计与建厂。但今天，中国不仅没有胜任的总订货人，连一些零星辅助材料也要苏联供给，这更增加了双方工作的困难。对这些问题，我们应慎重考虑。

3月7日 陈云致函贸易部并各大区财委、东北计委和华北行政委员会，指出：由于国营贸易业务的发展和任务不断加大，以及负责国营贸易的各级机关在最初成立时即基本上没有或严重缺乏各种设备，特别是仓库房屋，故确定贸易部1952年基本建设控制数字为5000亿元，望照此编制计划。

3月19日 陈云同薄一波、李富春向毛泽东并中共中央报送经中财委党组审核的东北人民政府工业部提出的《东北电力系统发展总体设计计划任务书要点》和《关于东北大石桥镁矿厂的设计计划任务书要点》。5月6日，中央批转了这两份报告。

同日 中共中央财委党组向毛泽东并中央提交关于全国钢铁工业的发展方针、速度与地区分布问题的报告。报告指出：鉴于钢铁工业在国家工业化中的重要性，在第一个五年计划期间，必须把鞍钢的建设作为首要任务，集中全国力量如期完成，以奠定全国钢铁工业进一步发展的基础。

4月4日 出席政务院第一百三十一次政务会议，在讨论《一九五二年电影制片工作计划》时指出：鞍钢炼钢厂规定，凡学俄文的技术工人，每月增加工资15%，鼓励工人学俄文。

4月 陈云为中财委起草致各大区财委（计委）、中央各工业部中共党组并报毛泽东、周恩来电，指出：鞍钢改建的初步设计规定改建完成期限为7年，苏联已允按期供应鞍钢的全部重要装备和援助施工安装，目前的关键在于我们能否调集足够的干部和技术员工适应改建工作的需要。集中全国力量首先完成鞍钢的改建，是我国工业化的首要步骤。为此，除由东北自行配备者外，决定由全国各地和工业部门抽调技术人员到鞍钢去，限于5月份调齐。

11月13日 将一机部关于长春汽车制造厂的设计建设报告批送黄敬，并指出：如长春厂施工力量已有把握，以不从北京厂调人为好。

12月26日 陈云同薄一波复电李富春、宋邵文，同意他们关于停建北京汽车装配厂，集中力量建设长春第一汽车制造厂，并设计第二汽车制造厂的意见；同意苏方关于拖拉机厂按年产2万辆规模设计的意见。

1954年

3月30日 陈云签发中财委致东北财委、中国人民银行总行电：东北区自行变更中财委关于调整利率的实行日期已既成事实，故予同意。但东北区未经批准即自行变更有关全国带政策性的决定是不应该的，今后应引以为戒。

11月15日至25日 陈云主持中共中央讨论五年计划草案的会议。会议对五年计划纲要草案所规定的方针任务、发展速度、投资规模、工农业关系、建设重点和地区布局等问题进行讨论。指出：在第一个五年计划期间生产出来的拖拉机还是应当先用来开荒，因为华北、东北原有耕地已经相当精耕细作了。

12月下旬 陈云同前来参加国务院关于私营工商业问题座谈会的上海、天津、沈阳等大城市代表座谈，向他们了解私营工业调整情况。27日和28日，周恩来将陈云主持的座谈情况书面报告毛泽东、刘少奇、朱德、邓小平等。

1955年

3月中旬 陈云接到张闻天电话，在回答其询问在中共中央东北局工作期间同高岗关系问题的看法时表示：那时的高岗是那时的高岗，不能因为高岗现在出了问题连那时的工作关系也不对了。在东北局初期的方针争论中，同高岗站在一起也是正确的。

8月16日 毛泽东将为转发中共辽宁省委关于农业合作社问题的报告而起草的给上海局和各省市区党委的批语批送刘少奇、周恩来、陈云、彭真、邓小平、陈毅阅。

夏 陈云同李先念赴黑龙江视察哈尔滨锅炉厂和哈尔滨电机厂。

11月10日 陈云签发中共中央就转发吉林省委农村工作部《关于农村小型水力发电的试办工作总结》致上海局、各省市委、自治区党委并水利、电力部党组电。

1956年

1月24日 陈云签发《中共中央关于停止动员资本家把账外资财投入合营企业的指示》。《指示》中说：据辽宁、四川、江苏、广州等省、市电话汇报，有些城市正在动员资本家把账外资财投入合营企业，产生了不好的后果。

10月21日 陈云在李先念关于粮食价格问题的来信上批示：湘鄂赣、

云贵川、辽吉黑三处粮价是低了些，但如调整，则一切农作物和副产品价格都要跟着上调。

11月26日 上午，陈云同毛泽东、朱德等先后接见出席全国公私合营企业工会基层干部大会和中国轻工业、食品工业工会第一次全国代表大会的代表，吉林省民族参观团、新疆维吾尔自治区司法干部参观团和新疆林业参观团的全体人员。

1957年

8月7日 陈云同李先念抵达沈阳。

8月8日 陈云主持辽宁、吉林、黑龙江三省经济管理体制改进工作座谈会，在会上介绍国务院关于工业、商业、财政体制改进的设想，听取与会者对《关于在若干工作中划分中央和地方管理权限的意见（草案）》的意见。

8月9日 陈云出席中共辽宁省、市、地委书记和省直机关党员负责干部大会并讲话，指出解决经济基础的所有制革命，一定会在政治上思想上反映出来，整风反右的斗争是不可避免的。粮食问题是最重要的问题，物价稳定，头一条是靠粮价稳定。

8月12日 上午，陈云抵达北戴河。离开辽宁前，曾去鞍钢视察。

10月11日 陈云致信刘少奇、邓小平说："我明晨去大连、安东和东北其他各地，去看一看化肥工厂、人造丝工厂和其他工厂，已向总理请假，约五六天回京，特报。"

10月12日至18日 陈云在东北地区视察。视察期间，参观了大连的化工厂、起重机厂和大连港，安东的人造丝厂、鸭绿江大铁桥，吉林市的氮肥厂、铁合金厂、电石厂、电极厂、染料厂、丰满水电站，长春第一汽车制造厂，齐齐哈尔北满钢厂，富拉尔基的第一重型机器厂建设工地、第一机床厂、和平机器制造厂，抚顺的重型机器厂、露天煤矿、石油二厂、制铝厂、特殊钢厂。在视察安东人造丝厂后说：搞人造丝要比搞"卡普隆"现实，来得快，是第二个五年计划的一个方向，但受到原料的限制，从长远打算，还得搞合成纤维。在视察第一汽车制造厂时说：按现在勘采情况看，我国10~15年内不可能搞到大量的天然石油，汽车厂要着手试制以煤炭为燃料的汽车。要规划煤的综合利用，将民用煤抽出一部分搞肥料和合成纤维，将提炼后的焦炭供民用，这有很大的经济效益。在听取中共抚顺市委的汇报时指出：抚顺工业发展的规模要适当，规模小了，发展的有利条件得不到充分利用，对国家是个损失；但规模过大，各方面不能够衔接配合，将来也会造成损失。

10月18日 陈云由东北返回北京。

1958年

6月1日 中共中央下发《关于加强协作区的决定》。《决定》指出：全国划分为东北、华北、华东、华南、华中、西南、西北7个协作区，每个协作区成立协作区委员会；各协作区要按照全国统一规划，分别建立大型的工业骨干和经济中心，形成具有比较完整的工业体系的经济区域。

10月2日至10日 陈云在哈尔滨主持召开东北协作区基本建设工作会议。在10日作总结讲话时，重申了在华北协作区会议上的发言内容，并结合东北情况指出：在基本建设项目排队问题上，增加电力设备对东北具有头等重大意义。在工业布局问题上，在东北要实行避免过分集中、力求适当分散的方针，比在全国其他地区更有可能和必要。快速施工的办法是从哈尔滨开始的，已在全国广泛试点，目前的任务是要有计划地推广。明年东北制造成套设备的任务比过去大得多，要提醒各省市注意成套设备的配套设备制造问题。发言中再次提到1959年钢铁生产任务问题，进一步指出：明年要生产2400万吨"土"铁，煤的需要量要比原先计算相应增加1亿吨，这在基本建设上是一个新问题。有了煤，运输也是个大问题。明年钢铁产量一下子上去那么多，铁路能否适应，值得怀疑。

10月3日 陈云视察哈尔滨亚麻厂。

10月7日　陈云视察哈尔滨机联机械厂。

10月11日　陈云由哈尔滨回到北京。

10月13日至24日　陈云在西安主持召开西北协作区基本建设工作会议。在21日会上作总结讲话时，除重申在华北、东北协作区会议上讲话的内容外，还指出：1959年西北地区基本建设的主要项目是，将铁路两条主要干线向西延伸至乌鲁木齐、西宁或更远一点。

1959年

2月2日　陈云在中共中央召开的省、市、自治区党委第一书记会议上再次发言，说现在东北电力供应紧张，这种时候配电要分别轻重缓急。否则，你也超，他也超，结果一是多放小丰满水库的水，一旦把水放完，就没有调节余地了；二是发电机严重超负荷，造成机器大坏，要大修理。无论哪种情况，都会使全网瘫痪。有些市委的领导不懂这个道理，以党纪处分威胁电力局放电。看来，要给电力局一种权力，除铝、铁等工厂不能停电外，其余工厂给多少是多少，天王老子也不多给。停一部分工厂总比全部垮下来好。

7月21日至25日　陈云在哈尔滨疗养。其间，视察了秋林公司。

7月26日至30日　陈云在长春疗养。其间，视察了长春电影制片厂、小丰满水电站、长春市第二百货公司。

7月31日至8月28日　陈云在大连疗养。其间，阅读庐山会议文件，并前往当地的化工部研究所试验工厂视察。对该厂通过技术改造，将原来年产400吨合成氨的能力提高到年产800吨的经验很重视，认为有推广价值。

8月底　陈云由辽宁返回北京。

1961年

3月11日至13日 陈云同刘少奇、周恩来、邓小平在北京主持召开华北、东北、西北三个大区中共中央局和省委负责人参加的北三区会议（又称"三北"会议）。与此同时，毛泽东于3月10日至13日在广州主持召开中南、西南、华东三个大区中共中央局和省委负责人参加的南三区会议（又称"三南"会议）。这两个会议的内容都是讨论农村人民公社体制和工作条例问题。13日，毛泽东就人民公社内部的平均主义和克服事务主义、深入农村调查问题致信刘少奇、周恩来、陈云、邓小平、彭真并"三北"会议各同志，并指示他们移师广州，合开中央工作会议。

5月25日 陈云在中共中央工作会议华东、东北组会上发言，指出：调查研究要下到基层去，同时也要注意在周围干部中间多听反面的意见，这也是调查研究的一种重要方法。反面意见有正确的成分，可以吸收过来，使正确意见更加完备。即使是错误的，也可以起到使正确意见更加正确的作用。因为，驳倒错误的过程，就是生长正确的过程。

6月3日 陈云在中央工作会议华东、东北组会议上发言，指出，现在农民提高了积极性，东西会多起来，问题是国家没有东西和他们交换。要拨一部分钢铁、竹子、煤炭，制作一些农民需要的小商品；把压缩基本建设省下来的木材卖给农民，做农具、盖房子。只要我们有物资与农民交换，物价自然会稳定下来。整个市场的好转，需要时间，也需要有步骤。一是要多给农民生产商品，先活跃农村，农村活跃了，整个城市都会活跃起来；二是在物资不足的情况下，继续卖高价糖果；三是城市人口下乡；四是在各种条件具备以后，准备一亿美元进口橡胶和黑铁皮等原料，制造一大批商品。通过这几个办法，商品和购买力就可以逐渐平衡，凭证供应的品种将减到极少数。今后对农副产品收购，我倾向于派购任务少定一点。农民有了剩余东西不会完全吃掉，还是要到市场上出卖的。我们可以采取物物交换的办法，从农民手中收买过来。

6月6日 上午，陈云在中共中央工作会议上发言，指出：（一）夏收后，各省要多收购一点，因为中央要往东北调粮。现在各省都要求少收购，这不行。东北瓜菜少，调不去粮食，灾区要死人。而且，还要准备发生意外情况，如运输进口粮的轮船脱期，铁路被洪水冲断，库存被挖空等。因此，南方各省要克服困难，先借出一部分，等秋收后再还。（二）把产量包死肯定对发挥农民积极性有好处，但超产了，口粮还是要比往年少。要向下面讲明，我们的方针是使丰产区多吃一点，但要逐步增加，不可能一下子吃得太好。（三）向农民退赔，要拨点钢铁制造农具，但绝不能再由农机部门主观地统一地成批地搞，要由各地分头制造，恢复地方的手工业红炉，制造当地传统的实用的农具，并要进行试销。（四）李富春提出重工业这次要退够，退到满足农业和市场必要的需求为止。这样搞是对的，但现在首先应由中央、各中央局、各省成立一个小组，研究一下工业支援农业应采取哪些措施，先办什么，后办什么，排排队。否则，让各地报计划，什么都要办，是办不到的。

1973年

9月13日 复信辽宁省旅大市革命委员会，就所询宋黎的所谓托派嫌疑问题答复说："宋黎在延安时我确实谈过话，而且不止一次。为何审查他的托派嫌疑问题，也记不得了。但直到我离开中央组织部（1943年春养病时），中央组织部认为宋黎是没有政治问题的。"据统计，陈云自1967年2月至1978年12月，共收到关于干部历史问题的外调信件80多封，都认真对待，亲自回信，有的甚至答复好几次。

1975年

8月2日 陈云由北京赴黑龙江。时任一机部副部长沈鸿等同行。

8月4日至13日 陈云在齐齐哈尔视察。其间，视察了富拉尔基第一重型机器厂、北满钢厂、第一和第二机床厂。在同工厂负责人的谈话中指出：富拉尔基的几个重工业工厂对我国经济建设起过重要作用。这些企业都是20世纪50年代建成的，现在需要对它们进行技术改造，使其继续发挥国民经济的骨干作用。

8月14日至25日 陈云在哈尔滨视察。其间，视察了电机厂。在同黑龙江省党政负责人谈话中得知，他们希望提供100万~150万马力的排灌设备，以解决农场灌溉问题，陈云当即委托沈鸿回京后向有关部门求援。事后对沈鸿说：中国农业对工业的约束性很大，农业过不了关，工业也不要想过关。

8月27日 陈云由黑龙江回到北京。

1977年

6月24日 陈云同施振眉、汪雄飞、蒋希均谈根据小说改编的长篇评话《林海雪原》的历史背景，说：第一要懂得东北为什么会出现坐山雕这样的惯匪。第二要知道是苏联红军出兵东北，打败了日本关东军。第三，要知道是东北局作出了"七七决定"，提出了土改、剿匪、解放战争三大任务一起抓，其中以土改为中心。第四，要了解东北和关内不一样。关内有八年抗日战争，八路军、新四军打得虽然很艰苦，但是有了根据地。而东北没有根据地，这就需要补课，要把八年抗战和三年解放战争共十一年的根据地建设任务在三年里一起完成。那时，全国各根据地支援了东北，三年以后，东北成了全国战略决战的突破口。

9月26日、27日 应邀两次前往中国革命博物馆审查《中共党史陈列》（新民主主义革命时期）。在审查中指出：关于辽沈战役中林彪的问题。林彪在决战前夕说南下粮食有困难，这是不对的，当时我管粮食，我知道。但是，他提出先打长春还是对的。问题是打下义县后，不打锦州，还要回头打长春，这就不对了。当时，从敌我力量的对比看，战略决战的时机已到；从我方在各地的力量看，东北兵力最雄厚，应先从东北下刀；在打法上，应当"关门打狗"。林彪没有垮台前，四野很吃得开，尾巴翘到天上。林彪垮台后，四野有点抬不起头来。其实，四野还不是关里派去的军队，还不是党的军队？林彪是林彪，四野是四野。因此，在陈列中应加上一段话，说明：毛主席的军事路线受到林彪的干扰，但东北军民和全党全国军民一起，在党中央、毛主席的领导下，经过三年英勇奋战，终于建立了新中国。

1978年

2月18日至23日 陈云出席中共十一届二中全会。会议讨论通过即将提交五届全国人大一次会议的《政府工作报告》《宪法修改草案》和《国民经济十年规划纲要（草案）》。21日，在东北组讨论《关于修改宪法的报告》的会上发言，说：宪法有些条文修改得很好。例如，规定"逐步扩充劳动者休息和休养的物质条件"。过去，我们推选劳动模范到一些胜地去疗养，效果很好，实际上是对"干不干一个样"做法的有力批判，能起到鼓励人民群众为国家多作贡献的作用。又如，将"国家保护公民的劳动收入"改为"国家保护公民的合法收入"，这更有利于调动各阶层人民的社会主义积极性。

12月10日 上午，陈云出席中共中央工作会议东北组会议并发言，指出：这次工作会议开得很好，好就好在真正恢复了党的民主作风。对同志的批评指名道姓，畅所欲言，这是会风，也是党风。如果我们党能保持这次会议的作风，世界共产主义运动的胜利就有了保证。发言中还表示赞成有人提出的关于成立中央书记处的建议，说这可以使中央常委摆脱日常小事，更集中精力于国家大事。

同日 下午，陈云在中共中央工作会议东北组发言，指出：实现四个现代化是我国史无前例的一次伟大进步，必须既积极又稳重。我们要坚持实事求是，就要首先弄清事实，这是关键问题。1942年我在延安时仔细研究了毛主席的著作和文电，感到贯穿其中的一个基本思想就是实事求是。

1979年

9月27日 陈云致信邓小平。信中说：昨天我与李先念、姚依林谈话才知道，"文化大革命"中间已经把所有大企业下放给地方，鞍山、大庆等都属于地方所有，中央只有对这些企业分成的利润。

1982年

5月12日 陈云同前来住所看望的郭峰谈话。

12月10日 上午，陈云听取杨易辰关于黑龙江工农业生产情况的汇报。

1983年

7月7日 陈云分别为《辽沈决战》和《回忆王稼祥》题写书名。

8月上旬 就《辽沈决战》一书的编辑方针和方法问题同秘书进行了8次谈话，并于9日将根据这些谈话整理的书面意见定稿。意见指出：辽沈战役是解放战争三大战役的第一个战役，它和我军在其他战场上的胜利，从根本上改变了敌我双方力量的对比。因此，编一本回忆这个战役的书是必要的，这对于纪念牺牲了的同志、教育下一代，都很有意义。但编这本书不仅应使大家知道战役的经过，而且应使大家知道取得胜利的多方面原因，即：（一）苏联红军出兵东北，打败了日本关东军；（二）全国各个根据地的支援；（三）动用了正规部队剿匪；（四）进行了土地改革；（五）建立了巩固的东北革命根据地；（六）最重要的一点，是由于党中央、毛主席为东北局制定了完全正确的工作方针，为辽沈战役制定了完全正确的作战方针。战役参加者的作用，战役的组织、指挥，这些对于战役的胜利无疑都十分重要。林彪作为四野的司令员，在当时正确的地方，也不必否定。但不能只看到这一方面的作用，还必须看到其他方面的作用。只有这样看待辽沈决战，才是符合历史唯物论的。意见中还提出：这本书在编法上要改变一下，要加进一些重要的历史文件和各方面有代表性的同志的回忆文章。要请几位当时在东北工作的老同志来主持编辑工作，由中央党史资料征集委员会和辽沈战役纪念馆合编。书编好后要送中央军委把关。只要能把这段历史立全面、立准确，多花些时间是值得的。这篇书面意见收入了《陈云文选》，题为《对编写〈辽沈决战〉一书的意见》。

8月13日 就《辽沈决战》一书改编问题召集座谈会。会议印发了陈云关于编写该书方针和方法问题的意见。陈云在讲话中强调：有关苏联和林彪在东北解放战争的作用问题是两个敏感问题，但在编写时都不能回避，否则这段历史说不清。参加会议的有黄克诚、韩先楚、冯文彬、张秀山、马洪和辽沈战役纪念馆有关人员。会议决定该书改由中央党史资料征集委员会与辽沈战役纪念馆合编，编审工作由王首道、韩先楚、张秀山、刘震、马洪等负责。

1984年

1月11日 陈云通过办公室复信中国人民解放军总政治部罗荣桓传记组，回答他们1983年11月10日询问应当如何反映东北解放战争初期，毛泽东在指导方针上一些失误的问题，指出：东北解放战争初期，由于我们进入这个地区的时间不过几个月，敌人的兵力也有变化，因此，对东北的情况还处在认识的过程。在这个过程中，对和战问题、作战方针问题提出这种或那种意见，都是可以的，也是需要的。我们应当这样来理解当时毛泽东给东北局的电报上提出的一些意见，而不应当把个别意见同实际情况不符说成是毛泽东在指导方针上有什么失误。

陈云复信张秀山，指出：可以将《辽沈决战》一书的编辑规划连同对编写《辽沈决战》一书的意见，上报中共中央书记处审批备案，但不必转发文件。参加撰写回忆文章的人也不要太多，要找有代表性的人写。信中还指出：要吸收四野一纵的一二篇文章。除了在"文化大革命"中跟林彪干了许多坏事的人，其余的人不要使他们因为过去曾是林彪的老部下就抬不起头来。林彪是林彪，林彪的老部下是林彪的老部下；同样，高岗是高岗，高岗的老部下是高岗的老部下。在这个问题上，我们应当采取历史唯物主义的态度。

同日 陈云同秘书谈七道江会议，说：现在回忆七道江会议的文章，只写了我在会上关于坚持南满的结论意见，没有写清楚为什么要坚持南满的道理。我当时是这样讲的：如果主力向北满撤，部队过长白山时要损失几千人；撤到北满还要打仗，又会损失几千人；而且，丢了南满，北满也可能保不住，那时部队只得继续往北撤，撤到苏联境内，等到今后往回打，又要损失几千人。而且，当初留在南满的地方武装也会有很大损失。加在一起，会损失一万多人，占当时北满部队人数的一半。相反，如果留下来坚持南满，部队可能损失四分之三，甚至五分之四，但只要守住南满，就不会失去与北满的掎角之势，就可以牵制敌人，不使他们集中力量去打北满。两相比较，还是坚持南满比撤离南满损失小。况且，敌人当时在南满的兵力也不够。

1月21日 陈云同前来看望的萧劲光谈话，共同回忆解放战争时期坚持南满的战斗岁月。

8月11日 陈云为《沈阳市志》和《冯定文稿》题写书名。

9月15日 陈云同前来看望的萧华谈《辽沈决战》一书编辑中的几个问题。当谈到林彪问题不好处理时说：林彪开始也说过要"死守马德里"，但后来改变了意见，不主张占大城市了。那时如果用骨干部队去和敌人硬拼，就把骨头拼坏了。1946年抚顺会议之前，北满分局给东北局打过一个电报，提出东北局是否已下决心"放弃大道，占领两厢"？如果确已下了决心，就应当迅速把一部分主力部队分散到农村进行剿匪和土改。所以，林彪那时从四平、长春撤下来是对的。但林彪也有错误，主要是在辽沈战役中，打下义县后他不敢接着打锦州，而要回师长春。在这个问题上，毛主席和他之间有几十封电报，争论很厉害。最后，他接受了毛主席的作战方针。所以，在写辽沈战役时，要讲到林彪的作用，但重点写罗荣桓，他是政委。要把林彪和林彪的部下加以区别。以前有一个时期，林彪的老部下很神气，现在又有些灰溜溜。这本书中附有当时党政军负责干部名单，把他们的名字也列上，说明他们对解放东北作过贡献。当谈到如何写苏联红军时说：如果没有苏联红军出兵东北，我们的力量不可能发展那么快。苏联一方面受中苏协定约束，要把大城市和铁路干线移交给国民党，另一方面明里暗里帮助我们。那时，东北北有苏联，东有朝鲜，西有蒙古，我们就像坐在沙发里，缺什么可以向苏联要，南满的伤兵、弹药可以通过朝鲜转运。因此，要写苏联、朝鲜对我们的帮助，回避是不合乎历史的。后来抗美援朝是对的，敌人把边界放在三八线还是推到鸭绿江，对我们大不一样。当谈到当时中央在土改方针上有偏差，但陈云承担责任，作自我批评，并把自我批评的文章收入自己的《文选》，大家很受教育时说：应当作自我批评。谈话中还一再强调，写辽沈决战的历史，一定要写中央的正确决策和中央派来大批干部，写各个根据地及一、二、三野对东北战场的支援。

12月24日 陈云为纪念塔山阻击战题词："塔山阻击战革命烈士永垂不朽！"

1985年

1月 陈云分别为辽宁大学经济管理学院和《杨贤江纪念集》题写校名和书名。

2月1日 陈云就《辽沈决战》一书中《东北三年解放战争综述》稿问题，召集张秀山、肖华、马洪、陈伯村、谢筱迺开会。在谈话中指出：《综述》稿大体可以，问题是《综述》中要不要引用1948年东北局决议。东北解放战争初期，东北局内部在工作方针上确实存在过意见分歧。当时的方针是通过独占大城市和铁路干线来独占东北，而多数同志不同意这个方针，认为不应用主力部队死守大城市，同暂时比我们强大的敌人硬拼，而应把相当一部分主力部队和大部分干部分散到广大农村发动群众，通过建立根据地，逐步改变敌我力量对比。大城市谁不想要，问题是当时要得了要不了。如果不是以后东北局在1946年召开会议，作出七七决议，改变了以前的方针，结果很可能不仅大城市占不住，辽沈战役的胜利也会被推迟。1948年决议指出，东北局初期在指导方针上存在错误，这是合乎事实，经得起历史检验的。但这个决议只是在东北解放战争胜利后为总结历史经验和部署今后工作而制定的，并不是解决方针问题的文件。而且，它对东北局初期方针上的错误分析得也不够全面。比如，不能简单地说，出现错误是"对敌人的和平阴谋抱幻想"，是"丧失阶级立场的危险倾向"。另外，1945年12月党中央、毛主席明确提出"让开大道，占领两厢"的方针后，东北局在指导方针上的错误虽然又持续了一段时间，给人民的事业造成了损失，但只有六个月就通过东北局自己的努力予以纠正了，还不能说给人民的事业"造成了很大损失"。因此，这个决议作为历史文件可以收进《辽沈决战》，但《综述》中只要引用七七决议就可以了。

6月21日 陈云为黑龙江人民广播电台题词："办好广播电视，为人民服务。"

6月29日 陈云同离任的秘书话别，说：我有过中央根据地失败的经验，因此，一九四五年到东北后，兢兢业业工作。

12月22日 陈云为《东北抗联史料丛书》题词："抗联将士艰苦奋战的革命精神永远值得学习。"

1986年

7月23日 陈云为纪念赵一曼以身殉国五十周年题词："抗日英雄赵一曼革命精神不死！"

8月21日 陈云为齐齐哈尔第一重型机器厂题词："绿洲宝石，永放光芒。"

10月23日 彭真将《对〈从进军东北到全境解放——东北三年解放战争综述（送审稿）〉几个主要问题的说明》送杨尚昆转报胡耀邦、邓小平、赵紫阳、李先念、陈云。对说明中提到的解放战争初期东北局工作方针问题，阐述了自己的看法。11月1日，邓小平批示："我同陈云、李先念商定，这种问题不要再扯了。"

1988年

2月上旬 陈云就《辽沈决战》一书综述问题致信杨尚昆，指出：（一）今年是辽沈战役四十周年，能够出版回忆辽沈战役的书，是有意义的。（二）这本书前面一定要有一个综述，以便大家比较全面地了解东北三年解放战争的历史，了解辽沈战役胜利是怎么得来的。（三）张秀山、王首道等主持写了一个综述稿，对这个稿子可以作一些修改，对有不同意见的地方可以采取回避的办法。（四）综述修改工作可以请伍修权、张秀山、王首道主持，改好后请杨尚昆把关。

2月23日 陈云为影片《辽沈战役》题写片名。

2月28日 陈云为中共辽吉五地委史料《烽火三年》题词："写准写好党的历史，发扬光荣传统。"

6月22日 陈云听取伍修权关于《辽沈决战》一书综述问题的汇报，提出三点意见：（一）对这次修改综述稿的同志表示感谢。（二）服从中央军委、杨尚昆把关的决定。（三）保留关于《辽沈决战》一定要有一篇综述的意见，希望将来终有一天能够发表。

1992年

8月27日 陈云为《张闻天传》题写书名。